三十五年教育路

读懂孩子的心

静待花开

AWAIT BLOOM

数千名**清北、藤校、牛剑**等名校学子的教育方法

李芳霞　王鑫煜／著

陕西新华出版传媒集团　陕西科学技术出版社

图书在版编目（CIP）数据

静待花开：三十五年教育路，读懂孩子的心／李芳霞，王鑫煜著. — 西安：陕西科学技术出版社，2021.7
ISBN 978-7-5369-8143-0

Ⅰ. ①静… Ⅱ. ①李… ②王… Ⅲ. ①教育-文集
Ⅳ. ①G4-53

中国版本图书馆 CIP 数据核字(2021)第 127520 号

静待花开

Jingdai Huakai

著 李芳霞 王鑫煜

责任编辑 孟建民
封面设计 高 英
版式设计 刘依帆 赵 娟

出 版 者 陕西新华出版传媒集团 陕西科学技术出版社
西安市曲江新区登高路 1388 号陕西新华出版传媒产业大厦 B 座
电话（029） 81205187 传真（029） 81205155 邮编 710061
http://www.snstp.com
发 行 者 陕西新华出版传媒集团 陕西科学技术出版社
电话（029） 87576545 87576467
印 刷 西安新华印务有限公司
规 格 880mm×1230mm 1/32
印 张 9
字 数 180 千
版 次 2021 年 7 月第 1 版
印 次 2021 年 7 月第 1 次印刷
书 号 ISBN 978-7-5369-8143-0
定 价 48.00 元

自 序

随着当今社会的快速发展，人们的生活节奏越来越快，逐渐产生同辈压力、内卷等各种心态，导致成年人对孩子的成长教育也越来越重视，越来越焦虑。要缓解教育焦虑，提供最有效的教育，成年人需要理解教育的本质，从源头思考什么是教育。

每个孩子的家庭背景、成长经历、性格习惯都不一样，但每个孩子都有属于自己的天赋和潜力。然而这些天赋与潜力往往是被隐藏起来的。作为家长，最重要的是在日常生活中观察孩子的点点滴滴，通过创造不同的机会与场景，和孩子共同尝试，从而发现孩子的兴趣并激发孩子的潜能。只有发现了孩子最本质的天性，并根据孩子不同时期的特点对他的天赋与兴趣重点培养，家长才能因势利导，朝有利于孩子成长的方向发展。我坚信，教育一定要因材施教，因人而异。教育工作者一定要点燃学生对梦想的渴望，点燃学生对成功的欲望，点燃学生对知识的兴趣。

很多成年人要求孩子们努力做到出类拔萃，要实现这一目标，首先要培养孩子们自立自强的精神，培养他们具备“五心”：感恩心、谦卑心、敬畏心、上进心、爱心。我曾经阅读过《自然恩典》，惊艳并受启发于其中提到的空瓶子原理。人就像空瓶子，装进什么就是什么。如果孩子从小接触的就是孝顺、善良、包容、真诚、感恩奉献的人，那他长大成人一定会具备这些优秀的品质，并因此终身受益。如果孩子从小遇到困难，就努力克服、知难而进，那么当他长大成人，无论遇到什么困难，都会勇往直前！

人生是一场马拉松，包含了成长的各个阶段。每个孩子都会到达终点，只是不同阶段的速度不同。有的孩子一开始跑得快，有的孩子后面跑得快。如果要求孩子每个阶段都跑得最快，都得第一，这样孩子和成年人都会承受非常大的压力。家长和老师需要用爱心与耐心陪伴孩子全程的奔跑。在孩子跑得快的时候提醒孩子注意脚下，不要摔跤；在孩子跑不动的时候递上一杯水，陪孩子歇一歇再继续；在孩子沮丧气馁的时候鼓励孩子路还长，要抬起头。

教育家第多斯惠说：“教育的本质是点燃、激励、唤醒和鼓舞。”面对像“空瓶子”一样的孩子们，成年人需要在孩子的成长过程中陪伴并引导，帮助孩子们养成正确的三观。做事先做人，做好了人，才能做事。只要教育方法合理得当，并且持之以恒，我相信每个孩子都会成材，相信“相信”的力量！

李芳霞

为贫困学生发放助学金

推荐序

作为本书作者的女儿，我私下一直称呼我妈为“李老师”。李老师是一位善良包容，勤奋好学的女性。回顾过去 24 年的人生，我一直是一个“爱折腾”的人，李老师也一直由着我折腾。4 岁的时候我表姐学电子琴，我也嚷嚷着要学钢琴。李老师二话没说，花了半年工资买了一架钢琴给我。尝到甜头的我愈发放肆，在 4 – 15 岁期间先后提出要学习唱歌、舞蹈、素描、书法等。李老师也都一一满足了我。甚至当学校还没有英语外教的时候，我提出要去外面的辅导班学英语。李老师作为英语老师，其实完全可以拒绝我，提出她自己教我英语的建议。这样既能省一笔钱，我也不用每个周末跑来跑去，可以在家休息。可是李老师还是“纵容”了我，记忆中光英语补习班我就上过不下五个。

上了高中，在普高待了一学期，我再次不安分，提出要上国际班，大学出国留学的要求。 李老师没怎么犹豫，就答应了我转学的请求。去了国际班我就开始“搞事情”， 艺术节、支教、拍卖、研究专利、出书，乱七八糟的事情尝试了一大堆，成绩却不怎么好，李老师也没太苛责我。后来上大学，出了国的我看到了更大的世界，再次放飞自我。 以前只学过素描，现在要学油画、版画、艺术史。以前只学过游泳，现在要学潜水、滑雪、徒步。甚至在所有小伙伴都在实习的大三暑假，我一个人跑到周至支教，之后又跑到南非做动物保护志愿者。这一切的一切，李老师不但没有拒绝我，而且常常鼓励我说："你真棒，妈妈为你骄傲。"

那个时候，我以为自己很厉害，尝试过这么多事情。后来我渐渐明白，如果我有一点点值得称赞的优点，这都要感谢我的母亲。我每次想尝试新的事物，李老师都会兴奋地说："好啊，你试试，妈妈支持你！"哪怕这些事情跟学习无关，或者会给她带来经济压力，或者让周围人对她指指点点："你太宠你女儿了，这样下去不行的。"李老师都会把这些杂音隔离在外，让我保持纯粹的心态去探索世界，完成每一次尝试。小时候我以为每个妈妈都是这样无私奉献，长大后跟身边人聊起，再设身处地地想想，如果自己是妈妈会不会做到这个地步。我更深刻地感受到李老师的不容易，更加感激她为我做的一切。

李老师还是一位不断学习、积极上进的女性。2014 年，李老师已经带领高新一中国际班做到了西北第一，多位毕业生收获了被常青藤和牛剑录取的佳绩。然而有一天，李老师兴奋地打电话给我，说想改变课程模式，实行走班制。学生自己按照兴趣和学习进度选择课程，真正接轨国外大学的教育风格。之后的暑假，李老师都在做调研，并紧锣密鼓地做着准备。开学后，李老师果然调整了课程设置和师资安排，大刀阔斧地推进改革。几年后，国际班更多的学生收获了名校的通知书，向着他们的梦想迈进。李老师也在持续琢磨国际班还有哪些可以优化的地方。我回母校探望李老师的时候，她能滔滔不绝地讲最近做了哪些改变，小到走廊装饰画的设计，跟学生的一次谈话。大到最近打算开设的美食节活动，给学生们新建了一个自习室，等等。她持续优化、推进改革的热情与坚持，潜移默化地影响了我，让我也成为一个敢想敢做的人。

李老师还是一位耐心的女性。从小到大，我每次心情不好的时候都会给李老师打电话，而她总是知道怎么快速消除我的不开心。她总会提醒我："先想想你是不是一定全对，站在别人的角度，也许事态有另一种情况。就算是你对，别人错，每个人都需要时间去改变，不是今天跟别人说了，明天别人就能改变。我让你早上叠被子也是说了好久你才做到的。所以咱们也不能要求别人这么快按照咱们想的做。"

李老师的耐心和细心也用在了学生身上。每天早上，李老师准时 6：30 出门，7：00 前到校。她会站在校门口看谁没穿校服，谁偷偷打了耳洞、涂了透明指甲油或迟到了。早自习开始后，李老师会在各个楼层巡班，看看哪个班没有安静地读书，哪个学生趴在桌子上睡觉。中午自习的时候，李老师会给基础一般的学生答疑讲解，帮助他们夯实基础。傍晚，李老师会给学生上语法课。日复一日，年复一年。这样的李老师，不能说对所有的学生都了如指掌，但一定对每个同学有全面细致的观察。这样她跟学生谈话就可以更有针对性，而不是千篇一律。有一年寒假，我回美国的前一天，李老师带我去菜市场买咸菜。正走着，李老师接到家长电话说她的孩子离家出走了。李老师立刻站定，仔细跟家长了解情况，又给学生打电话询问缘由。等我在菜市场绕了一圈买完咸菜回来，李老师还在跟学生打电话。晚上我们回家后，李老师一直坐在沙发上跟学生、家长、班主任联络，直到凌晨一点多学生回到家后，李老师才肯去睡。

李老师在普高时教育过上千名清北学子，来了国际班后又教育出上千名被世界前一百名大学录取的学子。纵观她的人生，我丝毫不惊讶李老师能教育出这些优秀的学生。反观我自己，我目前为止取得的一点点成绩，很少是因为自己，大多是因为李老师给我提供的平台与机遇。 换谁当李老师的女儿，都会成为很优秀的人。

本书描述了李老师教育事业中的各种故事，有非常优秀的学生的故事，但更多是大多数跟我们一样的普通学生的故事。本书末尾也包含了家长和孩子的成长感悟。如果有任何一个小点能启发到大家，或者被记住，我相信李老师会觉得非常的满足和幸福。

王鑫煜

女儿哥伦比亚大学本科毕业典礼与工学院院长的合影

第一章　如何制定规则、养成良好习惯？

01　敬畏规矩　4

妈妈同意，手机很重要　4

我爸说让我站最后　10

如何制定规则？　14

02　以身作则　20

身教重于言传　20

我迟到了最怕谁　23

03　坚持原则　26

你倔，我比你更倔　26

老师，您看她不乖就打　32

第二章　如何在矛盾中教育孩子？

01　有明显对错：用事实说话，让孩子心服口服　42

老师，我听课了　42

凭什么说我没写作业？　45

我就是去看病了，没去网吧！　49

02 没有明显对错：站在孩子的角度，让他自己做决策 57
不打无准备之仗 57
能不能换成室内体育课？ 62
03 如何调解父母与孩子之间的矛盾 65
四年没跟妈妈说话了 65
04 如何调解家长与老师之间的矛盾 74
学校有权利管学生，没权利管家长 74

第三章　如何提高学习成绩？

01 目标与规划 82
保送清华，牛津全奖的数学天才 82
人为什么需要理想？ 87
如何制定学习计划？ 91
02 规划落实与时间管理 102
别人做十道题，咱们做两道 102
如何两个月让孩子成绩翻一倍？ 106
如何高效管理时间？ 114

第四章　如何轻松教育孩子？

01 调动孩子的主观能动性 122
我不想学习，我要当英雄！ 122

就是不能进教室 127

02 营造相互激励的正能量氛围 135

我们班也能当第一名 135

谁说咱们班是最差的? 139

找到诀窍，学习其实并不难 143

03 拒绝手把手教育 146

孩子做作业还是家长做作业? 146

我为你累死累活，你就这样回报我? 150

第五章　如何培养终生受益的优良品质?

01 成绩不是全部 156

他凭什么得第一? 156

考上牛津和剑桥的学生，是完美的学生吗? 161

我想给她一巴掌 167

只要不参加考试，就不会考不好 172

02 静待花开，看到孩子们绽放的光芒 178

校长，我迫不及待写这封信给你 178

我自己攒够了初中学费! 186

自闭症哥哥，由我来照顾 189

你的担当、责任感让我自豪! 195

塑造生命的广度与深度 197

第六章　孩子们的声音

2020届学生贺奕翔感言(牛津大学) 203
2020届毕业生薛子钰感言(康奈尔大学) 206
2020届毕业生祁小麟感言(北卡教堂山大学) 208
2020届学生韩毅感言(康涅狄格大学) 217
2021届学生李昊锦感言(杜克大学) 219
2021届学生李禹佳感言(多伦多大学) 222
2022届学生袁子涵感言 229
2023届学生袁子宸感言 232

第七章　家长们的声音

2019届毕业生(杜克大学学生)家长感言 243
2019届毕业生(杜克大学学生)家长感言 247
2019届毕业生(牛津大学学生)家长感言
努力、坚持、成长 252
2019届毕业生(伦敦大学学院学生)家长感言
再造之恩　结草衔环 256
2020届毕业生(莱斯大学学生)家长感言
感恩有您——辛勤的园丁 259
2020届毕业生(牛津大学学生)家长感言 262
2022届学生(国际班在读)家长感言
少年，你坚定追梦的样子，很帅! 264

● 新冠肺炎疫情期间，给在美国的孩子们的一封信 267

静待花开

第一章

如何制定规则、养成良好习惯？

北师大博士班结业典礼合影

孩子小时候，用规矩让孩子学会自律，懂得是非。不以规矩，不能成方圆

适用场景

○孩子缺乏自控力。如孩子答应家长回家后先完成作业再做其它娱乐活动，但孩子沉迷电脑／手机，导致作业无法保质保量地按时完成。

○孩子对规则没有认同感，喜欢跟常理反着来。如中学生不允许吸烟，孩子偏要尝试，以为这样会显得自己与众不同。

方法总结

○家长从孩子小时候起，跟孩子一起制定不同规则，树立规矩意识并形成习惯。

○一旦规则确定，家长应以相同的标准要求自己和孩子，以身作则。

○坚持原则，实行“说到做到”的奖惩机制，不因为孩子的撒娇而轻易动摇。

01 | 敬畏规矩

妈妈同意，手机很重要

21 世纪，手机在现代社会越来越普及，尤其是随着科技高速发展，进入信息化时代，手机几乎是人手一部的必备品。然而，教育部等部门规定：严禁学生将个人手机、平板电脑等电子产品带入课堂，老师布置作业不依赖电子产品。我们学校也规定：学校是不允许学生带手机来学校的。所以，作为老师和妈妈，我一直不给女儿阳阳配手机。而她为了跟我要手机，也是绞尽脑汁，花招百出，因此有了一段特别有意思的小故事。

第一回

阳阳刚上初一的时候，一天她回家，说："妈妈，我发现班里好多同学都有手机呢！我也想要。"

我严肃地说："他们有手机是错的。按学校规定，学生不能用手机。我们应该遵守学校规定，而不是随大流。"

阳阳听后很不高兴，但一时半会儿也想不出理由反驳，撅着嘴写作业去了。

第二回

过了几天，阳阳放学的时候，特别激动地说："妈妈，小悦有手机啦。今天她带手机来学校，还问我要手机号呢！"

小悦是我同事兼好友的女儿。阳阳从小跟小悦一起长大，两个小姑娘玩得特别好。她俩小学就是同班同学，初中又考到了同一个学校，一直是最好的朋友。我懂阳阳这话的意思：小悦的妈妈和您关系那么好，她也是我们学校的高中老师，她都给女儿买手机了，您也应该给我买。就像有些父母对孩子说的："你看隔壁小明，人家成绩这么好，你就不能向人家学学。"阳阳的言下之意是："你看隔壁小悦的妈妈，人家都给女儿买了手机，你也该给我买了。"

我装糊涂，故意问阳阳："她有手机怎么啦？"

阳阳只好把话说白："她是我的好朋友，她妈妈是你的好朋友。她都有手机呢！我也想要嘛。"

我斩钉截铁地说："她有手机是错的。虽然她妈妈是我的好朋友，但是咱们对事儿不对人，中学生带手机到学校就是错的。"

阳阳看我态度这么坚决，只能回书房写作业了。

第三回

接下来的两年，但凡带阳阳出去逛街，她必然"隐秘而巧妙"地把我和她爸爸领到电子产品柜台，我们也就随她意，跟着走。到了柜台前，我总是悠然自得地抱着手臂和她一起看。时不时的，

我俩还就手机样式各抒己见，她会经常指着展示柜说：“妈，你看这个手机！”

“嗯，咱俩英雄所见略同！这款手机真漂亮。”

“妈，那你有没有啥想法？”看来这丫头为了要手机也是费劲了脑子，也不管暗示不暗示了。

我笑着看她，说：“没啥想法。”

小丫头急了，摇着我的胳膊问：“妈妈你咋这样嘛？”

我说：“人家学校规定了，不能带手机，但没说不让看手机，所以我允许你看。你慢慢看，不着急，我和你爸在旁边等你啊。”

每每这时，阳阳只能撇撇嘴，跟着我们走了。

第四回

平时因为我工作的高中部比阳阳上学的初中部放学晚，阳阳放学我从来没有接过她，都是她同班同学的爸爸顺路接她回去，或者她自己乘坐公交车回家。有一次，阳阳初二学期末，由于快放假的缘故，高中部学生考前在家复习，教师照常上班。难得有机会接女儿，我也想趁此机会履行一下做妈妈的职责。所以，前天晚上我提前告诉阳阳第二天放学我到初中部门口接她。

第二天一大早我又提醒她说：“今天放学妈妈来接你，你在校门口等妈妈啊。”听到我要去接她，阳阳特别高兴 。

那天下午快下班的时候，我专门提前收拾好东西，打算一到 5 点就开车去接阳阳。从我们高中部到初中部特别近，不堵车的话开车也就 10 分钟左右。可一出校门，我傻眼了：所有家长都在这个时间来接孩子，校门口的马路里三层外三层地停满了车。我的车根本出不去，只能慢慢向外挪。大约等了半个多小时，我的车终于开出校门口了，可是从我在的高中到阳阳的初中，一路上全是接孩子的车。又因为是下班放学的时候，一路上堵得水泄不通。等我好不容易赶到阳阳校门口时，已经6点多了。

等了一个多小时，阳阳肯定等急了。见到阳阳，我特别愧疚，赶紧道歉。没想到阳阳不气不恼，小眼珠子一转，非常淡定从容地问我："妈，你看，手机重要不？"

我诚恳地点点头，说："嗯嗯，手机真的很重要。"

"那，你是不是该给我买个手机啊？"阳阳自信地问，看来今天她对手机是势在必得。

我更诚恳地对她说："不行，咱不能违反校规。你看，今天妈妈虽然让你等了一个多小时，但其实只要你在原地不动，我就能接到你。再说了，就算你有手机我们能联系上，车子也不能飞过来，你也还得等这么久，是吧。"

阳阳又被我怼回去了。从这以后，她再也没问我要过手机。一直到她高三毕业我都没给她手机。直到她上了大学，才有了第一部手机。

回顾整个过程，阳阳说服我买手机的方法其实一直在变化，非常有意思。她会利用一切机会，说服我给她买手机。那么这个时候家长心里一定要明白，孩子是未成年人，看不出潜在的危害。通过手机事件，一定要让孩子敬畏制度。

第一次她说："班里大部分孩子都有手机"，是利用"从众"心理，想用"少数服从多数"的道理来说服我。

第二次她说："你看 ××× 的妈妈都给她买手机了"，是想让我意识到自己跟其他学生家长（尤其是我同事）的差距。

第三次她直接用行动，想让我看到手机实物，听着导购介绍就心动了，从而促使我给她买手机，想让我"冲动消费"。

第四次她通过放学接送的等待事件，强调了手机的必要性。

以上四个回合，她分别用了不同的谈判方式跟我打心理战，其实也非常有创意。而且小姑娘能坚持这么久，这种精神我挺佩服的。当然，最后她终于意识到了：有些事情坚持再久，在我这里也行不通，尤其是那些违反规则的事。

很多家长可能和我一样，教育孩子的时候也会碰到类似的问题：孩子不愿意接受或遵守规则，比如要手机，想去网吧，等等。遇到这种情况，其实家长要做的很简单，就是三件事：

1. 坚持原则。如果家长轻易松口，孩子潜意识里就会有"规则也不是一定要遵守"的心态，会对规则失去敬畏心。因此，家长必须立场明确、坚定，按规矩教育孩子。

2. 改变环境。如果周围所有人都去网吧，那这个孩子也很难不去。因此，给孩子一片干净的土壤非常重要。

3. 分散注意力。就我而言，阳阳提出想玩电子游戏的时候，我不会直接拒绝（这毕竟不是原则性问题）。但是我会抽空陪她聊天、阅读、看电影、下棋、跳皮筋、钓鱼、去公园等，让她意识到除了电子游戏，还有很多有意思的事情。在《卡尔威特的教育》一书中，作者提到：“孩子之所以出现不良行为，是因为他们不知道如何宣泄精力。如果把孩子们带到大自然中，他们就没有时间做坏事了。大自然本身就是一位好老师，能教给孩子们各种知识。”老卡尔也确实是这么做的，他带小卡尔观察动物、研究植物，在散步的时候跟小卡尔谈天说地，引导小卡尔绘制地图、学习艺术。在他的指导下，小卡尔从“痴呆的孩子”变成了公认的“天才”。

以上是我用规矩教育自己女儿的案例。当然，现实生活中的教育并不都是一帆风顺的。就拿立规矩来说，从制定到执行，整个过程可能会有各种声音形成不遵守规矩的借口，比如父母和爷爷奶奶想法不同，家长和老师意见不一，等等。以下案例描述了当我和其他家长对孩子的教育理念不同时，尤其这个家长还是我的领导的时候，我如何坚持原则的事情。

我爸说让我站最后

1997 年，我刚被调到高新一中，就当上了班主任，班里有近 60 个学生。刚开学的时候，我和学生们一起讨论，建立班规，选举班委会。班规一旦制定，人人都要遵守。无论是尖子生还是学困生都要遵守校纪、班规，我会以校规校纪、班规要求每个学生，包括我自己。

一次学校组织了一个比较正式的活动，要求学生着装正式，男生戴领带，女生戴领结，穿黑皮鞋。我提前一天再三提醒学生们，又请班长写在黑板上：所有学生穿正规校服，男生戴领带，女生戴领结，穿黑皮鞋。第二天早上，我早早到校，就怕有意外情况。等 7：20 全班学生都到齐以后，果然“不出意外”，还是有七八个学生没有按学校要求戴领带或领结。

看到这种情况，我心里很不舒服，为什么总有些人要以身试法，破坏规矩呢？但想想自己刚来这所学校还不到一年，带这个班也才半年多。于是，我调整好心态，把他们几个叫到一起，心平气和地说：“这次活动，学校要求每个男生戴领带，女生戴领结。纪律对大家是一致的，咱们班其他同学也都戴了。我们班一共 60 个人，如果每个人都遵守校规校纪，各方面都表现的很好，那咱们班就会越来越好。如果只有咱们几个不戴，咱们班其他同学就会觉得不公平。下次活动就会有更多的学生不按规矩办事。你们可以不戴领带、领结，其他学生就可以上课不认真听讲、搞小动作、不尊敬老师，就可以不交作业、不打扫卫生、可以抽烟……说到这里，大部分孩子都纷纷点头表示认同。接着我问大家：“你们能不能给家长打个电话，请家长把领带、领结送来？如果家住的近，可以自己回去取。”

好几个孩子给家人打电话让尽快送来，还有几个孩子回去取了。大约半小时后，我再回教室查看，这几个学生都乖乖坐在座位上，整整齐齐地佩戴好领带或领结，符合了学校的要求。

我又仔细环顾四周，忽然发现有一个学生，还是没有戴领带。我很不高兴地把他叫到面前，问：“钱宇，你怎么还没戴领带？你刚才不是去取了吗？”他满脸写着自信与得意，大声回答道：“老师，我爸说让我站最后！”钱宇爸爸是学校的政教主任，负责学生的思想教育工作，以及管理班主任的日常工作，是我的顶头上司。这时候，我该怎么做呢？

第一种，听领导的，让钱宇站班级队伍最后

如果我同意我领导（学生爸爸）的意见，让他站最后，就会为以后对其他学生的管理埋下潜在的炸弹。下次其他学生违反了校规校纪，我再处理时，学生一定不服气，胆小的学生觉得我处事不公平，胆大的同学就会恼怒地反问我：“老师，上次钱宇没戴领带您都原谅他了！为什么就不原谅我？”那我只能哑口无言，因为学生问的有道理，我在学生面前失去了信服力。

第二种，用校规校纪让钱宇找领带戴上

钱宇的爸爸作为政教主任，就是制定校规校纪的主要领导。

他说了让钱宇站在队伍最后，我不能得罪我的顶头上司，自然就没办法再用校规校纪来要求钱宇了。所以，这种方式根本不可行。

第三种，强制要求钱宇打领带

用这样的方式，表面上学生是管理好了，但学生从心里是否接受，另当别论，我也别想在学校好好当老师了。作为一个刚调到新单位的新上任的班主任，政教主任在我眼里还是很大的官儿，我没那么大胆子得罪领导。

既不能放任钱宇不遵守校规，也不能用校规校纪强制他戴领带。大家猜猜我怎么做的？

我对钱宇说："钱宇啊，老师遇到难题了，你帮老师出出主意，老师该怎么办呢？"

钱宇很惊讶我会请教他，特别开心地问："老师，什么事儿？您说。"我装出为难的样子，说："老师先谢谢你！麻烦你帮老师去请教一下你爸爸，问他如果全班 60 个学生都没有戴领带和领结，谁该站最后？老师不知道该怎么排队，麻烦你让你爸爸来帮咱们班排一下队。"

听了我的话，钱宇也明白了我的意思，掉头飞快地跑走了。大约十分钟后，他回到教室，红着脸跟我说："老师，你看我领带戴上了。"我非常高兴，连连说："谢谢你！"后来学校安排的各种正式活动，全班 60 个学生都自觉地按学校要求做到了整整齐齐。

这件事在我执教这么多年里非常难忘。钱宇的父亲作为学校的政教主任，不仅参与制定学校的规章制度，而且对班主任日常工作的考核有建议权和部分决策权。因此，钱宇可能想着我爸说了让我站最后，言下之意就是我不用戴领带。况且我爸就是你领导，是管你的，领导说的话想必你也不敢反驳。那么我违反学校纪律又怎样？有点儿“我爸是李刚”的感觉，这种情况确实比较棘手。

平日里，我可以依靠纪律约束孩子，按规矩办事，可当立规矩的人说，这一次给我儿子特殊照顾，班主任你就睁只眼闭只眼吧。作为班主任，我该不该看人头下菜碟子呢？换言之，当纪律规矩因为外部原因而丧失权威性时，我应该怎么教育孩子们呢？是放任不管还是坚持遵守呢？

我选择坚持遵守，敬畏制度。沙子本身没有形状，只有把沙子装在容器里，它才有形状。容器各式各样，你想让沙子呈现什么样的形状，就装入什么样的容器。定好的规矩就像是装沙子的容器，没有了规矩，班集体就会是一盘散沙。常言道，没有规矩，不成方圆。因此，每个集体都应该制定规章制度，并且保证在规章制度面前人人平等。“王子犯法与庶民同罪。”一个真正优秀的管理者，不管是领导干部，还是腰缠万贯的富翁，犯了错误都需要站出来承担责任。如果仗着自己的特殊身份就不守规矩，那长此以往只有两种结果：一、这个管理者失去信服力，最终下台。二、这个团体丧失凝聚力，分崩离析。同理，在一个班集体，即使班主任犯了错误，也同样要受到相应的处罚，更不要说有特殊背景的学生。只有人人平等，大家才会心服口服，也才能让学生更加懂得规矩的重要性，从而让学生敬畏制度。

如何制定规则?

罗曼·罗兰曾经说过:“世界因有规则而美丽。”虽然有时候,规则可能会带来约束,让人们不能随心所欲地做想做的事。但正是因为这些约束,让每个人意识到自己该做什么,不该做什么,实现自我管理。有了规矩,歹徒不能肆无忌惮地抢钱伤人,人们知道自己有哪些身份角色,有哪些责任和义务,这样社会才能正常运转,井然有序。国有国法,家有家规。家长在孩子不同的阶段,可以利用不同的规矩来进行教育。

婴儿时期

小孩子刚出生的时候,拿住大人的方法就是哭。如果孩子一哭,大人就抱孩子,给孩子喂奶或哄孩子,那孩子就知道哭是有用的。只要自己哭,大人就能满足自己的无理要求。长此以往,孩子心里会默认:我想要什么,你不给我,只要我哭,你就得给我。你不给我我就一直哭。

那么如何让孩子养成良好的规矩意识,形成习惯呢?《卡尔威特的教育》一书给了我们答案。卡尔威特的父亲在儿子出生后的后半个月,就坚持定时给宝宝喂奶,有规律的生物钟。孩子长大一点儿,就严禁随时随地给孩子吃点心等零食。即使是为了孩子的营养,也有固定的点心时间、喝奶时间等。在这样的教养下,小卡尔从小就养成“什么时间做什么事儿”的好习惯。与此同时,当个人意愿得不到满足时，小卡尔也不会任性、哭闹撒泼。

学龄前

如果第一粒扣子扣错了，剩余的扣子哪怕都是正确的顺序，也只能扣进错的扣眼。我始终相信，人生的扣子从第一颗就要扣好。婴儿时期是孩子塑造性格与养成习惯的重要阶段。大人可以教孩子一些简单的规矩，比如提前跟孩子说好：你不能撒谎，不能辱骂大人，公共场合不能大吵大闹，想要玩具不能在地上打滚撒泼等。如果你没有做好，当天的零食或玩具就没有了。

我女儿小时候嗓门特别大，大家都叫她“高八度”或者“高音喇叭”。我跟女儿约定，不能在公众场合大吵大闹（这里需要跟她解释，公众场合是指在家以外的地方，或者家里人很多的时候）。如果她吵闹了，就不给她买冰淇淋。一次，远方亲戚来拜访，我们几家人一起聚餐，3 岁的女儿还是自顾自地在一旁玩耍，喊她吃饭的时候她大声吵闹不肯吃饭。当时我没有跟她辩驳，因为小孩子也有面子，大人要注意在外人面前给孩子留面子。等亲戚走后，我把女儿叫过来，跟她讲：“你今天下午在大家面前吵得太大声了。按照咱们之前的约定，今天没有冰淇淋吃了。”女儿嘤嘤嘤地恳求我：“妈妈，我错啦，我再也不敢啦。求求你给我买冰淇淋。” 不管女儿怎么请求我，我都说不行，因为她违约了。如果我答应，女儿就会觉得她下次还是可以大吵大闹的。只要她一认错，我就会原谅她，她还是可以吃到冰淇淋，所以，我坚持没有答应女儿。后来几次家庭聚会中，女儿都表现得很乖，我也给了她其它奖励，比如故事书、小宠物、零食，还陪她画画等。长此以往，女儿就知道她做得好会得到表扬，做的不好就会失去奖励。她学会了为自己的行为买单。因此，女儿后来再也没有在公众场合大吵大闹过了。

小学到高中

这个阶段的规矩能帮助孩子养成良好的品德和学习习惯。

品德教育方面，学龄后的孩子，需要学习诚信、孝顺、礼貌、分享等。这些品质不是家长“说教”出来的，而是“示范”出来的。比如家长想要孩子不迟到，如果天天在孩子耳边说：“你不要迟到，你得早起，一定要按时到校”，孩子不一定听，说不定还会嫌你唠叨。想要孩子不迟到，最好的方法是家长以身作则。首先，家长在孩子面前一定不能迟到，比如上学放学接送孩子，周末带孩子游玩，带孩子参加各种活动，等等。其次，家长每天早上提前叫孩子起床，早走五分钟，告诉孩子路上可能会遇到红灯或晚走路上可能会堵车，这样就有可能会迟到。久而久之，孩子自己也会养成早起床，早出门的习惯。此外，家长还可以告诉孩子：守时、不迟到是对别人的尊重，大家都喜欢尊重他人的孩子。通过语言和行动相结合，培养孩子不迟到的好习惯。

学习教育方面，我也会通过立规矩来培养孩子良好的学习习惯，并管理孩子的学习行为。从教三十多年，每次我新带一个班，都会先明确规矩的重要性，然后跟孩子们商讨，大家共同达成协议，制定规矩。常见的规矩包括以下几点：

1. 桌面放名字牌

称呼每个人的名字是对对方的尊重。如果我说："来，窗边那位同学回答这个问题，戴眼镜的同学回答那个问题。"那学生听了也会不舒服吧，心想：这老师上这么多天课了，连我名字都没记住。老师叫每个学生的名字，是对他们的尊重，也能快速知道每个学生的特点，履行因人而异的教育理念。其实我年轻的时候当班主任，不用名字牌也可以记住大家的名字。现在年纪大了，又当了校长，教的孩子也越来越多了，上课的时候放上名字牌，便于记住大家。

2. 上课必须认真记笔记

好记性不如烂笔头。再聪明的学生，一天上 8 节课，科目繁多，大家很难把全部知识要点记住。所以每个学生都需要有笔记本。此外，好的笔记需要有逻辑，重点、难点一目了然。定义、概念可作为大点，用红笔记或画横线；例题可作为小点，用黑笔记在大点下面。放学回家第一件事儿，大脑像过电影一样先回想今天上课学到的新知识，如果忘记哪一点，马上翻笔记，这样学习起来才会事半功倍，写作业也会更有效率。

3. 课堂参与度

孩子每天上八、九节课，每节课 45 分钟。每时每刻聚精会神听讲对孩子来说很难，咱们大人都不一定能做到。因此，为了避免思想跑神，课堂参与度很重要。我跟学生说："有想法就举手。回答错没关系，学生本来就是来学习的，回答错或不会都很正常，全都会了那是天才，就不需要老师啦。”

我曾经教过一位非常优秀的孩子，成绩名列前茅，有机会冲击常青藤中排名靠前的院校。可后来录取结果出来，她只被一所排名靠后的常青藤院校录取(其实也已经非常优秀了)。寻找原因，我们发现外教在孩子的推荐信上写了“这位学生在课堂上太过安静”。我们中国老师可能觉得孩子安静代表她性格文静乖巧。可是外教认为：孩子上课不回答问题只有三种情况：第一，没听懂；第二，不勇敢，怕丢面子；第三，不愿意分享。孩子主动回答问题，不仅能检验知识的掌握程度，还能变得勇敢自信，老师、同学都会称赞这个孩子的分享行为。因此，我一直鼓励孩子在课堂上积极参与，有想法就举手。

4. 说到做到，学会尊重

常言道：君子一言，驷马难追。我每次接管一个班级，一开始总是少说多看，观察每个学生的各种习惯，如：

▶ 几点到校？

▶ 提前到校后怎么安排时间？

▶ 每节课是否提前做好准备？

▶ 听课是否集中精力？

▶ 课间见人是否问好？

▶ 每个问题怎么解决？

▶ 放学后作业是否独立完成？

- 节假日如何规划？
- 打扫卫生是否积极？
- 是否孝敬父母？

之后，我会根据不同学生的特点跟每个学生建立小约定。比如经常迟到的同学从一个月迟到 5 次变成 2 次。我和学生共同讨论具体的进步小目标，一旦双方达成一致，就必须说到做到，这是对自己的尊重，也是对他人的尊重。言必信，行必果。只有履行诺言，才会心想事成，受人尊敬。

02 以身作则

身教重于言传

当规则制定完成后，家长和孩子需要共同遵守，按照规矩做事。家长是孩子的榜样，孩子是家长的镜子。只有家长以身作则，孩子才能上行下效。

我曾读过这样一个故事：曾经有一位老人，与儿子、儿媳、孙子住在一起。老人年迈手抖，吃饭的时候经常把饭菜洒在桌上或地上，严重的时候还会把碗摔碎。儿子和儿媳都很嫌弃老人，商量着要给老人换一个木碗，还不让老人上桌和他们一起吃饭。老人很伤心，经常偷偷落泪。

有一天，小孙子拿来一些积木拼拼凑凑，儿媳好奇地问："宝宝，你在干嘛呀？""我在拼木碗，等爸爸妈妈老了给你们用！"儿子声音洪亮地回答。儿子和儿媳忽然明白，自己的一言一行儿子都看在眼里。如果自己不孝敬老人，以后孩子也不会孝敬他们。从此以后，儿子和儿媳身体力行，对老人十分孝顺。

由此可见，父母想教给孩子一个道理，不能只是嘴上说教，而需要言传身教，以身作则。比如：父母想教给孩子孝顺，不应该只对孩子讲道理："你要学会孝顺，你要尊重老人。"这样孩子反而会觉得唠叨，听不进去；也不应该一边说着孝顺，一边对老人不敬：嫌弃老人脏，不抽时间去探望老人，或在老人生病时不管不顾。家长言行不一，孩子会产生割裂感，到底什么是孝顺？最好的办法是用行动教给孩子孝顺：如时常带孩子去探望老人，主动给老人做饭、做家务，吃饭时给老人盛饭夹菜，语言、行为对老人尊重等。有了这样的父母，孩子自然也会孝顺。

父母是孩子最初了解世界的引导者，是孩子最好的模仿对象。小孩子生下来就像一张白纸，父母的言行举止就像是画笔。因此，父母想让孩子是什么样，自己就要先做成什么样。父母是原件，孩子就是复印件。

《自然恩典》讲过这样一个道理：婴儿呱呱坠地，在后来的成长过程中，为什么有的讲四川话，有的讲上海话，有的讲广东话？还有的讲英语，有的讲日语？孩子们的口味也不同：湖南人喜欢吃辣味，江苏人喜欢吃甜食。这些不同都与孩子成长的家庭环境息息相关。假如从刚出生，家长就给孩子讲伟人、圣人、名人、奋斗者的故事，讲他们的思想理念、解决问题的方法、感恩之心，日积月累，孩子就养成了自己的价值观、世界观。养儿就如同培育一粒种子，正确的培育方法会影响种子的生长；育儿是唤醒孩子正能量、提升孩子正能量的过程，用正确的教育原理会影响孩子的一生。

在闻名世界的威斯敏斯特教堂地下室，英国圣公会主教的墓碑上写着这样一段话：当我年轻自由的时候，我的想象力没有任何局限，我梦想改变这个世界；当我渐渐成熟明智的时候，我发现这个世界是不可能改变的，于是我将眼光放得短浅了一些，那就只改变我的国家吧，但是我的国家似乎也是不能改变的；当我到了迟暮之年，抱着最后一丝努力的希望，我决定只改变我的家庭、我亲近的人，但是，唉！他们根本不接受改变；现在在我临终之时，我才突然意识到：如果起初我只改变自己，接着我就可以依此改变我的家人，在他们的激发和鼓励下，我也许就能改善我的国家，接下来，谁又知道呢，也许我连整个世界都可以改变。

要想让孩子改变，首先改变自己；自己改变了，孩子也一定会变。

我迟到了最怕谁

从教30多年，我见过各种各样的孩子，所用的教育方法及教育手段也会因人而异。教书育人的方法多种多样，我认为最有效的方法之一就是言传身教。如果校规、校纪、班规都是给学生制定的，学生必须遵守各种校规校纪，而教师却置身这些规矩之外，那么学生是不会服气的。常言道：三流的教师是保姆，二流的教师是教练，一流的教师是榜样。作为一个班主任，当你制定班规时，实际也给自己制定了规矩，因为班级里每一个学生的眼睛都盯着你的一言一行。老师不能光讲规矩制度，更要遵守班规，给学生树立榜样。一个优秀的教育者，做任何事情，都要高标准、严要求，因为教师要为人师表。学生心目中优秀的老师一定是身教重于言传，因为事实胜于雄辩。

我做班主任的第一件事就是要制定班级的规章制度，其中有一条就是学生不可以迟到。定下规矩后，作为班主任，我也是班级里的一员，所以我也不可以迟到。

由于当时家里条件清贫，住的地方离学校比较远，每天我骑摩托车上班单程大约半个多小时到学校。另外，我的女儿只有2岁，因此我每天早晨5：30就要起床。先给女儿准备早餐，再洗漱收拾，最后骑摩托车上班，保证7：00前到校。一天清晨，我醒来发现窗外下着大暴雨，豆大的雨滴噼里啪啦地砸在地上，形成密密的雨帘。“这么恶劣的天气，我一定得早出门，不能迟到，否则怎么面对学生！”我自言自语道。

我赶紧洗漱完毕，穿上外套，披起雨衣匆匆骑上摩托。由于我走得早，宽敞的街道上没有一个行人，路灯在风雨中不停摇摆。一路上，大风吹得摩托车左右摇晃，我使劲儿抓着把手才能勉强保持车子平衡。就在我跌跌撞撞骑到一个大学门口时，一个中学生蹬着自行车猛地冲出来。大雨模糊了我的视线，直到他的前车轮离我很近的时候我才发现，吓得我出了一身冷汗，赶紧急刹车，试图用脚撑住地。可是满是雨水的地面实在太滑了，我失去了平衡，连人带车倒在地上。小男孩也停了车，惊讶地站在旁边，呆呆地盯着我。确认孩子安全无恙后，我赶紧让孩子去上学，并告诉他路上注意安全。

我挣扎着抽出被车轮压着的右腿，慢慢爬起来，吃力地扶起摩托车。就在我尝试发动车子的时候，发现车已经打不着火了。看来这一摔，不仅摔得我一身泥水，还把车摔坏了。我只好把车停在路边，赶紧拦了辆出租车赶到学校。

下车后，我也顾不上去洗手间清洗，蹬蹬蹬地奔向班里。幸运的是我踩点儿进了教室。一进教室，学生们用异样的眼光看着我。因为我特别狼狈：浑身都湿了，裤子上都是泥水，头发也乱七八糟。看着学生惊讶的眼神，我赶紧给孩子们鞠了一躬，说着对不起。

我直起身，看到孩子们疑惑的眼神，借机问孩子们：“今天如果我迟到了，你们想想，我最怕谁？”一个孩子高高举起手，声音洪亮地回答："你最怕校长，因为校长会批评你。"

"可是学校 7：40 才上第一节课，现在才 7：20 啊，校长为什么要批评我呢？"我慢慢地引导着孩子们。

"有道理。"孩子们疑惑地点头答道。

"那就是怕年级组长！"另一个学生抢着答道。

我笑着说："说得对，可年级组长就是我呀。"

孩子们又陆陆续续猜了几个答案，都被我一一否决。回答的人越来越少，孩子们的眼神写满迷茫。最后我坦诚地告诉他们："孩子们，我最怕你们。因为你们即使嘴上不说，心里也不会服我。你们会想，下雨天老师凭什么迟到。因为我有借口，大家每个人都会有看似合理的借口，我希望我们每个人都要遵守班规，不为自己找借口。"

要求学生没有借口，作为老师也同样不应该有借口。所以，当我踩点进教室的时候（平时我都会提前 10 多分钟进教室），我没有用天气、摔跤做借口，而是给孩子们鞠躬道歉。班级的规章制度是开学初我和孩子们共同制定的。我要求孩子们做到的，我自己必须先做到。我非常喜欢一句话，叫"报告长官，没有借口。"这是美国西点军校的校训之一。美国西点军校在世界久负盛名，它不仅培养了一批批的优秀军事人才，还培养出无数商界的精英。他们秉承军校的理念、价值观，不仅在军事上获得了非凡的成就，也在商场上取得了卓著的成绩。这句校训我一直铭记于心，它时刻提醒着我：制度不仅是给学生定的，更是给管理者自己定的。面对规则，老师和学生应该平等，没有例外。

03 坚持原则

你倔，我比你更倔

几年前，我曾教过这样一个孩子，名叫李源，体重有200多斤，整个人胖墩墩的，站着的时候挺着圆圆的大肚子，走路的时候总是气喘吁吁的。他总是独来独往，不太与人交往。李源初中基础比较薄弱，中考成绩也不太理想。刚刚考到国际班的时候他上课什么都听不懂，总是在课堂上打瞌睡，一节课老师不知道要叫他几次，作业也不好好做。为了帮助李源和其他学习有困难的孩子们尽快赶上学习进度，我给他们“开了小灶”。每天下午5：40放学后，正逢校门口堵车高峰。为了合理利用时间，我让这些孩子先别回家，趁热打铁， 在学校待一个小时，老师陪着这些孩子们一起写作业。如果他们有问题，就可以随时找老师答疑。等过了晚高峰，孩子们再回家。

有一天下午，下课铃声刚响，李源便冲出了教室，之后一直不见人影。到了7点晚自习，他才回来，说是去吃饭了。我想着孩子学了一天挺累的，去吃饭也没错。于是我没有责怪他，说："吃饭确实很重要。不过吃饭是物质上的长身体，精神上咱也不能落下。你今天放学没有跟其他同学一起复习做作业，落下了进度。这样吧，你回家看篇英文小故事，就看《21 世纪报》上那种几百字的文章就行。看完翻译一下明天带给老师，怎么样？"

李源满口答应，背着书包开心地回家了。

第二天是节假日调休，只上半天课。一大早，我见李源满头大汗、晃晃悠悠地走进教室。一进教室他就站在空调吹风口处乘凉。我便走上前去笑着问道："老师昨天布置的翻译作业做了吗？"

"没做。"李源干脆地回答。

考虑到上午还有课，我说："你先上课，中午放学来找我吧。"

中午的时候，李源慢悠悠地来到我办公室。我找了一篇英语短文，说："你来翻译这篇吧，也不多。你翻译完就回家，咱说到做到。"这篇也就几百字，他大概十几分钟就能翻译完。

李源听了我的话，脸马上拉了下来 。

"怎么啦？"我问。 李源不理我，一屁股坐在沙发上，四仰八叉的。他保持这个姿势一动不动，板着脸，一言不发，完全没有理我的意思。

我说："那行吧，你累了先歇着，歇够了再写。 写完你就可以回家了。"

李源就这么坐着，不说话也不去吃饭。他不说话我也不说。我坐在一旁看书，也没去吃午饭。一直到下午 2 点，我要去辅导那些要考新加坡南洋理工及国立大学的学生们面试。但李源还是执拗地坐着不肯翻译，也不说话，敞着校服拉链“葛优躺”，看来是要和我打持久战了。无奈，我只好把下午的面试练习安排在我办公室对面的教室，这样方便观察李源的动向。

进教室以后，我跟学生们说：“不好意思啊孩子们，今天上课我可能心情不太好。那边办公室还有个学生让我操着心呢。咱们把门开着，不然我上课都心不在焉。谢谢你们理解啊。”

这边我话音刚落，那边就听到“砰”的一声。“李源肯定跑了，我得赶紧去看看！”我心想。我赶紧给学生们留了些自习任务，跑回办公室查看，果然李源连人影儿都没了。

这小子真鬼，趁我不在溜得倒快。道高一尺魔高一丈。从教学楼到校门口还有一段距离，李源背着书包，跑到校门口也得花一段时间。于是，我拿起电话给门卫打过去：“师傅您好，国际班有个学生长得胖乎乎的，留着小平头，背着黑色书包，跑到门口了吗？”

“没有啊。”门卫回答。

“这孩子胖胖的，跑起来呼哧呼哧的。”我形容道。

“哦，来了来了！”我俩正说着，李源的身影闯入了门卫的视线。门卫赶紧跟我“通风报信”：“一个胖乎乎的学生，远远地，往校门口跑呢！”

“好嘞！那您帮我拦住他，别让他出校门。”有了门卫的协助，我简直如虎添翼。门卫转达李源：“校长说了，让你回到她办公室。

她在那儿等你。”

放下电话，我等了好一会儿，李源还没回来。于是我给教室里的学生又布置了些作业，让他们再自习一会儿，自己赶紧跑下楼寻找李源。只见李源坐在一楼楼梯口，不肯上来。见我下来了，他抬眼瞅瞅我，不说话。

“你在这儿干啥呢？下面多热呀，楼上还有空调。”我关切地问。

李源头也不抬，还是不理人。我俩在原地面面相觑。

没办法，我给李源妈妈拨通了电话，说：“李源妈妈您好，打扰您啦。李源跟我约定做翻译，他不做，这是‘违约’的，他得把翻译做完才能回家。我这儿还有别的学生要上课，能不能麻烦您来学校帮我看着他，完成约定？”

李源妈妈一口答应：“好嘞，李校长，我这就过来！”

“谢谢您的配合。能不能再麻烦您带点吃的过来？李源没吃午饭。”

“校长您也没吃午饭吧，我给您也带点儿？”李源妈妈特别体贴地问。

“不用啦，您不用管我。谢谢您！”

过了一会，李源妈妈来了，带着炸鸡和汉堡。我让李源母子待在我办公室，对李源说：“你先吃饭吧，等会儿你歇够了就做这篇翻译。反正今天就这点儿任务，你翻译完就可以回家；翻译不完，对不起，你不能回去。”说完我就回去上课了。

下课大概是6点多，我上完课回办公室一看，李源妈妈高兴地递给我一个本子，说：“李校长您看，李源翻译完啦！”我接过本子，“假装”看了看，说：“可以呀，李源，你翻译得真好！”

李源还是气鼓鼓，不高兴的样子。于是我接着说：“你看，你早做完早就可以回去了嘛。还把你辛苦的，把你妈妈也叫来了，我在那边上课也心神不宁。”

“李校长，其实李源今天跟初中同学约着一起庆祝生日呢，所以您把他留下来他不高兴了。”李源妈妈在一旁解释道。

“过生日是好事儿。你之前跟同学约好了过生日，不想不去，说明你是个讲义气的孩子。你对他们讲义气，跟我也要讲义气嘛，咱俩昨天也约好了做翻译作业。另外，既然你跟同学们有约了，昨天就别答应我。这就是规矩和规划，要说到做到。如果你提前跟我讲今天有安排，咱们可以改成周日翻译，我周一检查。这又不是大问题，不难解决呀。你这‘金口玉言’，问着不说话，‘消极对抗’，结果碰上一个我也这么倔的人。咱俩一块儿倔，你倔我也倔，最后吃亏的还不是你啊？”

听我这么说，李源也嘿嘿地笑了。

“行吧，写完你就回家吧，谢谢配合啊。”我让李源妈妈带孩子回去了。

教育需要的是“说到做到”。言必信，行必果。如果这次我放纵李源不写翻译作业，接受他的“违约”，那下次我会更难管教他和其他的学生。因此，作为教育者，不仅需要和孩子们一起立规矩，还需要有契约精神，带着孩子们一起遵守规矩。如果碰到孩子们像文中的案例，说到不做到，那我们成人一定要约束孩子，帮助孩子建立契约精神，养成说到做到的习惯，成为更好的自己。

老师，您看她不乖就打

我小时候一直想学舞蹈，可是那个年代家里穷，没有条件。这么多年，舞蹈一直是我心里的一个遗憾。因此，在女儿阳阳出生后，我就一直想着培养阳阳对舞蹈的兴趣，从小登上舞台，享受舞蹈之美，为他人带来快乐。

阳阳 4 岁的时候，电视上播《还珠格格》，每次香妃出场，伴随着蝴蝶翩翩起舞的时候，阳阳都特别兴奋。她会一骨碌从沙发上爬起来，学着香妃娘娘的动作转圈圈跳舞。还有紫薇格格边弹古筝边唱歌的时候，她也有模有样地学：一边支着手假装弹古筝，一边对着嘴型跟唱。

一天，阳阳蹦蹦跳跳地拉着我说：“妈妈，我也想像香妃娘娘和紫薇格格一样，会唱歌、会跳舞！”

听到阳阳这么说，我兴奋极了，蹲下来，温柔地说：“好呀，那你可以像你潼潼姐姐一样，报个兴趣班。你看潼潼姐姐，就是报了电子琴班，现在会弹好多好听的曲子呐！”

阳阳小脸笑开了花，掰着手指头答应着：“那我想上跳舞班，还要上唱歌班！”

同时报两个兴趣班，以我当时的收入确实是不小的压力。可我不想让阳阳再经历一次我童年的遗憾，于是我下定决心，一定要实现阳阳的梦想！

很快，我给孩子报名了全市最有个性的小天鹅儿童艺术团，同时让她学舞蹈和声乐。看着阳阳背着小书包和练功服兴高采烈地去上课，我真的很开心。可没想到，很快一切都变了。

几次课后，我发现阳阳连最基本的动作，如稍息、立正，她都不会，她根本就没有去过幼儿园，看着自己的孩子不如其他孩子，我心急如焚。有一天刚下课，我便带着阳阳走到老师跟前聊了几句，最后又补充说："阳阳年纪小，没上过幼儿园，很多规矩都不懂。您看她哪里没做好，或者不听话，您就管教管教她，实在不行，您打她都可以，我理解，我也是当老师的。"

女儿低着头，没说话，只是怯怯地跟着我。那天回家以后，她也没什么异常的表现，我也就没多想这件事儿。

让我万万没想到的是，下周来上课，刚进学校大门，她就哭着喊着死活不肯上楼去教室。我特别奇怪，问："阳阳你为什么不愿意上课啊？"

阳阳哭得满脸是泪："我不去！老师打我！"

我这才意识到，原来上周老师拿的教棍刺激到了阳阳。我和家人从小没打过阳阳，什么事儿都是讲道理。孩子上周听我跟老师说："您打她都可以。"她确实是被吓得不轻。我拿出纸巾给阳阳擦着眼泪和鼻涕，安慰道："老师只会批评表现不好的孩子。阳阳这么乖，老师不会打你的，听话啊。"

"可是，可是你上次说老师可以打我！"提到上周的事情，阳阳哭得更凶了，怎么都劝不住。很显然，这套说辞没能平复阳阳的情绪。我非常后悔上周对老师那么说，可现在为时已晚。我该怎么做呢？是顺着阳阳的意思，带她回家，还是坚持让她上课呢？

如果这节课她不上，她下次一定也不愿意来。久而久之，阳阳会跟不上舞蹈班的进度，到时候就只能“被迫放弃”舞蹈。阳阳才四岁，这是她第一次上兴趣班。现在的她，对困难、克服、放弃，都没有概念。如果这次我带阳阳回家了，我担心以后她碰到任何事情，第一个念头就是放弃。我不想她变成一个知难而退的孩子。为了避免这种情况的发生，我心里暗暗决定，不能让阳阳回家，一定要让她坚持下去，培养她遇到困难学会克服的品质。

这时候，老师恰好从我们身边走过。我多么希望老师叫一声：“阳阳，别哭了，你都哭成小花猫了，快跟老师来上课吧。”假如老师这么做了，孩子一定会跟她走，因为在孩子心里，老师的话是圣旨。但是很遗憾，老师根本就没有理我们，也许老师根本就不认识我女儿。

看了一下手表，还有不到 10 分钟就上课了。阳阳还是哭得很伤心，我退一步说：“这样吧，妈妈上楼去听课学习，好吗？”说罢，我便转身，非常缓慢地移动着脚步，缓慢地向楼梯走去，边走边回头看，阳阳果然在后面跟着我上来了。来到三楼教室门口，阳阳停下脚步。无论我怎么给她讲道理，她始终搂着我的腰拼命挣扎，不肯进教室。

“那好吧，妈妈进去听课，你乖乖在教室外面等妈妈。等会儿你愿意进来的时候，过来跟妈妈一起上课，好吗？”

阳阳抽泣着不说话。我进了教室通过门缝悄悄往外看，看到女儿扒着门，透过门缝也正悄悄地看着我。过了 10 分钟左右，女儿轻轻推开门溜进教室，按舞蹈的要求，后背挺直，贴着门两手臂平举坐在门厅的地上。舞蹈老师根本看不到她。又过了一会儿，我示意女儿跟在班里其他同学后面练。女儿犹豫了片刻，慢慢往教室里蹭。刚蹭到教室的最后面，她又停住了，坐在队伍最后面跟着做动作。就这样，阳阳上课的位置从教室的最后，每次向前挪 0.5 米，花了很久才归队。为了给女儿建立信心，我站在远离学生的后面跟着老师学动作。其他的孩子和家长都好奇地注视着我，可能疑惑这个班怎么有个家长还在旁边跟着一起练？

这件事深深地打击了阳阳的自信心和积极性。以前她总是叽叽喳喳说着跳舞多漂亮、多开心，特别爱和其他孩子一起跳舞，可是现在她却没那么兴奋了，整个人蔫蔫的，没精神，把上课当成了一种负担。为了培养阳阳对舞蹈的兴趣，我决定帮她重新建立自信，于是我咬牙买了台摄像机。在那个年代，一台好的摄像机是我几个月的工资，但这是我想到最能帮助到阳阳的办法。

之后的日子里，我每次都带着孩子、扛着摄像机去上舞蹈课。阳阳在前面跟着老师学，我在后面摄像。下课回家后，我都会把录像放在 DVD 机上，给阳阳看她和老师的舞蹈动作，陪她练习：压腿、下腰、青蛙跳等。看到做得好的动作，就会夸阳阳：“宝贝你真棒！你跳得太好了！”碰到她不会做的动作，我就会把画面拉近，放大老师的动作，和阳阳一起重新学习，再练习。碰到阳阳做得不好的地方，我就会把画面拉远到整个教室，指着屏幕说：“你看，别的小朋友都好好的手叉腰跪坐着，只有你的胳膊晃来晃去，是不是不太好呀？你看那样跳是不是就好看呢？”通过视频，阳阳能清晰地看到全班同学的动作，发现只有自己的有些动作和大家做的不一样，自然就会改正过来了。

阳阳的舞蹈之路坚持了 6 年。最后她腿上长了肉瘤，在医生的劝说下，我们才艰难地决定放弃舞蹈。这 6 年期间，我记得夏天的时候，每到周末她爸爸蹬自行车带她上课回来，她爸爸都汗流浃背，她的小脸也晒得红扑扑的；我记得下着大雨，我和阳阳爸爸打车送她去上课。下车后撸起裤管，背着她蹚水，等走到教室里，我和她爸爸整个鞋子、裤腿都湿透了；我也记得周内上完课回家，阳阳晚上近 10 点才开始写作业，等她写完，通常已是深夜 11 点多；我还记得很多个寒假暑假，为了让阳阳坚持上舞蹈课，我们很少带她出去旅游。

阳阳也很争气。舞蹈班是筛选制的，为了培养未来专业的舞蹈家，隔一段时间都会劝退一部分跟不上进度的孩子，也会带优秀的孩子去参加各种表演。阳阳 4 岁刚进去的时候，她那个年级一共有 19 个班，10 岁的时候已经筛选得只剩 3 个班了（当然也有孩子自己放弃了）。一开始，阳阳总在最后一排跳舞，后来慢慢到中间，到前面。再后来有外出表演的机会时，老师也会挑中阳阳参加演出。

现在，女儿和我都很感恩这段经历。说实话如果不是为了给阳阳做出榜样，我也不想下雨天蹚水，陪她练基本功，熬到深夜才睡，我假期也想出去旅游，可是我更感谢付出了这些努力的自己和阳阳爸爸。正是这段经历，我直观地向阳阳展示了遇到困难该怎么做。这几年，阳阳下雨天坚持上课，熬夜时认真完成作业，假期不会因为旅游翘课，不会因为任何原因迟到。阳阳后来跟我说，她从没想过下雨、作业多、快考试了或者放假就不去上舞蹈课，因为我和她爸爸从没有给过她这个概念。在她的世界里，舞蹈课是她的一部分，是不管遇到什么困难都要坚持的事情。

坚持的品质延续到了阳阳的初中、高中、大学及工作。阳阳的大学本科是在美国排名前三的常青藤大学就读的，周围的同学都非常优秀。在她大三的时候，专业课难度增加，教学进度也变快了。除了学校课业之外，她还面临着投简历、面试等各种新的挑战。

有一次，美国时间凌晨三点左右，我接到她的电话。她哭着说："妈妈，真的好难，有些知识点我怎么都学不会，实习单位也找不到。我压力太大了。"我安慰道："那行吧，你要是太累咱就不学了，你回家，妈妈爸爸养着你。"

听我这么说，阳阳一下子激动起来："妈妈，你怎么能让我辍学呢！我好不容易才考进来的，你怎么能让我放弃！你还是老师呢，你会让你的学生半途而废吗？"

"那我不想让你太累了嘛，看着你难受，老妈也难受。"我又解释道，"那你告诉妈妈，你想怎么办？妈妈尽力帮你！"

"那，我接着学习去了。"阳阳挂掉了电话。

那段时间，她成绩确实有所下滑，也找我哭诉过多次。可过了一段时间，她给我拍了一张照片，是她满分考了全班第一的试卷。又过了一段时间，她打电话给我，激动地说："妈妈，我找到实习单位啦！"看到她现在的样子，我不禁想起小时候我和她爸爸每周蹬着自行车送她去学跳舞的场景。我知道，是阳阳坚持的品质帮她度过了一次次的难关，这个品质也将伴随她一生，帮她度过未来每一个难关。

第二章

如何在矛盾中教育孩子？

高新一中国际班毕业典礼为孩子们拨穗

不会认错的家长，教育不出会认错的孩子

适用场景

○家长与孩子之间产生矛盾时，双方争执不下，难以判断谁对谁错。

○面对孩子犯的错误，家长不知道如何处理。

方法总结

○如果是孩子的错误，家长不应“用身份强迫孩子认错”，而是用事实说话，让孩子心服口服。

○没有明显对错时，家长应站在孩子的角度，帮他分析利弊，让孩子判断对错。

○家长多看孩子的优点，称赞孩子一点一滴的进步，让孩子体验与父母相互理解的默契。

01 | 有明显对错：用事实说话，让孩子心服口服

老师，我听课了

2000 年左右，我有一个学生，叫王浩，他聪明活泼，热爱体育活动，善于交友。 由于他个子不高，总坐在第一排。一次我上课的时候，看见王浩脸朝着窗外，眼神发呆，也没有记笔记。看他这样，我比较确定他心不在焉，思想跟不上了。于是我提醒了一下他：“王浩，注意听课。”

在全班同学面前，王浩感觉丢了面子。于是他猛地站起来，大声说道：“老师，我听课了！”

听到他反驳，我心情很不爽。但没有证据，再和他辩下去会浪费大家的时间，因此我给他鞠了一躬，抱歉地说：“对不起，是老师冤枉你了。”

听到我道歉，王浩开心地坐下来，我便接着上课。我知道，这次放过王浩，以我对他的了解，他一定还会出现思想不集中的

现象。于是，我刻意从英文切换到中文开始讲课，也没有讲很复杂的知识点，同时悄悄关注着王浩的听课状态。

没过一会儿，王浩脸上果然又出现了类似的神情，呆呆地坐在那儿不知道在想什么。我冷不丁把他叫起来：“王浩，老师刚刚说什么了？”

王浩看着我，不说话。

我又说：“没事儿，你说大概意思就行。”

王浩低下了头，还是不说话。

“是不是老师讲话的声音不够大，你听不到？”我接着问道。

“不是。”他嗫嚅着。

“那是不是你今天听力有问题？”

“没有。”他还是很小声地回答。

“那你为什么不会？我只是让你重复我刚才讲话的大意。这难吗？”

王浩涨红了脸，哑口无言。过了一会儿，终于缓缓承认：“我没听课……”

其实45分钟的课堂，一天8节，小孩子要保证时时刻刻都全神贯注地听老师讲课非常难，即使我们成年人都很难做到这点，更别说孩子们了。思想一时跑神是非常正常的现象，老师提醒一下孩子也没什么，只要孩子及时调整状态就可以了。但是有些孩子就是明知自己不对，还死不承认。碰到这种情况，可以先退一步，跟孩子道个歉。等下次他再犯这个错误的时候，有理有据地让他承认错误更好。

比如上文中，我的措施有：

1. 从英文讲课切换到中文讲课

2. 开始讲简单的知识点

3. 不问他问题，只让他重复我说的话

4. 不用逐字逐句地重复，只需描述大意

对于没听课，回答不出问题的孩子来说，以上四个措施可以避免四种潜在的借口：

1. 听不懂英语

2. 知识点太难

3. 这个问题我不会

4. 原话我记不得

在孩子复述不出的情况下，有些老师会直接批评孩子没听课，这种方式的本质是以教师的身份帮孩子“下结论”，孩子还是没有主动承认错误。

因此，我的做法是问他两个问题：“老师说话的声音是不是不够大？”“你听力有没有问题？”这些问题堵死了他的各种借口，他只能主动承认自己没听课。

凭什么说我没写作业?

许多年前，在我刚步入工作岗位不久，有一位姓王的同事。王老师是一位刚刚大学毕业的青年教师，他对待工作一丝不苟，责任心强，对孩子也是严格要求。但他毕竟年轻，缺乏教育工作经验，处理问题不够理性，因此常常会让自己陷入困境。

有一次，王老师在批改作业时，发现几个孩子没有写作业，就把作业本原封不动发了回去。等上课的时候，他点这几个孩子起来，问他们为什么不写作业。

其中一个孩子反驳说："老师，我写作业啦！"说罢，翻到写好作业的那一页，举起本子让老师看，并且大声嚷道："老师您看，就在您发的这个作业本上。"

王老师一听，怒气冲冲地走到这个学生面前，拿起作业本，非常生气地说："你们几个没写作业我都记下名字了，难道是我把你记错了？你没有写作业是事实，肯定是我发了作业本后你才补写的。你这样胡搅蛮缠，分明就是撒谎！没有写作业就已经做错了，现在又撒谎，这是错上加错。"

孩子指着作业本委屈地说："老师，我明明做作业了，你真的冤枉我了。你凭什么说我没有写作业？"

王老师见这个孩子没写作业还撒谎。愤怒之下，把本子甩到他身上。

在这里我想问问各位读者，大家觉得这个老师的处理方式如何？如果换成您，又会怎么处理这种情况呢？

Ⅰ. 把这个孩子批评一顿

Ⅱ. 叫孩子家长来告状

Ⅲ. 暂时放过这个孩子

选择Ⅰ. 把这个孩子批评一顿

在以上情境中，王老师已经批评了孩子，甚至还动了手。可显而易见，孩子并没有信服。在这种情况下，再把这个孩子批评一顿会有三种潜在恶果：

1. 为了面子，孩子坚持老师冤枉他。师生关系因此恶化，孩子和老师以后会继续产生矛盾。

2. 学校知道王老师批评教育孩子时，动手打了孩子，一定会处罚王老师。

3. 其他孩子并不知道事实真相。他们看到王老师在没有任何证据的情况下处罚同学，会觉得王老师不是以理服人，而是在用教师的身份强压学生。其他学生会和那个学生站在一边，这样王老师以后的工作会变得更加被动。

综上所述，把孩子批评一顿不是最理想的处理方法。

选择Ⅱ. 叫孩子家长来告状

这个选择其实是故事的真实走向，只不过不是王老师主动做出的选择。这个孩子下午放学回家后，把这件事告诉了家长。家长百分之百相信孩子，觉得王老师就是冤枉了自己的孩子。于是家长立刻带着孩子来到学校，不依不饶地要讨个说法。为了安抚家长和孩子，校领导只好处分王老师，停了他的课。就这样，王老师从正式教师变成了合同工。

王老师感觉特别冤枉，有理说不清。只能哑巴吃黄连，有苦说不出。明明是孩子的错误，可家长却觉得自己对孩子存有偏见，来学校告状，校方还给了自己处分。一位刚刚步入工作岗位的青年教师，血气方刚，满腔热情，却被迎面泼了一盆凉水。因此，跟家长告状也不是最理想的处理方法。

选择Ⅲ．暂时放过这个孩子

这是我比较推荐的方式。我相信王老师说的一定是事实，但是他的处理方法实在欠妥，没有证据而强制要求孩子认错，孩子是不会接受的。王老师的本意是想让孩子把作业补上。孩子已经补了，就放过这一次。这种经常不写作业的孩子一定会再犯，特别是这次他躲过了老师的批评，侥幸心理会促使他再次犯同类型的错误。到时候老师拿着证据和他谈话，进行批评教育，会让他心服口服。

那么，证据怎么来呢？我个人认为，王老师在批改作业时应该留下标记，比如在作业本上写：XXX，昨天的作业你怎么一个字都没有写？或者请你把作业补写，并在后面签上日期。如此一来，学生即使补上了作业，老师也能证明学生是在老师批改之后补写的作业，学生就没有办法胡搅蛮缠。

所以，在教育孩子的过程中，一定要有理有据，以事实服人。一个优秀的教育者既要会教书又要会育人。如果总是简单粗暴地用家长或老师的身份强制要求孩子按照成人的意愿做事，而孩子并没有意识到自己的错误，他们反而会不服气，这样就会导致成人与孩子的关系更加紧张。相反，如果成人把自己和孩子放在平等的位置，不用身份，而是用道理说服孩子。孩子一来无法辩驳，二来也会意识到自己是无法糊弄人的，三来还学会用事实说话这种沟通方式。长此以往，同类的问题孩子不会再犯，教育者跟孩子相处也会更加轻松。因此，不管是在学校，还是家里，成人都要以理服人，尊重事实，让孩子心服口服。通过改变自己的教育方法来改变孩子，让自己和孩子一起成长。

我就是去看病了，没去网吧！

十几年前，我接手了一个高三的毕业班。班里有个叫乐乐的孩子引起了我的注意：他上课常常心不在焉，有时更会趴在桌子上睡觉。作业时常不按时交，甚至出现旷课不到校的情况。为了帮助乐乐，我去了解了他的家庭情况，得知他爸爸得癌症多年，一年前过世了。就在全家笼罩在悲痛中时，祸不单行，妈妈又被查出了绝症，必须住院接受治疗。多年的抗癌经历已经让这个家一贫如洗，乐乐也一直缺乏父母的陪伴，总是一个人在家。我非常同情乐乐的境况，于是向学校申请给他减免学费和住宿费，但乐乐坚持住在自己的家里。

有一天，乐乐没来上学，他的朋友小海告诉我乐乐病了。我赶紧给乐乐家打电话，一直没人接，我心里隐隐觉得情况不对。放学后，我去找了跟乐乐同小区的李老师，请他晚上 11 点半左右去乐乐家看看。李老师人特别好，晚上快 12 点给我打来电话，说敲了半天门，没人应答。我怀疑其中有问题，又请李老师第二天早上来学校前，在 6 点半左右的时候再去乐乐家看看。后来李老师说，还是没人应门。

按理来说，晚上 11 点半，学生怎么都应该回家休息了，早上 6 点半左右是起床时间，而且一般都还没有出门。所以这两个时间段乐乐都应该在家。可两次敲门都没人应答，这时我心中比较确定，乐乐应该是夜不归宿了。可是他会去哪儿呢？

上午 8 点左右，我叫来乐乐的好朋友，小洋和小海，问他们乐乐晚上一般在家里干什么？小海说：“乐乐学累了会在家玩电脑游戏。”

为了确定乐乐到底是夜不归宿，还是在家玩游戏不开门，我给乐乐妈妈打电话了解了情况。乐乐妈妈说：“我把有电脑的房间的门锁起来了，他进不去，也没办法配钥匙。乐乐是不可能在家玩游戏的。”

由此，我更确认了乐乐夜不归宿的猜测。因为担心乐乐妈妈的病情，我没直接提这件事儿，只说：“乐乐这两天好像病了，没来学校。我给家里打电话一直没人接，能不能麻烦您回趟家，看看乐乐是不是生病了？”

乐乐妈妈特别友好，说：“成，我马上回去看看。”

大概 40 分钟之后，乐乐妈妈给我来了电话：“李老师我到家啦，乐乐没在家。”

为了不让乐乐妈妈着急，我赶忙安慰道：“您别担心，乐乐可能不舒服，去看病了，说不定一会儿就回来了。”

10 点多，乐乐妈妈给我来电话说她出去找了孩子一圈，最终还是没有找到。我让她在家等等看，先不要着急。上午的课结束，我叫来小洋和小海，请他俩利用中午 12 点多的休息时间去帮忙找找乐乐。 过了不到一小时，1 点左右，乐乐妈妈来电话，开心地说：“乐乐回家啦，他说早上去看病了，所以没去上课。” 大约 1 点 30 分左右，小洋和小海也回到学校，说没找到乐乐。

我觉得这里面有蹊跷，想想乐乐前一晚没回家，今天他的朋友们 12 点多去找他，1 点 10 分左右乐乐就回家了。去帮忙找他的小洋和小海也差不多时间点，一前一后回到学校。如此巧合的时间点，再加上乐乐平时上课睡觉、旷课的行为，我难以相信“去看病”的说法。

我给乐乐妈妈打电话，请她 2 点和乐乐一起来学校。同时我又把小海和小洋叫来，让两个人待在不同的房间，分别问话。先是小洋，我问：“你们俩一起找的乐乐还是分开找的呢？”

小洋不假思索地回答：“一起找的。”

我接着又问：“中午你俩一起吃的饭还是分开吃的？”

小洋立刻说：“我们一起吃的。”

我又问：“吃的什么？”

“米线。”他回答道。

我穷追不舍，又问道：“去哪家吃的米线啊？”

小洋胆怯地说：“就出校门口右拐那个，范家米线。”

我又到另一个房间接着问小海，还是一样的问题。在问到“在哪里吃的，吃了什么”的时候，他的回答和小洋的截然不同。他说他们俩吃的都是羊肉泡馍。

我立刻说：“撒谎！小洋说你们俩吃的米线，就在校门口附近的那家范家米线。你俩谁撒谎了？”

我能理解小孩子们相互包庇，可能是怕说实话我会批评他们，觉得能糊弄过去就糊弄过去。没想到我来这招儿，而且还真问出了不一样的答案。我又接着说：“小海啊，老师没证据是不会说你们的，也不会批评你们。乐乐真的很孤独，家庭背景又特殊，他真的需要大家的帮助。你们要是真的为乐乐好，关心他，就应该跟老师一起帮他改掉旷课的坏习惯，而不应该跟他一起欺骗老师。”

小海这时候才松口，说了实话：原来他们去了乐乐常去的网吧。乐乐正躺在沙发上睡觉呢。他们赶紧把乐乐叫起来让他回家。他们是 12：50 左右找到乐乐的，所以乐乐 1 点多回到家。有了小海的“证词”，加上之前两次敲乐乐家的门并且没人应答的“证据”，我对后面跟乐乐的“审问”心里有了底。

这时候乐乐和他妈妈踏进了办公室。我急忙请他妈妈坐下，然后心平气和地问：“乐乐，你今天怎么没来学校？”

乐乐漫不经心地说：“我去看病了。”

“哦，生病了呀，什么病？”

“感冒。”乐乐干脆地回答道。

我又问：“去了哪家医院？”

他说：“高新医院。”

我穷追不舍：“挂号费多少？”

“10 块。”

“挂的什么科？”

“内科。”

“老大夫还是年轻大夫？”

“老大夫。”

“几点看完的？”

“10 点半。”

“看完病干什么去了？”

“我去西工大对面的书店了。”

“看的什么书？”

“《时间简史》”

“在书店哪里放着？”

“第四个架子第二排。”

我忍住气说：“那咱俩去一趟书店，看看书是不是放在那里。”

他不服气地说：“去就去。”

我本来想着这个孩子没去书店，肯定心虚不愿意去，没想到他一口答应，直接把我怼回来。而且这几个回合下来，面对这么多的细节问题，乐乐每个回合都面不改色心不跳，一口咬定看病这套说辞。要不是知道真相，我说不定也会信了他的谎言。

这孩子撒谎太老练了。我火噌的一下子冒上来，但还是强压着自己，冷静地说：“乐乐呀，如果没有证据，我不会这么跟你谈话。没了解清楚情况我能问你这么细吗？咱俩现在去趟西工大，看从那里回到你家，就算是走路，是不是要两个半小时？我希望你是个诚实的孩子，敢作敢当！”

这时候乐乐还在嘴硬，坚持道：“我就是去看病了。”

他这种说法真的惹火了我，我当着他妈妈的面问他：“你需要我把证人给你叫来吗？你几点在哪儿被谁找到的，当时你在干什么，咱们当面再说一遍，可以吗？我不想出卖同学，你妈妈这么信任你，我想让你自己说清楚。可你的做法真的让老师失望了。

你父母不是不想管你 —— 爸爸一年前去世，妈妈患病住院。你现在睁着眼睛说瞎话，还像不像个男子汉？有没有一点儿担当？你这是对你自己的未来不负责任！”

听到这些话，乐乐一下子蔫了，没有了一开始的理直气壮。在接下来的谈话中，他坦白自己在网吧玩了两天，也认识到了自己的错误。

谈话结束的时候，乐乐看着我和他妈妈的眼睛，认真地说：“这次的事是我的不对，请再给我一次机会，我不想保证什么，但你们看我接下来的行动吧。”乐乐妈妈特别感动地说：“李老师，您真是个好老师。乐乐从小学到初中，再到高中，没有任何一个老师会花这么长时间来教育乐乐。老师肯花这么多时间，一定没有教不好的学生。”在接下来的高三时光中，乐乐果然减少了上课心不在焉、趴着睡觉以及旷课的行为，并且再也没有对我撒过谎。毕业时，乐乐顺利考上了一所一本院校。

这次事件有两个特点：

一、处理时间长，一次性解决孩子撒谎的问题。整个过程花了两天多的时间。第一天我怀疑乐乐玩游戏夜不归宿，安排了跟乐乐同小区的李老师的两次家访。第二天我跟乐乐妈妈、乐乐朋友和乐乐本人的沟通，“逼”着乐乐承认真相。虽然花了相对多的时间和精力，但我的目的是一次性纠正乐乐撒谎的坏习惯，让他懂得做人要诚实，要敬畏制度。

二、沉着冷静，注重细节，步步深入。乐乐在跟我斗智斗勇的过程中表现沉稳，不慌不忙。他淡定，我就得比他更淡定，用一个接一个的问题让他露出破绽。这里的提问有三个技巧：

1. 开放式问题。“吃什么了？”比“吃了米线还是羊肉泡馍？”更需要时间思考，更难回答。因此，不要问选择性问题。同理，不要先帮孩子做假设。“你为什么没来学校？”比“你是因为去看病，所以不来学校吗？”的问题自由度更高，回答空间更大，因此更容易露出马脚。总结来说，问题本身越简单越好，“什么时候到”比“几点到”更难回答。

2. 追问细节。孩子撒谎时一般只会勾勒出大框架，很难考虑到细节，面面俱到。回答细节类问题时，孩子一是要花更长时间思考，二是容易被核查。类似的问题包括书放在书店哪个位置？在医院挂什么科？等等。撒谎时，孩子一开始自以为滴水不漏，但只要家长不断地追问细节，对比时间线，总会找出孩子的漏洞。

3. 注意回答的方式。电影《误杀》中，男主角培训全家人应对警察的审问。由于年龄、身份不同，对于同一个问题，回答肯定不一样。如：面对“你们几点到的”这个问题时，爸爸妈妈的回答是2号中午一点左右到的；而孩子们年龄小，并且都是学生，她们的回答就是周末一、两点到的。因为孩子对日期的反应先是周末，再是日期；另外，小孩对具体时间点不会记得那么清楚，而是根据做了什么事来判断时间。比如：我们去吃午饭的时候餐厅已经没人了，所以是过了午饭的时间，那就可能是下午一、两点吧。同理，如果乐乐回答我的问题，说法是：我上午9点出门，10点半看完医生，11点到西工大对面的书店。先说时间，再说做了什么事儿，这种表达方式就有撒谎的可能。

孩子之所以撒谎，就是因为成人容易被骗。孩子一而再，再而三地撒谎，是因为成人没有对孩子之前撒谎的行为做好纠正：要么被孩子糊弄过去了，要么孩子为之前的谎言付出的代价不够大。对于乐乐这种撒谎老练的孩子，我要向他证明：他在我的面前没办法撒谎。我一定会各方调查，直至找到真相，戳破他的谎言！

通过这次的处理，乐乐果然没有再在我面前撒过谎。长此以往，我相信他会变成诚实的孩子。所以说：找出证据，查出真相，看起来耗时又耗力，实则从根源上解决了问题，后面的教育会更轻松。

此外，我刚刚接手这个毕业班，这次教育乐乐也是对其他孩子起到“杀一儆百”的作用。孩子们私下聊天，就会达成共识：在李老师面前撒谎是没用的，她是不容易被糊弄的。面对谎言，成人坚持查出真相，用事实说话，才能真正地教育好孩子。

02 | 没有明显对错：站在孩子的角度，让他自己做决策

不打无准备之仗

我有一个学生叫吴昊，他聪明好学，有想法，擅长数理化，讨厌死记硬背；但是性格比较倔强，自己认准的事情非做不可，谁说都不听，所以经常会跟家长、老师发生冲突。有一次，他和班主任老师之间发生了较大的冲突，我得知后，跟他深谈了一次，估计触动了他的心灵深处，吴昊进步很大，老师和家长也反馈说，这个孩子确实变化大。

一个月后的一天上午，吴昊的班主任来找我，着急地说："李校长，吴昊又恢复原样啦！他又在家跟父母闹矛盾，吵得不可开交！"

"这很正常嘛，"我心想，"孩子的教育本来就是长期工作，怎么可能通过一次教育，孩子就永远变好呢？而且矛盾时时存在，处处存在。"于是我安慰道："张老师，您先别急。慢慢说他们

之间发生什么事儿啦？”

张老师坐到沙发上，平复了一下自己的情绪，然后说：“吴昊听说 A 城将要举办中学生英语辩论比赛，他觉得自己有实力，也有兴趣，对他申请大学也有好处，所以特别想参加。可是他父母不同意，觉得吴昊是井底之蛙，自己都不知道自己的英语有多差，就算参加了也拿不上奖，还得花那么多钱。”

吴昊平时英语成绩一般，口语确实也不太流利。我能理解他父母的想法，但是孩子想参加比赛是好事儿啊，这有什么错呢？谁规定参加比赛必须获奖？我心平气和地跟张老师说：“我知道了，您不用管了，我来处理吧。”

过了两天，我去吴昊班里。见到他后，我说：“吴昊啊，你们老师说你进步特别大！听课特别专心，对老师也很有礼貌，还关心集体，对自己的弱势科目知难而进，老师为你点赞。 更主要的是你们老师跟我说，你现在给自己定的目标更高了，说你想参加一个辩论赛。你真厉害！这是好事儿啊，我特别支持你！”

听我这么说，吴昊也很开心，心里像喝了蜜一样甜，咧嘴一笑。

“咱们国际班以前有没有同学参加过这个比赛啊？”我含笑问道。

“嗯嗯，有一个学姐参加过，她还获得了一等奖，贼牛啦！”吴昊兴奋地回答道。

我接着说：“是这样，但咱不能打无准备之仗。既然要比赛，咱就好好准备，争取也拿个奖回来，咱也不比学姐差呀。要不你找这个学姐给你辅导辅导，让她帮你看看你的稿子啊，听听你的发音啊，肢体动作之类的，你觉得怎么样？”

“那当然好了。”吴昊一口答应。

“那我帮你去找学姐说还是你自己找？”我顺势问道。

“不用啦，她就在我们教室楼上。”吴昊连忙摆手，“我认识这个学姐，我自己去找她就行了。”

我开心地说：“那好，你跟她联系吧。如果需要帮忙你就跟我说啊。”

大约过了三五天，我又去找吴昊：“辩论赛准备得怎么样啊？”

他看着我笑了笑，没说话。

我说：“学姐给你提啥建议啦？”

他不好意思地说：“啊呀老师，我最近可忙了，还没找学姐呢。我会抓紧时间的，您放心。”

我拍了拍他的肩膀说：“好的好的，那学习之余你赶紧找她聊聊啊。比赛时间越来越近，好好准备咱心里才不会发慌。”

他满口答应：“好的，校长，您放心。我会尽快去找学姐的。”

大概又过了一周，我又去吴昊班里找他：“吴昊，你最近准备咋样了？比赛时间马上就到了，你一定是胸有成竹吧！”

吴昊低着头没有回答我。

“还有啥困难需要帮忙吗？”我追问道：“哦，对了，那个辩论赛的事儿，学姐给你具体辅导了哪些方面？”

吴昊满面愁容：“老师，我最近实在太忙了。不是我不想去，实在是抽不出时间。”

“那咋办啊？咱辛辛苦苦去比赛，最后什么都没学到，咱是高兴而去，扫兴而归呀，就因为咱没做好充分准备，这样对不起自己啊！”

吴昊低着头沉默不语。

我接着又说：“要不这样，你先忙，老师替你去找这个学姐，帮你们约个时间。”

吴昊连忙摇着头说：“不用了，不用了老师。要不……我放弃这次比赛吧。下次准备充分我再去吧。”

我诚恳地说：“你想好了啊，你不是很想参加这次比赛吗？老师特别支持你，去了以后咱的见识都会不一样。”

吴昊尴尬地说：“老师，参加比赛见识多，也可以交到很多能人；可是总得准备呀，我现在一点儿准备都没有，去了也没用。”

我点点头：“你说的也有道理。不能打无准备之仗。那行吧，这次咱们就不去比赛了。下次准备充分再去！”

这次事件中，我自始至终没跟吴昊提他父母不想让他参加比赛的事情。如果我像他父母一样，直接指责：“你怎么又跟你爸妈吵架了？你爸妈说的有道理啊。去比赛不仅拿不到奖，还得请假飞过去，耽误好几天的课，还要花好多钱。你也太不懂事了。”这是直接把我和吴昊拉成了对立面，吴昊就会跟我逆反，觉得我不理解他。辩论比赛本身没有错，学生主动参加比赛是件好事，我们应该支持。所以，如果我站在吴昊的角度为他着想，主动提出帮他准备比赛，时时关心他的准备进度，最后他会根据自己的实际情况，做出适合自己的抉择。

任何一件事，都没有绝对的对与错，而是因人而异。家长跟孩子在处理这种没有明显对错的问题时，不要凭借经验主义，仗着自己是成人，就强迫孩子接受自己的道理。说什么自己过的桥比孩子走的路都多，什么爸妈做的一切都是为了你好，这样极容易让孩子产生逆反心理。比较成熟的做法是站在孩子的角度，为孩子考虑，不要打击孩子的积极性。慢慢让孩子自己意识到他们的选择背后隐藏着什么样的困难，从而做出正确的抉择。如果孩子迎难而上，那是好事儿，证明他们有勇气，有毅力。如果他们选择放弃，那也是好事儿，只要孩子明白自己放弃的原因就好，家长正好因势利导，从而教育孩子，让孩子知道下一次比赛怎样才可以善始善终。家长切莫用爱的名义强迫孩子接受自己的观点。

能不能换成室内体育课?

我做年级组长时，碰到过一个叫张阳的孩子。他心地善良，说话慢悠悠，关心国家大事，喜欢谈天说地；但他长得白白胖胖，体重严重超重，就连上楼梯都是气喘吁吁的。张阳只要遇到上体育课就会想方设法逃课，体育老师和班主任多次向我反映问题，我只好把张阳叫来谈话。

“你为什么总不上体育课啊？”我严肃地问他。

“老师，体育课真的太累太辛苦了。你看我的块头在这儿摆着呢，走路都费劲，体育课有时不但要跑步还要做各种活动，我真的不行；加上有时候骄阳似火，晒得我汗流浃背的。”张阳的脸皱成一团，可怜巴巴地说。

“那行吧。你不想上体育老师的课，那我给你上体育课吧。你看是上我的课还是上人家专业体育老师的课？”我和颜悦色地问他。

他笑得可欢了，忙说：“老师，您给我上吧，您给我上吧！”

“那这样，咱上室内体育课，你不用被晒。体育课练的蛙跳，就在走廊做吧。不用多，三趟就行，如何？”

他选择了我给他上体育课，就得做我安排的运动，乖乖到楼道做蛙跳去了。他跳跳就想坐下来休息，我就在后面督促道：“做任何事三天打鱼两天晒网，一事无成，这叫半途而废……”没跳两下，他又要停下来，我又在他后面继续说道：“有志者事竟成，我相信你行！”

下课铃响后，我故意问张阳：“怎么样？下回体育课你还来找我上吧？咱们继续做蛙跳，走廊还风不吹，日不晒的，适合你。”

张阳这时候说话都变快了：“老师，不用不用，我还是去上体育老师的课。体育课和同学们一起上，比你这个有意思多了！”

我强忍住笑意，认真地说：“那行，就听你的。还是人家专业体育老师教得好。隔行如隔山，术业有专攻。加油！老师相信你行！”

新时代的教育理念是培养德智体美劳全面发展的人才。体育课是必修课，不是自选课。在学生抱怨说体育课太苦太累的时候，最简单也最常见的处理方式就是搬出国家的教育方针及育人目标来说服学生：“按教育部规定，体育不及格不能毕业；而且别的孩子都能上体育课，怎么就你不能上？”可在这个案例中，张阳多次逃避体育课，体育老师和班主任多次找他谈话也无济于事，说明普通的管理规则不能说服张阳，得换个方式。

我故意问张阳愿不愿意上我的体育课。他看我是女老师，又是教英语的，不懂专业的体育，以为我的体育课会很简单。而我在他选择我的课之后，故意让他在走廊蛙跳。一来动作单一枯燥，二来走廊很长，他全程跳下来也挺累的。凭借我对他的了解，他是做不下来的；硬着头皮做完，第二天他一定会全身肌肉酸疼。所以，在心理方面，我已经战胜了他。我事先就预料到他不会再上我的体育课，他便只能选择守纪律，上学校的体育课。

03 | 如何调解父母与孩子之间的矛盾

四年没跟妈妈说话了

有一天，一位班主任咚咚咚敲响我办公室的门，一进来就慌乱地说："校长，我们班的小丁同学没来上课，听其他学生说是离家出走了！" 我赶紧给孩子父亲打电话询问情况，没想到孩子父亲一点儿也不惊讶，语气轻松地说道："没事儿，小丁就是去散散心，过两天就回来了。"

挂掉电话，班主任还是满脸担忧，解释道："校长，其实小丁跟他妈妈的关系不太好。小丁从初中开始就不跟他妈妈讲话，到现在已经 4 年了。小丁妈妈似乎也不太关心小丁。小丁上高中这一年多的时间里，他妈妈一次都没有来过学校，一次电话都没有打过。我觉得咱们作为教育者，需要跟家长沟通，调解母子关系。"

班主任的一番话提醒了我事情的紧迫性和重要性。作为教育工作者，虽说"教书育人"是教书在前，我却始终相信"育人"

对孩子的影响力更深远。一个人能否成功，学识确实是重要的因素，但思想品质起着更关键的作用。如果学生跟父母不能好好相处，甚至无法沟通，这意味着他在本应温暖的家庭里过得并不开心。长此以往，他的性格发展与心志塑造也会受到影响。因此，我暗下决心，一定要让孩子与父母都敞开心扉，形成健康温暖的亲子关系。

第二天，小丁回到学校。我请他到我办公室。一路上，他的头都埋得很低，一声不吭。

“你来上学的目的是什么？” 我问小丁。

“考大学。”小丁答得很快。

“什么样的大学？”我追问。

“好大学呗。”小丁对答如流。

“好，有目标是好事儿。你打算怎么考？”我接着问道。

小丁再次垂下头，一言不发。

“有目标是第一步。为了完成这些目标，咱们接下来可以想想具体需要做什么。所以第二步就是拆解目标。比如考 ×× 大学，需要 SAT/ 托福 / 雅思 ×× 分，需要做哪些社会实践活动，需要考多少门 AP 等等。第三步，咱们需要把拆解后的目标变成可执行的小任务。比如为了 SAT 考到多少分，每天需要读多少英文文章等。之后，你按着计划进行，咱们定期回顾你的完成进度，就可以看到你离目标越来越近。相信你看到自己的进步，也会很有成就感！” 我又给小丁解释了计划的重要性与设计方法。说罢，我指了指旁边的桌子对小丁说："你就坐在这里，想想你的计划，写好给我看看。"

不到一小时，小丁就把他的计划 1.0 给了我。短短几行，不仅字歪歪扭扭，而且涂了好几个黑团儿和划线。我不想小丁应付差事，于是说道："你静下心来想想，你未来到底想成为什么样的人？想好了再动笔。"

小丁第三次耷拉下脑袋。回到座位，他一手撑着下巴，歪头靠着，一手不停地转笔。目光呆呆地看着前面。过了很久，快放学了，小丁才把计划 2.0 交给我。这版确实干净整洁了许多，但具体内容不完全符合他的学习情况。比如较为擅长的英语每天安排了 2 小时，不太擅长的化学却没有安排作业以外的学习时间。我答道："这版有进步。但每门科目的任务量你可以根据自身情况再进行调整；另外，美国的大学希望学生全面发展。除了学习，别忘了安排兴趣爱好的活动时间。你晚上回去看看，修改一下明天再给我。"小丁不假思索地满口答应，接过计划就快步离开了。

第二天一大早，我去小丁教室，问道："你的计划修改得怎么样？给我看看。"

小丁慢吞吞地回到座位，在书包里翻来翻去，好半天才掏出一张皱巴巴的纸。我一看，跟昨天的版本一模一样，一个字都没改。

"怎么回事？为什么没有改动？"我问道。

"我觉得这个很好了，不用改。"小丁抬头说，又把目光偏向别处。

“如果你觉得这个很好，昨天就应该告诉我：‘老师，这个版本很适合我，我觉得不用改。’为什么昨天你答应我会改，而今天却没有改呢？”

面对我的反问，小丁愣了一下，改口称：“我按计划做了，觉得做起来挺合适的，不用改。”

“这孩子反应还挺快。”我心想。于是我拿起计划，一条条看下去。最上面写着：每天早上 6：30 起床。我立刻请班主任拨通小丁父亲的电话。

小丁父亲接起电话，语气不安地问道：“老师，小丁怎么了，是不是又迟到了？”

“小丁爸爸您好！您放心，小丁没迟到，”我赶忙否认，“我打电话来，就想问您一个事儿，小丁早上几点起床的？”

“大约 6：45。”小丁爸爸立刻回答道。

“好的，没事儿了。谢谢您！”我挂掉电话。转头对小丁说：“你看，你计划 6：30 起床，结果 6：45 才起来，这就是没按计划执行。不过你们学习很辛苦，早上自己起不来老师也理解。应该让你父母叫你起床。这样，下午请你妈妈来一趟学校，我来跟她说。”

到这里，我才说出自己的主要目的。前面没有直接请小丁妈妈来，主要是为了避免小丁产生逆反情绪，导致亲子关系更难调节。所以才借着希望家长配合落实计划为由，请小丁妈妈来学校沟通。

下午 2：30 左右，小丁妈妈来到我的办公室。我把小丁的计划递给小丁妈妈，说：“您看孩子给自己做了规划，写得挺好的。”

小丁妈妈接过计划，看也不看，就满脸不耐烦地说：“老师，你不知道，他都是骗人的。以前他也写过好几次，但一次都没做到过！他就是有这样的坏习惯，说的是一套做的又是一套……”

小丁妈妈一说就停不下来。整个过程中，我观察到小丁一句话也不跟他妈妈说，目光也从没落在他妈妈身上，仿佛他妈妈不存在一样。看来小丁和他妈妈一起谈不会有太大效果。于是我请小丁妈妈去隔壁教务处回避一会儿，我打算跟小丁单独聊聊。

“为什么见了你妈妈，你一句话都不说？” 我问道。

“我跟她没话说。”小丁语气很冲，“我妈除了训我，跟我吵架，什么都不做！在她眼里，我一无是处。”

“她是为你好，希望你各方面都比同龄人好！”我心平气和地对他说。不管我怎么说，小丁就是不肯原谅他妈妈。

“那如果你以后交的女朋友跟你意见不一，也跟你吵架，你怎么做？”我追问道。

“我会哄她开心。” 小丁答道。

“你的女朋友跟你没有血缘关系，你都愿意哄。你的妈妈生你养你，为什么不能哄哄她呢？”

小丁抿起嘴，不说话。

见此情况，我问：“如果以后你妈妈生病，你会照顾她吗？”

“不会。” 小丁干脆地说。

“如果是重病怎么办？你也会很难过吧！”

“人之常情。”小丁一脸冷漠，仿佛是跟他毫不相干的事情。

听到这句“人之常情”，我感到十分痛心。作为教育工作者，我们没能让小丁学到最重要的品质：孝顺父母。而对小丁而言，如果一直不跟妈妈说话，未来一定会有“子欲养而亲不待”的遗憾与愧疚，这是教育的悲哀。

急事慢做。我耐下心来，跟小丁慢慢聊天，他渐渐对我敞开心扉，吐露了很多内心的感受和家庭的现状。我意识到小丁今天很难主动开口跟他妈妈说话，如果强逼，效果肯定不好。于是我跟小丁商量：“等会儿你妈妈进来，你配合我演一出戏怎么样？”

“演什么？怎么演？”他半信半疑地问。

“我和你妈妈沟通的时候，你见机行事，找个合适的机会就说，校长，我还有课呢。我说，行，你去上课吧。然后你出门的时候，说一句，我先走了，你俩聊吧。”

小丁点点头，同意了。

我请小丁妈妈进来，聊了一会儿，上课铃响了。小丁说：“校长，我还有课。”“那行，你去上课吧！”我按着我俩编好的回答。小丁转身向门口走去，一直没开口。他每走一步，我心里就越来越急，就在小丁走到办公室门口的关键时刻，他拉开门，背对着我和他妈妈小声说：“你们聊吧。”我心里大大松了一口气，小丁真的很给面子。他妈妈听到小丁的话，也特别激动。我趁机给小丁妈妈说：“孩子都是在慢慢进步的。咱们要看到孩子的优点，多鼓励孩子，他才会更有自信！”

之后的几天，我时不时给小丁妈妈汇报“好消息”。小丁早读认真读书，我拍照发给小丁妈妈，老师表扬小丁的作业准确率提高了，我赶紧告诉小丁妈妈。在学校走廊碰到小丁的时候，我跟他说：“你妈妈说你在家里有认真完成计划，缺点也越来越少。老师很为你开心！”渐渐地，小丁和他妈妈的关系越来越好，不仅会主动跟妈妈说话，还会给妈妈倒水、盛饭，适当干家务。小丁妈妈特别开心，说：“校长，我听了您的话，改变我自己，孩子也能敏锐地感受到。他最近学习积极性高了，我特别感动。最要感谢的人是您！”

很多家长都会有一种错误的观念：孩子只要好好学习，其他无所谓。这种观念是非常错误的。以上事件中的小丁，在没有学习规划和不跟妈妈讲话这两个问题中，后者更为迫切需要做出改变。我始终认为，在教育学生中：人品是第一位，健康是第二位，学习是第三位。亚马逊创始人杰夫·贝佐斯说过：“聪明是一种天赋，善良是一种选择。”良好的人品能帮助我们做出对的选择，把聪明运用在对的方向，创造最大化价值。如果一个人仅有学习，没有人品，那他对整个社会将是一个灾难。因此，我迫切希望修复小丁和他妈妈的关系，让他意识到亲情的珍贵，成为一个懂得感恩、孝顺的人。

家是温暖的地方。好的家庭关系会给家里每个成员补充能量，让我们安心地学习、工作、社交等。反之，不好的家庭关系会消耗我们的能量。如果我们在一天繁忙地工作、学习之后，还要担心跟家里人相处的问题，那就活得太累了。在孩子 18 岁读大学之前，每天就是和父母的相处时间最多。日常生活中，矛盾难以完全消除。但我们需要意识到，矛盾会影响双方的心情，从而降低学习或工作效率。如果处理不当，甚至会给亲子关系埋下一颗隐患的种子。因此，父母和孩子双方都应该主动地避免矛盾。如果矛盾已经发生，应该积极主动地化解矛盾。

如何避免亲子矛盾

有一句话叫：“人们常常用耐心对待外人，却把坏脾气留给家人。”这是大部分矛盾产生的主要原因。作为孩子，生下来就活在父母准备好的生活环境里。从婴儿时期的衣食住行，到学生时期的教育，再到成年后的职业规划，甚至成家时的彩礼准备等。很多孩子认为父母理所应当做这些，没有意识到自己之所以能享受衣食无忧的生活，能接受良好的教育，能无忧无虑地旅游，都是因为父母辛勤的工作。小到一顿饭，一件衣服，大到一项兴趣爱好，一段留学经历，这一切都来之不易。孩子应该感激父母用勤劳换来的财富与资源，他们没有用此自我享受，而是选择来支持孩子发展，成就孩子。

作为父母，工作之余，有时会产生“我这么努力工作都是为了孩子，他 / 她必须好好学习才对得起我”的想法。这是极为错误且可怕的，类似“我为你付出这么多，你必须回报我”的“讨债”心理。一旦有了这种心理，父母不仅在付出的过程中会觉得疲惫，产生抱怨，而且很难对孩子满意。久而久之造成恶性循环，孩子一直得不到肯定，很不开心；父母总觉得孩子不够努力，也不开心。因此，父母和子女双方都不应认为家人的付出理所应当，包括孩子的努力，父母的奉献等，这些都需要我们珍惜并感激。多看对方的优点，以积极的心态对待家人，真正设身处地地为对方着想，才是家庭关系稳固的基石。

如何有效化解矛盾

很多矛盾其实是由一件小事引起，然而双方都不让步，最终导致关系越来越僵。矛盾的来源是一方对另一方，或双方之间产生不满情绪。遇到这种情况，我们应该先思考：对方说的是否有道理？排除表达因素，如果对方说的有道理，我们改变后确实会成为更优秀的人，或对双方有利，那么我们就应该积极接受意见，勇敢做出改变。

退一步来说，如果对方说的不对，我们可以抱着有则改之无则加勉的态度。父母血缘毕竟是伴随一辈子的，如果为了对方一次“错误”的指责而影响了双方关系，甚至发展到互不说话的地步。父母就会错过孩子成长中思想发育的重要阶段，孩子也没有机会理解作为父母的苦心，几年后双方一定都会非常后悔。

04 如何调解家长与老师之间的矛盾

学校有权利管学生，没权利管家长

“教育孩子不是靠一己之力就可以的，而是需要团队合作。”这是在最近一次消除家长与老师产生的误解中我得到的领悟。

那天，一位班主任来找我，脸上挂着泪痕，委屈地抽泣着：“校长，这班主任我没法当了，家长骂我骂的太难听了。”

“发生了什么事？家长为什么骂您？”听到这话，我一边安慰老师一边询问原因。

“今天早上收书本费，我们班的晨晨没带钱。于是我给他家长打了电话，请他抽时间送过来。早读时收作业，晨晨化学作业没写，所以化学老师也给他家长打了一个电话。中午 12：45，其他同学饭后都回到教室午休，只有晨晨不见人影。我和教务主任找了一圈没找到，于是给家长打电话，问晨晨是不是去找他了？结果家长说没有。过了十分钟左右晨晨自己回来了，也没说清楚到底去哪儿了。下午家长来送钱，一进校门就骂骂咧咧：‘什么 ×× 学校，××× 一天给人打这么多次电话，要你们老师干什么××！我们就不上班吗？’说完事情经过，老师又哭起来：“这家长怎么这样，满嘴脏话，太过分了！”

我一听，老师的处理方法大体上没有错误，虽然也有可优化的空间，但家长说脏话确实不对。站在班主任的立场，我能理解她遭受污言秽语后感到难过，痛心。因此我安慰道：“晨晨爸爸可能喝醉酒了，你也不要太放在心上。明天我请他过来当面谈谈。”

班主任走后，我给晨晨爸爸拨通电话：“您好，我是李老师。孩子已经高二了，马上要参加国际考试了。我想请您明天来一趟学校，探讨孩子的规划问题。”晨晨爸爸一听不是告状，便答应了：“行，我明天上午过来。”

第二天上午，晨晨爸爸来到办公室，面无表情，一副赶紧谈完草草了事的样子。我请家长坐下，开始谈孩子的教育、家长的理解支持、管理的困境、带队伍的艰辛等等，但是只字未提辱骂老师之事，整个谈话进行得还算平和。

11点左右，教务主任走进来。出于礼貌，我向双方介绍道：“这位是教务主任，这位是晨晨爸爸。”一听到家长的身份，教务主任脸一沉，说：“听说你骂班主任了。”晨晨爸爸立刻火了，瞪起眼睛：“我没骂，这是我的口头禅！”

教务主任声色俱厉：“你认为这是口头禅，我可不认为！”

晨晨爸爸也不是好惹的，反驳道：“口头禅你管得着吗？我告诉你，你有权利管学生，可没权利管我！我又不是你的学生！”

我一看双方快吵起来了，赶紧给教务主任使眼色请他先离开。转身温和地安抚家长：“别生气。如果教务主任说话您觉得不妥，是我的原因，我没带好队伍。”看到家长脸色渐渐缓和，我接着说：

“您刚刚说的对，我们有权教育学生。但我们的教育范围是有限的，还需要家长的配合。毕竟孩子每天跟家长相处时间更长，家长的言行举止会对孩子起到很重要的影响。”

“此外，该说什么话，不该说什么话，跟人的身份、所处的场合有很大关系。如果今天开家长会，我站在台上对各位家长说：×××哪个家长还没来？那几个来晚的xx家长，赶紧找个位置坐下！你信不信家长们立刻把我踹下台。”我神情严肃起来，模仿着骂人的语气厉声呵斥。“我说这是我的口头禅，会有家长接受吗？他们一定会说这是什么校长？有什么资格教孩子！”

听到这里，晨晨爸爸低下头，他也感到自己行为的不妥。我看看时间，正好11：45，班主任下课了，我请晨晨爸爸去向班主任道歉。

下午，我去找班主任询问情况。班主任还是很委屈：“校长，他根本没跟我说对不起向我道歉，我都录音了！”说罢，班主任放出录音，晨晨爸爸说：“不好意思，昨天可能喝醉酒了，有些话说的有点儿过，希望你不要生气了。”

听完录音，我跟班主任说：“不好意思和对不起，实际是一个道理，就是跟你道歉的意思。咱们不能要求家长一夜之间态度就发生天翻地覆的变化。你换成学生想想，一个学生天天张口闭口说脏话，我们跟他谈一次话，他就能态度诚恳尊师敬校吗？不太可能吧？这还是在我们能管理，能约束学生的情况下。更何况是家长？要是咱们事事揪字眼，得把自己气死啦。”

这件事情看似跟孩子没有直接关系，但其中的家长、班主任、教务主任，都跟孩子的教育息息相关。任何一方都会对孩子产生直接或间接的影响。教育孩子不是一方做好就够，还要关注其他相关人的教育方法与态度，积极沟通并化解矛盾。想要说服其他人，就需要分析他们各自的特点，根据他们的特点进行沟通、教育，激励他们做出改变。

1. 家长

家长对孩子的影响是最直接且最长久的。好的家长可以言传身教，帮孩子塑造良好的价值观与性格，让孩子受益终身。反之，如果家长在孩子面前展现某些不良习惯，孩子就会有样学样，模仿大人说脏话、抽烟等行为。因此，好的教育不仅需要改变孩子，改变家长更为重要。好的家长就像盟友，跟老师共同努力，双方一起给孩子带去正面影响，事半功倍。

家长的需求是让孩子受到良好的教育，使其成为一个更好的人（不仅包括更高的成绩，还有更强健的体魄，更好的性格，更坚定的信念，更阳光的心态等等）。因此，我们需要告诉家长，教育不是老师一方的事儿，家长不能做甩手掌柜。试想，孩子白天在学校学习仁义礼智信，待人需要有礼貌；晚上回家听家长满口脏话，孩子也会觉得非常分裂：为什么学校学的和实际生活不一样？反之，如果孩子看到父母待人都彬彬有礼，那么他受到的教育和看到的世界就是一致的，也会潜移默化成为温和善良的人。因此，家长需要跟学校好好配合，才能给孩子更全面的教育。

家长不仅是孩子的第一任老师，更是孩子终身的老师。孩子就像是家长的复印件。当我们发现复印件有错别字，不会怪复印件有问题，而是会认为原件有问题。同理，孩子如果有缺点，我们也不应该武断地责骂孩子，而是需要了解他的原生家庭和成长环境。

2. 班主任

班主任对于孩子的影响也是直接且重要的。除了传授知识以外，他们还可以从学术成绩，校园活动，同学互动等多个维度观察孩子的表现与变化。好的班主任会利用教学经验在孩子各个阶段中进行适时引导，避免可能出现的问题，帮助孩子成长。反之，如果班主任在教学工作中感到委屈，也有可能把坏情绪传染给孩子。

班主任的需求是被尊重。因此，这次事件中，我一定要说服家长跟班主任道歉。与此同时，当班主任对道歉的词眼有精准要求时，我也需要说通班主任，给自己也给对方一个台阶下。

3. 教务主任

教务主任对孩子的直接影响较小，但是他在管理班主任，跟家长互动的过程中也会间接影响到孩子。因此这次事件中，我也在向教务主任展示如何处理这一类问题。希望下次教务主任能快速做出反应，有效解决问题，并激励家长做出改变。当他解决问题的能力越来越强，其他老师才会更信服他。

教育不是一朝一夕的事情，也绝对不止一己之力就可以完成的；而是需要孩子身边各个角色通力合作，长期给孩子正能量的教育，潜移默化地影响孩子。因此，学校与家长之间需要积极沟通，统一教学目标。更重要的是，从孩子小时候言传身教，培养正确的价值观，这样才能确保孩子长大后不被不良风气所迷惑，不为不当言论而分神。

静待花开

第三章

如何提高学习成绩?

高新一中校领导与斯坦福大学、加州伯克利分校招生官合影

没有目的地的船，
任何方向的风都是逆风

适用场景

○孩子基础薄弱，对学习没有自信。觉得自己笨，就是学不会。

○孩子对未来迷茫，没有目标。或有目标但不知道怎样实现。

方法总结

○帮助孩子寻找热血沸腾的目标，激发孩子的主观能动性。

○与孩子共同制定清晰的规划，同时运用时间管理技巧，帮助孩子靠近目标的同时，提高自信心与价值感。

01 | 目标与规划

保送清华，牛津全奖的数学天才

孟子讲，人生有三大“至乐”：一是父母俱在，兄弟无故；二是仰不愧于天，俯不怍于人；三是得天下英才而教育之。这三大“至乐”，我全部享受到，特别是第三个“至乐”：得天下英才而教育之。我教过成千上万的学生，他们在各行各业发光发热、贡献才智，有心系社会的慈善家，有事业成功的企业家，有博学多才的科学家，有不惧危险的救火英雄。其中，一个叫小楠的学生让我印象极其深刻。

小楠是我教学三十年工作中难得一遇的数学天才，高二参加全国数学竞赛拿到一等奖第一名，不但比第二名高出 20 多分，还获得保送清华大学的资格。高三那年，小楠参加牛津大学国际数学竞赛，在十三万考生中获得全球第二，被牛津大学数学系以全额奖学金录取。然而让我印象最深刻的，还是下面这件事。

小楠高二的时候，班里的一个同学在备战法国数学竞赛，有一道题百思不得其解。这个同学拿着题目询问数学老师，数学老师看了很久，说自己回去想想，两天后给答复。两天后，数学老师抱歉地跟学生说：“不好意思，老师没有解出来”。

我正好在一旁听到这件事，于是帮这个同学找了陕西省著名的数学竞赛教练。这位“数学大神”计算了好几天，还是没有得出答案。于是竞赛教练把这道题拿给他的朋友。他的朋友是陕西一所大学数学系的博士生导师，我们都以为这下必定迎刃而解，然而几天后，博导也表示对这道题束手无策。

“难道我们中国人做不出法国人出的题目？”这个同学垂头丧气。 我想到了小楠。从小酷爱数学的他一听说有难题立刻兴奋起来，主动请缨。一周后，小楠给出了正确的解法。竞赛教练和博导都连连称赞。

小楠因为这件事在学校“一战成名”，成为了“做出博导都做不出来的题目”的“数学天才学生”。很多人觉得小楠的成绩是由于天资聪颖，然而作为他的老师，我认为小楠之所以在数学上能获得惊人的成绩，一部分原因是他聪明伶俐，更重要的是以下几个特质：

1. 目标明确：不达目的，誓不罢休

小楠刚上高中就展示出惊人的理科天赋，数学、物理、化学、生物全部都是满分。各科老师纷纷向他伸出橄榄枝，希望他参加学科竞赛班。 然而小楠对数学情有独钟，充满激情。他婉拒了其他科目的老师，专注于数学竞赛。有了明确清晰的目标，小楠全

身心投入在数学上，最终在高二时就凭借数学竞赛一等奖获得了清华保送的名额。

2. 专心致志：锲而不舍，金石可镂

一天中午，所有学生都去食堂吃饭了。我经过走廊，看见小楠一个人在教室里，趴在课桌前埋头算着什么。我走进教室，拍拍小楠的肩膀，问："你在做什么？"

"啊？老师你叫我？"小楠像从梦中惊醒一般，猛地回头。看来他并没发现我走进了教室。

"你怎么没去吃饭？"我关切地问。

"我刚刚在算这道题，正巧有了思路，想继续算下去。我让同学帮我带饭了。"

人在极度专注的时候，可以忘记时间，忘记饥饿，甚至不会注意到周围环境的变化，更不会受到影响。这种状态下的学习效率是最高的。毛主席学生时代也曾在繁华的马路旁、昏暗的路灯下读书。牛顿也曾在做实验时太过聚精会神，而把手表当作鸡蛋放在锅里煮。

当老师这么多年，我见过两种学生，一类是笔记记得工工整整，常来办公室问问题，上课也坐得很端正，但成绩总也不见提高。另一类是各种活动都参加，操场打篮球也有他，但成绩一直名列前茅。小楠正是第二种。这两类学生的根本区别在于：第一类学生并没有真正努力。**他们只是机械性地把知识写在笔记本和错题集里，但没有装进脑子里。**你看他一天花了七八个小时学习，但你问他学到了什么，他只能尴尬地挠头，回答不上来。第二类学生虽然没有花 100% 的时间学习，但学习时间内必定专心致志，有目标，有规划。他们每次学完都能清晰地知道自己刚刚几个小时做了什么，掌握了哪些知识，还需要学习哪些知识等。这就是学习的效率。而专注，正是提高学习效率的秘籍。

3. 超前学习：站得越高，看得更远

我非常佩服小楠和他父母的一点是：任何可能带来提升的学习方法或渠道，小楠都愿意尝试，小楠父母都支持。高一上学期，由于成绩优异，小楠被送到美国高中交换一学期。高一下学期，从美国回来的小楠利用业余时间补习了所有高中课程。由于超强的理科学习能力和美国交换的经历，他的英语和理科成绩名列前茅。

高二上学期，小楠决定参加全国数学竞赛。在父母的支持下，他孤身一人去了华南师大参加数学培训。在这里，小楠接受了更专业的指导，也遇到一群志同道合的伙伴。培训结束后，小楠参加了广东省数学竞赛，果然不负众望，获得满分。

高二寒假，小楠又马不停蹄去了南开大学和天津大学进行学习。功夫不负有心人，高二下学期，小楠参加了全国数学竞赛并获得一等奖第一名的好成绩，成功保送清华。

令人欣喜的是，拿到大学保送名额的小楠并没有懈怠，而是一如既往地努力。记得高三国庆节期间，一位数学教授从四川来西安讲学。小楠听说后，立刻从西安最北边坐了两小时车赶到学

校，向这位教授请教。教授深受感动，辅导了小楠一整天。后来小楠又参加了牛津国际数学竞赛，又以第二名的成绩获得了全额奖学金的录取资格。

小楠能在高中做出博导都做不出来的题， 源于他的超前学习。高一学完高中课程，高二学习国内大学课程，高三学习国外大学课程。这样的经历让小楠在全国和国际数学竞赛中多次脱颖而出。

小楠的经历就像小马过河，小松鼠觉得到脖子的河水只到长颈鹿的脚踝。因为长颈鹿跟小松鼠高度不同。当我们站得越高，见识越广，学识越多，曾经的难题便不再难了。

人为什么需要理想?

优秀的人，需要有目标，有规划。我曾读过这样一个故事。一个建筑工地上，有三个工人正在搬砖。这时一个人过来询问：“你们在干什么？”

第一个工人没好气地说：“没看见吗？我在搬砖！”

第二名工人抬起头，笑了笑回答：“我们在盖一栋高楼。”

第三名工人边干边哼着歌曲，他的笑容很灿烂：“我们正在建设一座漂亮的城市。”

十年后，第一个工人仍然是工人，他在另一个工地上搬砖。第二名工人成为了建筑师，他坐在办公室里设计楼房结构，画着图纸。第三名工人则成为了前两名工人的老板，负责整个建筑项目的规划与建设。三名起点相同的人，十年后的人生高度却截然不同。面对同一个问题，三种不同的回答展现了不同的人生追求与抱负。

第一个工人搬砖的时候想的也只是搬砖。因此，他在工作中只会机械地重复搬砖这个动作，脑子里想的可能是中午吃什么，下班怎么休息。但并不会多加思考如何优化工作，甚至并不热爱他的工作。

第二名工人搬砖的时候想着整座大楼的建设。因此，他会思考地基需要多深，屋架怎么设计，每个部位用什么建筑材料等等。

这样他就会考虑，不同的位置应该使用什么样的砖，砖应该摆成什么形状，才能同时兼备美观和牢固的特点等等。有了这些考量，第二名工人成为了一名建筑师。

而第三名工人，搬砖的时候想着整座城市的未来。他知道虽然现在搬砖辛苦，但是因为今天的工作，不远的未来会建起一座城市，为更多人提供温馨安全的住所。为了便于居住，也许还需要便利店、商场、地铁、 火车站等等。 当然也不能只有高楼，还需要树林、河流等美丽的自然景物给居民们带去愉悦的心情。想到未来在这里居住、办公的人们脸上的笑容，这名工人便不觉得累。

哈佛大学曾做过一项调查，研究人的目标对人的一生产生的影响。调查对象是一群智力、学历、环境等条件都不差上下的年轻人，调查结果发现：

▶ 90% 的人，没有目标；

▶ 6% 的人，有目标，但目标模糊；

▶ 只有 4% 的人，有比较清晰明确的目标，而且他们能够把自己的目标写下来。

20 年后，当哈佛大学的研究人员追访当年参加调查的学生时发现，当年有清晰明确的目标，且能把目标写下来的那 4% 的人，无论是事业还是生活，都远远优于另外 96% 的人。更让人感到不可思议的是，这 4% 的人所拥有的财富居然超了另外那 96% 的人的总和。为什么会出现这样的情况？研究人员进一步调查发现，那96%没有目标或目标模糊的人，一生忙忙碌碌，一辈子都在直接或间接地、自觉或不自觉地帮助那4%有明确目标的人实现他们的人生目标。

目标对人生有巨大的导向作用。人选择了什么样的目标，就会有什么样的成就，也就会有什么样的人生。从选定目标开始，人生的目标越是高远，人的成就就会越大。

著名企业家埃隆·马斯克同时创立了Space X（太空探索技术公司，设计出可重复使用火箭，旨在实现低成本太空传输与火星移民），Tesla（美国最大的电动汽车及太阳能板公司），The Boring Company（为城市内部交通系统设计真空高速传输隧道）等多家技术革新的公司，他曾经每周的工作时间超过120个小时。在成为世界首富后，埃隆宣布卖出几乎全部的实物资产，包括所有房产。我一直很好奇：为什么埃隆在身家千亿后还愿意超负荷工作？为什么他成为世界首富后没有休息或享受财富？从埃隆·马斯克的自传中，我找到了答案：埃隆创立这些公司并不是为了钱，而是为了梦想与全人类。创立Space X的初衷，是因为他从小就对宇宙航行非常狂热，一直有移民火星的梦想。而创立特斯拉的初衷，是为了解决人类正面临的严峻的环境与气候问题。埃隆认为，人们必须采取行动，避免我们的后代遭受气候灾难。

这便是理想和目标的力量。埃隆清晰地知道：他想做的只是为全人类的未来找一条出路。为了这个梦想，他设计出低成本、能重复使用的火箭，为实现火星移民做准备，同时优化太阳能等清洁能源，推动电动车替代燃油车。实现梦想的途中，他经历过离婚，火箭发射三次失败，公司几近破产的绝境，也取得过成为世界首富的成就。他的行动证明，绝境只是暂时的低谷，风光也只是路过的风景，只有梦想才是终点。

如何制定学习计划?

我每天早上去学校的路上，都会思考今天有哪些要做的事，哪些要见的人，大概什么时间做这些事等等。这样做的好处是我每天可以思路清晰地开始我的工作，并且保证下班前按照设想完成这些工作。

跟我一样，我女儿也是名“计划狂魔”。她手机里有个软件，专门用来做计划。她的计划分为长期和短期：短期包括每天和每周，长期包括每年和未来 5 年。跟我的习惯一样，女儿每天早上会写出今日计划的待办事件。在一天的工作中有任何临时需要添加的任务，她都会加入今日规划清单。晚上她会对着清单一项项比对，看自己有没有完成。完成的勾掉，没完成的总结原因，再思考明天怎么推进下一步。

对我和女儿来说，计划是帮助我们理解工作内容，确保工作进度与完成日期的最有效工具。好的计划能帮我们实现短期和长期的目标。然而如果计划本身安排不当，或安排给了不适合执行的人，可能会造成反效果。毕竟方向比努力更重要。以下是我建议的计划设计方法：

第一步：设定大目标

计划是为达成目标设立的。衡量一个计划是否合理有效，最好的方法是看这个计划能否使人靠近或实现目标。因此，目标本身至关重要。好的目标能成为动力，让我们充满能量，不断向前。比如我女儿高中时的大目标是考入美国的常青藤院校，以下我会以这个目标作为案例跟大家分享如何制定计划。

第二步：将大目标拆解成小任务

有了大目标之后，我们需要了解大目标的要求。换言之，为了完成大目标，我们需要做到什么程度来提高成功的概率。这一步有助于更加了解目标的具体意义，以及这个目标到底适不适合我们。比如以上案例中，第二步如下：

大目标：考入美国常青藤名校

要求 1：拥有好成绩

- 任务 1：SAT 达到前 10%
- 任务 2：托福达到 110+
- 任务 3：高中毕业前完成 8 门以上 AP（ 5 分）
- 附加任务：学科竞赛前 5%

要求 2：脱颖而出的自荐信

- 任务 1：了解自己的兴趣点，以及想学什么专业
- 任务 2：根据兴趣点，参加 / 组织 5 个以上相关活动
- 任务 3：至少 2 个活动有显著成果（可展示 / 可量化）
- 附加任务：在活动中提高重要能力，如组织能力，沟通能力等

要求 3：有力的推荐信

- 任务 1：找到跟目标院校 / 专业相关的推荐人
- 任务 2：保持长期良好的关系，展示自己的热情与能力
- 任务 3：申请时拿到推荐人的推荐信

要求 4：良好的面试能力

- 任务 1：英语口语流畅
- 任务 2：沟通能力强，表达清晰
- 附加任务：有人格魅力，有 1–2 个有趣的观点

第三步：排出优先级，抓大放小

这一步帮助我们给计划“瘦身”。每个人的精力是有限的，如果把所有时间平分给所有任务，最后可能一事无成。因此，我们需要分析每个任务能帮我们提升的成功率，找出对于大目标而言最重要，最不可或缺的几点着重突破。其他的如果有额外的时间精力，再去发展也不迟。有一个概念叫“80/20 法则”。用在这里就是，我们要用 20% 的精力，完成 80% 重要的事情；而不是用 80% 的精力，完成 20% 重要的事情。此外，不是每件事都需要亲力亲为，有些事可以借助他人的力量与资源，帮我们以更少的精力达到更好的结果。这也是我们提前需要考虑到的。

比如在藤校的大目标中，我们知道针对申请，成绩和自荐信

是最重要的。尤其是成绩，需要我女儿自己努力获得，这点我不能代替她。但是有些事我可以提供力所能及的帮助，比如帮她找到适合的推荐人等。因此，第三步如下（P1 表示特别重要，P2 表示最重要，P3 表示一般重要）：

大目标：考入美国常青藤名校

要求 1：拥有好成绩（SAT 和托福是各大学院要求的成绩，因此 P1。相比而言 AP 和竞赛是选择性提交的成绩，因此 P2 或 P3）

- 任务 1：SAT 达到前 10%（P1）
- 任务 2：托福达到 110+（P1）
- 任务 3：高中毕业前完成 8 门以上 AP（5 分）（P2）
- 附加任务：学科竞赛前 5%（P3）

要求 2：脱颖而出的自荐信（找到兴趣点，探索自我，对大学申请阶段以及孩子的一生都尤为关键。因此我鼓励孩子尝试各种活动，发现她的热情 P1）

- 任务 1：了解自己的兴趣点，以及想学什么专业（P1）
- 任务 2：根据兴趣点，参加 / 组织 5 个以上相关活动（P1，家人 / 老师支持）
- 任务 3：至少 2 个活动有显著成果（可展示 / 可量化）（P1）
- 附加任务：活动中提高重要能力，如组织能力，沟通能力等（P2）

要求 3：有力的推荐信（这部分虽然也很重要，但比起推荐信，更重要的是提升自身实力，因此 P2）

- 任务 1：找到跟目标院校 / 专业相关的推荐人（P2，家人 / 老师支持）
- 任务 2：保持长期良好的关系，展示自己的热情与能力（P2）
- 任务 3：申请时拿到推荐人的推荐信（P1）

要求 4：良好的面试能力（面试不是申请中必须的轮次，也不是每个学校都有，因此 P2 或 P3）

- 任务 1：英语口语流畅（P2）
- 任务 2：沟通能力强，表达清晰（P2）
- 附加任务：有人格魅力，有 1–2 个有趣的观点（P3）

计划初期，我们可以暂时放一放 P2&P3，优先 P1 任务。由于篇幅关系，以下我使用 P1 任务托福达到 110 + 为例。

第四步：根据自身实际情况安排每个任务的时间 / 工作量需求

哪怕目标相同，每个人实现目标的路径也不同，因为人与人是不一样的。性格、能力、背景等先天因素及后天经历，都塑造了独一无二的每个人。没有完全可复制的人，也就没有完全可复制的成功。因此，我们需要分析每个孩子的优缺点，打造最适合孩子的计划。

就我女儿来说，她从普高转过来，语法底子还可以。以及因为我是英语老师，从她小时候就跟她说英语，所以她口语还可以，不过阅读和听力不太行，还需花时间提高。因此，托福 110 + 拆解如下（以下“当前分数”和“目标分数”为虚构数字，大家可以根据自身情况填写）

大目标：考入美国常青藤名校

要求 1：拥有好成绩

- 任务 1：SAT 达到前 10%（P1）
- 任务 2：托福达到 110+（P1）

	总分	目标分数	当前分数	差距	需要的努力
阅读	30	28	24	4	较大
听力	30	28	25	3	较大
口语	30	28	27	1	较小
写作	30	30	29	1	较小

要求 2：脱颖而出的自荐信

- 任务 1：了解自己的兴趣点，以及想学什么专业（P1）
- 任务 2：根据兴趣点，参加 / 组织 5 个以上相关活动（P1）
- 任务 3：至少 2 个活动有显著成果（可展示 / 可量化）（P1）

要求 3：有力的推荐信：申请时拿到推荐人的推荐信（P1）

第五步，安排可执行、能落地的每日行动清单

以上我们找到并分析了所有需要做的事情，排出了优先级，找到了自己需要努力的方向。接下来，我们需要把一切转化为行动。这需要我们利用好时间和资源，完成上述任务。毕竟每个人的家世、性格都不一样，唯一公平的是时间。有效利用时间，在同样的单位时间里取得最佳成果，会令人一生受益。

大目标：考入美国常青藤名校

要求 1：拥有好成绩

- 任务 1：SAT 达到前 10%（P1）
- 任务 2：托福达到 110+（P1）

	总分	目标分数	当前分数	差距	需要的努力
阅读	30	28	24	4	较大
听力	30	28	25	3	较大
口语	30	28	27	1	较小
写作	30	30	29	1	较小

阅读：每晚 19–19:40 点完成 2 篇新概念 3 的阅读，达到每篇记住一个好句子，认识所有单词的状态

听力：每晚 22–22:30 完成一组托福听力练习，分数不低于 26

写作：每周完成一篇写作，老师修改后重新写一遍，要求前后有明显区别（可以使用新例子，新句式，新结构等，帮助保持语感，同时累积素材）

要求 2：脱颖而出的自荐信

- 任务 1：了解自己的兴趣点，以及想学什么专业（P1）
- 任务 2：根据兴趣点，参加 / 组织 5 个以上相关活动（P1）
- 任务 3：至少 2 个活动有显著成果（可展示 / 可量化）（P1）

要求 3：有力的推荐信：申请时拿到推荐人的推荐信（P1）

可以看到我安排了大量时间在阅读和听力上，只有较少时间在写作上。口语甚至没有特别安排，因为我在家跟女儿以英语对话作为练习。具体的活动清单最好具有以下三个特征：

1. 时间越明确越好

家长知道孩子晚上在干什么，便于监督；计时完成，孩子会有这段时间要完成这件事的紧迫感，更加专注，效率更高。

2. 行动越具体越好

不要随便地阅读两篇英文文章。这样没有针对性，孩子自己也不知道具体什么文章适合看。可以求助老师或学长学姐，找到适合孩子当前英语水平和兴趣爱好的读物（小说、新闻等均可）。这样的好处是孩子容易坚持，而且能追踪孩子一点一滴的进步。

3. 结果越可查越好

文章不要读完就完了，关键是读完之后孩子的英语能力有没有提升。比如词汇量有没有扩大，句式有没有累积等等。如果只要求孩子阅读，家长无法检查孩子的完成效果，这样可能造成孩子阅读没有目的性，读完之后英语能力没有提高，浪费时间。

除了以上三点，安排待办清单时还需注意量力而行，劳逸结合。不要因为任务较多而每天给孩子安排太大的工作量，这样会给孩子压力，造成厌学心理。不能一口吃成个胖子。

最后一步，定期检查完成进度，验收成果，调整计划

大目标：考入美国常青藤名校

要求 1：拥有好成绩

- 任务 1：SAT 达到前 10%（P1）
- 任务 2：托福达到 110+（P1）

	总分	目标分数	当前分数	差距	需要的努力
阅读	30	28	24	4	较大
听力	30	28	25	3	较大
口语	30	28	27	1	较小
写作	30	30	29	1	较小

阅读：每晚 19–19:40 点完成 2 篇新概念 3 的阅读，达到每篇记住一个好句子，认识所有单词的状态

听力：每晚 22–22:30 完成一组托福听力练习，分数不低于 26

写作：每周完成一篇写作，老师修改后重新写一遍，要求前后有明显区别（可以使用新例子，新句式，新结构等，帮助保持语感，同时累积素材）

	起始分数	第一周	第二周	当前分数	进步分数	与目标分数差距
阅读	24	已完成	已完成	26	2	2
听力	25	已完成	已完成	25	0	3
口语	27	–	–	27	0	1
写作	29	已完成	已完成	30	1	0

要求 2：脱颖而出的自荐信

- 任务 1：了解自己的兴趣点，以及想学什么专业（P1）
- 任务 2：根据兴趣点，参加 / 组织 5 个以上相关活动（P1）
- 任务 3：至少 2 个活动有显著成果（可展示 / 可量化）（P1）

要求 3：有力的推荐信：申请时拿到推荐人的推荐信（P1）

家长和孩子需要定期回顾计划。一是任务有没有完成，以此判断任务是否太重或太轻，时间安排合不合适。二是效果怎么样，有没有达到小目标，以此判断孩子努力的方向是否正确，方法需不需要调整。比如以上案例中，我们以每两周为一个时间节点，回顾孩子的表现：经过两周的练习，孩子的阅读和写作有了进步，但是听力没有提高。这代表听力花的时间不够，或者方法不对。再仔细观察，孩子两周中的听力任务全部完成了，证明不是努力不够，而是方法不对。因此，我们尝试调整了方法，让孩子开始听 BBC 广播，后几周果然效果显著。

02 规划落实与时间管理

别人做十道题，咱们做两道

我之前教过一个学生，叫刘皓月，长得白白净净，高高瘦瘦，非常漂亮。皓月是名很聪明的女生，不过她缺乏积极上进的拼搏精神。在学习上她严重偏科。班主任和数学外教经常来跟我告状，说她上课听讲不专心，作业也不认真写。我把皓月叫过来询问原因，她眉头一皱，嘟囔着："我数学听不懂嘛，作业不会做。"

我微笑着耐心地说："未来你要学习其他专业，或者在工作中，都需要用到数学。数学是基础学科，你将来当老板给员工发工资都需要靠数学呢！咱不能知难而退呀，学不好还学不赖嘛，不认真听讲，不做作业，这是不尊重老师，是态度问题；认真听讲，认真做作业，准确率低，这是咱基础差。这样，别人做十道题，咱做两道题行不行？"

"我就不会嘛！我一道数学题都做不了！"皓月一脸为难，很不开心。

看着她没自信的样子，我鼓励道："你不试试怎么知道你不行呢？你能把英语和其他科目都学好，证明你有很强的学习能力，数学也一定没问题。只要你不放弃，一点儿一点儿来，老师相信你！"

她半信半疑地说："那我试试吧。"

"你看这样好不好？老师布置 6 道作业题，你先做 2 道。等你数学逐渐进步了，咱们慢慢做 3 道、4 道，行不行？"

"行！"皓月干脆地答应说。

"那咱们今天就开始吧！"

"没问题。"

约定建立，之后最重要的就是执行。过了几天我去抽查皓月的数学作业，发现她还是没做。我不高兴了，问："你答应我的，人家做 6 道你做 2 道，你怎么没有按约定做呢？这以后老师怎么信任你呢？"

"老师，我真的不会！"皓月哭丧着脸辩解道。

"那你的课堂笔记呢？你复习的资料呢？你看书划重点了吗？"我接着问。

她低着头，不说话。

"你什么都不做，数学永远不会变好。知识不会自己跑到你脑子里。你得自己动起来，才能学到知识呀！只有你自己改变了，问题才能得以解决，"我耐心地解释道。

她抬头看了看我，似乎有点动摇。

我乘势接着给她加油打气:“万事开头难。老师讲一遍,你做一遍。哪怕老师边讲你边抄呢。人家做五道你先做一道,咱慢慢来,日积月累你就慢慢跟上其他同学了,老师相信你!”

接下来的一学期,我每两三天检查她一次。渐渐地她能做两道题了,再到后来的四道、六道。有一次皓月来找我,特别开心地说:“老师!我以前考试全都靠蒙,这次我自己做的,考了58分呢!虽然还不及格,但我真的相信我能学好数学。”

看到她的进步,我由衷地高兴,因为她在数学上找回了自信。

“太好了!你能做到嘛!”我边说边给了她一个大大的拥抱。

再后来,她期末考试数学得了85分。她欢天喜地地跑来找我,给我看她的成绩。她笑得合不拢嘴,说:“老师,你看我得了85!您说的真对,学习就得一步一步来。”

我夸她:“你看,你也成老师啦!”

通过以上的事件,相信大家也意识到,任何习惯的养成都不是一蹴而就的。教育孩子跟打造艺术品一样,都是慢工出细活。很多老师和家长教育孩子缺乏耐心,无论干什么总是图快,觉得一个问题,我今天教育一次,孩子明天就得改好,而且永远不能再犯。如果孩子犯了重复的错误,有的家长就会说:“我上次不是教过你了吗?你怎么还犯呢?”

可是咱们换位思考:很多时候,就连咱们大人自己的错误,也很难立马改好,那我们怎么能这么要求孩子们呢?一个爱乱丢袜子、钥匙的丈夫，不会因为妻子的一次唠叨，就不乱丢袜子、钥匙了，有时候甚至很多次唠叨都不管用，江山易改本性难移。那么，一个经常迟到的孩子，怎么会因为一次教育，就永远不迟到呢？同理，家长要求孩子好好学习，也需要时间。不是今天家长说了，明天孩子就会做题，考满分。所有习惯都需要长期培养，而不是一朝一夕就可以养成的。不重复出错，是一个目标，我们尽力去达成。如果做不到，家长也不要过分苛责孩子，应该用耐心和恒心，陪伴孩子慢慢进步。

很多家长等孩子考不好了才教育，甚至训斥孩子。其实，学习是一个长期积累的过程。家长不应该只看结果（成绩），学习过程中的习惯与细节更为重要。教育永远不是结果导向，而是过程导向。

比如跟皓月相处的过程中，我看重的不是她的成绩，而是她的课堂笔记、作业、纠错等等。同理，家长在抓孩子成绩的时候，不必为孩子成绩不理想而抓耳挠腮，也不必亲力亲为地学习孩子的功课，只要每天检查孩子的笔记、纠错本，让孩子讲讲他上课学了什么，潜移默化地测试孩子的听课效果和作业质量。这些细节做好了，孩子的成绩自然会上去。过程决定结果，细节决定成败。

如何两个月让孩子成绩翻一倍?

一个高中三年一直考不及格的孩子，如何在两个月之间托福从35分到69分，分数翻了一倍？一个叫徐天的学生给了我答案。高中三年，徐天的成绩一直吊车尾，脾气也比较暴躁。在学校经常和同学、老师发生冲突，别人不小心碰他一下，他就反应特别大。徐天高三上学期，他爸爸来找我，说想让徐天去外面补习，争取考个好大学。

我深知，学习是靠孩子的自觉性。如果孩子不想学，去哪里，找谁补习都没用。再说外面补习班的老师也不了解他，未必靠谱，这样一来家长花了大量的钱，更重要的是把时间浪费了。为了不耽误孩子，我提出未来两周，孩子下课后来我办公室1对1免费补习。如果两周之后没有提高，再出去补习也不迟。经过一番劝说，徐天和他爸爸答应了。

为了调动孩子的积极性，让他真正用心学习，我使出了浑身解数。

第一步：商业互吹——老师可喜欢给你上课了

想让孩子听我的话，得先让孩子接受我，认可我。尤其是像徐天这种脾气比较冲的孩子，得先搞好关系，才能抓教学，否则讲也是白讲，徐天一定听不进去。因此，我每次给徐天上课，都是讲讲知识，再抖个笑话，尽量保持课堂的趣味性，全方位发现他身上的优点。我常常说：“徐天，我可爱给你上课了。”徐天每次都笑呵呵地点点头：“就是，老师。我也可爱上你的课了。”

一次，我跟徐天说：“虽然你现在成绩一般，但老师相信你有潜力，以后能干大事儿，你的长相可有福了！”

“那当然！”徐天眼神发亮，得意洋洋。

“估计你以后起码是名市长！到时候我退休了给你打工。”

徐天开心得哈哈大笑。“说小了！”看来徐天对市长并不满足。

“那……咱当名省长？”

“嗯，差不多。”这下徐天笑得眼泪都流出来了。

从那以后，他每次来我这儿上课，都会给我带个苹果或橘子。我每次给徐天上课，都说：“未来的帅哥省长，我来给你上课啦！”徐天也对我很客气，下课时经常说谢谢老师。我总是打趣道：“领导，你可会调动下属的积极性了！有你的感谢，我一定好好干！”徐天听了，总是嘿嘿一笑。

第二步：谈心，共情——老师真的很心疼你

一次课间休息我跟他聊天儿，他问我：“老师，你猜为什么我要穿宽大的衣服，裤腿拖到地上？”

“不知道。”我丈二和尚摸不着头脑。

“那你猜，我为什么头发留得长长的挡住眼睛，斜着眼睛看人？”

“还是不知道。”我更迷惑了，“徐天你告诉老师，让我也了解一下！我年纪大了，跟你们这些孩子真的有代沟了。”

“这都是有讲究的！我让别人看到我，先感觉害怕，我就镇住他们了。”徐天接着解释：“像我们差生，天天在学校被老师骂，在家被家长训。走到哪儿别人都看不起我们，嫌弃我们。我们也得保护自己啊！所以我们差生老是聚在一起商量，怎么能让别人看得起我们，害怕我们。我们总结出：看人眼睛必须斜着，衣服必须宽松，脖子上带着大链子，让人一看就知道我不是好惹的！”

“原来是这样啊……”我恍然大悟。

徐天接着说：“那你以为呢！老师我跟你说，我初二的时候在饭堂，别人碰了我一下。我啪地拍了一下桌子，噌地站起来，对他吼：‘你撞谁呢！’那人看了我一眼，乖乖地走了。”

“那人家不生气啊？”我反问道。

“他不敢！他看我这么横，又虎，他就不敢惹我！”徐天干脆利落地说。

从那以后，徐天一有不高兴的事儿，就会跟我聊天谈心。他告诉我，自己从小学开始就天天被老师打，竟然有了老师一天不打他，他就觉得不对劲的想法。重要的是被老师打后，他还不敢告诉家长，家长会说是他的错，把他再骂一顿，有时甚至打一顿。因此，从小他就认为，只有打和骂才能解决问题。他喜欢独自在外面走，让他人看不出他脸上是泪水还是雨水，徐天的话让我好心酸！通过长时间的接触，我渐渐意识到：徐天外表强硬，其实内心敏感脆弱。他自尊心很强，渴望被理解，被认可。所以我听徐天的心路历程，不仅不觉得无聊或浪费时间，反而很感谢这孩子给我一个机会，走进他的内心，了解他的故事。我真的很心疼他，小时候经常被老师打，又被别人看不起。在我这里，我希望给他足够的尊重和包容，激发他柔软的一面。

第三步：真正的学习方法——原来英语要这样学

我和徐天关系越来越好，他的英文学习也渐渐步入正轨。一次，我去开会，临走前给徐天留了一篇文章翻译。等我回来，看见他查的密密麻麻的单词，便表扬了他的认真。可当我仔细一看，发现他把冠词 the 和名词之间的一个词直接标注为动词。于是我说："徐天啊，这个词应该是形容词。"

"不对，老师！这就是动词！我查了字典的。"徐天自信满满地说。

"你看，这本'红色的'词典，'红色的'是形容词不是动词吧？冠词和名词之间不可能是动词。再说了，英语里有一个单词多个属性的情况，比如有的单词既能做'名词'又能做'动词'，如 work 这个词，名词是'作品'的意思，动词是'工作'的意思；学英语咱不能只死记硬背单词，要根据具体句子看词性，具体语境看意思呀。"

"哦，原来英语要这样学啊。"徐天恍然大悟。

除了翻译，我还手把手教徐天记课堂笔记的方法。一开始，他只记句子结构，完全没有记例句、语境或特殊用法。于是我天天给他讲词的用法，分析语法结构，布置相应的练习，并时常查他的笔记，这样才慢慢纠正了他的学习习惯和方法。

第四步：鼓励——老师觉得你能考 80 分

两个月期间，徐天发生了惊人的变化。从 9 月初的吊儿郎当，上课不听讲，满身的邪气，到 11 月的笔记整洁、清晰，上课举手发言。周围的老师都高兴地说："徐天变了，眼神跟以前都不一样了。他现在用心学习了。"

看到徐天现在的状态，我非常欣喜。可是后来他却愁眉苦脸对我说："老师，你说得对。欠的债都是要还的。我现在特别心虚，因为以前落下的东西太多了，现在都补不过来。咋办呀老师？"

我坦诚安慰道："你说得对，别人学了两年，你才学了两个月。有差距是正常的呀，不可能你一夜之间什么都会了。但是你最近已经做了很多改变，老师能看到你的进步。你要有信心，永不放弃，老师觉得你能考 80 分。就算你考 60 分，也不丢人！你进步的幅度比其他人都大。"

第五步：同甘共苦——甲流没事儿，你来吧

考试前两夜，一个噩耗传来：徐天得了重感冒。在他坐火车去所在的城市考试时，他一路发烧，浑身发冷，头晕目眩。为了转移徐天的注意力，我没提生病的事儿，就跟他聊一些轻松的话题："×× 市冷不冷呀？吃了什么好吃的？喜欢听什么音乐呀？"

考完之后，徐天回到西安。他主动给我发微信，说："老师，我想见您。但是我怕把感冒传染给您，我家人都中招儿了。我过两天感冒好点儿再去学校看您。"

又过了两天，徐天又给我打电话。他说："老师我感冒好些了，要么我戴口罩来见您吧。"

我说："没事儿，你来吧！"

徐天来的时候，我打开门窗通风，让空气对流。同时开了空气净化器。他一见我便沮丧地说："老师，我没考好，做听力的时候头晕晕乎乎的。"

我安慰道："没事儿，生病是预料不到的嘛。你还有机会，咱们下次再战！留得青山在，不愁没柴烧！"

这就是我和徐天的相处过程。我用了以上五步，逐渐改变他的生活学习习惯，建立自信心。

第一步：欣赏孩子，让徐天对我放下戒心，不反感。对于徐天这种长期被批评的孩子，其实一点点的赞扬就能让他很开心。他开心了，才愿意对你敞开心扉，你才能走进他的内心世界。

第二步：用心沟通。孩子的每个行为背后都有原因。很多老师或家长管教孩子只看成绩，而不在乎孩子的行为习惯或品德。这种行为大错特错。首先，未来社会上，比起考试成绩，更被重视的是能力和人品。一个孩子成功与否，性格教育更为重要。其次，成绩只是表面现象，不能完全代表一个人。"我是谁？""我想成为什么样的人？"这些问题的答案并不是从试卷中找，而是从孩子的身上找。

因此，我教育每一个孩子，都会去聆听他们的故事，了解他们真实的想法。只有真正读懂孩子，尊重孩子，孩子才会愿意接受你的意见和建议。

第三步：学习方法。学英语重要的不是背多少单词，而是这些单词怎么用在句子里，怎么帮助孩子们在日常生活中学会用英语交流沟通。同理，学数学，重要的不是背题，而是真正理解每个概念公式，做到融会贯通，举一反三。正确的学习方法会让孩子事半功倍，而愚蠢的学习方法（如死记硬背）只能让孩子觉得索然无味，而且毫无进步。孩子小的时候，家长应该更重视孩子学习习惯的培养和学习方法的探索，这会对孩子产生深远的影响。

第四步：理解与支持。在奋斗的过程中，人时常会觉得迷茫、焦虑或想放弃，这都是非常正常的心态。作为教育工作者，我们需要做的是告诉孩子："你能感受到压力、差距、不足，这本身就是一种进步。此外，你因为客观的困难而产生主观的负面情绪，这非常正常，是人之常情。不要害怕，每个人都会遇到困难，会感到不安。"通过这些话，让孩子意识到困难与负面情绪的普遍性，之后再安慰孩子："我相信你能做得很好。上次 ××× 事件你就很好地克服了困难，这次你一定也可以！"陪伴孩子共度奋斗中难熬的时光。

第五步：保持好心态。几乎每个人都会在大型活动前感到紧张焦虑，尤其是遇到突发情况。比如上文，中考前两天徐天突然得了甲流。这时候，教育工作者不要大惊小怪，不安的情绪会传染给孩子，影响孩子发挥。我们要稳住，可以安慰孩子说：“这没什么大不了的。”也可以跟孩子聊聊轻松的事，来转移注意力。切不可给孩子施加压力，如：“感冒早不得晚不得，过两天考试呀，你感冒了，这次考试很重要，你考砸了怎么办呀？”在考前说这些话只会给孩子施加更大的压力。

我们每个人都会遇到意想不到的情况。这种时候，只要想怎么解决就好，不必太过担忧或烦恼。毕竟，只有行动起来去解决问题才会产生实际的效果，坏情绪只会让你把事情处理得更糟糕，心急是吃不了热豆腐的。

总结来说，想要改变一个不爱学习的孩子，应该先通过赞扬和理解让他接受你，再从根本上改变他的学习方法和习惯，不要急于教知识。最后培养孩子良好的心态，鼓励孩子坚持下去。徐天两个多月成绩翻了一倍，提高了近 30 分，完成了他高中前两年都没做到的巨大提升。我相信，你的孩子也可以！

如何高效管理时间?

2000 年初，我跟学生们还在老校区上课。一天，我们忽然接到通知，要求放学后组织部分同学去新校区打扫卫生，并完成黑板板报。下午放学时间大概是六点，坐车过去最快也是六点半。学生们太晚回家存在安全问题，而且他们回家后还要写作业，因此我给自己定了一个截止时间点：晚上 6 点前完成全部工作，提前让学生们放学回家。

为了节省时间，我提前预估了工作内容及工作量，并给学生们分好组。在前去的车上，我和学生们一起构思板报：板报用什么主题，采用什么样的构图、哪种文字形式等等。同学们积极地参与头脑风暴，很快我们便设计出了雏形。

到达新校区后，卫生组的学生们快速就位，高效地完成了自己负责的工作。板报组的学生们配合默契，按照在车上讨论好的分工，有的画画， 有的写标题， 有的写文章。20 分钟内，画板报和打扫卫生的工作都圆满完成，检查的老师连连称赞，说没见过学生们能在这么短的时间画出这么美观大方的板报。

这次活动之后，我逐渐意识到，人有无穷的潜力，只要方法得当，便能够在保证质量的同时高效完成工作。这世界上的每个人拥有的家境、学历、财富、履历都不相同，唯一相同的便是时间。做好时间管理，便是在时间这场公平的赛跑中脱颖而出的制胜法宝。

从教多年，我见过两种学生：一种学生参加各种社团活动，放学时还去打篮球，偶尔还打游戏，但成绩一直保持名列前茅。另一种学生不参加任何活动，把所有时间都用来学习，成绩却一直没有起色。有的人会说，这是因为第一种孩子比第二种聪明，所以学习更轻松。在我看来，第一种孩子确实聪明，不过不仅是头脑的聪明，更是利用时间的聪明。

很多学生都有过这样一种感受：忙碌了一天过后，整个人感到疲惫不堪。但回想自己具体做了什么：一篇英语作文，一份数学卷子。其实我们仔细想想，这两项学习任务根本不需要花费一整天的时间。我们平时考试的时候，一份卷子要求 90 分钟内做完，一篇英语作文的时间也不超过 30 分钟。也就是说，一份数学卷子加一篇英语作文的工作量最多不超过两小时，高效率的学生甚至只需要一个半小时，为什么有的学生需要花一整天呢？扪心自问，我们学习的时候是否像考试时一样专注，还是边做题边想着游戏，或者学十分钟就开始玩手机？就算最后做完了卷子和作文，有多少知识点只是被机械性地抄写了一遍？真正进入大脑的知识点又有多少？

本章我想跟大家讨论时间管理的重要性。好的时间管理，不仅可以让我们在相同的时间单位内做更多的事情，还可以帮助我们避免无效劳动，减少时间浪费。以下是我认为有效的时间管理方法：

1. 估算时间，有效规划

很多学生在学习的时候，并没有养成做计划的习惯。只知道回家先吃饭，吃完饭开始做作业，做完就去睡觉。这样的做法有两个弊端：

一是作业是针对所有学生的，而不是针对每个学生自身的水平而量身设计的。如果不做针对性学习，可能导致会的知识反复做，不会的知识永远不会做。

二是有些学生写到晚上十二点，才发现还有很多作业没做。如果接着做，则睡眠时间会不充足，第二天上课没精神。如果不接着做，第二天就会遭到老师的批评。

由此可见，做事情没有规划，完成的效率及质量都会大大降低。想要高效完成学习任务，我们需要在学习前花点时间拟定针对性的学习计划。

每个人能力不同，学习同一个知识点需要的时间也不同。一开始，我们并不清楚熟练掌握一个新的公式需要多久，整理这个月的错题需要多久等等。但一段时间后，我们会意识到专属自己的“学习超能力”。比如小林学习新知识非常快，但很快就会忘记；小明理解新的知识比小林慢一些，但是他会记得很牢固。长此以往，我们对自身的学习能力会有更清晰的认知，更了解每个学习任务大概需要多长时间。

比如一开始，我只知道今晚需要做作业，做完才能去睡觉。但我不知道几点能做完。现在我可以预判，7 点吃完晚饭到 12 点睡觉之间有 5 个小时。今天有 4 门作业，大概需要 3.5 个小时。除去洗漱的 0.5 个小时，还有 1 个小时可自由支配的时间。我可以复习知识点、预习功课、阅读、听音乐等等。在公平的时间世界里，一个人对时间的概念越清晰，就会有越多的时间。

2. 控制欲望，及时开始

蒂姆·乌尔班曾写过一篇关于拖延症的非常有意思的文章。文章的大意是，大多数人大脑里都有一只“猴子”，这只猴子致力于最大限度地满足自我愉悦：饿了就吃，累了就睡，想玩就玩。在我们打算开始学习时，猴子便会跳出来说：“别工作了，我们一起看电视吧。最好再配上烧烤和可乐，比工作有趣多了！”

当我们玩够了准备学习的时候，猴子又会跳出来说：“现在已经晚上十点了，你就算学习也学不了多久，还不如刷一会儿抖音，然后洗洗睡觉。”大多数拖延症患者被“猴子”所影响，永远无法开始学习或工作，浪费了大量时间后又懊悔不已。

想要避免拖延，必须要制服这只“猴子”，及时开始学习或工作。比如自己给自己设置“截止日”；如果截止日前未完成就要减少一项娱乐。比如将待办事项向朋友和家人公布，请他们督促自己投身于学习而不是玩乐。比如远离游戏机、手机等一切潜在干扰因素，甚至可以在学习时设置飞行模式。所有的一切都是选择：跟着“猴子”走的我们选择了享乐，拒绝“猴子”的我们选择了拼搏。当我们不再被“猴子”影响，随时随地能自己做选择的时候，就得到了真正的成长。

3. 直面困难

另一种常见的拖延原因是“这件事太难了，我无从下手”。很多学生拖到最后一刻才复习，很大程度是因为学过的知识点太多，很多都不理解，以至于不知道从哪里突破。这道题不会做，那个公式也看不懂，换了一个科目还是同样的情况，最后干脆不复习了，考试听天由命吧。

可事实是，知识不会自己跑到我们的脑子里，难题越不做越难，只有直面难题，才能解决难题。比如一道题我们不会，可以问问老师这道题涉及哪些知识点，这些知识点是哪一章学过的，重新系统性地梳理这个章节，回顾同类型的作业和考题，难题自然迎刃而解。

除了学习，生活中也是如此。比如快速画出板报很难。如果因为难，就呆呆地坐在黑板面前，那样并不会帮我们画出板报。更有效的方法是，将难点拆解成一个个更加容易，可执行的小任务。比如板报可以拆解成内容、插图、格式，等等。学生们分工合作，两两一组，每组负责一部分，更加独立专注地解决小的工作模块，板报工作自然能高效完成。

静待花开

第四章

如何轻松教育孩子？

带领学生参加美国大学预修课程考试

父母越“懒惰”，孩子越勤快

适用场景

○孩子不喜欢学习，甚至抵触学习，家长需要用手机 / 游戏等跟孩子“做交易”，哄着孩子学习。

○父母花了大量时间和精力教育孩子，不仅手把手教作业，还给孩子报名各种补习班，买学习机等。可孩子成绩一直没有起色，甚至有退步的迹象。

方法总结

○调动孩子的主观能动性，从“要我学”变成“我要学”。

○家长不应“替”孩子学习，而是放手让孩子自己学习。

01 | 调动孩子的主观能动性

我不想学习，我要当英雄！

每个人在不同的阶段都会有不同的梦想。每个男孩子在青少年时代都会做英雄梦，他们觉得“天天坐在教室里上课，写作业多没意思啊。武侠小说里的大侠飞檐走壁，电影里的超级英雄拯救世界，那样才酷呢！”我就教过一个这样的学生。

他叫陆飞扬，人如其名，是个意气风发、神采飞扬、有梦想的孩子，只是身子矮小瘦弱，不能吃苦。陆飞扬英语基础较差，作为一个高中生连 26 个英文字母都记不清楚。为了让他好好学习，老师和家长绞尽脑汁。比如物质奖励：“只要你考得好，就给你奖励一个变形金刚。”或者降低要求：“你不用立刻会写句子，先把 26 个字母背会、分清楚，可以吗？”

可是不管老师和家长怎么劝说，陆飞扬就是软硬不吃、油盐不进。上课不认真听讲，打盹儿，下课照玩不误。只要不提英语学习，他的两眼就神采奕奕，特别健谈。他的班主任和家长束手无策，只好无奈地来找我，共同讨论怎么提高陆飞扬对英语学习的兴趣。

一天我把陆飞扬叫到办公室谈话，他一见到我，先问了一个问题：“老师，你知不知道伊朗和伊拉克打仗啦？”

这孩子还挺有意思，关心国内外发生的大事。于是，我饶有兴趣地问：“打仗怎么啦？”

“打仗好啊！乱世出英雄！”他一下兴奋起来，摩拳擦掌：“我以后就要去打仗，保家卫国，当英雄！”

我点点头，先表示认可：“想当英雄好，但是咱得先学习好，身体强壮有本事，才能打好仗啊！”

一听我这么说，陆飞扬立马摆手：“老师，你可别骗我了。学习跟打仗有啥关系啊？”

看着他的样子，我噗嗤一声笑出来，说：“你想想你去打仗能干啥？你看你这小身板儿，能扛动枪？急行军你能跑得快？再说了，枪后坐力那么大，还不把你弹飞了。这么一来，打仗的话你不能靠武力，只能靠脑子了吧？”

陆飞扬不说话，迷茫地拿眼睛瞅我。

“靠脑子，你想想你行不行。现在打仗都是高科技。你26个字母都认不清，怎么能看得懂进口武器的使用说明？敌人炮弹都打过来了，你还在这边借助字典看说明书呢！还有啊，你数学不好，怎么安排哪里放大炮，放在什么角度？敌人一炮击中一个目标，你可能几炮都打不中对方目标。这样哪能打赢人家啊？”

听我这么说，陆飞扬也不好意思地笑了。

“现在打仗可不是过去那样靠车轮滚滚啦，都是高科技，得靠脑子、靠智慧。所以你想打仗，得先好好学习。你要想实现梦想，改变命运，当英雄，得先改变自己！”我坚定地说。

后来，陆飞扬果然开始学习了。虽然他还在慢慢摸索学习方法，培养良好的习惯，整体进度比较慢，但愿意学习就是一个好的开始！因为态度决定高度。

跟陆飞扬沟通的过程中，我意识到不能对孩子一概而论。每个孩子都是不一样的，如果强行用同一套标准要求他们，这样既不公平，孩子们也会不开心。只要孩子们能做到今天的自己比昨天进步了一点点，就应该给他们点赞。这样孩子们会越来越有信心。

家长想要轻松地教育孩子，第一步是调动孩子的积极性。一匹马，如果不想跑，牵马人再怎么费劲地拉扯缰绳，也没有用。反之，如果马自己想跑，不用鞭打也会跑得飞快。一个孩子，如果不想学，父母再怎么报补习班，成绩也上不去。反之，如果孩子自己想学，哪怕环节多艰苦都能创造条件学。因此，一个人的积极性和意愿很大程度上决定了他能否完成一件事。

如何调动孩子学习的积极性和学习的兴趣呢？我问过很多孩子一个问题：“你为什么学习？”

大多学习成绩偏下的孩子回答：“我也不知道，在家待着也没意思就来上学了。”还有的回答：“我也不知道学习有什么用。工作中用不到微积分，生活中买生活日用品更用不到。”

成绩中等或偏上的孩子大多回答："我想考个好大学，以后找个好工作。"

少数非常优秀的孩子回答："我的梦想是成为一个建筑师，因此我要学好物理盖房子。还要学好艺术，把房子设计得漂亮。还要学好语文，到时候写好的文案介绍我的房子。"还有的孩子回答："我想创业。所以我每一科都得好好学，因为创业的时候各个环节都要亲力亲为，我什么都得会。"

不知道大家是否发现了，一个孩子学习的动力，在于是否找到了学习的意义，是否有梦想，是否能为自己的梦想坚持不懈地努力奋斗。如果仅仅是因为没事做才学习，或者被家长要求才被动学习，那么孩子对学习的态度是迷茫甚至抗拒的。孩子自身动力不足，成绩自然上不去。相反，如果孩子知道学习的意义，认为学习是为自己好，那他们会非常积极地去做这件事。一个人变好了，所在的集体就变好了，每个集体变好了，国家就变好了。

一个人知道自己为什么要做一件事，做了有什么收获，极大程度地决定了他做事的态度和效率。如果这件事能帮自己实现目标，他会非常努力，做出来的结果也会更好。如果只是为了应付他人，或者是非做不可的任务，自己并不心甘情愿，那他既不会做得开心，也不会做出很好的结果。

因此，教育者要引导孩子，了解学习的意义，甚至是做每件事的意义。我们锻炼身体，是为了不生病，良好的体魄更能支持我们的日常活动。我们用心学习，是为了实现理想，给未来更多的选择权。我们尊重他人，是因为我们自己也想被尊重。对于一件事的潜在影响有更深入的了解，才更有动力去做。小孩子其实都很聪明，一点就通。我们大人要做的则是引导他们意识到学习的短期动机和长期成效，激发他们对学习的兴趣。

轻松教育的第二步，是帮助孩子们保持积极上进的心态。拿破仑说过："一个人能否成功，关键在于他的心态。成功人士与失败人士的差别在于成功人士有积极的心态，而失败人士则运用消极的态度面对人生。"因此，一个人想要成功，就必须有自信、自强、自立的意念，取代那些无助、胆怯、贫乏的情绪。当一个孩子开始用积极的心态把自己看作成功者时，他就已经开始成功了。心理学家认为，意念的力量非常神奇。人类曾经梦想能够像鸟一样飞上蓝天，我们就发明了飞机；曾经梦想登月，我们就发明了载人飞船。良好的心态可以催进目标的实现：不管做任何事情，当一个人拥有必胜的信念时，他的内部机制就已经在为成功定向了。只要坚持不懈，克服困难，就一定能取得成功，实现梦想！

就是不能进教室

几年前，一个孩子给我印象特别深刻，她叫雨晴。雨晴高一刚来学校的时候是个很害羞的小姑娘。她和老师说话脸都红，极不自信，基础也比较差。雨晴梳着齐耳短发、留着齐刘海。她上课记笔记的时候总是把头埋得很低，头发把整个脸都遮住了，我猜想她记笔记时都看不清楚黑板。

由于雨晴长期营养不均衡，身体素质很不好，上课经常晕倒。我们做老师的特别担心，于是我把她爸爸叫来学校商量孩子身体的事。经过讨论，她爸爸决定给她办理请假手续，带她去上海看病。

高二第一学期即将结束，雨晴从上海回来后来到学校。她把头发扎了起来，露出额头，整个人精神了很多。我高兴地说："欢迎回来，状态不错嘛！身体好点了吗？"

"好多啦！"她元气满满地说。

"看到你回到学校，老师很开心，不过你几乎一个学期都没来上课，回原班级肯定是跟不上进度了，这样会导致你越来越不自信；再说 5 月份就要参加国际考试，现在都 1 月份了。你基础比较薄弱，我建议你留一级。"我坦诚地说出我的想法。

雨晴和她父母坚持不留级，因为雨晴初中就留了一级，年龄已经比其他同学大一岁了。我也是为人母，特别理解他们。于是我问雨晴，大学想主修什么专业。谈到未来想要从事的职业，雨晴眼神马上熠熠闪光，她兴奋地告诉我，想从事时装设计。听到这里，我便对雨晴和她父母建议道:“既然孩子对时装这么感兴趣，我建议雨晴这样安排时间：半天主攻英语，半天学习美术绘画与设计，准备作品集，我觉得这样最适合。”

我话音刚落，他们三人脑袋摇得像拨浪鼓，坚决反对。无奈，我提出三个方法供他们选择：一是留一级，跟着下一届把基础夯实，出国后孩子少遭罪；二是在外面机构学习语言，到美院或其他机构学时装设计，准备作品集，然后参加美国高考；三是，回到原班级上课，但这是最不推荐的选择，因为孩子人是坐到教室了，但什么都听不懂，这是为了面子而浪费时间。

雨晴父母听到这里，插话道：“这学期雨晴也有在外面机构补习，她的功课并没有落下很多。”

听到这话，我明白他们以看病为借口请假，其实主要是出去补课，而且主要是补英语。对于这种做法我非常不认同，也对她的补习质量有些怀疑。于是我说：“这样吧，我测测你的水平：如果你能达到你们班同学的平均水平，我就答应你不留级，回原班级与其他同学继续一起学习。”

雨晴怯怯地看着我，点了点头。

“那咱们先从英文开始吧。”我先考了她单词，确实背得不错。接着，我又考了她两个句子翻译：

1. 围桌而坐的这四个人正在讨论你下一步该怎么做。

2. 在以上三个选择中，你选择哪一个？

雨晴脸憋得通红，磕磕绊绊地翻译着，而且只能一个词一个词往外蹦，完全连不成一个完整的句子，就是典型的汉语式英语。

看到这种情况，她父亲急切地解释道："老师，孩子是太紧张了！她英语没什么大问题的呀！外面机构老师说她基础可以，补补课今年五月托福能考 90 分呢！"

听了她父亲的话，我说："麻烦您拨通外面辅导机构老师的电话好吗？我来帮您问问。"我把办公室的电话开了免提，雨晴的父亲拨通了对方的电话，我婉转地问对方："您好，老师！您那边有没有一个学生叫雨晴啊？"

"有啊！"

"您觉得雨晴英语怎么样？"

"哎呀，这个学生基础可差了，连基本的句式结构都不会，更别提写作文了！"对方老师回应道。

"我听说你们给雨晴的规划是今年五月托福考到 90 分，请问你们规划的依据是什么？"我接着问。

对方连忙解释道："唉呀，这不是我不专业！我要是不这么说，不给学生和家长希望，他们就不来我这里上课了！而且我们也是想帮她，给她信心。"

听到对方的回答，雨晴的父母变了脸色，表情尴尬极了。

我挂掉电话，诚恳地说："听到了吧？众所周知'知己知彼，百战不殆'，外面的机构根本就不了解你，怎么可能上几十次课，英语就能那么快提高呢？如果真有那么神，干嘛大家要这么辛苦，上 12 年学呢？直接上几次补习就能考出好成绩了。如果学习习惯不改，在哪儿上课都没有用。在外面机构补课，只是锦上添花！聪明的孩子，一定是抓课堂。"

接下来，我又和她父母谈到专业课。我希望用事实说服雨晴，所以请她的数学老师拿来本学期考过的月考卷，给雨晴一小时答题时间。一小时后，雨晴填空题和计算题一道没做，只写了四道选择题，遗憾的是全部错误。

我又请数学老师考查雨晴的基本概念和公式，可想而知，雨晴还是一问三不知。

看到这样的结果，她父母也觉得很没有面子，他们坐立不安。我非常了解她父母的苦心，于是劝说道："雨晴本来基础就薄弱，加上一学期没上课。刚刚的考核已经证明了她学业的欠缺，就算回原班级也什么都听不懂，孩子上课感到无聊，不困才怪呢！这根本就是浪费时间，对孩子不负责任。还是让孩子留一级吧。基本功扎实了，一年后孩子到国外深造也不遭罪。"我本以为她和她父母会跟我达成共识，没想到她们依旧坚持原来的想法，雨晴必须回班，不接受留级。

接下来的一个月，她父母动用了各种关系来劝说我，每次我都耐心地解释我的观点及建议。雨晴父母请来的朋友们都认同我的观点，就是她父母不接受，最后他们请来某高校的院长来说服我，当我把我的想法给院长讲完后，院长说："学校给咱娃的建议好得很，咱走，再别麻烦学校了。"从那以后，他们再也不请人来做我工作了。

读到这里，你是不是以为雨晴放弃了？并没有！之后的一天清晨，我惊讶地发现雨晴坐在走廊的椅子上。我给雨晴妈妈打电话询问，雨晴妈妈说：“校长啊，雨晴可拗了！她非要去学校，就让她去吧。估计她拗不过就放弃了。”接下来的每一天，雨晴果然每天早早来学校，希望能让她回原班级学习，但我就是不同意，因为我知道进班的后果，对孩子没有好处只有坏处。

十多天后，她意识到进班是没有希望了，于是自己坐在我办公室外面的走廊里学习。看到她有所改变，我悄悄让后勤老师给她开了自习室的门。没想到过了两天，我悄悄去查看她在自习室的学习情况，竟然发现她跟同学在自习室聊天儿，并没有学习。于是我又把自习室锁起来，她只能回到走廊课桌处学习。

后来的一段时间，我一直关注着雨晴，发现她逐渐地在改变。以前下课时她总跑去跟同学聊天，现在周围走过同学时，她头也不抬、专心致志地学习，遇到问题就到老师办公室请教，更可喜的是，她学会了看书时记笔记，看书过程的笔记漂亮极了，我将她的笔记作为样板让其他学生学习。我非常欣喜地给她妈妈汇报雨晴的进步情况。她妈妈也很开心，说：“校长，雨晴就是不一样了：每天也不化妆了，上学要穿棉毛裤、鸭绒服；以前上学只穿一条单裤，不肯穿大衣或鸭绒服。以前在家老跟我吵、顶嘴，现在对我可尊重了；还给家中老二辅导功课，告诉老二要听爸爸妈妈的话。晚上回家学习，她还主动要求做限时训练、模拟考试。一到时间我就不让她写了，她还恳求我让她再写一点儿。她以前从来不会这样！”

我悄悄给她妈妈支招：“你悄悄跟雨晴说，不要说我说的：校长不让你进教室，没说不让你到办公室问老师。你有不会的题就去问老师，每天找老师要笔记和作业，这等于是一对一开小灶。妈妈相信你一定可以！”

就这样，我和雨晴妈妈一个唱红脸，一个唱白脸，一个在校，一个在家，全方位观察着雨晴的学习劲头，讨论雨晴的变化，共同商量下一步行动。雨晴的习惯也越来越好，每天早晨 7：10 就到学校专心致志地学习。在一次模考中（我和她妈妈商量后同意她参加模考），她考了 73 分，而班里有十几名同学不及格。我故意说："你进步很大，可以进班学习了。"雨晴坚定地回答道："谢谢老师，我还是就在外面自己学习吧，这儿效率高。”与此同时，我在班里大力表扬了雨晴，她也越来越自信。5 月的 AP 微积分考试中，雨晴不负众望，考了 5 分满分。而有些跟着老师上课的孩子都没考到。我和她父母都特别为雨晴骄傲。

从雨晴的教育中，我深刻感受到了主观能动性的力量，也站在不同角度分析了这件事。

1. 学生的角度

从雨晴的角度来说，她开始成绩一直不好，在外面补课半年，英语基础也没有多大提高，这一点她本人最清楚，但为了面子，绝对不承认。真是死要面子活受罪！但为什么能在四个月内达到 AP 微积分满分呢？关键是内部动力。如果一匹马一动不动，单靠人拉缰绳，是绝对行不通的。只有马自己跑起来，外界再给点力，才能跑得快，跑得远。同理，一个孩子如果自己不想学，那家长花多少钱、报多少补习班都没用，关键是要调动孩子自己对学习的兴趣和积极性。只有孩子发自内心地想学，才能学得好。这正是内因，是事物发展的根本，外因通过内因而发生变化。

2. 家长的角度

对于某些事情，家长要逆向思维，反常规处理。在教育孩子的时候可以用一招“反过来”。这个方法在《好妈妈胜过好老师》中也分享过。比如小孩子很爱打游戏，则把打游戏变成惩罚：你今天犯错误了，罚你玩 2 个小时游戏，但是必须是家长指定且孩子不喜欢玩的游戏。这样，孩子对游戏的心态，就从主动想玩的自由，变成被迫受罚的无奈。玩游戏性质的变化，一开始就会削弱孩子在游戏中得到的乐趣。再比如这个案例，孩子无心学习，报很多课外补习班成绩都不见提高。那就断掉孩子的后路，就不让孩子进教室学习，表面上是成全孩子，引申的含义是：孩子要真正动起来，拿实力说话，靠自己的努力赢得机会。由此，学习从必须要做的任务，变成不可多得的机会。问老师问题从迫不得已，变成不可多得的请教、提升。学习的性质变了，孩子的心态就转变成了“我要学”。

3. 教育者的角度

这次事件发生后，老师们开会时，我专门分析了雨晴的例子。我说：“雨晴天天坐在走廊自学，却比很多一直在课堂跟着老师学的学生考得还好。咱们老师是不是要分析一下自己教学管理哪里出了问题？教育，一部分是传授知识本身，一部分是如何管理学生。大家专业知识都没问题，但咱们在管理学生、管理课堂这方面是不是出了问题。一个好的教师，不是自己滔滔不绝地讲一节课，教师个人自我陶醉，而是调动孩子的积极性，让孩子积极参与课堂、主动学习。”

4. 管理者的角度

作为一个专业的教育管理者，必须了解孩子的心理。在教育孩子的过程中，我首先赢得了家长的支持。其次我断了雨晴的后路，即：你父母找谁都没有用，你只能靠自己。就你目前的水平回教室听课是浪费时间。在我跟很多老师及学生讲了雨晴的案例后，来我办公室外面的走廊学习的学生人数剧增。他们以为在这里学习成绩就会很快提高，岂不知是雨晴学习习惯发生了质的改变。其他来这儿学习的孩子围桌而坐，说说笑笑，开心地聊着八卦，与学习毫无关系。打着学习的幌子，做着与学习无关的事，这不是浪费时间吗？

雨晴的成功，根本原因不是她坐在走廊，而是她发自内心地想学，动起来了。其他老师和学生只看到雨晴坐在走廊，就简单粗暴地模仿，殊不知这样并不会提高成绩。就像东施看到西施捂着心口很美，只是浮于表面地模仿这个动作。可事实上，西施的美不是因为捂着心口，所以东施也不会因为捂着心口而变美。管理，切忌形式主义。作为一个管理者，看到一个很好的做法给其他员工们推广时，需要确保大家理解这个方法能做好的根本原因，而不是简单地依葫芦画瓢。

02 | 营造相互激励的正能量氛围

我们班也能当第一名

1986 年，我刚刚大学毕业，对未来充满梦想与希望。毕业后我的第一份工作是担任高中老师。来到学校的第一天，校长简明扼要地介绍了学校的状况：高一年级共 500 名学生，中考排名前 250 名的学生分配到重点班，排名 250 名到 500 名的学生分配到普通班。由于我刚刚毕业，并没有工作经验，校长决定派我负责普通班的英语教学工作，并担任其中一个普通班的班主任。初生牛犊不怕虎，我愉快地接受了领导分配的任务，开启了第一次担任班主任及英语老师的教学生涯。

第一步：观察并了解学生

良好的开端是成功的一半。新学期的第一天，我认真地打扮了一番，早早来到学校微笑着迎接每一个学生，想给学生们留一个好印象。上课前，我仔细查了一遍每个学生的姓名发音，确保点名的时候能准确读出。

接下来的几周，我采取了“少说多观察”的策略，认真了解每一个学生的特点：擅长哪些学科？性格怎么样？有哪些兴趣爱好和特长？中学在什么学校？家庭背景怎么样？

第二步：提高班级凝聚力

在了解了孩子们的性格特点之后，我的下一步计划是通过各种活动，激发孩子们的积极性并提高班级凝聚力。记得学生们第一次参加校运会的时候，在报名之前，我就与班委会认真商议计策，排兵布阵。 运动会的计分包括三个部分：运动成绩分、宣传参与分、班级纪律分。其中，运动成绩分占 60%，另外两项各占 20%。

针对三项分数，我和班里同学们共同设计了得分策略。首先，针对占比最大的运动成绩分，由于我们班人数较少，一个学生需要参加多项运动才能报满所有比赛项目。因此，为了保证每个学生在最有信心的项目上能充分发挥优势，同时不超负荷比赛，我们采用了田忌赛马的方式。比如班里跑步最快的学生小明，200 米，400 米，800 米都是最快的。但是如果小明参加所有跑步项目，一来他身体会吃不消；二来后面的比赛成功率也不大。因此，我们基于每个项目的分值， 小明的信心程度，以及猜测其他班的参赛人选，为小明报名了 4*100 接力赛及 200 米这两项分值高且最能发挥小明优势的项目。

其次是宣传参与分。班里同学们兵分三路：擅长舞蹈的女孩子们组成了啦啦队，排练起啦啦操。文学素养好的同学们思考着运动会的宣传语及加油稿。美术功底好的同学们设计着运动会的会徽及班级宣传海报。

最后是班级纪律分。我们同样设立了两个小组：后勤组负责卫生和补给（水、零食等）；纪检组负责管理班级的纪律。

有了明确的分工，同学们仿佛充满了使命感，都更加期待运动会的到来。运动会期间，每位同学各司其职，全力以赴。运动员们顽强拼搏，获得了预期中的好成绩；啦啦队的同学们为每个运动员呐喊助威；美术组的同学们发挥才能，创造出简洁且充满特色的会徽；宣传组的同学们火眼金睛，发掘出每场比赛、每位运动员的亮点；后勤组的同学们贴心、细致地为大家服务；纪检组的同学们提醒着大家注意服装、坐姿等问题……最终，在全班同学的共同努力下，我们班在全年级 17 个班级中荣获第 1 名！全班同学都欢呼雀跃，久久不能平复激动的心情。

第三步：激发学生的学习热情

春天来临，到处生机盎然。我组织学生春游。第一站是植物园。五彩缤纷的植物让同学们异常兴奋，他们边参观边问各种问题：这是什么植物？有哪些特点？不同的地形及气候适合什么样的植物生长？

第二站是农田。我请来农民专家带着学生们一起耕种，讲解种地的基本要领：什么时候间苗？什么时候拔草？多久浇一次水？什么时候收割？学生们干得热火朝天，积极地提问各种问题。

第三站是贫困山区的学校及家庭。我们走访的家庭中，有一家五口人住在一所房子里，没有任何家用电器，甚至没有床，只有桌椅之类的简单家具和一床被子。还有一家人，只有 70 多岁的奶奶是正常人，其余都是残疾人。面对这样的景象，学生们惊讶又感触：想不到在同一个时代，不同人群的生活状态却天差地别。自己可以做些什么帮助眼前这些人脱离贫困呢？

通过这三站的参观游览，学生们有的因为植物园的美丽植物而唤起探索自然世界的兴趣，有的因为农田的种菜经历而理解了如何将知识融入生活的点滴，有的因为贫困家庭的生活状态而产生改变世界的使命感。每个人的“激励点”各不相同，我想尽量让学生们在塑造三观的阶段更全面地体会生活，找到自己的“激励点”。

各种各样的活动点燃了学生们的学习热情。学生们逐渐学会了自我认知与自我评价；学会了虚心向他人学习，取长补短。课堂上，老师提问的声音、学生回答及追问的声音此起彼伏，师生相互赞扬的欢笑声不绝于耳：学生们赞扬老师知识渊博，充满耐心；老师赞扬学生们听课认真，思路清晰。在各种学习和活动中，学生们逐渐体会到了上学的乐趣。

期末考试，我们班成为了普通班的第一名。甚至有一个同学考进了年级前 10 名。更重要的是：学生们变得更加努力、自信。考试成绩及学生们状态的改变在学校和家长中引起了很大反响：学期一开始，家长们对我心存疑虑。而现在，每位家长都看到了孩子们的进步，对我好评满满。

谁说咱们班是最差的?

1990年，我所在的学校有一位英语老师忽然生病住院，学校提出由我来接替这位老师的班主任职责及授课工作。当时这个班是全校有名的“问题班级”：不仅成绩长期保持年级倒数第一，学生们的纪律也非常松散。迟到早退是家常便饭，作业也没有交全过。广播体操做得懒懒散散。做课间眼保健操时，学生们要么说话闲聊，要么趴着睡觉。集体开会更是永远最晚到场，学生们坐得东倒西歪，还不停说话。班里的卫生也是最差的：课间没有人主动擦黑板，放学铃声一响立刻背书包回家，很少有学生留下打扫卫生。最头疼的是个别学生抽烟，起外号，脏话不离口。所有老师们提起这个班来都摇头叹气。

临危受命，我更需要证明自己的能力。教育家第多斯惠说：“教育的本质是点燃，是激励、唤醒和鼓舞。”接手这个班的第一周，我一直在观察学生们，并思考如何激励学生，给班级带来正能量。

第一次班会，我问大家:“咱们班是年级最差的一个班吗？”

学生们都表示默认。

我接着又说：“谁说咱们班是最差的？我们班学生可以不迟到吧？我们班学生可以跑步跑得最整齐吧？我们班学生人人都可以见老师问好吧？我们班教室的卫生可以打扫得比任何一个班都

干净吧？我们班班会可以开得是年级最棒的吧？集体开会我们班可以第一个到会场，而且坐得整整齐齐、不闲谈吧？做广播操我们班可以做得最整齐到位吧？目前我们班在学习上确实是和其他班有一点差距，但只要大家目标明确，齐心协力，方法正确，相信我们班一定能够赶上甚至超越其他班级！你们才初二，落下的学业并不算多，一定能迎头赶上！我有信心，大家有没有信心？”

学生们看着我不说话。我又问了一遍，只有寥寥几个人小声说：“有决心。”

我提高了嗓门，说道：“人心齐泰山移。我相信大家一定可以实现我们的梦想！你们可以赶超他们吗？大家有没有信心？”

这次，全班同学用洪亮的声音齐声回答：“有信心！我们一定可以赶超其他班！”

接下来的一段时间，我先召开班委会，为大家设计目标，第一个目标是体育课的队形。我对两位体育委员说：“每日晨练，我们只练习一个动作，大家练到整齐划一，就达到目标了。”

第一天的动作是“跑步走”。随着体育委员发令，其他学生需要把双手提到腰部第二颗扣子的位置，然后放下手。这一个简单的动作，全班学生练了七八遍，才做到所有的学生动作一致。一天一个动作，同学们越来越整齐，我连连称赞他们的进步。他们变得更加自信，也更加团结。

除此之外，我还号召学生美化班级的板报。现在的板报只有潦草的几个大字、几张照片。学生们并不当回事儿，只想着草草了事应付学校的检查。于是我问学生们：“咱们班的板报怎么改进一下会更好？”

一开始，并没有人回答。于是我先提出自己的想法，再请教学生们：“老师想做一块心愿墙，把大家的目标放上去。你们觉得放在左边好还是右边好？”

这时有学生回答：“我觉得放在左边好，左边黑板不反光。”

“你这个主意好！”我称赞道：“那咱们右边放什么呢？”

“老师，我觉得右边可以放一个班级合照，写上‘我们是相亲相爱的一家人’。”另一个同学回答。

看到有同学踊跃发言并得到表扬，更多的学生争先恐后地举手，表达创意。全班热火朝天地讨论着，从主题，到标题，到颜色，学生们对每个环节的讨论都兴致勃勃，不一会儿就动起手来，画出了美丽的板报。月末的温馨教室的评比，我们班获得了18个班级中的第一名，学生们都很开心。

我问学生们：“为什么咱们班得了个第一？”

一个学生说：“咱们班干净温馨。”

另一个学生说：“有家的感觉。”

接着我追问道：“假如下次再评比，你们觉得咱们班在哪块可以再做改进？”

一个学生说：“可以摆放一些植物，给班里增添绿色。”

还有一个学生说：“在教室门口贴两个温馨的标语，再挂两个福字，表示我们班福气满满。”

一次次的活动，让学生们充满成就感，树立了正确的世界观、人生观、价值观。看到孩子们满满的正能量，我相信这个班的成绩一定会提高。渐渐地，我耳边听到的都是赞扬声：这个班变化真大，上课听讲时学生的面部表情告诉了老师们一切，课堂上，他们积极参与课堂活动，认真与老师互动。下课后他们作业认真完成，且全部按时交作业，没有拖延。各科老师都表扬说这个班的学生们变了，眼里仿佛有光。

努力总会有回报。期末考试中，年级前 20 名中这个班占了 12 名，看到学生的进步，我由衷的高兴。

一学期结束，我调回了西安。不久，有从前的同事给我写了一封信，说：“小李，学生们都很想你，真希望你回来！”

找到诀窍，学习其实并不难

1990年年初，我从内蒙古包头市调到西安郊区一所厂办子弟中学。由于近两年这所学校的高考升学率为零，学校名声与生源都毫无起色。为了提高教学成果，学校面向全国招聘优秀教师，我有幸被选中。加入这所学校后，我的第一个任务是接手初三的两个班级。这对我而言是巨大的挑战，毕竟我毕业年限短，教学经验也相对少。但作为一个新来的教师，我不能一来就跟领导提要求，摆困难，只能硬着头皮迎难而上。

接手这两个班级的前两周，我对学生们进行了摸底测试，同时仔细观察了他们的学习状态：这些孩子虽然已经初三，但基础非常薄弱。两个班总共90多名学生，只有4名学生英语成绩能及格，平均分只有34分，很多学生甚至只考个位数。除此之外，学生们的学习态度也不端正。由于他们都是工厂职工弟子，将来能接父母的班，没有升学的压力，所以觉得学得好坏无所谓，能毕业就行。

此时距离中考只有10个月，我反复思考如何在短时间内快速提高学生们的英语成绩。为此，我查找了各种资料，并向经验丰富的教师学习取经。基于各方建议，我决定先优化课堂形式，通过设计有趣的活动，让学生们喜欢上我的课。长此以往，学生们会喜欢我这个老师。因为喜欢我，他们就会爱屋及乌地喜欢英语，喜欢学习。

英语的学习需要记忆大量的词汇，以及各种句式和词组的用法。我从不让学生们枯燥地抄写单词，而是设计各种小窍门帮助他们记忆。比如little和few的区别。这两个词的意思都是“少量，一点点”，但是在使用时他们分别应该修饰哪种名词?

先说little和few的区别，如果我问这两个单词各有几个字母，哪个字母的单词数容易数?肯定是few，只有3个字母。而little有6个字母，一眼看过去不能立刻反应出来，还需要掰着手指数一数。因此我们记住，few修饰可数名词；而little相对不好数，所以修饰不可数名词。慢慢学生就明白了：英语原来这么学!

此外，很多学生误认为学英语就是要词汇量大，记单词成了学生的大难题。其实记单词也有方法：比如island（岛屿），拆开这个单词就是is加land，意思是“是陆地”。岛屿本来就是陆地，知道is，land这两个词，就能轻松记住island。

通过这样的教学方式，学生们逐渐意识到英语其实也不难，而且很有意思。他们开始每天变着法儿地找窍门学习英语。当学生们的学习热情被点燃，产生学习英语的欲望，就能真正从“要我学”变成“我要学”。

通过近10个月的训练，六月份中考结束，两个班各自的平均分达到了65分以上，提高了近100%，及格人数从原来的4人增加到了70人，超额完成了学校交给我的任务。其实中考成绩仅仅是成长道路上的一段里程碑，重要的是帮助学生养成良好的学习习惯。著名心理学家、哲学家威廉·詹姆士说过：“播下一个行动，收获一种习惯；播下一种习惯，收获一种性格；播下一种性格，收获一种命运。” 好习惯能给学生带来巨大的力量，让学生们在一生中任何时候都能不断学习，自我充实。

03 | 拒绝手把手教育

孩子做作业还是家长做作业?

我有一个朋友，时常跟我诉苦：他们为了孩子的教育，费尽心思，不看电视不旅游，孩子做作业，他们陪着做，但是孩子的成绩却越来越差。小学的时候能在班级考到中等水平，毕业的时候考到了重点初中的重点班。可上了初中以后，成绩滑到班里中等偏下的位置。现在到了高中，孩子稳坐班里倒数第一， 高考也不出意外地落榜了。每次见到这个朋友，他都叫苦连天，怎么这么倒霉，摊上这么笨的孩子？让我们在朋友面前真没面子，丢尽了人。我也纳闷，这位朋友和她爱人都是知名大学毕业，从事技术性工作，行业的领头人。孩子姥姥、姥爷都是大学老教授。妥妥的知识分子、书香门第。为什么到这一代，孩子的教育成了问题呢？

在和朋友的几次沟通交流中，我找到了答案。

有一天下班后，我去朋友家吃晚饭。他爱人草草吃了两口就急忙进书房了，说是有很多事情要处理。

“您爱人工作这么辛苦啊，晚上回家还要加班啊？”我充满好奇地问道。

“哪里是工作上的事呀？”我朋友皱着眉头，一脸忧愁地解释道：“她是去做孩子的作业啦！你不知道，我们家孩子笨，他上课啥都听不懂，作业也不会做。如果我们不帮，长期下去，他就会被越甩越远了。所以我和我爱人，每天下班回来都学习孩子学校教的知识。我负责数学、物理、化学；孩子他妈妈负责语文、英语、政治、历史。我俩先做一遍孩子的作业，再给孩子讲一遍，起码保证孩子每天能完成作业。哎，没办法呀！”

“你们夫妻俩天天这样多累呀？”我诧异地问朋友。

朋友倒起苦水：“哎呀，这也是没办法的事儿。这孩子从小就笨。他小时候算算数，5 + 4 =？，再怎么算结果应该比5或4都大吧。可他就能算到3呀，2呀！简直就没见过这么笨的孩子！为了他的学习，从小到大我们不知道试了多少办法。小学就开始上奥数班、英语兴趣班、电子琴班等。上了初中，社会公认的各大名师的课全给报了。担心班级人数太多，老师讲课顾不上他，他就不愿意听，我们还给找了家教，天天陪着补习、写作业。可成绩没有一点儿起色，反而越来越差，整个人都呆呆木木的。实在是没办法，我俩才自己辅导的。你可知道这有多辛苦呀！白天上班，晚上陪他一起学习、写作业，根本顾不上其他事情，真把我们累死了。哎，养个娃真不容易呀，心累呀！”

吃完饭，我没急着走，而是跟朋友继续聊天，顺便观察他们辅导孩子的学习过程。他爱人确实用心，每道题都写了密密麻麻的笔记，用红笔勾画出重点，一道一道讲给孩子。每讲完一道题，就问孩子："你听懂了吗？"孩子点点头。他妈妈又问："这道题还有问题吗？"孩子不耐烦地回答到："没有。"接着妈妈再给孩子讲下一道，讲题时偶尔也会失去耐心，训斥孩子一会儿。听朋友说，每次他们夫妻都会陪孩子写作业到半夜，而且几乎每天都会因为作业问题拌嘴吵架。

看到这里，想必很多读者朋友也感到困惑。这对夫妻费了这么多心力，又是报班，又是陪孩子一起写作业，为什么孩子的成绩还是不尽如人意呢？反观有些家长，教育孩子特别轻松，他们并不给孩子辅导学习、陪孩子写作业。孩子自己就能完成作业、考高分。这背后到底是什么原因呢？

不知道大家有没有这样的感受，自己做报告，和听其他人的报告，其学习效果、个人体会大有不同。

听其他人的报告是被动接受信息，大脑只需要简单地处理听到的东西，后续的理解、记忆并不深刻；有时听着听着思想还会抛锚，心不在焉。

自己做报告需要整理各种信息，按照逻辑顺序娓娓道来，同时需要找相关的例子帮助听众理解，要考虑到方方面面：如面部表情、姿势语言、声调的抑扬顿挫等等。也就是说，主讲人不是被动接受信息，而是经历了主动理解、梳理、输出的全过程。因此，主讲人对自己讲的知识会记得更持久，运用更灵活。

这就是"主动"的力量。同样的，写作业也是在培养孩子主动思考的习惯。写作业的意义在于：通过运用所学知识解决问题，复习巩固新知识。这一过程其实完成了知识从书面定义到实际运用的转化，需要孩子二次学习，主动思考。我朋友和他爱人费心费力给孩子报班，甚至自己上阵帮孩子预习、复习、做作业，恨不得把知识嚼碎了强灌到孩子脑子里。这个过程看起来是帮孩子，其实是剥夺了孩子自主学习的机会，渐渐地养成了孩子的坏习惯。

第一，孩子不用自己做作业，爸爸妈妈都帮他写好了。因此，孩子失去了复习、思考、运用当天所学知识解决问题的机会，养成了懒于思考的坏习惯。

第二，孩子也不担心写不完作业。反正有爸爸妈妈在，就算自己写不完，爸爸妈妈也会教自己写完。长此以往，孩子会对作业丧失“责任感”。

第三，孩子碰到不会的题，也不会主动探索。坐等爸爸妈妈讲一遍，自己点点头就行，对于遇到的问题根本不懂。渐渐地，孩子便失去了面对困难的勇气以及解决困难的能力。

因此，在这样的教育模式下，父母累的同时，孩子也失去了锻炼的机会。众所周知：失败是成功之母！错误是最好的老师！每位家长千万不要害怕孩子犯错误，但一定要搞清楚孩子犯错误的原因。如果我是这位孩子的妈妈，我会角色互换。作为家长，我不会帮孩子整理笔记，给他讲题；而是会作为学生，让孩子自己整理笔记，给我讲题，我提问题。这样不仅锻炼了孩子学习的积极性，孩子在自己讲解的过程中对知识的理解和记忆也会更深刻，学习自然更有效果。更重要的是，在这个过程中，孩子会有成就感，变得更加自信。

我为你累死累活，你就这样回报我？

还有一次，我和一个学生家长聊天。她说自己为了全力支持孩子学习，辞了工作，在学校附近租房子陪读，事无巨细地照顾孩子后勤。以下是她工作日的日程表。

早上 6:00	起床，给孩子准备早饭，放好洗澡的热水，挤好牙膏
早上 6:30	叫孩子起床洗澡。孩子洗澡时，把他要穿的衣服整理好放在浴室外
早上 6:50	孩子吃早饭，孩子边吃自己边给孩子穿袜子、穿鞋、系鞋带
早上 7:15	送孩子上学，路上给孩子放英语听力
白天	做家务，包括给孩子洗衣服，买菜、做饭、扫地、拖地、倒垃圾等等，还要遛小狗（孩子要求养的）
晚上 6:00	接孩子放学回家，路上和他聊聊学习（5 点就要出发，路上堵车，稍晚校门口找不到停车位）
晚上 6:30	跟孩子一起吃晚饭，之后洗碗，收拾碗筷
晚上 7:20	孩子的学习时间，自己不能看电视，或跟朋友打电话聊天，做家务声音大也不可以，怕打扰孩子学习
晚上 10:30	10:00 给孩子准备夜宵，10:30 孩子吃夜宵
晚上 12:00	帮孩子挤好牙膏，倒好洗脚水，准备明天要穿的衣服

这位家长的付出让人感动。她为孩子考虑了各种细节，比如：

▶ 为了让孩子洗澡直接是热水，提前3分钟帮孩子放凉水，调好洗澡水的温度。

▶ 为了让孩子多睡一会儿，帮孩子穿袜子、穿鞋、系鞋带；上下学全程开车接送。

▶ 为了让孩子有健康的体魄能好好学习，绞尽脑汁变换菜单给孩子补充营养，孩子想吃什么就给做什么。

▶ 为了让孩子专注学习，严格把控孩子交友。不让孩子跟学习差的小朋友玩，哪怕是亲戚家的孩子也不行。

除了周内日常，周末更加辛苦。一大早，她就要送孩子去补习班。孩子在里面上课，她在外面一等就是两三个小时。为了让老师能更关注孩子的学习，她还会主动去拜访老师，了解孩子的情况，帮助老师共同教育孩子。比如老师自己经常工作太忙没时间接送孩子上学，她知道后就自告奋勇接送老师的孩子，常常在自己孩子和老师孩子的补习班两头跑。

这位家长本以为自己做好后勤，孩子就能好好学习。可事与愿违，孩子非但没有如家长所愿把精力全部放在学习上，反而越来越“叛逆”，认为家长做的一切都是理所应该的。到后来，家长让孩子学习的时候，孩子会故意跟家长对着干，就是不写作业，更别说看课外书了。家长问孩子原因的时候，孩子坦然地说：“我一道题都不会，没法写。”家长也觉得很委屈，就觉得：为了你，我都付出了这么多了，你这孩子怎么一点也不懂事？这些矛盾常会引发母子争吵。

事后，我跟孩子沟通。孩子说："我妈每天从早到晚唠叨，就是让我学学学，好像我是个学习机器。除了学习她什么都不关心，也什么都不让我干。我就不学，她能把我咋？"

这就是认知差异。家长觉得：我为你付出这么多，你要好好学习回报我。孩子却觉得家长不关心自己，只在乎成绩。这样一来，不仅孩子会对学习产生抵触心理，也会引发母子矛盾。更有甚者，孩子会对学习、生活形成错误的认知：孩子负责学习，父母负责打点衣食住行等一切生活琐事。长此以往，孩子会失去生活的独立性。与此同时，他也不会感谢父母的付出，认为一切都是理所应当的。

其实，想要轻松教育孩子，就需要理解 80/20 概念。有的父母使出浑身解数，用了 80% 的努力，孩子身上却只有 20% 的效果；有的父母看上去只出了 20% 的力，却能让孩子达到 80% 的效果。以上两位家长是前者，而我们要努力成为后者。父母需要意识到，教育不是事事都得亲力亲为。孩子成长中构建的人生观、价值观、世界观，生活中体会到的酸甜苦辣这些经历，都需要自己完成。家长无法替孩子做所有事。我们在教育中需要适当做减法。让孩子自己去观察，体会这个世界，去探索他的兴趣点，寻找他的方向，而不是替孩子做决定。所以我们应该做更轻松的家长，收获更优秀的孩子。

静待花开

第五章

如何培养终生受益的优良品质？

与全国国际学校外方学术校长合影留念

成长的捷径是放下现有的标签，不断拥抱一切新的事物，让环境重塑自我

适用场景

父母希望培养孩子的综合素质：除了学习习惯与学习能力以外，还有勇敢、独立、坚强、善良等品质。

方法总结

○成绩不是衡量孩子的唯一标准。成绩好的孩子犯了错，家长不应视而不见；成绩差的孩子有了进步，家长也需要及时鼓励。

○人品比成绩更重要，家长应该用长远的眼光看待孩子的成长。如果孩子拥有优秀的品质和良好的习惯，家长们不必因一时成绩波动而焦虑担忧。

01 成绩不是全部

什么是教育？爱因斯坦说过："教育就是当一个人把在学校所学全部忘光之后剩下的东西。"顺着这个思路思考，学校到底应该教些什么？

无论将来干哪一行，大家都需要具备下列素质：终生学习、与人合作、时间规划、知难而进及解决问题、换位思考、懂得感恩的能力等等。教育是多元化的，因为我们就生活在多元的世界里。教师、医生、会计、律师、运动员、飞行员、工程师、外卖员、农民，这些职业需求的技能各有千秋，因此，学校教育要因人而异，设计多元活动，彰显个性，为不同的学生搭建不同的平台。

他凭什么得第一？

2001 年，学校计划派我 9 月至来年 1 月去美国参加为期一学期的交流学习。8 月末，我正在收拾行囊。可就在这个时候，校长忽然分配给我一个新任务：接管 2001 届的高三重点班，并任班主任兼年级组长。

当时校长跟我说："这个年级说得好听一点是特别稳定，说得不好听就是一潭死水。两年以来，小迪一直稳坐年级第一。我觉得其他学生也有潜力，但是大家都默认小迪就是年级第一，渐渐失去了奋斗精神。"听到这话，我意识到了自己的使命：打破沉寂两年的学习格局，激发每个学生的积极性，营造你追我赶、共同进步的良性学习氛围。

上任第一天，我开始了解这个班的情况。通过观察以及与其他代课老师的沟通，我意识到现在班里的学生大部分都在自顾自地学习，确实没有做到团结一致。班里优秀的学生其实很多，除了小迪，还有王超、耀辉、红霞等学生，他们都有潜力考到年级第一。因此，如何让大家相互学习，同时保持积极平和的心态，成为了我思考的主要问题。

想要学生们相互帮助，首先需要让他们意识到其他人有很多优点，而这些优点值得称赞和学习。因此，我在班级里推行了"鼓励"制度。有同学在课堂上回答了问题，其他同学报以热烈的掌声；有同学学习进步了，其他同学报以热烈的掌声；有同学把班里的卫生做得好，其他同学报以热烈的掌声；期末公布一学期没有迟到一次的学生名单，其他同学报以热烈的掌声……在掌声中，同学们逐渐懂得：成绩和名次并不是唯一的追求，也不是最重要的追求。每个人的优点可以多种多样，都值得称赞。在掌声中，同学们不断抖落自私、狭隘的尘埃，以积极、坦荡、诚实、上进的姿态，投入到良性的竞争中。

渐渐的，班里的氛围越来越好。然而一次月考，打破了其乐融融的氛围。这次考试中，耀辉取代小迪获得了年级第一名，而小迪得了年级第二名。看到分数和名次，小迪哭了一下午，她哭诉道：“耀辉凭什么得第一？从入学到现在为止，年级第一都是我！两年了，一次年级第二我都没有得过！”第二天，小迪请了一整天假。

这件事情让我反思，到底什么是教育？难道分数和名次就能决定一个学生是否优秀吗？我联系了小迪的家长，想和孩子进行长谈。在征求家长的同意后，我和小迪分享了一个故事：“2001 年 7 月 13 日，2008 年奥运会主办方揭晓申奥结果。北京和巴黎作为两大候选城市，民众都聚在一起，焦急地等待着结果。当萨马兰奇宣布‘北京’申奥成功时，中国人民一片欢腾。8 月 22 日，北京举行的‘大运会’开幕式上，当法国体育代表团走到主席台前时，法国运动员高高举起了一条横幅，上面用中文写着一行字‘法国代表团祝贺北京 2008 年奥运会申办成功’。巴黎虽然申奥失败，但在全世界面前依旧大气地祝贺北京。你也要懂得为他人的进步鼓掌，为他人的优秀喝彩！人无完人，你有你的优点，他有他的长处。你们相互学习，才能共同成为更优秀的人。”

这次谈话之后，小迪的情绪逐渐平和。后来班里的学生在考试中呈现出你追我赶的状态，小迪没有次次考第一。当其他同学得第一的时候，小迪会虚心向他人学习，从而认识到自己的不足。

有一次，小迪上课迟到了。她自觉地站在教室最后面听了一节课。下课后我问她：“你为什么要站着听一节课？我看到你进来的时候，手里明明拿着药，你是生病去医务室看病才迟到的，你完全不必站着听课。”

小迪笑着回答：“班规面前人人平等。虽然我是去了医务室，但迟到就是迟到，我不应该搞特殊。”

听了小迪的话，我感到十分欣慰。小迪成长了，她各个方面都变得更加成熟优秀。她能意识到自己的不足，并接受自己不完美的事实，同时学会了尊重集体，尊重规则。这些品质都与学习同等重要，甚至是更加难能可贵的。

最终，小迪在高考中获得数学全省第一，总分全省前十的好成绩，被心仪的清华大学录取。

张之洞在《劝学篇》中曾提到：获得智慧有两大要点，第一是去除狂妄，第二是去除苟且。狂妄指骄傲自大，目空一切；苟且指松懈懒惰，不思进取。我带这个班的初期，默认自己是年级第一、看不到其他人优点的小迪，有“狂妄”之心；而默认小迪是年级第一而丧失奋斗精神的学生，有“苟且”之行。

想要改变班里沉寂已久的格局，一是要剔除狂妄，让小迪意识到，成绩不是学习的终极目标，探求真理才是。哪怕一两次考试没有考第一，能意识到其他同学的优点，养成向他人学习的习惯，这对她的成长是更有益的。

二是要去除懒惰，激发其他同学的积极性，让大家意识到：每个人都有独一无二的优点和无限的潜能。现在的成绩不代表什么，不会有人永远当倒数第一。只要肯努力，每个人都可能当第一。

考上牛津和剑桥的学生，是完美的学生吗?

我有一个学生叫梦雅，她长得眉清目秀，个子高挑，大大的眼睛，笑起来两个酒窝非常可爱。从幼儿园到初中，梦雅都是父母、老师眼中优秀的孩子。特别是在初中阶段，梦雅不仅学习非常好，还有各种爱好和特长，学校活动中也表现得出类拔萃。

梦雅初中毕业参加中考，在 11 万考生中取得前 20 名的好成绩。各个高中的招生办打给她家的电话不断，都争抢着要录取她。后来，梦雅选择了当地一所顶尖的高中，并被学校公派到美国交换学习一学期。

从美国回来后，梦雅发现自己的学业状态产生了变化。首先，从初中到高中，学业难度大幅度提升。其次，梦雅所在的高中在当地数一数二，她的同学们都是来自全省各个城市的精英。第三，由于梦雅去了美国交换半年，国内的课程确实落下了一些。回国后，梦雅一方面需要补习高一第一学期的课业，另一方面需要学习每天正在进行的新课业，与此同时，还需要重新熟悉老师和同学们。

繁重的课业给梦雅带来了压力，她感到无所适从。从小学到初中，梦雅的成绩一直名列前茅，其他事情也一帆风顺。她没有遇到过挫折，更没有体会过学习的困难与竞争。她感到困惑，开始自我否定，怀疑自己的学习能力有问题。这样的学习状态让梦雅的成绩越来越不尽如人意。

在一次班级测试中，梦雅的成绩再次下滑。老师找梦雅谈话："咱们高中是动态管理，学生们随着排名调整班级。重点班的学生如果成绩一直不理想，就会调剂到普通班。下次考试，你一定要回到中考时候的班级排名，否则就会被调出重点班。"

听了这些话，梦雅的压力更大了。她害怕下次考试没有发挥好，害怕老师的批评、家长的焦灼，也害怕同学们的异样眼光。因此，梦雅做出了一个决定：不参加下次考试。无论老师和家长怎么做工作，她的答复都是："我就是不参加这次考试。"

可是这次考试过了还有下一次，梦雅不能躲避所有考试。渐渐地，梦雅变得越来越不自信，越来越害怕面对现实。她开始不交作业，翘课，到后来发展为逃学。梦雅的性格也开始变得孤僻，她沉默寡言，暴躁易怒，遇事会用极端的方式处理。家长说要送她上学，她便以沉默应对。如果家长强拉她进校门，她就在校门口用头撞校门以示反抗，直到家长放弃为止。面对梦雅的变化，家长也束手无策。听说国际课程班更注重孩子的素质教育，学习压力也相对较小，于是父母把梦雅转入了国际课程班。

梦雅进入国际课程班的时候，所有老师们都非常激动：听到这样一个优秀的孩子要转来，老师们都相信她可以给全体学生树立一个好榜样。

可现实却令人大跌眼镜。梦雅刚转来第一周就开始不交作业，随后的几周，她要么请假，要么哭闹着不上学。每天早上，父母叫醒梦雅，送她来学校。到了校门口，梦雅哭闹着寻死觅活，怎么劝都不肯进校门，父母束手无策，只好带她回家。

回到家后，梦雅又和父母、爷爷、奶奶吵架闹事。一会儿大喊大叫，一会儿说身体不舒服浑身都疼，一会儿谁也不理。眼看梦雅的状态无法上学，家长只好无奈地向学校请假。

过了两周，梦雅妈妈高兴地给我打电话说："校长，跟孩子谈好了，可以回校上课了。"

我也开心地说："好啊，我们老师都非常想她。"

可第二天早晨，梦雅妈妈送她到学校门口，梦雅又像往常一样，拿脑袋撞校门，不肯进校门。梦雅妈妈痛苦地向我诉说着一切，我特别理解她的痛苦与无助。于是我想了想，对梦雅妈妈说："孩子不愿意进校门，一定有她的原因。我们换一种方法和孩子交流，哪天孩子愿意来学校，你给我打个电话。我们不要强迫她进学校，找个附近的咖啡厅和孩子慢慢交流。"

过了几天，我接到梦雅妈妈的电话，说孩子愿意来学校。我很高兴，心想一定要利用这次机会和梦雅充分交流。下午，她妈妈打电话说她们已经到校门口了，我放下电话，立刻冲下楼梯，小跑着到校门口去迎接她们。

见面后，我跟梦雅和她妈妈打了招呼，笑着说："今天天气这么好，阳光明媚，学校旁边有个咖啡店，我们走着去聊聊天吧！"

梦雅点点头，于是我们边走边聊。

"你平时都喜欢什么呀？"我问梦雅。

"我喜欢宠物，小猫和小狗。"梦雅回答。

"是嘛？我也养猫咪！"我开心地回答："你是怎么养的呀？

我家的猫咪总是抓皮质家具，床和椅子都被抓成了大花脸，而且猫毛掉得到处都是。你都是怎么处理的呀？”

听我问这些问题，梦雅笑得前仰后合，兴高采烈地和我分享她养宠物的经历。后来我们聊到她过去的经历，又逐渐谈到她目前的心态。谈到下午四点钟左右，我看梦雅的心情不错，就说：“老师有个快递放在校门口，挺沉的。你能不能帮老师把快递送到办公室？再说你的好朋友特别想你，班主任也特别想你，你想见见她们吗？”

梦雅沉默了片刻，终于说：“好吧！”

这是时隔一个月，梦雅第一次心平气和地走进校园。我带她来到办公室，把她的好朋友和班主任叫来和她聊天。在她们聊天的过程中，我离开了办公室，希望孩子和朋友们单独聊天的时候能敞开心扉，说说心里话。

经过这次聊天，我本以为事情解决了，可第二天梦雅又没有到学校。梦雅妈妈打来电话，抱怨这孩子太不懂事了。我安慰家长，说：“梦雅形成这种性格，不是一天两天的事儿了，我们不可能一下子就能调整好她的性格缺陷。家长和学校都需要有耐心，‘十年树木，百年树人。’你不要着急，我相信这次沟通对孩子的内心是有触动的，我们多给她一些时间。”

一周后，梦雅妈妈又打来电话，说孩子提出要休学，想每天到学校学习，不过不进班里。我同意了。就这样，梦雅每天来到学校，在教学楼走廊的休息区自己读书学习。她每天会给自己定好学习计划，并按照计划自行学习。我每天经过走廊，会跟梦雅打招呼；也跟老师们解释了梦雅的情况，请他们路过走廊时不要斥责梦雅为什么不进教室，微笑着打招呼就好。

不管是管理的最高境界。我一直没有询问梦雅的学习进度，只是默默关注着她，她的父母和班主任也放手让梦雅自己管自己。渐渐地，梦雅开始会大声在走廊读英语，会主动跟我和其他老师打招呼，遇到不会的问题也会去找老师探讨。对于这个孩子的变化，我感到格外欣喜。她渐渐敞开心扉，找到了与人相处时舒适的状态，学会了与自己和解。

一年后，梦雅结束休学，重新开始读高二。梦雅本身就是个聪明且自律的孩子，一年的休学时期让她的基础更加牢固，也拥有了更好的心态。她学会了理解、包容他人。当一个学生可以微笑面对生活中所发生的一切，她的学习成绩一定不会有问题。最终，梦雅在雅思考试中获得了在中国学生中非常难得的 8 分，并在毕业时获得了世界名校剑桥大学的录取通知书。

当我们听说一个孩子成绩很差，考试从来都不及格，很容易下定论说：“这孩子完蛋了。”当我们听说一个孩子在校门口用头撞校门，死活不愿意上学，也很容易觉得：“这孩子没救了。”实际上，我教过高一考试不及格，高三考入清华的孩子；也教过梦雅这样，心理状态出了一点小问题，但最终考入剑桥的孩子。

我始终相信，每个孩子都是一颗种子。只要细心培养，总能开放出灿烂的花朵。不过每个孩子的花期不同，开出的花朵也不同。有的孩子体育优秀，有的孩子画画栩栩如生。有的孩子小时候就展现出超凡的独立，有的孩子待人温和，彬彬有礼。我们不必为了别的孩子开出花朵而心存羡慕，也不必为了自己孩子开花晚而感到焦虑。我们要做的是给每个孩子足够的时间和空间，让他们以自己舒适的节奏茁壮成长，相信每个孩子都会长成参天大树。

我想给她一巴掌

多年前，我教过一个学生。她名叫小夏，长得非常漂亮。白里透红的皮肤，水汪汪的大眼睛，高挺的鼻子。小夏爱笑，一笑起来眉眼弯弯，可爱极了。除了成绩优异，小夏还有着非凡的艺术天赋，经常参加各种绘画比赛。

小夏高一五月份的时候，学校举办“红五月”活动，鼓励同学们用各种方式缅怀先烈，弘扬奋斗精神，展现革命热情。这是学生们挖掘个性、展示才华的好机会，同学们也都积极参与，用舞蹈、歌唱、绘画、诗歌等多种多样的方式颂扬革命。然而活动结束后，我突然接到小夏妈妈的电话。她非常生气地说：“昨天孩子一回来就特别伤心地哭，我和她爸爸怎么问都不说原因。后来孩子哭累了，饭也没吃就回屋睡觉了。我们感到莫名其妙，也不敢推门进去追问。今早叫孩子起床，她说整夜没睡着，头疼得很，特别不舒服。我想先给她请半天假。”我同意了，想等小夏来学校后跟她谈谈。

小夏下午还是没有来学校，于是我打去电话询问情况。小夏妈妈难过地说：“小夏在‘红五月’活动中精心设计了一款海报。从布局、色彩、主题各个方面都充满创意，她把初版拿给好朋友看。好朋友连连称赞。可第二天，小夏的朋友也做了一个海报，和小夏的几乎一模一样，这明显是抄袭。小夏非常失望，也很气愤，想不通好朋友怎么能这样？她提起这件事就哭，说到学校有可能控制不住自己，出手扇对方一巴掌。校长，我真的特别担心，不瞒您说，我不敢让孩子来学校，就怕孩子做出什么不好的事儿。”

听到这里，我理解了小夏难过的缘由和她妈妈的担忧与无助。于是我请小夏第二天到校后来我的办公室和我沟通。

第二天，小夏来到我的办公室，我直截了当地对她说：“你挚友抄袭你的作品，那是她的错误。你想扇她一巴掌，可以啊！不行我帮你一起扇她，但扇完她你就会开心了吗？其他同学会赞同你的处理方式吗？”

小夏低下头看着地面，垂着嘴角沮丧地摇摇头。

我接着说：“我理解你被别人抄袭了心里不舒服。这件事确实换谁都不乐意。但是你一直哭，不吃饭不睡觉，也不来学校。这是在用别人的错误惩罚你自己！你难过，爸爸妈妈也为你担忧，在这样郁闷的环境中你心情会好吗？”

听到这些话，小夏的泪水又情不自禁地流了出来。她平静了片刻，然后哽咽地说：“我不来学校上课，不完全是因为这件事。我觉得我心理有问题。每次穿戴整齐、背上书包要上学的那一刻，我就两腿发软走不动。我也不知道为什么，心里总是乱糟糟的，耳朵里总有各种噪音。我真的好烦！你们大人没有经历过，肯定不理解。”听着孩子的哭诉，我内心在想：小夏表面是一个活泼爱笑的女孩子，可内心却有这么多痛苦，我无论如何都得帮助她！

小夏继续讲述她的经历：“在我记忆当中，从小妈妈、爸爸每天都为了琐碎事情吵架，我只能躲在一边哭泣。我妈总是说：

‘要不是你，我早就和你爸离婚了。’我听到这话，心里真的特别难过，也不知道怎么做才能缓和爸妈的关系。从大概 10 岁开始，我耳朵里就充满了吵闹声，怎么都挥之不去！这种痛苦没有经历过的人根本理解不了。许多次我想到自杀，可是我舍不得我妈妈，因为妈妈总是说：‘要死我跟你一起死。’”

听到这里，我明白了缘由。小夏的妈妈日常生活中一些话语，也许并不是有意的，但是或多或少伤害了小夏的感情， 给小夏带来了压力。日积月累，小夏越来越痛苦。我暗下决心，一定要改变小夏的母亲，帮助小夏走出阴霾。之后的日子里，我时常和小夏妈妈谈心，潜移默化地告诉小夏妈妈该如何跟孩子相处。接下来，各位读者可以一起思考，每种场景中该如何与孩子互动。

场景一

小夏没考好，心里很难过。小夏妈妈说：“妈妈都急死了。你这个成绩怎么办啊？你看你同桌，初中成绩还没你好，现在把你甩得远远的。”

我说小夏妈妈：“孩子没考好，自己很难过，证明她有上进心，自己也想学习成绩好。这时候家长的焦虑、抱怨等情绪会影响到孩子，让孩子压力更大，尤其不要跟别人做比较。正确的做法是教育孩子调整心态，让她用积极主动的情绪和正确的学习方法面对接下来的学习任务。您可以说：‘小夏，你已经比上次进步了，妈妈都看在眼里。咱们一起看看这次没考好的主要原因在哪里，慢慢进步，妈妈相信你一定可以！’”

场景二

小夏病了。她妈妈说：“要看病就针灸吧！这大夫水平挺高的，就是针灸挺疼的，你忍着点儿吧！”

小夏怯怯地说：“扎针挺疼的，我害怕。”

小夏妈妈生气地说：“那还是你不难受，难受你就不怕疼了！”

我说小夏妈妈：“孩子怕疼是可以理解的。咱们好好劝劝孩子。您可以说：‘确实有点疼，不过就是一下下，不会疼很久。你可以试试，要是实在怕疼咱们就换个方法。’”

场景三

小夏同桌在机器人比赛中拿了奖。小夏妈妈说：“你看你同桌学机器人多有用！还能比赛拿奖！你看你，学画画一点用都没有。”小夏听了很沮丧。

我说小夏妈妈：“每个兴趣爱好都有发光发热的机会，就算没有，孩子有一种兴趣爱好也很好。如果你想看到小夏发挥艺术特长，可以鼓励小夏把绘画用到生活中去，比如请小夏给你画一幅肖像，或者让孩子在家里的墙壁上进行绘画设计等等。”

在我跟小夏母亲的沟通中，小夏母亲变得越来越温柔。小夏的情绪也逐渐恢复平和。每个孩子的成长经历中或多或少都会有情绪崩溃、撑不下去的时候。如果你是正在经历情绪崩溃的孩子，希望你明白，虽然你可能觉得别人无法理解你的痛苦，但周围一定有很多爱你的人，你的快乐和健康对他们来说很重要。他们都想给予你最大的支持。如果你是孩子的父母，你的孩子最近情绪不太好，希望你能以平和的心态，尝试理解并包容孩子，尽量站在孩子的角度思考问题。不要指责："小孩子不用负责吃穿用度，只需要学习而已，哪有什么压力？" 也不要说"要死爸爸/妈妈跟你一起死"这种话。孩子的心态比较敏感脆弱，家长需要多关注孩子的优点，肯定孩子的进步，和孩子共同成长。

只要不参加考试，就不会考不好

2000 年左右，我临时受命，同时接管毕业班年级组长兼重点班班主任。当时这个班两极分化很严重：成绩较差的学生考试只有十几分，尖子生则有希望冲击清华和北大。为了确保这些尖子生能考上清北，老师和家长各方面都顺着他们。而这些尖子生则认为：只要成绩好，有些纪律我不遵守也没关系。这些纪律是用来管理其他学生的，与我无关。

李菲就是这样的一个尖子生。当时她一直稳坐年级第一，跟各个老师关系都很好。高三的一次月考中，李菲参加了前三门科目考试，第四门科目忽然不来考了。我感到很奇怪，询问她以前的班主任。对方不以为然地回答："李老师，你不用管这个孩子，她两年来都是这样的。考试的时候只要有一门考得不理想，后面的考试她就不考了，过几天买些瓜子、糖、水果给老师拿来表示内疚，然后就又继续上课了。"

"如果高考前几门没考好怎么办呢？后面也不考了吗？"我感到更加迷茫了，追问道。

"唉呀，李老师，你就别管了。她参加考试的时候成绩都是年级第一，高考不会有问题的。"

"这能叫优秀生吗？"我心里默默地问自己，"为什么她有这种特权？其他同学会怎么想？"虽然心有疑虑，但由于我刚接管新的班级，对学生不是特别了解，所以我没有立刻采取行动。

不知不觉到了第二次月考。第一门考数学，李菲可能做题遇到了困难，觉得自己考得不理想，第二天便没有来学校参加后面的考试。下班的时候，两位数学老师担心李菲，觉得应去李菲家家访，了解情况。

第二天早上，我碰到了这两位老师，其中一位老师一见到我就说："李老师，昨天我们去看望李菲，太尴尬了。"

我赶紧问："出什么事了？"

那位老师回答："我们刚一到李菲家，她看到我们立刻跑进卧室，用被子捂住头，不理我们，我问道：'李菲，有什么事需要老师帮忙吗？'她躺在床上，一句话也不说。我又耐心问道：'你是哪里不舒服吗？给老师说说，老师帮你分析分析。'李菲还是沉默，不管我们说什么，李菲都闭口不言，也不掀开被子。我俩如坐针毡，只好告辞离开。"

听了两位老师的描述，我内心翻江倒海。未来社会需要什么样的人才？教育到底应该培养出什么样的学生？成绩好就是优秀的学生吗？我觉得不是。

一个优秀的学生除了成绩好，更重要的是有团队意识，会与人沟通合作，会为他人的进步喝彩，懂得分享、包容与感恩。李菲需要调整她的心态。就算现在家长和老师顺着她，包容她，社会却未必会顺着她，包容她。"我需要跟李菲谈谈，帮助她改变自己，重塑信心。"我心里暗暗下了决心。

首先，我给校长打了个电话，说："校长，咱们今年少一个清北吧！"校长一听急了，批评我说："你瞎说什么？学生有能力进入一流的学府，跟名师近距离学习，这是好事情。为什么说少一个清北呢？"

我赶紧解释道："校长，我们班有个学生叫李菲，每次考试只要哪一科考不好，她后面几科就不参加考试了。据说她初三就是这样，老师都认为她学习好，自己会慢慢调整的，可是现在她都高三了，还存在这个问题。如果高考的时候她哪一门课考得不理想，不参加后面的考试，那么她绝对考不到清北。我认为应该先调整她的心态，让她懂得面对挫折不能逃避，必须勇往直前。"

听了我的解释，校长问道："你有什么打算？"

我回答说："我想和这孩子长谈一次，谈话的结果会有两种，也许这孩子以后再没问题了，也许问题会更严重。"

校长同意了我的做法，只是再三强调注意谈话的方式。

接下来，我和李菲的父母沟通，征得了他们的同意。李菲连续五天不来上课，她爸爸来学校和我们沟通："李菲在家不吃饭，也不说话。她一个人坐着发呆，不一会儿就开始流泪。她妈妈也不去上班，在家陪着她哭。"

听了李菲爸爸的叙述，我心里也特别难受。我对他爸爸说："这孩子从小到大都是尖子生，家长和老师对她都是赞扬，她事事顺心。犯了错误，家长和老师都不批评，所以她不用为自己的行为买单。久而久之，李菲会觉得一切都是应该的，老师和家长应该表扬她，她不应该犯错误，不应该成绩不如他人。万一哪一科没考好，后面的考试就不考了，这样就能逃避考试排名。就算最后考试名次靠后，那是因为有些科目没有考，而不是她学习不好。她在给自己找台阶下，这是虚荣心在作怪。李菲缺乏的是逆境成长，她需要意识到：没有人能永不犯错，犯错是非常正常的事情。我们需要做的是让李菲直面挫折，认清现实，接受不完美的自己。我希望能和李菲长谈一次。”

李菲爸爸陷入沉思，我接着说：“我理解您。我和她谈完后，会有两种结果，一种是她从此以后和其他同学一样，能正视现实，不再逃避考试；另一种是她的情况更糟。不过我认为会是第一种情况。您回家再和她妈妈商量商量，好好想想。”

两天后，李菲爸爸打来电话，说他跟李菲妈妈已经商量好，很感谢我的帮助，希望试试看。

第二周周一的早上，李菲和她爸爸一起来到学校，手里拎了一堆香蕉、花生、瓜子和糖。我严肃地对李菲说：“我想跟你单独谈谈，咱俩去旁边那个没人的教室。”李菲点点头。

“你为什么不来考试呢？”我问道。

李菲哭了出来：“老师，我过得太压抑了。自从上初中开始，我总觉得如果考不好，同学们就会嘲笑我。我害怕失败，害怕面对父母和老师。这六七年来都是这样，我太痛苦了！”

“胜败乃兵家常事！世上哪有常胜将军？聪明的人从错误中汲取教训，就像我们常说的：错误是最好的老师。你为什么要逃避错误呢？我想可能是因为你从小到大成绩一直遥遥领先，所以你就把自己当成了模范：别人可以迟到，你不可以迟到；别人可以考不好，但你不可以；你这是把自己当神啦。我们都是普普通通的人，犯错误是正常的，只要我们不重复出错，就是在进步。”

李菲止住了哭泣，嗫嚅道：“可是，我考不好，老师和我爸妈会失望的……”

“你能体谅老师和家长是好事。你要相信，老师和家长也能体谅你。我们都理解人无完人，就算是孔子这样的圣贤和毛主席这样的伟人偶尔也会犯错，何况是咱们普通人呢？”

这次谈话后，李菲逐渐放下心里的负担，脸上慢慢有了笑容。从这以后，她再没有逃避过考试。高三毕业，李菲以全省前五名的成绩，被北大录取。

《韩非子・喻老》中曾讲述过这样一个故事：一日，名医扁鹊去看望蔡桓公。他对蔡桓公说：“你生病了，但现在疾病还在肌肤之间，还有治疗的机会。”蔡桓公一听，很不高兴地说：“你走吧，我才没有生病。”

十日之后，扁鹊再次拜访，提醒蔡桓公疾病已经渗入肌肉，若不治疗仍会加重。蔡桓公依旧不理不睬。

又过十日，扁鹊第三次去见蔡桓公，劝说道：“疾病以转入肠胃，需要速速治疗。”蔡桓公仍不耐烦地赶走了扁鹊。

五日之后，蔡桓公浑身疼痛，连忙派人请扁鹊医治，但扁鹊早已逃离秦国。蔡桓公不久便病死了。

蔡桓公因为不知道自己生病，且不信医嘱而死。古往今来，多少君王因意识不到自己的错误，刚愎自用，而导致朝代衰亡。关乎一个人长期发展的核心要素，自身也许难以意识到，但身边的人往往能更清晰地看到。假如对方愿意说出来，我们应该报以感激之情。若是能被他人的言论触动，从而做出改变并弥补缺点，这是一个人的福气。

如果已经意识到了自身缺陷，却因害怕他人批评而故意隐瞒，或对其他人的劝告感到愤怒委屈，那么这个人正如蔡桓公，终会病入膏肓。李菲也是如此，觉得自己不参加考试，就不会考不好。她只参加擅长的考试，逃避有难度的考试。长此以往，她的知识盲区无法暴露，自然也就无法进步。因此，与其逃避问题，不如尽早地暴露问题。知道问题在哪里，才是解决问题的第一步。

02 静待花开，看到孩子们绽放的光芒

校长，我迫不及待写这封信给你

著名教育家朗格朗说：“人们在一生的每个阶段，都可以接触和学习许多形式的智力、体力方面的知识技能，它们的大门是敞开着的。一个人如果不使自己的知识技能不断提高，那他就注定要落伍。”作为教育工作者更应该不断充电，终身学习。不仅向书本学习，还要向身边的人学习，正如孔子所言：“三人行必有我师。”老师要不断改变自己：学会低下头，弯下腰。只要学生说得对，就虚心学习，予以采纳。不要觉得自己是成人，为人师，就永远是对的。“你是名学生，我怎么可能懂得比你少？怎么会有错误？”这种老师是死要面子活受罪，活得太累。理解学生，接受孩子的建议不意味着输给孩子；相反，孩子会从教育者身上学到谦虚好学的品质。尤其是与高中生打交道，他们大多有自己的想法，而且他们的想法新颖有创意，所以老师和家长应该多跟孩子交流，学会倾听，多听听孩子说的建议。只要合理，我

们就要采纳。通过这种方法，孩子才愿意与成人交流，说心里话，疏通沟通的管道，从而搭建友好交往的桥梁。

大概三五年前，我教过一个孩子，叫李然，他博览群书，善于交友，学习能力强，具有一定的领导力，他是我执教 30 多年来遇见的一位很有思想的学生。李然初中毕业被学校选派到美国交换学习半年，回来后仍然是学校的尖子生，自信满满，情商很高。高三时提前被美国某常青藤名校录取，目前在美国加州伯克利大学攻读博士。

一天，李然来我办公室和我聊了许多，最后他说："校长，我觉得咱们现在的课表排法有问题。"

"哦？什么问题？你说说。"我饶有兴趣地问。

李然接着说："我觉得咱们的运动时间都是零敲碎打，没有整块的时间。每天光做个早操，也就十分钟，身上还未出汗就结束了；一周只有两节体育课。我们每天上一整天的课，放学都快 6 点了，回家还要写作业，也没时间运动。咱们提倡个性发展，艺术、体育等都需要整块时间。咱们现在体育锻炼的时间太分散，而且时间也不够。您考虑一下，能不能每天给我们提供一个整块的体育活动时间？"

《学校体育工作条例》要求中小学生保证每天有一小时体育活动的时间。李然说的确实有道理，但我真的没有考虑好怎么调整课表，如何更有效地利用一天的时间，于是我借此机会虚心地问他："这样课表怎么排啊？你这个问题来的太突然了，我没有一点儿思想准备。”

“那简单！”李然胸有成竹地说，“咱把早读和早操去掉，上午就能上五节课，下午再上三节，再加一节自习，大概是 3 点半到 4 点左右，到放学还有一个多小时，此时父母都还没有下班，学生回家也没大人监管，咱们就可以把这一个多小时设成活动时间。这样既能完成一天上八节课的教学任务，还能给学生提供充足的活动时间。”

“你这个想法好！你觉得咱们应该只安排体育活动吗？”我兴致勃勃地问。

“咱们可以组织不同的社团呀！学生对什么感兴趣，就办什么样的社团，这才是真正的个性化发展。您一直教育我们要挖掘大家的兴趣和每个人的潜力，发展个性，培养热情，持之以恒！国外大学申请也要求我们做社会实践活动，他们是要评价学生的综合素质的。如：高中三年的各科成绩、标准化成绩、领导力、创新能力、社区服务技能、批判性思维、个人特长等等。我们现在一天到晚都在上课写作业，怎么个性发展？怎么与众不同？”李然坦诚地说出自己的真实想法。

他的话让我大吃一惊，我的学生太厉害了！太有思想了！他的这一番话让我真正体会到“教学相长，青出于蓝而胜于蓝”的道理，教这么有思想的学生，老师应该是有畏惧心理的，他会迫使老师要不断自我充电，否则老师会被淘汰的。

我细细品了品他说的话，觉得很有道理。他提的方案，确实既能保证教学，又能给孩子们更多时间锻炼身体，发展兴趣爱好，实现真正的个性化发展。

“行，按照你的思路，我们重排课表。”

过了几天，我把李然叫来，说，“咱课表要调整，也要到下个学期执行了，不能一学期中间突然改变课表。”

“那是肯定的。”

李然笑着点点头，坚定地说：“老师，我马上就要高三毕业了，这是我在学校这三年最大的感受。咱们国际班课表改革开始执行的时候，我应该已经毕业了，但我相信学弟学妹会从中受益，会更快乐地学习，他们也会更爱咱们学校。我之所以在毕业之前提出我的建议， 也是希望学校越办越好。”

听了他这番话，我真的非常感动。这孩子格局真大，他这样做完全是为了学弟学妹，为了学校！有这样的胸怀，他一定会前途无量。我下了决心：虽然改革会花相对长的时间，加之其他老师未必会完全赞同，特别是要说服所有的外教，难度很大，但我相信这样做一定会给学生们创造更好的成长环境。

接下来的几周，我和外方学术校长、各年级组长及教务处的老师们多次开会，大家共同商讨，最终制定出了新课表。每天 4：15 到 5：35 都是学生们的活动时间。学生们根据自己的兴趣爱好，选择自己喜欢且擅长的社团，他们甚至还可以自己组建社团，外聘专业人士培训。一切以学生为中心，为学生的终身发展着想。至于创建哪些，取决于孩子们的兴趣及特长。最后通过问卷调查，刚开始我们成立了民间工艺、模联社、机器人、JA 公司、舞蹈社团、健美操、街舞、摄影等社团。接着，我们有了金牌戏剧社、阿卡贝拉、辩论、化学兴趣实验、新闻报道社、航模社团等；再后来我们又增加了电影评论、华尔街商业模式、时尚设计、说唱、乐队、橡皮泥雕刻、3D 打印、计算机编程社团等等。我们还跟各大企业及部分大学合作，带孩子们参观生产流程，与大学老师共同做课题，学生可以学以致用，将理论与实践相结合。

国际班“VEX 机器人大赛”获奖同学与带队教师合影

“美国未来商业领袖大赛”获奖同学与带队教师合影

现在，我们已经有了 50 多个社团，活动形式也越来越丰富多样。每年新来的学生，都会经历这样的过程：一开始参加学长学姐们的社团，慢慢有了自己的想法，然后在学校走廊贴海报、演讲、招募社员，最后自己独立举办社团活动。大部分孩子刚来学校的时候很羞涩，不自信，一讲话脸就红，腿发抖，声音发颤。但经过一学期的锻炼，到第二学期的迎新慈善拍卖会，他们就能在舞台上做到能言善辩，既能唱又能跳，闪闪发光。之前的准备工作，如会场的布置、灯光、音响、门票、节目单、海报等等，均由学生自己解决。还有一些孩子一开始不会做 PPT，后来他们都成了专家，而且还用 iDesign，photoshop 自己做报纸、海报，拉赞助。看到孩子们的变化，我真的很欣慰：学生们不再是“两耳不闻窗外事，一心只读圣贤书”的学生，而是有想法、有行动的社会人。他们的活动，糅合了“弱势群体”“健康”“政策”这几个重要社会元素。在这里，学校不再是一座象牙塔，而是一个微型社会。

国际班戏剧社全国比赛荣获一、二等奖的学生与指导老师合影

周至九峰村慈善捐助活动

多元活动，彰显个性。孩子们开心了，各种好消息接二连三：中国青少年科技创新大赛一等奖、全国戏剧比赛一等奖、世界机器人大赛金奖、JA 公司大赛中国区一等奖、21 世纪英语辩论省冠军、陕西省青少年科技创新大赛一等奖、英国物理奥赛金奖、丘成桐创新科技全国铜奖、美国物理奖、加拿大竞赛奖、FBLA 国际奖、USAD 国际大奖等等。 孩子们申请大学专业时越来越多

样化，从一开始清一色的数学金融，到后来有了设计、音乐、城市规划、哲学等，是社团活动给了孩子们自信，去尝试那些不太熟悉但真正热爱的专业。

2014 年全国中学生辩论比赛高新一中 32 强选手合影

2013 年《华商报》城墙慈善义跑活动

我为孩子们骄傲，也很庆幸自己采纳李然的建议做了改革，是孩子们让我再次成长。每个孩子的兴趣就像一颗小小的种子，而学校则是土壤、雨水、微风和阳光。在学校提供的各种活动课上，孩子们吸收养分，生根发芽，最终百花齐放。

这是李然给我上的第一课。

一年后的一天，我收到李然的邮件，内容大意如下：

校长，有件事儿我无法等到回国再说，现在就迫不及待想告诉您。我大学第一年最大的体会是知道了阅读的重要性。其实 SAT（美国高考）并不难，中国学生为了高分一直刷题，太急功近利，其实这对他们未来的成长是不利的。我建议一定要培养学弟学妹的阅读习惯，一定要大量阅读。批判性思维是未来步入社会非常重要的素质，而这种能力是靠良好的阅读习惯及思考提升的，而不是靠刷题刷出来的。

看了李然的邮件，我沉思良久：教育目标不是培养孩子们只会考试、得高分，而是当孩子们未来走上社会，能用所学知识解决日常生活中的问题，实现自身价值。基于这一点，我在学校创办了读书会，孩子们根据自己的年龄特点、词汇量、阅读兴趣和时间安排，可以选择不同的书单进行阅读，然后读同类书的孩子们可以共同分享，发表各自的观点。后来，一个同时收到英国牛剑、美国常青藤录取通知书的孩子跟我说："我特别感谢读书会，帮我找到一群共同阅读、分享的小伙伴，我们相互学习，共同成长。而且从阅读中我得到的思考令我受益匪浅。"我笑了笑，说："别谢我，这是你学长的主意。"

这是李然给我上的第二课。这些年，我从孩子们身上获取了各种各样的新想法。有时是我给孩子们上课，教知识；更多的时候是孩子们给我上课，让我反思。教育的终极目标，不是培养出一群同质化的学习精英，而是一群心怀梦想，敢闯敢做的人。我庆幸自己能参与这些孩子们的成长，见证他们从懵懂稚嫩跨向独立思考的关键一步。每个孩子都会有精彩的一生，而我们成年人需要做的，是抱着宽容的心态，尊重并欣赏他们的每一次花开。

我自己攒够了初中学费!

2017 年 9 月初，来了位新生，名叫小甘。他高高的个子，圆圆的脸，身材略微显胖，特别健谈。小甘告诉我，从初中开始，他就自己挣钱交学费，高中学费也想自己赚。在西安，高新一中国际班学费并不低，一年接近六位数。我半信半疑地问他：“你是怎么挣这么多钱的？”

小甘回答：“我爸为了培养我的自立精神，让我自己想办法。我靠着在学校售卖零食、文具等，自己攒够了初中的学费。”小甘同学很自豪：“老师，我高中能接着做吗？”

他的这番话让我陷入了深思。教育到底是培养什么样的人？当今中国教育最大的优点是公平性，然而这也带来了一些问题：统一的体系、统一的教学、统一的进度、统一的答案、统一的标准、统一的评价。我们的教育体系过分地强调知识技能，忽略了情感、态度、价值观、世界观、个性发展等，这样就产生了许多问题。作为教育者，我们应该帮助孩子挖掘兴趣，当孩子的兴趣被激发时应该给孩子搭建平台而不是以“教育公平”的名义，用统一的标准教育、评价所有孩子，干预孩子们的个性化发展。想到这里，我同意了学生小甘的请求。

高一刚开始，小甘只在他们班销售，渐渐地扩展到整个年级、整个国际班。业务量的剧增，令小甘分身乏术，应接不暇。他上课经常犯困，作业不按时交，教室后排堆满他发货后的空箱子，班主任为此经常找我抱怨，无奈我只好让他暂停。

事后我开始反思，问题出现了，怎么解决？我求助政教老师、班主任，大学搞经济的教授，也与小甘本人多次交流。我不是要阻止小甘，而是要思考更完善的方案。我和他坐下来商讨此事：如何平衡时间、如何不影响学习、如何服务大家、如何与其他社团合作等等。**经过反复考虑推敲，我们达成了共识：在十八个班级中均找一个愿意为同学服务且能够平衡时间、不影响学习成绩的同学做代理。**有了新方案，小甘再次走马上任。

在团队的协助下，小甘的业务开展的如火如荼。他还把收入拿出一部分，支援其他社团。小甘同学后来总结道：这个活动培养了他的团队合作能力与沟通能力，帮助他意识到同一件事用不同的表达方式，会产生不同的结果；与人相处需要因人而异。除此之外，他的时间管理能力得到提升。同样的时间，以前只做一件事，现在要做两三件事，最好的方法就是合理安排时间，并提高工作效率。

除了校内销售，小甘还做起了幼儿园小朋友的义务支教。“要做好教育，先想想怎么激励学生。比如幼儿园小朋友最喜欢零食。我就拿一些糖、饼干之类的，奖励乖的小朋友。现在他们都能流利地用英语讲故事了。”小甘同学兴奋地说：“当然不同阶段的孩子不一样。比如高中生，只拿零食就不够了，他们最想要钱。老师你可以跟家长合作，让家长先把零花钱存在学校。如果学生表现好再作为奖学金发给学生。这样对学生的激励效果肯定特别好！”

小甘同学这番话令我十分惊喜。曾经，好学生的定义是听话，成绩好。而现在，好学生的定义越来越多元化，成绩不再是唯一的标准。小甘就是一个很好的例子，他在高中时就开始思考如何借助其他同学的力量做事，如何跟不同年龄的人相处，等等。随着年龄与社会阅历的增长，我希望孩子们逐渐意识到："高中以前，学校和家长会帮我们做好规划，我们只需要好好学习。然而成绩不是全部，高中毕业以后，我们需要自己寻找人生的方向。除了书本知识，还有新闻时事，名人传记，日常沟通等。各种各样的信息中都可能隐藏着灵感，让我们顿悟：啊，原来世界是这样的……原来这就是我的兴趣所在……逐渐地，我们会构建自己的思维体系，用自己的眼光重新观察，探索这个世界，最后改变它。"

自闭症哥哥，由我来照顾

一天早晨，大概 6：40 左右，我到校后看到一间教室泛出昏暗的灯光。我好奇地朝那个教室走去，推开门一看，只见一个学生正低着头专心致志地读书。靠窗一排的灯亮着，其余两列灯都关着。这个学生名叫浩康，他戴着一副大大的眼镜，是一个乖巧朴实的孩子。浩康一见我，便害羞地招呼道："校长早。"

"早！"我走过去："你这么早来学校学习啊？为什么只开了一排灯？"

"教室就我一个人学习，开所有灯会浪费电。"浩康微笑着回答。

他的话让我很惊喜，年纪小小就想着节约能源，这样的学生不多见。从那以后，我便格外关注这个孩子。我约了浩康母亲来学校，想了解这个孩子的兴趣爱好，从而帮他规划大学申请的方向。然而这次谈话，让我更加震撼。

"这孩子是肩负着使命来到这个世界的。"浩康母亲娓娓道来，讲述了浩康的身世。"浩康有一个 35 岁的亲哥哥。哥哥出生不久，我们便发现这孩子与众不同：孩子十多岁了，一直不会说话。上厕所不会擦洗屁股，吃饭还要人喂，有时连自己的爸爸妈妈都不认识……我和他爸爸四处求医，得知哥哥患有一种特殊的自闭症，不仅智商保持孩童时期的状态，而且生活不能自理。这种病的患病率低于万分之一，治愈率更是微乎其微。别无选择，我决定再要一个孩子。可浩康爸爸、奶奶、爷爷极力反对，因为医生说第二个孩子还有可能患上这种疾病。但我担心等我和浩康爸爸老了，没有人照顾哥哥。所以我极力坚持，怀上了浩康。名字取“康”，是希望孩子健康平安。然而即便如此，家里人依旧不理不睬。就连浩康出生时，他的爸爸、爷爷、奶奶都没来医院看他一眼。

浩康从小就很懂事，陪伴着比他大十几岁的哥哥。从喂饭到擦洗身子，浩康充满耐心地照料哥哥饮食起居的各种细节，一一不落。哥哥有时候脑子不清醒，会打周围的人。浩康作为最亲近的人，免不了挨打。但他从来没有抱怨过哥哥，而是一如既往地耐心照料。

到了上学的年龄，为了照顾哥哥的同时不迟到，浩康每天都提前起床，给哥哥洗漱擦身，之后再去学校。看到浩康这么辛苦又这么懂事，我特别心疼。所以我把哥哥送到了残疾人特殊学校，希望浩康能安心上学。”

听到这里，我内心久久不能平静。在我印象中，浩康一直是一位乐于助人、认真执着的孩子。他从没有推脱过任何班级工作，积极参与各类活动，如艺术节、运动会、机器人社团等等，班级卫生也认真对待。所以我真的没想到浩康经历过这么多事。同时我又忽然明白，浩康比同龄孩子成熟稳重，以及关注节约能源等宏观问题的原因——他受过更多的苦难。

尼采说：“人没有了痛苦便只有卑微的幸福。”人只有深切体验过生活的磨炼，学会直面苦难，才会拥有战胜困难、勇往直前的决心和意志。

教学三十年，大多数十几岁的孩子都没经历过太多苦难，保持着未经世事的童真。而浩康从小经受了家人的冷漠，同时挑起了照顾哥哥的重担，还能保持如此温和大度的心性，我真的很佩服。

听了浩康的故事，我一直在想怎么帮助孩子设计申请大学的社会实践活动，发掘他的优势。浩康提过，他哥哥在的残疾人学校，学生的智商都或多或少有些缺陷。他哥哥和其他孩子经常跑丢，学校总是给家长打电话来学校寻找孩子。

面对这种情况，浩康想到设计一款定位手环。学生把手环戴在手腕上，无论跑到哪里，学校和家人都能通过手机定位找到他们。

浩康是个有毅力的孩子，他认准的事情便会排除万难，一步一个脚印向前推进。虽然不懂芯片技术，也没设计过手环，但他遇到问题就查找资料刻苦钻研，或者虚心请教他人。在浩康的努力下，项目逐渐成形。半年以后，残疾人学校的孩子都戴上了定位手环，学校跑丢学生的情况大大减少。

此外，浩康擅长计算机，他常使用计算机分析生活中的问题并提出解决方案。2020 年年初，新冠肺炎疫情爆发，所有人都需要在家中隔离。然而浩康所在小区的一些老人仍聚在一起跳广场舞或者下棋。这些老人以为新冠肺炎就像感冒，传染率不高，也不致命。确实，疫情初期大家很难预料到事情的严重性，以为一段时间后就会取消封城，恢复正常。

看到这些，浩康特别担心。他决定分析疫情的严重性，并预测疫情的走势。说干就干，浩康每天收集各个地区的疫情感染人数、死亡人数等数据，通过计算机语言建立数据分析模型，测算出疫情大约在4－5月份才会逐渐平复。浩康发布了分析结果，用实际的数据和专业的测算成功说服周围的老人回家隔离。

浩康将学到的知识运用在社会实际问题中，这种家国情怀的格局与学以致用的能力让我钦佩。面对无法自理的哥哥，他没有抱怨，而是用知识设计定位手环，帮助哥哥和其他类似的病人得到更细致周到的照顾。面对疫情期间仍出门聚会的老人，他没有指责， 而是用精准的分析数据帮助老人们意识到事情的严重性，自觉隔离。前日，浩康收到了美国加州伯克利大学的录取通知书，即将踏上异国求学的旅程。相信他的善良和智慧会对这个世界产生影响。

浩康是我的学生中令我心疼又感动的一位。每个人都会遇到困难，但面对困难时不同的态度决定了一个人的高度。有的人会被困难击垮，迷失自我，最终自甘堕落。有的人抱怨命运不公，怨天尤人，颓丧度日。有的人想要做出改变，但不懂感恩，自私自利。有的人则充满正能量，激励影响着身边的人共同保持积极的心态去解决问题，把世界变得越来越好。著名作家三毛曾说："其实活着还真是件美好的事，不在于风景多美多壮观，而在于遇见了谁，被温暖了一下，然后希望有一天自己也成为一个小太阳，去温暖别人。"我相信浩康正是这样的小太阳，温暖着身边的人。

那么如何让孩子成为温暖的人，用正能量面对生活中的挫折？

曾听过这样一个故事：一位老和尚请小和尚把一勺盐倒在一碗水里，搅拌开来，品尝一下味道。

小和尚喝了一口，赶紧吐出来，表情痛苦地说：“这水又苦又涩，太难喝了。”

“你再拿一坛清水，倒入一勺盐试试。”老和尚说。

小和尚照做了。尝了一口水，勉强吞咽说：“虽然不那么苦涩，但还是很咸。”

老和尚把小和尚带到湖边，倒入一勺盐：“你再尝尝看。”

小和尚喝了一口，说：“湖水清冽甘甜。”

我们遇到的苦难正如这些盐，自身的承受力正如容器。当我们只是一碗水时，一勺盐会让我们痛苦不堪，而当我们成为一片湖泊时，一勺盐对我们毫无影响。

小时候，我们会因为一次期末考试没考好而哭泣。可长大后，我们甚至不会记得那次考哪几科，得了多少分。因为一次期末考对于小孩子是天大的事情，但对整个人生却是一件太小的事情。当我们遇到苦难，不妨从更长远的角度看：“五十年后，当我想起这件事，我还会不会这么痛苦纠结？”或者从更宽广的角度看：“因为这件事心情不好，可能会影响其他的事情。这样是否值得？”当我们心胸变得更开阔，忧愁自然会淡化。

那么，如何让孩子拥有开阔的心胸？

首先，家长自身需要一颗包容豁达的心。一位温和沉稳的家长教育的孩子大多听话懂事；反之，焦躁易怒的大人教育的孩子大多数爱发脾气。很少有满嘴脏话的父母教出彬彬有礼的孩子（当然也并非完全没有）。

我见过一对母子。孩子小的时候犯了错误，妈妈会在大家面前用尖锐的声音责骂孩子，甚至打孩子，扇耳光。孩子哭闹不止。等孩子长大后，个子长高了，力气也大了许多。吵架的时候妈妈再想打孩子，孩子一把抓住妈妈的胳膊按在墙上，妈妈动弹不得，挣扎着骂孩子。孩子猛地松手，妈妈摔倒在地上。孩子不看一眼，转身就走。很多人看到这一幕，会说这孩子怎么能这样对待父母？然而思考根本原因，是父母在孩子小时候不当的教育方式，导致孩子变得敏感叛逆。父母的态度就像一颗种子，每个孩子都是结出来的果实。所谓种瓜得瓜，种豆得豆。想要孩子温暖善良，父母首先需要控制脾气，用爱和包容对待孩子。

你的担当、责任感让我自豪！

在我三十余载的教学生涯中，一直致力于建设一所充满现代人文气息、精神文化生活丰富的校园，教会学生勇于担当，乐于奉献。虽然已过去多年，依然记得有位心中有大爱、无私奉献的同学，他就是我曾经带过的学生尚新，一个一米八的大高个、有着炯炯有神的大眼睛的男孩子。

“李老师，我在报道中看到环卫工人的工作和生活状况真的让我心痛。”一天，尚新来找我，满面担忧地说：“我做了研究，环卫工人不但年纪偏高，而且伙食和身体状况不佳。由于来自农村，对自己的身体状况没有健康意识。”授人以鱼不如授人以渔，尚新组织同学们给环卫工人们普及健康知识，帮助环卫工人塑造健康意识，并给予他们物质上的帮助。

尚新认为，这样的活动不但能实实在在帮助到弱势群体，为社会减轻负担，而且也能帮助同学们作为申请学校的社会实践活动素材。在帮助别人的同时也帮助了自己，真正发自内心做的公益活动能让面试官记忆犹新，在他的感染下越来越多的同学也开始积极加入。

还有一件事给我留下了深刻的印象。一天，尚新来找我，说：“李老师，学校门前车水马龙，冬天学生们上学晚，过马路的时候会很危险，如果能修一个天桥就能大大改善情况。”尚新行动力很强，他说干就干，立刻带领同学们实地调查，记录门口车辆的数量、拥堵时间、不同时间的天气亮度等数据，通过计算这些数据，总结并写了一篇有理有据的报告，得出了建立天桥的建议，以及建议实施方案。

除此之外，尚新还带领同学们推进了支教活动。一个炎热的暑假，头发湿透的尚新兴致勃勃地来告诉我，他希望利用大学的假期时间，帮助现在的学弟学妹们提高英语水平。课程如期举行了，不少同学都来听课，一周之后来上课的同学们就所剩无几。他的眼神虽然有些沮丧，但是却坚毅地说一定要坚持下去，优化教学方法，吸引更多的同学。

尚新开始探索秘籍，他和专业的老师请教课程设计，了解每个学生的英语水平，做了精心的调整后，他邀请我去参加他的模拟课程。神秘的实物细沙被作为课题引入，他让同学们积极发言并用英语说出沙子、矿物质等等这类相关的单词，从而延伸到沙中有铁，进而提出怎样铁沙分离，引导同学们利用磁铁分离的原理完成实验。整个授课过程中他声情并茂，不断地用眼神和肢体语言和学生们互动，很是精彩。同学们发现自己不但在不知不觉中应用了英文的思维方式，还在互动中提高了口语表达能力。尚新最后画龙点睛地用磁铁将铁吸出这一话题升华到学生本身的价值："不同个体都有自己的特点，能发挥不同的特长，去实现我们的社会价值，提高我们的社会责任感。"在我看来，尚新能呈现出这样精彩的课堂，除了正确的方法，还有真心的付出，是大爱的体现。真正优秀的孩子，做事情不仅是为了申请大学的文书素材，而是心怀天下，真正关心他人，为这个世界做出贡献。

塑造生命的广度与深度

在我教学生涯三十多年里，最优秀的学生之一便是小松。小松中考便是全省状元，上了高中也一直保持着年级前五名。小松还担任班长，协助管理同学并组织各种活动，是一个智商高、能力强的优秀学生。

小松高二的时候，有一段时间成绩下滑，从年级前五下滑到了十几名。小松的妈妈特别着急，给我打电话："李老师，小松现在每天回家都不好好写作业，他总是读课外书。学习成绩下降了这么多，怎么办呀？"

我赶忙安抚小松妈妈，并把小松叫到办公室询问原因。

小松说："老师您放心。学习不只局限于课本和功课，更是在于如何运用知识创造价值。每个人都需要长远的规划，知道自己将来想从事什么行业，实现什么样的抱负。对我来说，学校的功课固然重要，但我需要更加了解自己的爱好与长处，从而更有针对性地安排时间，给自己添砖加瓦，储备能量。

我最近一方面在准备省物理竞赛。我一定要拿到一等奖，证明自己的能力。另一方面，我在大量地阅读，包括新闻、行业研报、名人传记等等。每个人都有自己的成长历程，有成功与失败的经验和教训，我们可以站在巨人的肩膀上，锤炼和培养自己，挑战属于自己的成功。”

听到小松这样的回答，我明白这孩子心里有数。教学不是一概而论，而是因人而异。对于小松这样有自我规划的孩子，我相信他能分清楚哪些事情短期内很紧急（比如备战高考），哪些事会对他的人生产生长远的影响（比如大量阅读），从而更好地平衡双方的时间。我拍了拍小松的肩膀，说：“去吧，老师相信你。也期待你下次把阅读到的精彩之处分享给同学们。”

后来有一天，我计划在英语课上介绍美国的发展史。课前，我请同学们先发言，讲讲自己了解的部分。大多数同学说了一两句就赶紧坐下。只有小松主动举手说：“老师，我想和大家分享。”

我高兴地欢迎小松上讲台。只见他用两三笔飞快地画出一幅美国地图，便开始声情并茂地讲起来。从殖民地时代到独立战争，从南北战争到罗斯福新政。同学们听得聚精会神，直到下课铃声响起，小松还问我是否可以再给他两分钟。这堂课非常精彩，同学们都报以热烈的掌声。下课前我站在讲台上说：“老师明天该退休了，你讲的太精彩了，老师都被你折服了。以后你来讲课，我做管理，我们是最好的搭档。”全班同学都笑了。

就这样，小松在高中阶段一直保持着阅读的良好习惯，同时也没落下学习。后来他果然在物理竞赛中获得了一等奖，并获得了北大的保送资格。高中毕业后，小松进入光华学院深造。大学毕业时，小松以全系第一的成绩，成功收获摩根大通投资银行部的 off er（当年它在中国大陆只录取了两名应届生，小松就是其中的一个）。

我希望通过小松的故事告诉大家，人的一生不只有学习成绩和名次，而更需要用智慧去造就广度和深度。

很多学生羡慕小松不仅成绩优异，能保送北大，而且对各种知识都信手拈来，侃侃而谈。然而如果没有平日的大量阅读，日积月累，相信小松也无法在众人面前轻松地画出美国地图，并流利地讲解美国历史。思考，历练，做有深度的人。人才的塑造不在平时，而是需要经历长时间的积累内化，厚积薄发。斯蒂芬·乔布斯曾说过："非凡的成就往往来源于丰富多样的经历。 The more varied the input, the more original the output. —Steve Jobs"有的学生平时不用功学习，却希望高考时出现奇迹，超常发挥。就像一个人没有种植林木，却希望得到高大的栋梁之材。

如果一个学生"两耳不闻窗外事，一心只读圣贤书"，只有知识，却不知如何运用知识创造价值，这样的学生是单薄的。我们需要经历各种实践，消化所学的知识，实现人生的突破与成长。奇葩说第六季冠军、哈佛法学博士詹青云，曾提出过一个令人惊艳的观点："如何从贵州考到哈佛，我的秘籍是不停地转学，放下已有的一切，让环境重塑我，这是成长的捷径。”

对小松而言，学校的学习任务本身并不复杂，更有挑战性的是思考人生的方向与价值所在。课外书听起来很轻松，其实内涵的实战经历与人生感悟正是小松这样只有理论知识的高中生所缺失的。广泛的阅读，会重塑小松人生观、价值观和世界观，认清自我和世界。

静待花开

第六章

孩子们的声音

校领导、年级组长、班主任与部分考取牛津、剑桥、宾大、康奈尔大学学生的合影

2020 届学生贺奕翔感言（牛津大学）

时光荏苒，日月如梭。在不知不觉中，来到高新一中国际班竟然快一年了。再回忆起萌生出国读本科的想法的那年春日，竟然已是五年前了。看戏十余载，终成戏中人。如今升学申请已成为扛在我们肩上的重任了。这一年里我经历了太多事情，改变了许多，也成熟了许多。从刚转入国际班时的陌生谨慎到如今和大家谈笑风生亲密无间，从最开始的迷茫蜕变为现在对未来与目标有着清楚的认识，从广有涉猎鲜有精通到明确专业方向坚持纵深拓展，这一年里我要感恩和思考的远不是寥寥数语可以囊括的。尽管如此，但愿以此文记录我发自内心的感动。

谈及感恩，我想感谢这片沃土上的老师。无论时日如何变迁，我都不会忘记每个披星戴月的夜晚里的竞赛补课。物理、化学、宏观、十项全能，老师们奋战的身影陪我度过了寒冬的风霜，夏夜的闷热，不眠夜的灯火和五更的鸡鸣。在一套又一套的竞赛题，一本又一本的竞赛书，高难度AP科目的一次次模考和一次次讲评中，老师们将汗水与辛劳燃烧在讲台上。我见证过班主任因我的状态操劳，放学后仍愿牺牲自己的时间，陪我谈心两个小时开导鼓励我；我见证过美国历史老师为我们的知识水平与能力担忧，一节课又一节课地连轴转，不厌其烦地一遍遍重复着细节知识点，一晚又一晚坚持奋战。数学竞赛、生物竞赛动辄三四个小时，叫苦的是学生，更煎熬的是老师。化学、物理竞赛的补课是旷日持久的拉锯战，剥夺了老师们每天的休息时间。十项全能更是各科老师通力合作尽己所能，学习从未涉猎的领域，与学生们一同学习一同进步，答疑阶段更是有求必应，有问必答。正是这些为学生积极奉献，全心全意爱着每一位学生的老师们，他们用无私、团结、辛劳"灌溉"出了一届又一届的优异成绩。

谈及感动，我想赞颂为了青春理想而奋斗的每一位战友。每个想要偷懒早睡的夜晚，在看到其他同学还在"黑学"时就一个激灵困意全无；每次上课犯困眼皮打架时，总有人把我戳醒晃醒；每次竞赛补课想要偷懒逃掉时，看到其他人的坚守，于是心生愧疚地打消念头；每次十项全能失去动力失去方向时，却看到国一的孩子还在努力求索，于是重燃斗志。我相信每天刷题，奋笔疾书，为参加竞赛补课到头晕眼花，终日披星戴月不见阳光，习惯于熬夜看书刷题然后在困倦之时互相激励，每天背诵单词互相检查提问并督促彼此的我们，才是十六七岁花季少年应有的最美的样子。我逐渐意识到无论一时的享乐看上去多么美妙，在经历过时间洗礼之后，内心中留存的最为幸福的时光永远都是那些和小伙伴们共同努力拼搏的刻骨铭心的艰苦岁月。冬天冻到极点，就会觉得有一股邪乎的热，那是夏天在你的血液里温暖着你。就像历经了汗水与眼泪洗礼而收获的结果，不论好坏，都具备了由苦涩冲洗、经时间酝酿而成的特殊的甘美的幸福。这种因痛和坚持而生的幸福，胜过一切的享乐，这便是苦尽甘来的幸福。

我曾读过一句话："自己做出的选择，才能建立更牢靠的羁绊。"来到国际班，坚持本科出国便是我自己的选择。我愿意相信即便时过境迁，我仍会感激那个少年郎在人生最迷惘的时日里做出的最固执的决定。

明月高悬夜空，眼下便是春天。

2020届毕业生薛子钰感言（康奈尔大学）

对我而言，高中三年的学习和申请绝不仅仅是把我送进理想大学的一个途径，它更是我成长中一段不可或缺的旅程。在国际班的学习生活，让我不断走出自己的舒适圈。初中的时候，老师对我的评价不过是安静内敛，甚至有些“小家子气”。一心放在课业上，不太参加集体活动，也从不在人前发言。高中成为了我性格发生巨大转变的时期。自从在迎新活动中第一次被鼓励展示才艺，自从被同学们投票选为劳动委员，自从第一次被老师邀请分享经验，我突然意识到自己完全可以胜任一个超越“文静的乖学生”的角色，这也让我在之后的三年一连串完成了曾经想都不敢想的事。利用课余时间学跳舞，我和几位同学一起带领班级为万圣节和圣诞节的节目做准备，做起了“小老师”；不仅认真地做好劳动委员的工作，制定值日计划，我更是在班主任朱虹老师的鼓励下第一次担任班长和学生会副主席，一次次的班会和活动也让我愈来愈大方自如；还有学生导师的工作，在向学弟学妹答疑解惑、演讲分享的过程中，我也渐渐感受到集体对于我的意义，懂得了责任和担当。在学业上，三年的探索使我明白了我的追求和理想是什么，以及我为了实现它们，应当做出怎样的努力。

刚入校时，我对专业的选择完全没有头绪。选修生物之后，一开始也是抱着专业明晰对于申请更加有利的心态，茫然地在课业上努力。然而，令我惊喜的是，生物老师让这门学科从书页上的知识点中鲜活了起来。她利用思维导图帮助我们搭建生物学习的框架，引导我们在实际问题中进行思辨，教我们设计自己的实验、进行合理的猜想。我很快便爱上了这门学科。怎样解决药物无法穿过血脑屏障的问题？如何在亚硝酸根、硝酸根的致癌和降血压效果上进行权衡？我对于这门学科的好奇心和兴趣不断增加。在接下来两年多的时间里，出于对它的热爱，同时也是为了完善申请，在老师的指导下，我在生物方面又付出了大量努力。准备脑科学竞赛，开办生物社团，自学心理学，参加相关夏校，完成自己的研究报告，阅读癌症的相关书籍，一路上我遇到了许多志同道合的伙伴，自己也如鱼得水一样，从来没觉得乏味。

总而言之，我始终会感恩自己在国际班的三年高中时光。它让我真正成为了一个有能力的大学生、有素养的学者和像康奈尔人类生态学院官网上所写的那样的一个人——“informed, active, and responsible citizen”。

2020届毕业生祁小麟感言（北卡教堂山大学）

“快点儿，快点儿，快来不及了，你要想坐动车就得跑快点儿，要不只有坐下一趟慢车了……”我妈一边拉着我跑一边唠叨。我在六岁半之前和妈妈在宝鸡生活，爸爸在西安生活。在我妈妈每个周五下班后带着我坐火车到西安看望父亲的同时，每周六早上8：00我还要在新城广场的少年宫上“吉得堡少儿英语”课。那时候每周坐火车对于我来说是一件非常快乐的事。上车以后我会把每节车厢都转一圈，看看哪里有空座位，哪节车厢人少，然后就带我妈妈去哪里坐。我转遍了所有的车厢，后来发现在1号车厢的车头部位，有一个车警座位经常空着，因为车警上车以后一直在车上巡查，根本就没时间坐。现在想想我妈也够胆大的，她也不怕把我丢了。后来我妈先告诉我：“小孩子要学会操自己的心，多观察多动脑筋，学会保护自己。再说那趟车起点到终点之间不停车，所以不怕。”每次快到站时，我妈会一节节车厢找我。后来，我妈给我配了电子手表，教会了我看时间，告诉我几点几分就得回到座位上，到时候不按时回来，她就让广播发寻人启事了。所以我的童年记忆中最深刻的就是在动车上的经历。

到了入学的年龄，我爸妈费尽了周折让我上了“后宰门小学”。这几年的小学生活是我最不想回忆的。记忆最深刻的是每次考完试后，我被父亲训斥，我顶嘴：“我都已经很努力地学习，写作业，就是为了让你高兴，可是你还不满意，你到底要我怎么样你才高兴……”每每都会被父亲揍一顿。记得最搞笑的一次顶嘴：“我就不喜欢作业多，就不喜欢考试，可为了让你高兴，我都努力去做，我都给你考 90 分以上了，你还不满意，你怎么那么贪心呢……”父亲突然间就笑了，那一次没有打我。

在学校里我没有朋友，唯一的乐趣就是放学后在学校门口的商店里买各种各样的小型汽车、飞机、坦克等拼装玩具。后来我有了一套智高拼图，放假后大多时候都会一个人坐在地板上拼各种我想要的航母舰队。从那时候起，我爱上了飞机、军舰、军事杂志等等，每一期《博物》《科学的美国人》，我都要买回来反复翻看，也让我妈妈看，看完后我还会给妈妈讲解，慢慢地我妈妈也爱看了。

到了该上奥数、奥语的年纪时，爸爸每周按时送我和妈妈到补习班。我妈妈是为数不多的几位坐在后排座位坚持陪孩子上课的家长之一。三年下来，妈妈帮我记了五大本子的课堂笔记，为

此常被我爸当作罪状奚落。

小学五年级的时候，我在学校被老师冤枉、被同学欺凌，回家又没法告诉父母，因为我爸爸常说：“那么多孩子，人家为什么不冤枉别人，不欺负别人，单单冤枉你，欺负你？那一定是你不好，才招惹别人收拾你，以后你少惹点事儿吧，一天净撒谎！都是你妈给惯的，一身的毛病……”后来我不说话了，一句话也说不出来了，我妈妈欲哭无泪，整夜睡不着觉，爸爸吓坏了。为了消除烦恼，我整天骑着自行车上街。我的整个小学期间没有多少值得我回忆的快乐时光，我尽量选择遗忘。

小升初我差了 10 分，没有考上交大附中，妈妈到处找人，准备交择校费让我上交大附中。后来因为择校费太贵，也是因为我爸爸说：“不能给惯了毛病，得让他通过自己的努力考进去才行，考不上就别上，不管在什么样的学校里，只要好好学习，都能取得好成绩。拿钱放进好学校里，不好好学习，那是害他，不是帮他。”因此我没有上交大附中，去了离家近的26中初中部的重点班就读。

上了 26 中后我感觉学习压力小多了，平时作业也不多，每天骑着自行车晃晃悠悠地上学、放学。每次考试都轻松排在班级前面，年级优秀，在班里同学们对我都挺好的，周末的时候还会一起约着去踢足球，很是开心。

初一暑假的时候，我妈带我去学大教育，拿铁一中初一的期末数学试卷测试了一下，结果人家孩子做八九十分的卷子我只做了 34 分，当时我妈就哭了，说：“我把儿子耽误了，这样下去，离目标学校越来越远了，我儿子又不呆又不傻，又不是学不进去，得想办法了，不能这样下去了。”从初二开始，我妈每个周末都陪我去学大，按照交大、铁一中的要求给我补习。也是从那时开始我和我妈没有了周末和寒暑假。在离中考只有三个多月的时候，我离开 26 中，去学大上了全日制冲刺课程，我妈每天中午给我送饭，晚上 9: 30 以后来接我，我俩一起走走路谈谈心，一起回家。

艰苦的初中生活结束了，中考结束后，我妈又四处求人，想让我上个好学校，这样才能帮我实现我儿时的梦想——出国留学上全球名校。当初我爸妈各自的计划是：爸爸想让我上国内一流大学的 3 + 2 项目，前三年在国内大学上，后两年在国外的合作大学上。而妈妈想让我在好一点的高中读到高二结束，高三的时候学学语言，考个托福或者雅思，直接考国外的名校。现在我妈妈终于如愿以偿地送我上了我梦寐以求的西北最好的国际班——高新一中国际班。(我一直想上这所学校，只是我在家里“人微言轻”，没有发言权，我爸说了才算。)

我记得很清楚，当我踏进这所学校大门的那一刻，我兴奋极了，有一周左右都在参观校园的各个角落，每一处都是那么的美丽，操场比我以前上过的学校大多了，舒服多了，漂亮得不得了！

我每天回家都喋喋不休地给我妈讲我的学校，兴高采烈地讲那些与众不同的老师们。在这里我参加了喜欢的社团，每周的社团活动是我学习之余放松身心的地方。在这里我遇到了志同道合的同学——于博远，他和同样喜欢飞机的我一起讨论飞机，一起学习有关飞行器的知识。这所学校的同学们都活泼可爱，多才多艺，有追求、有梦想。各种社团活动和每月学校组织的各种活动，都调动了我的积极性，在参与过程中我越来越觉得自己原来也可以这么优秀。

在我入学后的快乐时光里，我妈并没有松口气，她开始到处打听关于国际高中的语言培训、考试规则、申学流程等。(她是一个把什么事情不搞清楚就睡不好觉的人。)

高一的第一学期，我在 F5 班的学习还算可以，可是我平时和 F1 班的同学们玩的多，所以我特别想去 F1 班。我就央求我妈，能不能给老师们做做工作让我进 F1 班，当时我妈没有直接拒绝我，而是说她可以帮助我把学习成绩搞上去，可以帮助我在学校里做一个有影响力的学生，只有自己有价值了，才有可能改变现状。我当时有些不能理解，觉得我妈是站着说话不腰疼，净讲些大道理。记得高一第一学期期中考试后，学校里要评选美丽教室，班主任让同学们各抒己见，群策群力，把我们班也美化起来。我回家给我妈讲这件事时，我妈当时就说：“咱们给班里送点儿绿植，既美化了环境又净化了空气，冬天还可以增加空气湿度，多好。”第二天下午，我妈就买了二十几盆绿植送到了教室，一盆盆地摆好。第二天早上，同学们和老师们走进美丽的教室时都满心欢喜，我也自豪极了。从那以后，我每周带着同学们浇花施肥，很快和他们打成一片，积极参与班级的各种活动，我成了班里不可缺的一份子，这时候我才亲身体验了“得把自己活得有价值了，才有机会更优秀。”

高二的时候，我们按成绩重新分了班，我如愿以偿地被分到了 F1 班。当时我就想起了高一在 F5 班的时候我妈说的话：“机会都是给有准备的人们的，平时不努力，机会来了你也抓不住。”

在高二第一学期期中考试后，我的成绩在班里成了倒数。从我上小学到高中以来，我从来没有在班级里当过倒数，这实在是让我受不了，我睡不好觉，吃不下饭，天天觉得同学们讥笑我，班主任老师不喜欢我（我心里的主观猜想），搞得我特别焦虑。有一天放学一回到家，我就坐在地上哭，一边哭着撒泼一边伤心地诉说：“我不要在一班呆了，我还是回我的 5 班，5 班拆了，我就去 3 班或 4 班，我实在受不了在一班了。”我妈看了看我，也席地而坐，也坐在地上蹬蹬腿甩甩胳膊，难过地说：“看着我儿子难受的样子，妈心里也不好受啊！发泄发泄，咱俩商量一下，有问题想办法解决，努力了，不管结果怎样，起码不后悔。没关系的，刚到一个新的班级里，总有个适应的过程，咱不能用一次的成绩下结论，这样不合理。”后来我放松了许多，心里也舒服了许多，和妈妈畅想着美好的未来。第二天我妈就找了名数学老师帮我解决数学上的问题，我每天放学后都去老师那里写作业、解疑，把当天的问题一定要搞懂弄清。期末考试的时候，我的成绩在班上排进了中等，终于“脱贫”了，准备朝“致富”的道路前进。

时间过得真快，转眼间高三第一学期开始了，这一学年的第一学期至关重要。我每天面临着各种繁重的任务：备考托福、备考 SAT，还要为申请做准备，申请大学要写的大小文书，梳理申请材料，填写申请表格，还要不停地查找有关学校的资料，选校。真的烦躁极了，脾气也大了，一点就着。那段时间我妈一直小心翼翼，尽量避免招惹我，怕让我不愉快，影响做事效率。

整个秋天，我妈几乎每天抱着厚厚的选校书籍做笔记、整理资料、分析判断，选一些适合我的学校，利用晚上我吃水果、喝茶水或者吃饭的时间，给我讲学校，然后一起讨论，遇到意见不统一的时候，我们会各自找论据，之后再讨论。我们最后决定在申请初期，每周开一次会，由我来主持，我把自己需要解决的问题列出来，然后我们共同商量，让我爸妈各尽所能地给我出谋划策，这样我能更有效地解决好问题，腾出时间复习托福、SAT。我边看书边刷考试题，一直坚持到最后，心里想着能考多高分就考多高分。

在距离申请结束只有5天的时候，我因为早申，ED绑定申请结果都不太满意，我妈反复找人查看了我的申请材料，发现我的主文书不符合美国人的思维逻辑，就找人探讨，请人帮助修改，主文书没问题了，但是其他材料又没有调整过来，导致申请不利。这时候我妈要求重新换老师，再冲刺6所学校，当时我就炸了，直接跳起来冲我妈吼："妈！你想啥呢？根本就来不及了，你就别再折腾我了，我好不容易才把所有书、本子都整理好，准备结束申请工作，你又来了，你早干啥呢……"我爸也炸了说："你们早都干啥呢？提前不好好准备，这会儿黄花菜都凉了，人的命天注定，蹦来蹦去没有用。"听了我爸的话，我直接大哭起来，绝望极了。我妈也在默默流泪，看着我妈伤心的样子，我心酸极了。第二天一大早（我整夜都没有睡着），就和我妈说："我想了想，从小到大，只要是你坚持的，我反对的，最后结果不满意的，都怪我不配合，不坚持，不听大人话，这个罪责我承担不起了，就按您说的办，这次我好好配合，努力拼一下，结果不好你们也别怪我哦。"在距离申请截止日期还有三天的时候，我又申请了6所北美排名前30的学校。在申请老师的指导下，一天一夜写完6所学校的小文书，第二天修改完毕，第三天提交完毕。

功夫不负有心人啊！焦急的等待过后，我终于在春节后获取了5所北美排名前30的学校的录取offer，成了真正的“黑马”学生。

在这件事后，我又一次在我妈妈的帮助下明白了：“无论做任何事，都要坚持到最后，不到最后一刻，决不放弃翻身的机会。”

2020届学生韩毅感言（康涅狄格大学）

时光匆匆，这已经是在高新一中国际课程班学习生活的第三个年头了。回首往昔，现在的我已经比刚入校时那个青涩懵懂的少年成长了许多。

还记得入校前的我，没什么特长也没什么爱好，每天好像也只会在学校与家之间两点一线地来回往复。本以为会一直这样下去，直到我来到了国际班。国际班给我最大的冲击不仅是多种多样的国际课程和优秀的师资力量，还有一个班竟只有不到三十人的人数。相比于初中六十多人一个班级，这样的人数无疑有着巨大的优势。它能让每个学生拥有广阔的舞台来展现最真实的自己，也能让老师更容易去发现每个学生的优势与特点而去重点培养。

我喜欢航拍，但在生活中因为受到场地和安全等因素的影响而没有太多的机会来实践。一次偶然的机会，老师发现了我的这个特长，并且帮我解除了很多场地的限制，让我可以在学校里自由地进行无人机的训练，还积极鼓励我在无人机操作等方面多下功夫。

终于，在老师的支持下，我创立了学校第一个无人机社团并成功地运行，至今社团已有社员三十余人，并且组成了包含前期规划、拍摄和后期剪辑的完整体系；我也凭借着在飞行中所积累的经验，在指导老师的帮助下成功地完成并发表了关于无人机定位导航的论文，同时这篇论文也在“丘成桐”科学竞赛中荣获北方赛区三等奖。

在一次次的锻炼中我不仅提升了自己的学习能力、人际交往能力，还意外发现了我在领导方面有着一定的天赋。而后在老师的持续帮助以及鼓励下，我不仅成为了学校航模社团的社长，还成功竞选了学生会的组织委员。在社团纳新活动中我和我的社员创下了自航模社创办以来加入人数最多的记录，并且在比赛中取得了优异的成绩。在元旦慈善拍卖和联欢会中我和团队成功完成了全部的后台工作，保证了整个活动的顺利进行。在高中三年中，这样大大小小的活动我参与了许多，每一次都让我学习成长了许多，有了不小的提升，我不仅掌握了更多的本领，更重要的是我整个人无论是性格还是思想都有了非常大的发展和提升。

如果有人问我国际班最大的优势是什么？纵观这三年，我认为它给了所有的学生一个更好的、更广阔的平台，让我们去完成所有的可能与不可能，去实现我们所有的梦想。无畏于最终的成功与否，回首之时我们总会发现，我们竟已成长了如此之多。

2021届学生李昊锦感言（杜克大学）

回顾三年的高中生活，一切都恍如昨日，记忆犹新。

记得刚刚转来的时候，面对陌生的同学和老师，我很是无措。第一天到校，我甚至紧张到书包都忘了带来。记得第一次见校长的时候，校长说：“这么阳光的大男孩，你没问题的！”短短一句话却让我感到无比亲切，日后也是校长对我一直的鼓励让我一步一步融入国际班这个大家庭中。三年里，我也经常主动到校长办公室，请校长为我指点迷津。校长让我成为了更好的自己，让我从内向变得敢于去分享，在遇到自己无法解决的困难时主动去寻求他人的帮助。

校长总是很早到校，经常到教室里询问我近期的学习情况。有一次我对于课本上的一个长难句不太理解，便去问校长。之后校长拿着词典和征询过好几位英语老师的建议纸条找到我，一字一字地为我答疑解惑。校长严谨治学的态度，让我十分感动。

校长也经常教导我多向身边人学习，我也有意地去培养自己在这方面的能力。我逐渐发现，自己真的能够发现每一个人身上的闪光点，每一个值得我学习的地方。这是我之前所不具备的能力。

在这里，在校长的帮助下，我学着迈出第一步，最重要的一步，从未走过的一步。学校提供了无数宝贵的机会，而校长鼓励我学着去抓住每一个有可能的机会，适合自己的机会，让自己变得更强大的机会。我十分钦佩辩论社同学们流利的口语，于是便报名了英语辩论比赛。我从零开始学习如何梳理论点、搜集论据和提升临场应变能力。辩论让我学会思考事情的两面性，甚至多面性，让我能够以不同的角度，以同理心去看待生活中、学习中、社会上的问题。感谢校长和机器人社团韩老师的支持，让我有机会前往美国参加 VEX 机器人世锦赛。在大洋彼岸，我不仅积累了比赛经验，更结识了一群有着相同爱好的同龄人，有了更广阔的视野和对自己未来之路明晰的规划。

刚刚过去的申请季，于我而言是艰难的。从始至终，我的内心都充斥着对自己的质疑与担忧。在选择专业方面，我更是犹豫不决。我不愿放弃自己热爱的计算机专业，却也被客观的申请难度动摇了信心。与窗外凌晨的冷风相伴，与清晨的第一声鸟叫相伴，无数个夜晚的苦思冥想都融入在了一篇篇字斟句酌的文书里。回看这段甚至有些暗淡的时光，我最难忘的是李校长、班主任张老师对我无微不至的关心，如明灯般点亮了我的希望。我为当时做出正确抉择的自己感到自豪，而这一段绝无仅有的经历也必将在未来路上为我汇聚更多梦想的微光。坚定自己的热爱并放手一博，在高压之下依旧要朝着远方勇敢前进，这是我最大的感悟。

不止是我，三年里我深刻地感受到了校长对每一位学生真挚的关爱，校长愿意花费最大的精力、安排最多的时间与学生交流讨论。这在我看来是十分难得、十分令人敬佩的。校长的办公室里，时刻有学生的身影。我们愿意和校长分享自己的观点，听取校长的建议，因为我们知道校长总会站在我们的角度，为我们的未来考虑。

“胸怀祖国，放眼世界”，这是校长对我们每一位毕业学子的祝福。师恩难忘，我定会带着在这里学到的知识、情怀与卓识走得更远。校长，谢谢您！

2021届学生李禹佳感言（多伦多大学）

梦想，源自寻觅春天的路。这是一个来自高新一中国际生的内心独白、心灵履历。

对于出国读大学一直未曾考虑过，一个暑期游学，令我下定决心。向往大洋彼岸的名校，想站在世界之巅，传播中国文化，这看似简单，实则需要下很大的决心。

在2018年6月刚结束中考的那段时间，我顺利接收到高新一中的录取通知书。一天，母亲突然萌生了一种想法，她问我想不想出国读大学，当提出这个想法的时候，遭到了我和父亲的一致反对，反对理由很简单，因为总觉得出国读书的孩子，都是学习不好的孩子。母亲听到我们的反驳，带着我和父亲去了高新一中国际班，在那里我见到了高新一中分管国际班的李芳霞副校长。李校长起初是解释了一番，后来只是告诉母亲，或许可以让我来体验为期十天的国际班课程，只是课程将会是纯英文教学的。于是带着有色眼镜的我，参加了那次体验，也是从那次体验开始，我逐渐改变了自己的想法。

为期十天的体验，让我第一次接触到了纯英文的教学，中考英语考试 119 分的我，在听到国际班是纯英文教学时，我信誓旦旦地告诉父母，让他们放心，自己一定能完全听懂。可是当真正听到长达 40 分钟的英文教学时，我第一次有了“听天书”的感觉，学术校长一连串英文说下来，我几乎听不懂，只有当学术校长将一个问题重复询问三四遍，并且在和同学的讨论下，我才明白学术校长所提的问题。第一天，我就深深地感受到了压力，也越发不敢有去国际班上学的心思了。后面几天，看着同班试听的同学越发地少，我对出国读书越发地害怕，于是告诉父母，我担心自己英语学不好，我觉得国内大学很好，我也不想出国读书。不断地诉说苦累，我想母亲总会被我说服，可暑假过后，母亲依然决定将我送去国际班上高中，在询问理由的时候，母亲说：“我希望你学会挑战自己，同时你也不用担心英语问题。李校长说过，只要你认真听外教课，一年下来，英语绝对不会有问题的，别总是想着逃避，也别总是要走最舒适的道路啊。”

终是拗不过母亲，又或许是自己想要比同学特殊些，我最后还是选择了在国际班就读。这一决定，我曾不止一次地说过：我从此走上了一条选择众多的“不归路”。

在入学前，我知道了自己不会参加高考，同时如果想要转学

也基本不可能，因为这里的课程和普高完全不一样。抱着想要试一把的心态，我开始了高中生活，也开始尝试着自己做一些决定。

刚入国一，面对各种类型的社团，我第一次做出了自己的决定，也逐渐明白了证明自己的意义。本着想要锻炼自己表演能力的心理参加了戏剧社，可是阴差阳错地负责起了道具。这一负责就是一年，也是从戏剧社开始，我才意识到责任的重要性。我所负责的是道具和服装，这是比较繁琐的。所以最开始的时候，我一次次被社团老师训斥，于是一度想要放弃，想要逃避，想要更换社团，可最后又因为不能食言的自我要求，又一次次打消这样的念头。最终，我坚持了下来，从磕磕绊绊，到驾轻就熟，再到成为戏剧社不可缺失的成员。这一路我明白了责任的重要性，学会了担当，同时也在老师的训斥中明白了做事的道理——凡事要做就做到精细。我最后也因为被依赖和需要而产生了自信。所以我想，我的国一，除了努力攻克语言关的时候意识到自己是有能力做到的，最大的收获莫过于我被需要，并从中学会了担当。

国一暑期，我随同老师去了美国哈佛大学、麻省理工、普林斯顿大学、加州大学等学校，参加了 40 天的游学活动，这一次的游学经历，更加坚定了我想站在世界之巅，传播中国文化的想法。

国一，过得很快也很愉悦，不知不觉已到了国二，一个和普高高三一样紧张而忙碌的一年。

国二，我遇到了高中最大的挑战，不仅是全英文课本，以及全英文教学，同时还需要通过语言关和国际 AP 考试。我担心过，恐惧过，原以为国二将是痛苦的一年，可回头看过，因为有同学和老师的陪伴，有辛劳也有收获。那个时候，我着实担心自己看不懂英文笔记，可是当真正开始学习时，有了国一一年的积累，一切都没有想象中那么困难。于是我开始学习国际 AP 课程（大学微积分、物理、化学、经济、生物），开始备考 AP 课程还有 TOEFL 考试。AP 考试并不是最大的难关，而最艰难的是在学习 AP 的同时也要学习 TOEFL。我的托福学习起步很晚，本应国一就认真学习，但在国一同学们都学习 TOEFL 的时候，我认为时间尚早，错失了很好的学习时机，在国二同学们开始学习 SAT 时，我没有良好的 TOEFL 基础，又盲目以为学了 SAT，学习托福将会简单许多，学了半年 SAT，直到 SAT 考试因为疫情而延缓。还有小半年就要国三，我才真正开始学习托福，留给自己学习托福的时间少之又少，我才意识到因为当初没有听校长不断要求我去学习托福的话，我走了很多弯路，真的是一步走错，后面每一步走起来，都要付出更多努力，艰辛不已。我不断想纠正自己的错误，想要 TOEFL、SAT、AP 一起学习，最后忙得一塌糊涂，什么也没完成。后来还是在校长和董老师的帮助下，我开始以 AP 和 TOEFL 课程为主，并逐渐理顺了自己的任务，然后一项一项地去攻克。最终我在国二2020年9月托福考试中考得107分，也收获了国际AP课程大学微积分5分、经济5分、化学4分的好成绩，还有各类调研课题活动，都在曲折忙碌的一年中落下了帷幕。

回想国二，它让明白了正确抉择的重要性，也告诉我做事要有前瞻性和计划性，若盲目去做，一定会是事倍功半的。同时我更感到感激，我的成功离不开李校长的耐心鼓励和各位老师的帮助。

转眼云烟，我到了国三，这预示着高中阶段即将结束，同时意味着我将要面临最后的、至关重要的、将决定我的未来的关卡——申请大学。

在国三，我本以为自己会很不安，因为不知道靠自己的能力是否能申请到世界一流大学，但在专业机构和学校老师的帮助下一起申请大学，我并不担心，因为共同的努力，我变得很安心。

申请世界一流大学，面对不同大学提出的各类问题，一一探索，一一解答，标准化成绩、各类课题、竞赛特长、文书申请、推荐信、面试等等环节，这是一个能收获颇多的过程。经历了如暴风雨般的各类申请，我成长了许多，原来一直好奇老师们口中的“等你们申请结束了，你们会突然成长一大截”的含义，这一次，我经历了，算是彻底感悟。虽然条条大路都最终是在帮助学生变成对社会有用的人，但是申请世界一流大学这条路，是一条截然不同的路，这一条路上，充满了未知性，即使一个人拥有很好的成绩，他也没有十足的信心能通过心仪大学的申请。而当自己最终被录取的时候，拿着offer的那一瞬间，一种释然和由心而起的喜悦，让我终生难忘。

截止目前，我已收获11封offer，包括专业排名全球前三的院校。这是汗水与坚持浇灌的硕果，更是重整行装再出发的信号！国际班三年的历程，使我懂得，出国这条路，一旦踏上，就意味着开始了拼搏和抉择，从第一次稚嫩的、颤颤巍巍的抉择，到最后拥有了自己的想法，自己可以坚定地选择属于自己要走的春天的路，不易却也让我获益良多。当我和同伴一同坐在教室里忙于申请，当一个班30名同学、一个年级200多名同学都在寻找属于自己的路，远远地看过去，我们都是自信且耀眼的。因为，自己选择的道路，终是属于自己的，也是自己回头望时不会后悔的。想起雪莱曾说过的话："过去属于死神，未来属于你自己。"在国际班的高中三年，我最大的成长就是：我变得更有思想了，学会了思考与抉择，学会了走一条适合自己的路，即使那是一条荆棘遍布的路，但因为是自己慎重考虑过的，便会卸下担心和忧虑，拼尽全力向终点冲去！

想要选择出属于自己的路，不容易，但却绝不能将决定权完全交予他人，一味依赖他人帮助自己抉择，虽然条条大路通罗马，可真正属于自己的路，只有一条。这个道理，来自于国际班三年来的教育，也是让我受益一生的人生哲理。

身为一个国际班的学生，我学到的东西比普高多很多。也正是因为国际班三年的磨砺，我真正地从学生逐渐向成人迈去，真正地长大了。成长为国际化人才，拥有国际化视野去报效祖国，这个梦想，源自寻觅春天的路。

2022届学生袁子涵感言

来到高新一中国际班，是一次美好的相遇，也是珍贵的缘分。这里有想法丰富、各具特色的学生和善解人意的工作人员，在他们的陪同下，我的校园生活变得充实有趣、丰富多彩。

第一次感到震惊，是在入校时的迎新活动中。我安安静静地坐在我的座位上听同学们做自我介绍，那一刻我意识到，我身边的这群人每一位都独具特色、与众不同。我喜欢他们提及自己喜欢的科目时的神采奕奕，和谈论到感兴趣的领域时那样坚定的神情。每一个人的自我介绍都独一无二，令人印象深刻。后来那些平凡的日子也因为他们的陪伴而不再普通，我也在他们的鼓舞下更加热爱生活，更加自信勇敢。我们积极参加每一次的校园活动。英语背诵大赛前全班同学一起专心投入地背诵课文；美食节齐心协力地准备食材；为了圣诞慈善晚会的节目每天都认真排练。于我而言，圣诞慈善晚会是最难忘的一次活动，我们有足够的空间发挥自己的特长和想象力来策划班级节目。圣诞节前排练节目时，大家每天都很辛苦。我为班级编排了一段舞蹈，带领同学们排练。当时心里还是有些压力的，一边不能落下功课，一边还要加紧练习，但同时我也在这个过程中收获了满满的感动。

有些同学之前没有学习过舞蹈，表演这个节目对他们而言困难重重，可我从未听到过一句怨言。相反的，每当我感到疲惫时，他们都会来鼓励我，开开玩笑缓解气氛。

最应该感谢的是高新一中国际课程班的老师们。在这里，我遇到了最温暖、最可爱的老师们。老师们认真负责，对我们很有耐心。在老师的引导下，我们不仅学到了丰富的知识，还发掘了自己更多的潜能。初中时，我几乎从未参加过学科竞赛，我对自己的竞赛能力完全没有信心。一次偶然的机会，我鼓起勇气报名了 ARML 美国区域联赛，并且幸运地被选拔成为小组的一员。准备竞赛的过程困难重重，面对我并不熟悉的知识和一本本厚厚的习题册，一开始我感到迷茫而无助。与其他同学相比，我有很多还未接触过的知识点，只好一次次向老师寻求帮助。老师总是耐心地讲解，点通一头雾水的我。在我十分缺乏自信的时候，老师不断鼓励我要敢于突破自我，不要放弃这一次宝贵的机会，对自己要有信心也要有耐心。于是我告诉自己，我一定要漂亮地完成这次的竞赛。竞赛结果公布时，我们组获得了不错的成绩。后来我的竞赛之路虽然依旧坎坎坷坷，但因为有了老师的引导和帮助，我一次次战胜了自己。现在回想起来，我依旧感到十分自豪，我真的完成了曾经不敢涉足的学科竞赛，而这一切都要感谢我的老师们给予我的帮助和鼓励。

在国际课程班学习的过程中，因为要同时准备英语语言考试、专业课考试、学科竞赛以及课外活动，我们的各项能力有了显著的提升。面对种类繁多的考试，我们必须高效学习，才能按计划完成自己的任务。这个过程是充满艰辛和挑战的，但通过这个过程，我们每一个人都成长了许多，懂得了要珍惜每一寸光阴，懂得了勤学好问的重要性。同时我们也意识到，不应该孤军奋战，而要团结一心互帮互助，各取所长共同进步。在国际班的日子里，这里温暖的氛围时刻感染着我，让我不再感到孤单。

这是一段幸运又奇妙的旅程。我喜欢在高新一中国际课程班度过的岁月和美好时光。感恩相遇，感谢付出。

2023届学生袁子宸感言

在我的记忆里，童年总是无忧无虑的，每天的任务就是露出灿烂的笑容，开心地玩耍，在父母的羽翼下慢慢成长。

上小学的时候，因为学业的压力，我和母亲产生了矛盾。因为我的贪玩，导致了成绩不理想，于是我的母亲就对我严加看管，但并没有显著的成效，反而让我变得喜欢磨蹭，写作业能写4个小时，在这期间我患了近视，我们母子关系也变得恶劣。

因为我从小就身体不好，经常跑医院，根本没怎么上幼儿园，我与人沟通的能力非常差，刚入小学就和同学们发生争执，经常打架，班主任不得已把我的母亲叫到学校交谈。在母亲和老师的沟通和疏导下，我发生了改变，变得不再只靠拳头进行交流，开始尝试与人沟通，但碍于我脸皮薄，什么事都藏在肚子里，不肯说出来，为此母亲也总是苦口婆心地劝导我，让我多多交流，但效果并不显著。直到上初中的时候我才会自己主动去找老师，次数还屈指可数（小学时甚至没有一次主动找老师），于是我变得沉默寡言，封闭自己的内心。

我性格的第一次转变是在4到6年级的时候，那时我们换了新的班主任，新班主任不仅脾气很急，什么事都要争第一，对我们的要求更是极为苛刻，记忆最深的就是背课文，必须在她那里背过，不然你今天就别想回家。

当时真的盼望着早点毕业，脱离她的魔掌，但现在回想起那段时光，真好。

记得在4年级的时候，学校运动会新增了集体跳绳这一项目，我们班主任就天天带着我们练习，一共22位同学，2名摇绳，20名跳，一共5分钟，我们来来回回练了12遍，从下午4点，练到5点左右，才算结束，但仅仅这样还不能使我们的班主任放心，为了确保拿下第一，但凡有点时间她都要抓着我们练习。由于我小时候特别好动，喜欢踢足球和打篮球，但凡是跟运动有关的我都爱玩，所以这样的练习还不至于让我伤筋动骨，但体力经常透支，有一次练习完回家，当天还不觉得有什么，一觉醒来我的双腿简直是痛得撕心裂肺，站都站不稳，缓了一个星期才好，后来也就慢慢习惯了，当时也没想太多，全当玩了，天天还开心得不行，现在回想起来，真傻。

还好功夫不负有心人，在我们的坚持下，我们打破了校纪录，跳出了631下的好成绩。也是在那年，我第一次被认可，在运动会上参加了400米跑和跳远的比赛项目，第一次为了班级，在赛道上呐喊，拼命，但很可惜的是，我最终只取得了第4、第5的成绩，没能进入前三。记得当时跑完400米，我的意识都模糊不清了，双手搭在膝盖上，只能听见自己的呼吸声和剧烈跳动的心脏不断发出的砰砰声。在母亲和班主任的搀扶下，一步一步走下赛道，等意识清醒过来时，泪如雨下，当时觉得自己特别没用，只跑了第4，与第三名只差了0.33秒，虽然当时在母亲和班主任的安慰下，接受了现实，但这件事直到现在仍是我内心的一道伤疤，导致了我在跑步方面的不自信和虚荣心。

在4到6年级的时光中，我三门主课中变化最大的就是语文，我记得是在5年级的时候，我的语文破天荒地考到了95的高分，在我的班主任说出我的成绩的时候，我在全班同学惊讶的眼光中缓缓起身，我简直不敢相信这是真的，当班主任热烈地表扬我时，在全班的掌声中，我第一次体会到了被认可的喜悦。是啊，谁不希望在学生时代得到他人的认同，谁不希望老师对你投来赞许的目光，谁不希望获得同学对你的敬佩。在那一刻，我体会到了自豪，我在掌声中激动地挥着手，对同学们鞠躬表示感谢，满怀幸福地上前取回我的卷子，当时班主任对我说了一句话，时隔今日我仍记得，她对我说：“老师一直相信你能行的，继续加油，我看好你。”

我曾无数次希望赶紧从小学毕业，也曾无数次憎恨我的班主任，仅仅是因为她的严格，和她那动不动就训人的脾气。我曾因为一次文言文背诵抓破了头皮，从上午 8 点紧张到下午 5 点，利用一切时间背文言文，即使是在中午回家的路上，手里依旧拿着书本，不浪费一丁点时间，那也是我 9 年的学习中最认真的一次。即使这样，我也是全班最后一个去背诵的，当时只有班主任一个人在教室，我紧张地将书递给她，她放下手机，翻开我递给她的书，随便翻了几页，选中了让我背诵的文言文，可她选中的正是我最不擅长的那篇，我下意识的“啊”了一声，她抬头看了我一眼，我连忙低下头，脑海中思索着那篇文章，支支吾吾地开始了背诵，可能是看我背得支支吾吾，她在听我背完前面两句，便换了一篇让我背诵，我欣喜若狂，因为换的那篇是所有要背诵的文言文中最少的，也是我最熟悉的，我赶忙开始背诵，一口气将那篇文章背完了。她把书还给我，对我说你可以回家了，我连忙道谢，拿起早已收拾好的书包，飞奔出教室，有种劫后余生的感觉，兴高采烈地回家了，在那一刻，我感觉到了幸福。现在回想起来，那位我恨了 3 年的班主任真的太好了，虽然她很严厉，但其实也挺照顾我的。

要说在小学 6 年的时间里，我最讨厌的是我 4 到 6 年级的班主任，最感谢的也是这位班主任，恨她的严厉，但也感谢她对我的严格要求，谢谢她这3年来对我的严格要求，让我这个内向、害羞、不善与人沟通的孩子，体会到了那来之不易的温暖。

在结束了6年的小学时光后，我走上了初中的求学之路，也是我最颓丧的3年。

我的初中生活真的很惨淡，老师们不待见我，同学们瞧不起我（自我认为），每天浑浑噩噩，未来的道路一片黑暗，成绩一直在全年级倒数5名之内。在小学的时光里，我有幸遇上了好老师，在背后推着我前进。而在初中，我遇到了一个极其不负责任的班主任，在看到我第一次月考的成绩以后，仅仅一次谈话，就否定了我，在那之后对我爱搭不理，完全一副让我自生自灭的态度。当时的我受不了打击，就此堕落了。跟我类似情况的学生还不少，全都被她扔到了最后一排，完全不理我们，我内心很不舒服。在一次课堂上，我和别的同学讲话被她发现，下课后把我叫到她的办公室，说了一句让我最寒心的话：你不想学就别打扰其他同学，你上课睡觉我也不管你，只要你不打扰其他同学，想咋样就咋样，我绝不管你。就是这句话让我彻底灰心，从此对任何事都丧失兴趣，每天就像行尸走肉一般，无所事事。

母亲不愿看到我这番模样，开始悉心劝导我，但我当时哪里听得进去？各种不愿意，沉迷于手机，对自己的学业不管不顾，因为这件事，我和母亲发生过无数次争吵，最后母亲只能每天在我身边不断劝导我，还寻找外援，帮助我重拾信心，可惜最后都以失败告终，我当时心里的打算就是能过一天是一天，对自己的未来毫无打算。

在初一下学期，发生了转折，母亲因为父亲突然生病暂时不能陪我，但当时是我钢琴 10 级的考试前期，这是我第二次考 10 级了，同样也是我最后一次通过 10 级的机会。因为明年的考试会新加乐理这一考试项目，而我在这方面一窍不通，所以这是我最后的机会，所有人都很紧张，我的钢琴老师一有时间就让我过去练琴，和我一届学钢琴的三位妈妈轮流来我家督促我练琴，我的父母每天都给我打电话，询问我的状况，让当时的我心烦不已，总有一种“皇帝不急太监急”的感觉。

但当时的我对任何事都不上心，只想着玩游戏，在考试的前一天晚上还玩到凌晨 3 点多，最后导致我在等待考试的时候睡着了，一睡就睡了 1 个多小时，直到工作人员叫我的时候我才迷迷瞪瞪地进入考场，令我高兴的是我通过了 10 级的考试，为我 7 年的钢琴学习画下了一个完美的句号，这也是我初中 3 年里唯一的亮点。

在初中 3 年的时光里，我只有一个朋友，起初我们闹了点争执，后来在聊天当中却发现我们很合得来，于是我们经常一起聊天，一起玩游戏，成了无话不谈的好朋友，这朋友一交就是 3 年。

在那之后，我上学的目的只是和他聊天，每次课间，我们都去走廊聊天，放学了一起走，那真是我这 3 年中最快乐的事。

要说我在初中也不是毫无亮点，在初三最后一次运动会上，我被同学们推去参加了 200 米跑的项目，其实我是不愿意参加的，但当时在班会上，由于没有人报名参加 200 米，班主任就让大家推选一个人去参加，同学们讨论了半天，我看没我啥事就想着睡会儿，但就在这时，体育课代表突然说："要不让袁子宸去吧。"同学们瞬间开始起哄，班主任也叫着我的名字，我当时完全懵了，开口拒绝，但同学们拿我在体育课上的表现就事论事，说我很适合，班主任也劝说我参加，架不住同学们和老师的劝说，我便勉强同意了。因为我在跑步上没有自信，在比赛前还特意每天晚上下楼跑上几圈，心想不能让老师和同学们失望，因为过了太久"没人理"的生活，我想证明一下我自己，心中顿时有了动力。

但事与愿违，比赛当天还是发生了意外。我在跑的过程中突然不知怎么的，失去了平衡，重重地摔在了地上，我赶忙迅速爬起，再次迈开双腿向前跑去，但没跑两步便再次摔倒，这次我直接借着往前摔的劲滚了一圈，再次站起身向前跑去，结果我再次摔倒了，倒在了终点线 10 米左右的位置。老师和同学们想上前扶我，但我当时脑袋昏昏沉沉的，只想着冲过终点线，于是我再次站了起来，最终摔过了终点线。过了终点线的一刹那，我再也支撑不住，倒了下去。老师和同学们赶忙扶住我，把我架到了临时医务室，医生为我简单处理完膝盖上的伤口，便把我扶到一旁的垫子上休息，班主任给了我一瓶水，我强撑身体，把那瓶水一饮而尽。脑袋还是昏昏沉沉的，班主任便一直等到我情况稳定下来才去看别的同学了，还把我唯一的朋友叫来陪我。我跟他闲聊了半天，等我能站起来的时候才发现膝盖处有几处淤青和伤口，他扶着我去了体育馆，我闲来无事，就和他玩起了游戏。正当我玩得高兴时，同学发来微信，叫我赶紧回去，说班主任找我呢，我一看时间，顿时发觉不妙，我和他急冲冲地赶回班上，小心翼翼地打开后门，想偷偷溜进去。结果正当我想把门关上时，听到背后传来热烈的掌声。我赶忙回头，看见同学们和老师正望着我鼓掌，我不知所措地站在那里，脸上写满了惊愕，班主任见状便问我知道这掌声是为谁鼓的吗？我疑惑地摇摇头，班主任笑道，这是为你鼓掌的啊！我下意识问为什么，班主任笑着回答道：“因为你的表现啊，你这种不怕困难、坚持不懈的精神完全值得表扬！”我在大家的掌声中回到座位上，虽然仍然很疑惑，但心中充满了幸福，这份幸福，时隔 5 年，我再次体会到了，真好啊！

这次事件后，班上很多同学到处宣传我的事迹，同学们也不再像以前那样冷冰冰地对待我，我的班主任更是发了超长的微信给我妈，说她也很感动，在微信里又“狠狠地”表扬了我。我妈又打电话给我且很激动，对我又是一顿夸，还询问了我的伤势。那一天，真是我初中 3 年里最开心、最快乐、最辉煌的一天。

时光总是短暂的，一晃眼，9 年过去了，现在的我已经是一个高中生了，在这 9 年的求学道路上，我从那个内向、害羞的小男孩，变成了一个乐于和同学们交流，也会处理人际关系的少年了。今年我 16 岁了，来到了一个陌生的城市，但我不再是从前的我了，故事还会延续，我也将不断成长，变得更强，为自己的未来争取、奋斗。

静待花开

第七章

家长们的声音

高新一中教师、学生家长、学生共同组织的慈善活动

2019届毕业生（杜克大学学生）家长感言

——李昕格家长

三年前，我顶着全家人的反对，把已经保送为西工大高中重点班的女儿送入了高新一中国际班，从那天开始，我几乎一直处于纠结、自责、不安的阴影中。

三年中，我怀疑过、迷茫过，甚至有时会反问自己独断专行的决定会不会害了孩子？

三年后的今天，我的孩子被世界顶尖名校杜克大学、加州伯克利大学、南加大、卡耐基梅隆等诸多大学录取。在听到这样振奋人心的好消息时，我流泪了，兴奋得一整天没有吃一口饭，我感动并庆幸当初在李校长的说服下，我所做的决定是正确的。

首先我想感谢李校长，作为校长她给我的帮助非常之大。几年中，我没有停止过跟校长的沟通，她安慰我，并帮我分析，甚至站在我这个妈妈的角度来教育我的孩子，感谢校长一如既往对我的认可和帮助。再者感谢不怕我麻烦的班主任王老师。说实在的，在这三年中，我几乎每周不止一次的给王老师打电话询问关于孩子的事，得到的回音每次都让我很感动，甚至有时晚上十一二点了，我这急性子因为突然想起一些事还会给王老师打电话，但听到的永远是爽朗的笑声和耐心的回复，点点滴滴给予我的全是温暖。在这几年中，我女儿在校长和老师们给予的关心和帮助下，成长为一位健康、快乐、阳光、感恩、自信的孩子。

回想当初，我决定让孩子上高新一中国际班，就是想让孩子提前接受国际化的教育，今后能够较快地适应并融入国际化的学习环境，在异国他乡没有语言和生活障碍，能够愉快地学习和生活。怀着这样的希望和期待，孩子走进了国际班的课堂。面对全新的教学理念和教学方法，孩子起初的学习压力很大，拿着通篇没有一个中文字的教材，无所适从。在各科老师的悉心指导和帮助下，孩子很快就适应了。特别是上高二后，孩子的思想逐渐成熟，学习的目的和奋斗的目标非常清晰明确，学习上更加自觉刻苦。托福和SAT的培训计划、考试时间、社会实践，自己安排得井井有条。孩子很辛苦，但是她很快乐，全身上下充满正能量，作为家长的我们才开始感到欣慰。在这里，班主任对每个孩子的关注度都特别高，孩子的一点进步都会得到老师的肯定，孩子们的内心需求得到最大程度的满足，孩子若有不当的言行，老师也会委婉地指出，并及时与家长沟通。作为家长，我衷心感谢高新一中国际课程班所有老师的辛勤付出和培养，谢谢你们！

在高新一中国际课程班的这三年里，经过学校和老师们不断地引导开发，孩子的内心变得越来越开放。学校为她打开了一扇窗，她对未来满怀热情和希望。在课堂上她踊跃发言，和老师积极互动，对一切未知积极探索，求知若渴。在班级的班会上她能有自己独到的观点跟同学分享，与同学和睦相处。

高新一中国际课程班给孩子提供多次外出活动、比赛和考试的机会，孩子慢慢学会自己安排所有事情，学会了改变自己来适应不同的文化环境，学会了合理管理自己的有限资金，学会了感恩，懂得了体谅，知道了将心比心。

在这三年里，虽然我还有太多的不放心，但还是慢慢适应了放手，学校和老师就像老鹰训练雏鹰飞翔一样锻炼孩子，我的不放心也随着她的矫健飞翔渐渐远去，我不再需要用双翅护着她乘风破浪，而是学会用爱为她保驾护航。

时间过得真快，还记得三年前我和孩子徘徊在西工大附中和高新一中国际课程班之间的艰难抉择，我和孩子对国际课程一无所知，在朋友的介绍下，我们和李校长见了面，经过李校长耐心地全方位介绍，我最终决定让孩子上高新一中国际课程班。开始上学的日子里，孩子和我都陷入了迷茫，孩子对新的教学模式的不适应，时常抱怨，加上我们对申请的不了解，导致孩子和我产生了不少焦虑。

经过几次家长会，以及和李校长、王老师的深度沟通，我对高新一中国际课程班有了很深的了解，高新一中从校长到老师的那种一切为了孩子的责任和担当让我们家长十分放心。在孩子身上也能看出她在高新一中的变化，在校长和老师对孩子的高度认可下，孩子不光学习优异，而且从各个方面都表现出前所未有的自信，作为家长的我们真心感到欣慰。孩子从没有主见变得很有主见，虽然有些时候因为一些不同观点和我们家长争论不休，但在另一方面体现了孩子在高新一中的一种独特收获和成长。

非常感恩，此生有缘，能够让我和我的女儿遇见高新一中国际课程班的李校长和全体老师，感谢你们的鼓励和教育，让我的女儿得到了五所世界顶尖名校的录取，让我们收获了一个独一无二、积极上进、懂得感恩的孩子。

2019 届毕业生（杜克大学学生）家长感言
——王晨阳家长

收到牛津大学 offer 的那一刻，我们全家激动地热泪盈眶。做梦都不敢想的世界顶尖名校，在高新一中国际班真的实现了！

1. 优秀的学校

没有什么比环境对孩子的影响更加深远。因此选择最好的学校对孩子未来的发展显得至关重要。我们也和很多家长一样，经过反复纠结、思考与调研，最终选择了高新一中国际班。

首先，因为高新一中国际班是西安市，陕西省，乃至西北地区最好的国际学校（根据 2018 胡润百学榜官方最新统计，在全国 700 多所国际学校参与的评比中，高新一中国际班被评为西北地区最强；根据 2018 年录取结果的最新统计，全国国际中学的学生被世界名校录取比例，高新一中国际班排名第六）。相比北上广，作为一个西部的国际学校，能够取得这样瞩目的成绩，我们相信是与学校、老师和学生们共同的努力紧密相关的。

其次，一张张国际顶尖名校的录取通知书对孩子们和家长都是莫大的鼓舞。每年有很多孩子从高新一中国际班走向英国的牛津大学、剑桥大学、帝国理工大学、伦敦政治经济大学，走向美国的斯坦福大学、芝加哥大学、哥伦比亚大学、宾夕法尼亚大学，走向多伦多大学、麦吉尔大学、悉尼大学、墨尔本大学、香港大学等等世界一流名校。这些优异的录取成绩不仅从侧面反映了高新一中国际班老师与学生的整体水平与实力，也在世界各大名校打响了高新一中国际班的知名度和美誉度，为我们未来学生的录取奠定了坚实的基础。国际顶尖名校录取的过程和细节也为未来申请的学生积累了丰富的经验。

高新一中国际班在教授孩子们国际课程的同时，也提供了各类高水准的学术交流与社会活动的机会。每年学校会组织学生参加各种世界级的重大比赛，获得各类重量级的奖项，在未来的申请中都将发挥巨大的作用。与美国优秀高中的交换生项目，牛津、剑桥大学的夏校项目，邀请世界名校教授、学者来给学生们做生动深刻的演讲，与哈佛等世界著名大学一起举办交流活动等，这些不仅开拓了孩子们的视野，提升了孩子们综合能力，更多的是激发了孩子们内在的潜力和动力，让孩子们能站在一个更高的起点去看自己、看世界、看未来。

所以，学校就是“巨人”，而我们孩子能够取得的每一份成绩，都是源于“站在了巨人的肩膀上”。

2. 优秀的老师

高新一中国际班，从 2008 年开办以来，已经走过了十年。每一位老师都是通过层层选拔出的最优秀的教师。早上六点多到班里，晚上八点开会，十点回家，是国际班老师日常的工作节奏。

从校长到老师，不仅有最丰富的教学和申请经验，并且善于挖掘学生的无限潜能。

记得我们来国际班的第一天，校长和班主任亲自聆听并分析了我们孩子的实际情况，建议他选择英国班，并鼓励他要努力冲刺牛津大学和剑桥大学。当时，我们对考入国内一流大学都没有十足的把握，更不敢想牛津和剑桥这样的世界顶尖名校。但从那天起，老师的支持与鼓励在孩子心中扎下了根。

一开始，孩子听不懂全英授课，于是各科老师牺牲了自己的休息时间，给他一对一地补教。孩子的成绩很快赶了上来。校长和老师又鼓励他去挑战世界级的学科竞赛。老师们给孩子安排了竞赛课程，提供各种复习资料，在老师的带领下，孩子真的拿下了一个又一个国际竞赛的大奖。每次获奖，校长、老师都会和孩子、家长一起欢欣雀跃。孩子的潜力一点一点被激发，对申请顶尖大学逐渐有了信心，更有了为之努力拼搏的决心和自主学习的动力。

每当孩子遇到问题，校长和老师们都会认真和家长沟通，帮我们做出准确分析，提出专业建议，并最大可能地提供各种帮助。比如我们在英语学习、外教沟通、夏校选择等等任何方面遇到困难时，老师都会与我们及时沟通、积极协调。印象最深刻的是牛津大学发放录取通知的前一晚，我们收到了英国物理竞赛的金奖通知。孩子和我们不知道是否需要给大学补递成绩，就试着微信告诉了老师和校长。老师立刻回复，并帮我们确认成绩。校长第一时间询问情况，并与相关老师和外教进行讨论，指导我们迅速给牛津大学递交了成绩单。等所有工作完成已经是半夜12点多了。

校长和老师们的敬业和对学生的负责深深感动了我们。

申请成功的那一刻，第一个通知我们录取消息的是学校的老师；第一个在会议中给家长们宣布消息的是校长；第一个从椅子上激动地跳起来，热泪盈眶的是孩子的班主任……每一位老师对待学生就像对待自己的孩子一样，认真负责，满含深情，荣辱与共。

3. 优秀的孩子

作为家长，我们总是希望孩子更加优秀。所以我们不断指出孩子的缺点，希望他能及时改正，但却往往忽视了孩子身上的闪光点。为此，我们过去也常常和孩子争吵怄气。在国际班，老师通过组织各种社团活动，让孩子们在学习之余能够发现自己的兴趣爱好和潜力。国际班的学习并不轻松，常常需要学习到晚上 12 点以后。但有了这些活动，每一个孩子都非常快乐。我们能看到他们脸上总是挂着自信的微笑。在这里，孩子有了更多自我发展的空间，认识了更多的朋友。学会了独立思考自己的人生，规划自己的未来，而不再是靠着老师和家长的监督和催促去学习。我感觉孩子一下子长大了，变得更加成熟、更加独立。

4. 优秀的家长

成功需要“天时地利人和”，“天时”是现在生活条件变好了，我们有能力把孩子送到国外的名校读书，为孩子成功打造一段阶梯。“地利”是我们身边有最优秀的学校和老师。而关键是“人和”。首先我们家长要相信学校、相信老师、相信孩子都是最优秀的，一定能够取得最好的成绩。其次，我们家长要配合学校的各项要求，及时与老师沟通交流，关心孩子在学习和生活中的每一个需要。除此之外，我们家长还可以利用自身资源优势，多方搜集和整理孩子学习、申请过程中需要的信息和资料。遇到不清楚的地方随时向学校和老师请教。只有大家齐心协力，一起拼搏，才能最终实现孩子走进世界名校的梦想！

2019届毕业生（牛津大学学生）家长感言

努力、坚持、成长

——王艺琢家长

三年前，当孩子选择高新一中国际课程班时，我问过孩子对选择国际班有信心吗？孩子说："我现在可能能力不够，但还有三年的时间来成长。"虽然我心存忐忑，但还是支持了孩子的选择。

两年多的时间已经过去了，回望孩子、老师、家长一起同舟共济的日子，带给孩子的不仅仅是一个心仪学校的录取通知书，亲情、友情、克服一个个困难所获得信心和力量都将伴随着孩子的成长，成为最厚重温暖的记忆。作为家长，我也欣喜地看到孩子用实际行动回答了她三年前的承诺。

面对压力和困难时，缺乏勇气和胆量是女儿一直以来的弱点。在国际班，除了繁重的课业任务，还有各种国际、国内、学校的活动需要参加。比如辩论赛、各种国际竞赛、演讲赛、学校的社团活动等。参加这些活动，时间紧、压力大。必须能够快速适应陌生的环境，善于和他人沟通、交流，自己寻求资，还需要孩子自己安排、协调各种活动和课业的关系。这些对女儿都是很大的挑战。高一时，女儿会有种种畏难情绪和不情愿，经常求助家长的帮助。现在，在经历了一次次的锻炼后，女儿面对困难的勇气得到了大大的提高。每次看着她完成作业后都已经11点多了，才打开电脑准备资料，我总会心疼地劝她早点休息，保证学校的课程就好。然而，我听到最多的回答是“你先睡吧，我今天必须把essay写完或者今天必须把这个资料整理好”，有时还会说“痛并快乐着”。在活动中需要沟通协调时，她也主动了很多。高二时，虽然学习非常紧张，但还会抽时间准备资料，帮助PDF越野完成了3个小时的现场交互翻译工作。在申请季，面对几十篇文书一遍又一遍地修改，虽然辛苦、艰难、焦虑，但还是坚持尽自己最大的努力，在时间截止前提交。看到女儿在面对困难时越来越有勇气，我都会非常感谢这两年的高中学习。

国际课程班的孩子申请学校必须有托福和SAT成绩，所以这是每个孩子从入学就开始准备的课业。因为每个孩子的程度不同，考试计划不同，所以在学校的计划课程外，每个孩子需要有自己的计划和时间表。高一开始，在班主任王老师的帮助下女儿安排了语言提升计划，通过在阅读、词汇、听力、口语等多个方面的准备，通过两次考试，取得了111分的托福成绩。在辩论赛、商赛的准备中，对于一些问题，超出了孩子的理解范畴，很多专业词汇不明白，为了参赛必须自己查找资料，请教老师、高年级的学生，而在这个过程中，孩子的学习和人际沟通能力都得到了锻炼和提高。

女儿是一个做事认真的孩子，执行力很强，也正因为这些特点，她的小学、初中成绩一直很好。但进入国际班学习后，她越来越认识到，这是不够的。从高一开始，孩子们就着手为申请大学做准备，所以必须对自己的大学专业、职业发展做出规划和思考。这些促使孩子不断尝试一些不同的事情，读一些课本之外的书籍，在实践和书籍中寻找答案，找到自己真正喜欢和适合的专业。同时，也开始关注周围的人、环境、社会热点问题，逐渐习惯了和同学、家长、朋友探讨一些社会问题，甚至哲学问题，会主动听一些讲座，看一些评论文章。学校也有非常多的国际交流活动。正是这些看似点滴的思考和积累，开阔了孩子的视野，放飞了孩子的思想。在牛津的 TSA 考试和面试中，孩子能取得好的成绩，也正是得益于平时的积累，而并非刷题、培训。在最近的主题班会中，孩子们已经在探讨“电车实验”“歧视”等这些关乎社会发展和价值观的问题。

在国际课程班，女儿体会了更轻松、融洽的师生关系。以前，女儿对老师更多的是敬畏，是一个听话的好学生，所以面对老师时有些拘谨。但现在每当女儿和我谈起学校的事情时，会说“今天，江哥……”，虽然称呼很随意，我们还有些不适应，会纠正她要尊重老师，但能感受到她内心的轻松和亲近。遇到问题需要做决定又拿不准时，她总会第一时间想到和老师去交流，而老师的建议也一定会给她吃颗定心丸。和同学之间交往也非常坦诚，互相帮助，一起进步，从来不会私底下暗自较劲，还会主动和低年级学弟学妹分享学习经验、体会，帮助他们更好地适应高中学习。在申请季结束后，每一次的经验分享，孩子都认真准备，毫无保留地把自己的经验体会分享给大家，希望自己的学弟学妹们得到更好的发展，希望自己的母校越来越好。

女儿的高中生活，我们父母也很“累”。因为除了关心孩子的日常生活以外，孩子有更多的活动需要和你分享；有更多的选择需要你和她一起做决定；有更多的话题需要一起谈论，甚至为了一次探讨，你还要继续学习充电。然而每一次分享、每一个决定、每一次谈论都看到了孩子的成长，我享受着陪伴孩子一起度过快乐的高中生活的时光。非常感谢高新一中国际课程班提供给孩子和家长这样优良的教育环境。

2019届毕业生(伦敦大学学院学生)家长感言
再造之恩　结草衔环

——刘裕馨母亲

两年前，走投无路的我带着“死马当作活马医”的绝望叩响了高新一中国际课程班的大门。那时的孩子大病初愈，在她眼里生活就像一潭死水，了无生机。不知道出路在哪里，不知道未来将会怎样。

两年的时间，孩子不仅走出了迷雾，还收获了生活的希望。作为母亲，看着一个热情开朗，对未来充满希望的孩子，内心对于学校和老师的感激无以言表。我自己是名有着23年教龄的教师，总是不自觉地对比着国际课程班和传统学校的不同。总想搞明白孩子在这里发生人生转折的缘由。随着孩子考试、申请、选择学校一件件事情的推进，我越来越清晰地知道其中的奥秘。

首先，这里的课程设置给了孩子选择的权利，尊重了孩子的个体差异，给了每个孩子优秀的希望，让孩子知道就算我有不如别人的地方，但也肯定有优秀的一面。这在每个孩子心里播种了勇气，让他们敢于按照自己的愿望设计人生路线，而不是按照别人的设计活成别人想要的样子。

其次，学校有着严格之中相对宽松的管理理念，塑造了学生独立完整的人格。这里走出来的孩子有思想、有个性，敢于向权威说“不”！这群孩子绝不是那种人云亦云的乖宝宝。他们的梦想不仅仅是考上一所好大学，而是梦想总有一天自己会站在世界舞台的中央！作为一个资深教育人，我很清楚这样的教育理念下，上至校长，下至老师为此承担了多少管理上的压力。真心感激李校长，感激萍姐和所有老师，是你们的宽宥和包容，让孩子在不断试错中主动提升认知能力，让他们学会了多角度看待问题，最终形成了难能可贵的批判性思维。

第三，这里的考试设计为等级制。摆脱了那种高一分天堂，低一分地狱的极端状态，没有过分强化人与人之间的竞争关系，孩子们人际关系发展良好。彼此间既能独立又能协作，为今后的学习和发展奠定了友善的基调。

第四，也是最为重要的一点。很幸运，我的孩子遇到了萍姐(孩子班主任)。萍姐用耐心和包容静等花开。没有过多的压制，没有过多的强求一律，萍姐在孩子的心里埋下了希望的种子，让孩子有勇气挑战世界之巅。果不其然，今年的毕业生创造了有史以来最辉煌的成绩。萍姐的用心不是替孩子做出选择，而是交给孩子判断事物的方法，放手让孩子自己去做。孩子的主观能动性得以施展，他们真正成了自己未来的主人。这样孩子没有了瞻前顾后，畏首畏尾，敢于放手一搏，没想到得到了完美的结果。作为教育人，我从萍姐身上学到了许多。一个好的老师，不是让自己成为权威，而是给学生以勇气，让他们敢于试错，敢于成为更好的自己。老师不以自己的全能自恋感覆盖学生，学生的自信心才有爆棚的那一刻！感激，感动，感恩！向国际课程班致敬，向萍姐致敬！

2020届毕业生（莱斯大学学生）家长感言
感恩有您——辛勤的园丁

——曹烨家长

读着“高新一中”第三期“‘疫’往直前”——03届毕业生从世界各地给学弟学妹们的来信嘱托，我的眼睛湿润了。掩卷沉思，胸中波澜涌动。

时光荏苒，岁月如歌。转眼间，我的儿子曹烨也即将离开培育他近三年的高新一中国际班，漂洋过海继续他的求学之旅。异国他乡，物是人非。我坚信当下儿子这艘小船，经过高新一中国际班园丁三年的辛勤打造，已经具备出航条件。可谓：“长风破浪会有时，直挂云帆济沧海。”

“妈，我回来了！”

“妈，您今天读校刊“‘疫’往直前”第三期第二篇来信了吗？那个王帆学姐读的也是莱斯，并且是硕博连读呢！现在在休斯顿经营牙科诊所！”

儿子春风满面，侃侃而谈。

目睹他强健的体魄，爽朗的笑容，谁能想到，眼前活力四射的孩子，一年多前赴美交流时竟然和同学老师们没有说上十句话。

孤僻的性格让我们无不为其担忧。

孩子的性格弱点从入学初期就被班主任赵斌老师发现了。包括此次赴美交流也是老师和校领导对孩子性格塑造计划的一部分。在日后的学习生活中，赵老师和其他代课老师针对孩子的各个方面进行了全面深入的塑造培养，大到世界观，小到支持并协助曹烨参加和组织实施一些校内外各种演讲比赛，社团联谊等活动。特别是在他担任年级学习部部长期间，支持并鼓励其开办了课间楼道数学“小黑板”活动，为同学间交流学习、分享学习经验起到了推波助澜的作用。一系列活动，提高了孩子的自信心和交际沟通能力。

世界观格局的放大，自信心的增强对孩子学习效率的提升起到了事半功倍的作用。曹烨的学习成绩迅速提升，托福和 SAT 均取得较好成绩。成绩斐然的背后更离不开老师们的鼓励。很多次，孩子情不自禁地告诉我：“妈！今天早读时，校长巡视，又表扬我了，她说看好我！而且校长英语特别专业，针对我的口语，给予了示范和纠正！今天真是收获很大！”孩子绘声绘色地讲述道，有着满满的幸福感，听得我深怀满满的感恩之情。说到李校长，我们更要感谢她对孩子慈母般的大爱和高度的责任感！在孩子申请阶段，我们听信不良中介蛊惑，在孩子各门成绩优秀的情况下，错失了早期申请的良机。在我们几近绝望之时，李校长第一时间找到我们了解情况，审时度势，利用自己从业几十年的经验和人脉，亲力亲为，终于不负有心人，迟到的祝福收到了：曹烨同学被心仪已久的全美翘楚莱斯大学一举录取！

房间里传来吉他浑厚悦耳的旋律——《谢谢你》。

我愿把这首歌献给高新一中所有辛勤耕耘的园丁！

2020届毕业生（牛津大学学生）家长感言

——于博远家长

李校长：

您好！

我是于博远的妈妈，昨天孩子收到了牛津大学的录取通知，本想打电话感谢，但得知您开会到很晚，没好意思打扰您。感谢您及您所打造的教师团队，感谢贵校为孩子提供的成长环境。

我每次参加家长会，聆听您的教诲和教育理念，都能吸收很多的养分，使我得到成长，指导着我更好地管理孩子，真的很享受整个家长会。

我曾经也做过老师，我深爱着这份职业，每每看到您，都有一种说不出的崇敬感，您是我心目中老师的样子，是我曾经想成为的老师的样子，知性、高贵、优雅，又有着职业女性的独立和智慧。

那次您晚上 11 点还在为孩子批改文书，我很是感激，我对孩子说，你知道为什么她能成为校长吗？校长对你们严厉却不失关爱，对你们严格并以身作则，对工作的负责、执着、热爱……都是你们的人生楷模。感谢您用行动影响着孩子们，带领他们不断前行。

我的孩子是后转到国际班的，遇到赵老师是幸运的，这两年来，孩子收获了成绩，更收获了好的性格。孩子原先是理工男，不善于交流，在班主任的引导下，孩子性格有了很大转变，外向、热情、乐于助人、勇于担当……这是他最大的收获；孩子的英语底子薄，在代课老师的鼓励下有了很大的长进；孩子热爱理工科，在专业老师的激励下，成绩始终保持在前列……感动的事情举不胜举。

每每想到这些我都会情不自禁地热泪盈眶，谢谢您和老师们为孩子的成长呕心沥血，希望孩子不辜负校长和老师的殷切希望，做到“今天我因母校而自豪，明天母校因我而骄傲”。

2022 届学生（国际班在读）家长感言

少年，你坚定追梦的样子，很帅！

——杨皓钧家长

复课的消息传来，小杨同学第一时间把口语打卡群里的作业文件名称改成“复课倒计时”，看得出来，他已经迫不及待地想回到课堂，见许久不见的老师和同学。虽然只有短短一学期的相处，孩子对国际课程班已经很好地适应了，努力地学习英语，追赶课堂进度，积极地参加学校组织的各种活动。他目标坚定、道路清晰，按照既有的规划，向着自己的“梦校”努力，所展现出来的坚定，与茫然的初中时代已完全不同。看到十六岁的他，为自己的选择负起责任，一步步脱离对我们的依赖，变得日渐独立、自信，这种状态也大大缓解了我们的焦虑。

回想中考结束填报志愿的那段时间，纠结犹豫仿佛还在眼前。我们在招生咨询时，拜访了市内几家开设国际课程班的学校，就是想了解“究竟怎样的孩子适合国际班？”。得到的回答都是：走这条路，不可能单凭学习成绩获得名校的青睐，独立自主的学习能力、丰富的社会实践活动、独立思考的特质等等，都是考核的维度。

转过头我们再来分析孩子，学习成绩的确不是他的优势，但他的优势在于阅读面广、喜欢思考和表达、爱好写作、持续参加公益活动，尤其是初中一直参加模拟联合国的活动，对于政治、历史等学科更感兴趣。这样看下来，无论是上普通高中，还是读国际班，都是各有利弊，压力均等。于是我们选择尊重孩子的意见。而他在考虑之后，给我们的回答是："上国内高中，很多我喜欢、想做的事情都必须要放弃，但是上国际班，这些事情我坚持做下去，可能会成为我申请学校的加分项。上大学，我还是为了学习自己感兴趣的内容，做自己喜欢的事情。"这时候我们就明白，他已经对未来有了明确的目标和规划，但是我们依然很担心他的意志是否坚定持久，直到在学校军训成果汇报的训练场上，看到孩子选择了最难最苦的项目并一丝不苟、标准有力地完成时，我们知道，他已经做好心理准备了。

普通高中和国际班是两种完全不同的升学途径，是完全不一样的教学模式。作为家长，难免会有各种各样的焦虑，好在老师都会给出及时的指导。

在以前的认知里，上国际课程班的孩子，是成绩不怎么样的学生，只是为了逃避高考。但真正融入才发现，尤其是高新一中国际班的学生，很多综合素质非常高，他们成绩好、有才艺、活跃明朗、视野宽广、家庭教育背景优异，更重要的是，一个个心怀"梦校"理想，还特别用功，小杨同学不止一次地感慨："跟这帮人在一起，你还有啥理由不用功呢？"

最近因为新冠肺炎疫情原因，海外留学生的状况备受关注，也有朋友家人担心："还要选择送孩子出去吗？"就这个问题，我们也和孩子进行了沟通，他给出自己的分析和判断让我很感慨。原来，宅在家里的时间，他依然每天关注时事热点，那么支持他出国去学习他最喜欢的国际关系专业，也许真的是最好的选择，因为，16 岁的男孩，坚定追梦的样子，很帅！

新冠肺炎疫情期间，给在美国的孩子们的一封信

亲爱的孩子们：

你们好！

两个多月没见你们了，老师想你们大家了。

夜深人静，老师想起地球的另一边——我挚爱的 11 名孩子！还记得临行前老师对你们的谆谆教诲吗？还记得学长学姐给你们讲如何与住家和睦相处、如何选课、如何与美国同龄人相处吗？还记得父母的唠叨以及为你们准备各种所需用品的情景吗？还记得临行前机场的恋恋不舍、回头瞬间泪奔的那一刻吗？真是“儿行千里母担忧”啊！想必那时的你们，一定是激动、兴奋，幻想着接下来三个月在异国他乡的生活学习：充满着好奇、远离了父母的唠叨、做自己喜欢做的事，那样的生活该有多么美好！可是，一场突如其来的全球新冠肺炎疫情打破了我们以往的常规，大家都要履行自己的义务：宅在家里，不出门；勤洗手，讲卫生；保护好自己，就是为社会做贡献！

感谢现代通讯的快速发展，让我们远隔千里，但每日彼此生活的点点滴滴却能及时得到分享，让我们真正体会到“天涯若比邻”。你们离开机场回头与父母挥手说“再见”的场面、

在上海机场中转那晚开心的晚餐回忆、到达 Plymouth 学校与住家爸爸妈妈、兄弟姐妹相聚的欢快情景、美式聚餐文化的体验；第一天参观校园与美国同学共同学习的经历、多元化的课堂：木工课、护理课、图像处理课、市场营销课、宣传与新闻课等等，都让大家目不暇接；温馨的 family party、birthday party 及各种开心愉快的 trips；体育健康指标检测、犯罪心理学、环境学、美术设计、读书分享、探索奥秘等等，这一切活动历历在目。

原以为生活就该这么多姿多彩，原以为去美国就该满足大家的好奇心，找到自己的兴趣所在，原以为去美国就是为了开阔眼界、提升自我，原以为接下来的一个月会好好享受美国的蓝天碧水、学校的多元课堂、住家的美食文化；可突然间新冠肺炎疫情在全球 120 多个国家蔓延，美国也不幸中招。为了大家的安全，Plymouth 学校也采取了相应措施：听课宅家、网上授课。新冠肺炎疫情当前，老师有几点想跟大家分享：

1. 珍爱生命，保护好自己

大家身在异乡，没有父母的贴身照顾和朋友的陪伴，许多事情要靠大家凝心聚力，通过网络保持沟通，解决问题。首先，大家一定要保护好自己，健康是最重要的！由于不能确定周围的新冠肺炎疫情，大家能不出门最好不出门，安全第一。如果必须要出门，一定要做好个人防护工作：出门戴口罩、手套、护目镜；回家先消毒，勤洗手，每次一定要用洗手液洗 20 秒以上；出门回来，外衣要挂在通风处；与人相处彼此距离保持 2 米左右。千万不要去人多的地方，如看比赛、逛商场等，身体健康是重中之重！只要大家做好防护，就应该不会有问题。你们对所处的环境并非了如指掌，所处的医疗环境不一定能提供细致妥帖的治疗护理。因此，最好的办法就是保护好自己不生病，我们在国内等着你们平安归来。

2. 保持良好的心态

钟南山院士说：“生病的一半问题都出在心理上。”希望大家以积极乐观的心态面对现实生活。新冠肺炎疫情可能会给大家带来各种负面的情绪：比如前期对国内家人的担忧慌乱，中期听说美国也有新冠肺炎疫情的恐惧焦虑，后期宅在家里无所事事的无聊乏味。面对周围环境的突发变化，希望大家能保持良好的心态，不要让负面情绪占领你的生活。

从新冠肺炎疫情发生到现在，网上消息太多太杂，大家要学会筛选。

首先，从公共事务管理、危机处理能力上，美国虽不是举国之力治疫，但是政府的逐级响应、各州自治以及各私有机构的参与，行动力已经显现。比如，一些单位在家办公、学校停课在家网络教学；政府发放资金用于当地健康部门的隔离和检疫；CDC 有详细的行动指南，人们知道自己处于哪种状态应该去哪里寻求帮助。

其次， 除纽约、华盛顿等几个大城市，及市中心公寓外，许多美国人选择居住在郊区的 house，人员分散、密度小，感染机率也相对小。Plymouth 学校就是例子，让大家在新冠肺炎疫情期间远离喧闹，也多了份安心。

通过了解，大家心里会踏实许多，对吗？

如果因为新冠肺炎疫情而产生慌乱、迷茫、恐惧或焦虑等情绪，也是人之常情。大家可以通过网络多了解新冠肺炎疫情的相关信息，学习防疫举措，更全面有效地保护自己。此外，还可以多跟杜老师、美国家人、朋友沟通，确保大家的安全，也是缓解紧张的一种有效方式。

如果因宅家而产生无聊的情绪，可以更灵活地安排自己的生活。比如多跟住家聊天，学习美国风俗习惯，练习英语口语和听力；另外，大家还可以发展各种兴趣爱好：如音乐、美术、编程、写作等，通过各种尝试发现自我，充实生活；最后，同学们也可以用这段时间积累专业知识，自主学习，通过阅读、远程视频、线上课程、自我总结等方法进行复习和预习。更主要的是，大家可以利用这段时间，给住家介绍中国文化，做几道简单地道的家乡菜，让他们多了解中国。衷心希望每位同学都能好好利用宅家这段时间，做好时间管理，在完成课业的同时兼顾个性化发展，不受外界影响，坚持自我提升。

3. 锻炼身体，保持健康的体魄

新冠肺炎疫情期间宅在家里，空间及运动方式可能会限制运动。但大家可以想想怎么利用现有条件，加强锻炼。这正好也提升了大家解决问题的能力。你们正是长身体的时候，每天适量的运动，对成长发育极为重要。因此，建议大家在学习之余，在室内多做运动，锻炼身体，可以借助 keep、即刻健身等线上健身 app，跟着视频一起练习；也可尝试跟小伙伴们视频，一起云健身；我也会把体育老师做的视频发给大家，供大家参考。运动不仅会给我们枯燥的宅家生活增添乐趣，还能强身健体，带给我们满足感。因此，希望大家都能加强锻炼，规律作息，提高免疫力，不让新冠肺炎疫情成为运动路上的绊脚石。

4. 家国情怀，做中美信息沟通的桥梁

有句话叫“新冠肺炎疫情是场战役。中国人打上半场，海外国家打下半场，中国留学生打全场。”上半场作为身在海外的留学生，你们在新冠肺炎疫情前期远隔半个地球，担心远在中国的家人安危；下半场是自己面对新冠肺炎疫情，有了前期对中国的关注和家人的沟通，以及从新闻上获取的种种信息，

你们对新冠肺炎疫情有更丰富和深刻的了解。

在2月初，是你们通过 Plymouth 学校的电台，为他们介绍新型冠状病毒的防疫措施及中国人民是如何抗击新冠肺炎疫情的：在党的统一指挥下，中国人民众志成城、无所畏惧，阻击新冠肺炎疫情，不获全胜，绝不收兵！这是属于中国人民的坚韧！这个世界上哪有什么岁月静好，不过是有人替我们负重前行；这个世界上哪有什么天使，不过是一群心怀信仰的人，去完成一项艰巨的使命。

因此，大家在保护自身健康、保持良好心态的同时，还可以做一些更有意义的事情。恐惧来源于未知！海外人民对新冠肺炎疫情的慌乱大多来源于意想不到和手足无措。在这个时候，我们可以把自己对新冠肺炎疫情的知识分享给身边的人，消除信息不对称的问题，让更多人了解新冠肺炎疫情，减缓恐惧，学会科学地保护好自己及身边的人。

国内各种线上渠道有非常多的文章、问答、视频等，涵盖了各种与新冠肺炎疫情相关的信息，如：

- 感染的人会有什么反应？该如何寻求治疗？
- 新冠肺炎疫情期间进出家门如何全面消毒？
- Work from home 如何保证工作效率？有哪些好用的 app？
- 口罩戴几次后该换新的？能不能消毒后接着用？

诸如此类的信息数不胜数，大家可以把这些实用的防疫知识分享给周围的人，帮助更多的美国同胞们加深认知，面对新冠肺炎疫情不打无准备之仗。

除此之外，大家如果有时间也可以做些更宏观的观察。为了缓解新冠肺炎疫情传染的增速，各国政府采取了“封城”“封区”等措施，倡导了 work from home 等工作方式。人们的日常生活和工作都受到了巨大的影响，许多企业面临现金流压力，开始入不敷出，不得不思考营销或产品等新策略，各大数据公司、咨询公司、媒体公司等也争相报道了相关新闻，撰写了研究报告。你们不只是新冠肺炎疫情的旁观者，更是参与者，而且是全场参与者。因此，我希望大家可以观察生活中的各种细节，多思考社会中各个角色在新冠肺炎疫情中受到的不同影响，产生的不同反应，带来的不同结果，把自己的理解与总结分享给周围的朋友们。这是一场没有硝烟的战争，我们众志成城，坚信一定能够打赢这场战争。我们祈福太平！我们一定会迎来柳暗花明、雨后彩虹！

亲爱的孩子们！他日当你们长大成人，你们会从事各行各业。但无论在哪里，在做什么，请记住：信仰不能丢！对祖国和人类的大爱不能丢！请践行：有德行、会合作、敢担当、善创新的理念！做对社会、对世界有用的人，我们的人生才更有意义！只有温暖了别人，你们的世界才会更加精彩、更加有意义！我相信：你们的善良、正直、勇敢、钻研、担当，一定能够点亮中国的明天、人类的明天！而此刻，为了明天的你们，请整理好行囊，平衡好时间，认真落实课内任务，扎实学习，为有一天实现自身价值，努力充电！梁启超曾经说："少年强则中国强"；周恩来说："少年当为中华之崛起而读书！"你们当勇敢地面对社会责任，为了实现中国梦而读书！毛主席说："你们是早上八九点钟的太阳，世界是你们的！"孩子们，加油！

最后，我想说：孩子们，你们身在国外，但我们的心在一起。你们有能力照顾好自己，保证自己的安全，我由衷地为你们骄傲！学校的老师和你们的家人会一起祈祷你们平安，等待你们归来。

爱你们的老师，李芳霞

2020 年 3 月 18 日

名医讲堂 求医助己·系列

挺起健康的脊梁

颈肩腰腿痛防治手册

赵 平 著

中国科学技术出版社
·北 京·

图书在版编目（CIP）数据

挺起健康的脊梁：颈肩腰腿痛防治手册／赵平著．
—北京：中国科学技术出版社，2011.8
（“名医讲堂 · 求医助己”系列）
ISBN 978-7-5046-5909-5

Ⅰ.①挺…　Ⅱ.①赵…　Ⅲ.①颈肩痛－防治－手册
②腰腿痛－防治－手册　Ⅳ.① R681.5-62

中国版本图书馆 CIP 数据核字（2011）第 161250 号

策划编辑　张　楠
责任编辑　张　楠
责任校对　赵丽英
责任印制　张建农
装帧设计　中文天地

出版发行　中国科学技术出版社
地　　址　北京市海淀区中关村南大街16号
邮　　编　100081
发行电话　010-62173865
传　　真　010-62179148
投稿电话　010-62176522
网　　址　http://www.cspbooks.com.cn

开　　本　787mm×1092mm　1/16
字　　数　178千字
印　　张　13.25
版　　次　2011年9月第1版
印　　次　2013年1月第3次印刷
印　　刷　北京长宁印刷有限公司

书　　号　ISBN 978-7-5046-5909-5/R·1538
定　　价　29.00元

作者根据二十余年脊柱专病诊治的临床经验，用通俗、理性的语言，从脊柱相关疾病的症状出发，依循病人患病后的逻辑思路，围绕求医问药的始动因素——“症状群”，以非常现实的角度对脊柱源性颈肩腰腿痛进行通俗的剖析。其中以症状为中心的疾病阐述和求医导读分析具有十分鲜明的实用特点和临床实效性，避免了既往的以“诊断病名”为中心的科普教育可能造成患者强制对号和削足适履的阅读误解。通过逐步分析、启发思绪、抽丝剥茧、鉴别左右，升华患者的求医动机，明确最佳的治疗和康复方案，获得个性化的脊柱保健习惯，从而真正挺起我们健康的脊梁。

伴随着2011年北京迟来的春雪，终于兑现了一拖再拖的约稿承诺，可以向中国科学技术出版社编辑部张楠主任交差了，如释重负！

自从2005年《脊柱健康手册》出版发行以来，不仅得到广大读者厚爱，还得到了许多脊柱疾病专科医生的肯定，发行已逾3万册。作者根据读者的反馈意见和近几年脊柱疾病诊治领域的最新发展，终于在2009年有了彻底改版的念头。作者认为，脊柱科普图书应该从更为贴近患者和读者的角度去解析脊柱健康常识，增添更直观的颈肩腰腿痛疾病的分析信息，以符合患者先有病（或症状）后就医的习惯，使之真正成为读者在日常生活中的具有指导性、实用性和可操作性的科普指南。当然，也希望本书能成为脊柱专科医生更有价值的临床参考手册。辗转推敲，雕思琢想，终于轮廓了如下几个具体目标：

（1）初级解惑脊柱相关性颈肩腰腿痛的症状发生和治疗原则；

（2）分级阐述各种脊柱损伤疾病后期的康复原则；

（3）专业答疑有关脊柱损伤退变类疾病的认识误区；

（4）系统评说日常生活与脊柱健康的关联。

作为临床一线工作的科室主任，白天忙于门诊、病房、科研、教学、讲学、会诊，晚上忙于病案整理、教案书写、讲义制作、课题申报、学科计划、科研设计等，实在难以找到一个整理思绪的时间。虽然多次向出版社允诺了期限，但都无法兑现！总是“无可救药”地在忙着似乎更重要、更紧迫的事情。

不过，随着时间的拖延内心的焦虑也在不断升级。每当接诊那些半夜排队挂号、虔诚地等候诊治的患者的时候，每当看到患者唯恐遗漏医生的医嘱而拿着手机现场录音的时候，每当发现患者不断“犯规”、重蹈覆辙地破坏很难取得的疗效的时候，每当接到患者递上一份问题清单、渴望更为精细的解答的时候，作者总是感到一种纠结，一种难以为患者倾心答疑的纠结，一种“恨铁不成钢”的纠结！

作为医生，当然很想仔细地聆听每位患者的倾诉、详尽解读每位患者的诊疗方案，但为了使更多的病人解除痛苦，作者及同事们又不得不尽量增加接诊人次，不得不将每位患者接诊时间尽量压缩。因此，医生的临诊也陷入了悖论：是数量更多，还是质量更细？真可谓：恨不能三头六臂，憾无法分身有术！

本书是根据作者二十余年的临床经验总结而成，通过它或许能够部分地释然作者心中的纠结，或许能够替代医生面对那些充满疑问的患者，或许能够担负起说病解惑的责任，或许能够在广大读者的案头竖起脊柱亚健康的某种警示。

虽然是“无可救药”地忙着，但是，哪怕只能在不多的业余时间里再挤出精力，哪怕只能用零碎的几分钟来推敲和堆砌思路，作者也要努力完成这个学术功名很少、却充满职业感的艰巨任务！与其说是“救死扶伤”和“治病救人”的责任使然，莫如说是医者的专业动机作俑。因为，只有彻底解决了患者对脊柱疾病的思想盲区，才可能谈到所谓的“防患于未然”，才可能真正延伸医生的治疗触角，才可能最大限度地巩固治疗成果，才可能真正完成作为专科医生的最终作品——脊柱健康！生活美好！生命平安！

赵 平

二〇一一年初春

1 **第一章 概 论**

1 人类脊柱的“既往史”和“现病史” / 1
2 脊柱退变相关性颈肩腰腿痛的专科与专家 / 4
3 脊柱相关性颈肩腰腿痛在本书中的解读程序 / 8

10 **第二章 颈椎相关性症状群**

1 颈肩背疼痛 / 10
2 头痛头晕（或伴有呕恶、耳鸣） / 15
3 肩背疼痛或伴关节活动受限 / 23
4 上肢疼痛、麻木等 / 27
5 颈源性行走不稳、手指不灵活等 / 36

46 **第三章 胸椎相关性症状群**

1 背部疼痛 / 46
2 前胸及侧胸部疼痛 / 52
3 胸椎侧弯（脊柱侧弯） / 55

60 **第四章 腰椎相关性症状群**

1 单纯腰痛 / 60
2 腰痛伴有下肢疼痛或兼有麻木 / 69
3 腰腿痛伴有大小便异常（或兼性功能障碍） / 86
4 腰腿痛伴有足下垂（行走时足尖下垂拖地，抬不起来） / 93

99 **第五章　选择恰当的治疗**

1 非结构干预类保守治疗 / 100
2 结构干预类保守治疗的基本方法 / 107

113 **第六章　常见脊柱疾病的误区**

1 颈椎病的误区 / 114
2 胸椎关节退变损伤的误区 / 120
3 腰椎病的误区 / 121
4 其他有关脊柱退变疾病的误区 / 122
5 常见保守治疗方法的误区 / 125

138 **第七章　脊柱的维护和保养**

1 脊柱源性颈肩腰腿痛患者的症状期与康复期基本特点 / 139
2 症状期的康复原则 / 142
3 康复期的康复原则 / 149
4 脊柱保健性训练的建议 / 154
5 基本康复训练图解 / 158
6 健康脊柱的保健常识 / 170
7 不同人群的脊柱保健 / 182

188 **结　语**

189 **附　录　脊柱源性颈肩腰腿痛患者的注意事项及运动处方**

1 颈椎急性损伤阶段的注意事项 / 189
2 颈（胸）椎疾病慢性阶段的注意事项及运动训练 / 190
3 颈（胸）椎疾病康复期注意事项及运动训练 / 190
4 腰椎疾病急性期注意事项及运动训练 / 191

5 腰椎疾病亚急性期注意事项及运动训练 / 191
6 腰椎疾病康复初期注意事项及运动训练 / 192
7 腰椎疾病康复中期注意事项及运动训练 / 193
8 慢性腰椎疾病康复期出现“晨僵”（僵硬痛）的注意事项及运动训练 / 193
9 腰椎疾病康复后期的注意事项及运动训练 / 194
10 颈腰背痛患者康复期共同注意事项 / 195

196 **主要参考文献**

第一章 概 论

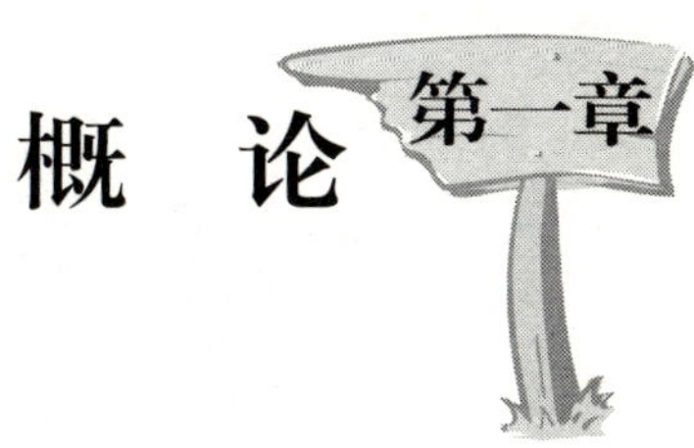

作者提示

“既往史”和“现病史”都是医学用语。顾名思义，前者描述了疾病及其相关问题的既往历史，后者则是针对疾病目前发生发展的状况进行描述。作者借此为读者介绍脊柱问题渊源。另外，由于“脊柱相关性颈肩腰腿痛”的治疗与许多医学专科相关，各科“专家”观点相左并不罕见，作者对此发表了自己的一些解析，仅供参考。

1 人类脊柱的“既往史”和“现病史”

人类日常生活中最为常见的颈肩腰腿痛十有八九是脊柱劳损退变性疾病造成的。这类脊柱问题的根源可以追溯到人类进化的原始阶段。从根本上讲，我们面对的许多脊柱问题主要归因于人类脊柱进化的未完善状态。依据物种起源，人类是从爬行动物进化而来的。而我们所知道的最早的爬行动物是恐龙。从至少 3 亿年前的化石标本可以看出，恐龙的脊椎骨骼形态和当代爬行动物的脊椎架构已基本一致

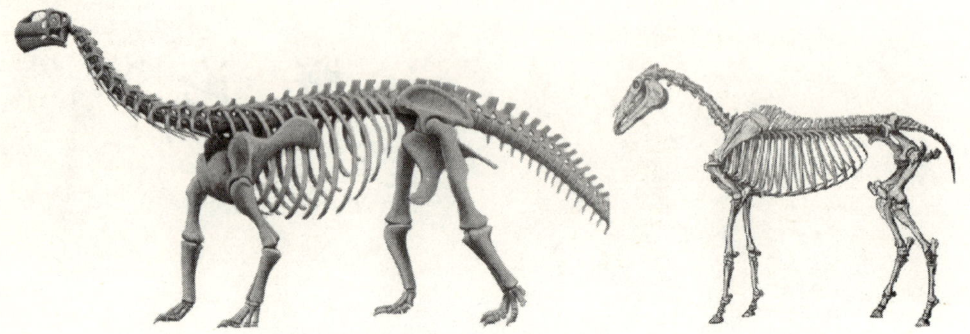

图 1-1 远古的恐龙脊椎和当代爬行动物（马）的脊椎比较

（图 1-1）。也就是说，爬行动物的脊柱进化至少已经 3 亿年了，自然相当的完善。所以，在目前的爬行动物种群里面，除了某些变种的宠物狗以外，其他诸如猪马牛羊、狼狮虎豹等都极其罕见各类脊柱退变引发的疾病。从考古证据上看，爬行类人猿的历史大概有 200 多万年。如果从生物进化角度上看，算是比较长的历史阶段，这段历史进程为类人猿的脊柱进化提供了相对充足的时间。但相比之下，现代直立人类的历史只不过才 2 万多年，以进化史的角度看，这点时间，还远不足以使脊柱结构得以充分进化以适应直立活动的需要。所以，我们现代人类的脊柱基本结构与其他爬行脊椎动物仍然没有太大的区别（图 1-2）。

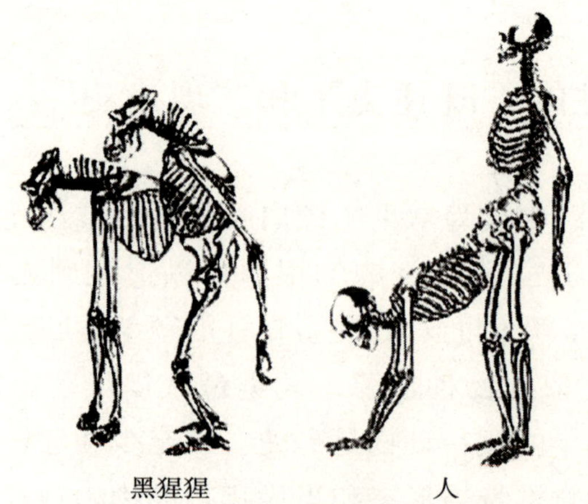

图 1-2 人类与大猩猩骨骼比较

图 1-3 类人猿到直立人花了 200 万年左右，但直立人到现代“坐位”人仅 2 万年左右

也就是说，原本适应于爬行的脊柱，其椎体及椎间盘等基本结构还不能胜任直立现代人的需要，所以，当代人类总是容易遭受脊柱损伤与劳损性疾病的困扰，并已经为此付出了极大的代价。而近 100 年来，我们人类又开始逐渐放弃直立的工作与生活状态，形成了坐位生活与工作的习惯方式（图 1-3），从生物进化角度看，这使得正在努力适应直立生存状态的脊柱再添障碍。这就是人类脊柱的“既往史”，可谓“继往开来，任重道远”。

需要指出的是，虽然脊柱的力学失常始终在严重困扰着直立人类的生存状态，但是，凭借与生俱来的生物学适应潜质和自然代偿能力，人类通过躯干肌肉和椎旁韧带协调能力的提高，已经开始相对适应了直立状态的劳作与生活。甚至开始顽强地面对短期内迅速形成的坐位生活和工作方式的严峻挑战。人类的脊柱一直没有停止去尽量完善自己代偿系统的努力，为创造进化完善的基因做着不懈的尝试。

但是，人类也必须面对现实，要为正在享受的“现代化”生活付出高昂的代价。根据美国国家安全局最近的调查，单纯由于腰脊柱问题所造成的工伤就占整个工伤比例的 31%，颈椎损伤则占 2%。为此，雇主为受伤工人每年将付出 21.6 亿美元的直接赔偿金。而各个企业的间接损失高达每年 100 亿美金。也有一些人类资源学专家认为，单纯颈腰椎脊柱损伤造成的间接与直接财务支出比例高达 10：1。

美国骨科学会近些年的报告指出，美国全国人口中有 80% 的人（相当于 2.08 亿人）在一生中的某个阶段会出现腰背痛。大概每年有 6 百万美国人会因为腰背痛去看医生。为此，仅保险公司每年就要赔付医药费高达 11.5 亿美元，这还不包括工伤赔偿。而腰背痛仅仅是脊柱损伤退变性疾病的一个缩影。

其实，全世界各国的数据都差不多。由于种种原因，我国卫生部门并没有做过数据统计，但几乎所有的脊柱疾病相关科室的医生都有共识：脊柱相关性颈肩腰腿痛病众庞大。仅脊柱相关性下腰痛患者就可以占据单纯骨科日常门诊量的 50% 以上。如果加上脊柱相关性颈肩胸背痛患者的话，比例则更高。而且，由此类疾病衍生的问题数量更加惊人。这就是我们人类脊柱的“现病史”，可谓“忍辱负重，千辛万苦”。脊柱相关性疾病有如下三个特别突出的特点：

- **任何人在其一生中总要遇上脊柱相关性颈肩腰腿痛疾病；**
- **任何年龄层次（除幼年以外）都不能幸免脊柱相关性颈肩腰腿痛；**
- **任何阶层和职业都是脊柱相关性颈肩腰腿痛的高发人群。**

2 脊柱退变相关性颈肩腰腿痛的专科与专家

从一般常识上看，比较单纯的疾病往往只需要看一个专科，用一两种方法就可以解决问题。比如：患者得了“阑尾炎”，只需到普通外科看病，治疗上或者保守消炎，或者外科开刀，一般可以解决问题。没有、也无需有太多的医生对这种单纯的疾病做太多的研究。而脊柱相关性颈肩腰腿痛则不然，许多专科和众多的医生都投入其诊治和研究大军之中。以我国为例，当您到了某家医院以后，可以发现有如下科室承诺解决这类问题：骨科、脊柱外科、中医骨伤科、软伤科、中医科、针灸科、推拿科、按摩科、理疗科、康复科、疼痛科等等。这既说明患者众多，也说明本病涉及的医学专科领域比较广泛，或者说，这类疾病的治疗比较复杂和困难。而这又大大增加了患者选择治疗和选择医生的难度。

每个患者都可能亲历或听说过下面的一种求医经历：

听朋友说，在某地有某位“高人”可以治疗颈肩腰腿痛，方法独到，药（手）到病除；或者听病友讲，某家医院某个科室有某种方法或仪器可以治疗颈肩腰腿痛，疗效奇特，众口称颂。于是千里（或万里）迢迢赶过去，果然发现是门庭若市，一号难求。但是，尝试过“神奇”治疗以后却并非都像期待的那么好，个别患者可能会大失所望，甚至有被“忽悠”的感觉。

这是为什么呢？道理很简单，脊柱相关性颈肩腰腿痛的病理十分复杂，临床表现千差万别，同症不同病（症状相同，而诊断不同）或同病不同症（诊断相同而症状不同）的情况比比皆是。别人此方有效并非己用也有效。仅仅一个“腰痛”症状就可能源于肌肉、韧带、软骨、间盘纤维环、髓核、关节囊等各个因素，也可能源于神经根、神经支、脊髓、脊膜、神经交通支、静脉瘀血或动脉充血等各个方面，还可能源于上述各种元素不同排列组合而发生的复合损伤；既可能源于各种脊柱椎管内外的良、恶性肿瘤，也可能源于某些内脏疾病及全身性免疫系统疾病的在脊柱区域的局部反应。太多的病理变数自然为选择治疗带来了巨大的困难，也为各个不同的医学专科提供了自己特定的舞台。当然，这也使得每个特定舞台上的专家拥有自己相对独特、但略显局限的视角。大家都知道，在现代科技高度发展的临床医学科学领域，找到一位通晓各个领域各个学科的全方位医疗专家是不可能的。比如在推拿领域，找到一位通晓本专业所有推拿手法的专家是不存在的。这就是说，一个专家只能在一个比较局限的领域里精通某种治疗。如果该专家能够比较客观地认识到自身的不足和比较及时地介绍患者在适当的时候去接受或选择适当的其他检查或治疗，那就已经是非常英明的顶级大夫了。

临床上经常看到类似下面这样一个故事，借此您可以管窥现实中的“专家”和现实中的相关临床医学现状。

20世纪80年代末，有一位当时国家某大部委负责人因为颈部不适和偶发头晕来到京城某家大医院脊柱外科就诊，经过当时还比较稀有的核磁共振（MRI）扫描发现，颈椎间盘有4个节段发生突出，而且影像学报告表明，每个突出节段都有“硬膜囊”（脊髓外侧的包膜）受压的迹象。医院及患者单位十分重视，经过会诊明确诊断为“脊髓型颈椎病”（一种中枢神经受损的颈椎病），建议立即手术治疗。但是，由于该领导当时工作繁忙，暂时没有时间安排接受手术。为了防止发生“截瘫”等各种不测，该院教授嘱咐患者立即戴上“颈围”（一种保护颈椎的硬质领围），并建议保健部门专门委派多个随身保健医生，严密监控该领导的起居和工作状态，以免发生任何意外，并择机手术。

由于患者身居要职，身边不时有人建议，何不再找一位专家会会诊？多次劝说后，患者终于同意再次邀请另一位专门从事脊柱保守治疗的专家进行会诊。该专家通过阅片和仔细检查后认为，完全没有必要手术，也没有必要佩戴“领围”，根据患者具体情况，该专家只是在患者颈椎第5、6节段的后关节做了一个非常轻柔的手法调整，花了仅仅几秒钟，患者就感到颈背部轻松，头晕消失。接下来有了如下对话：

患者十分惊讶：“我不会瘫痪吗？”

专家很平静：“应该不会。”

患者：“我现在感觉很轻松，是否就算好了？”

专家：“已经进入康复轨道。”

患者：“就这么简单？”

专家：“看似简单，实则不然。”

患者：“为什么别的教授说我可能会瘫痪呢？”

专家：“道理是这样的……您听懂了么？”

患者：“……还是不太明白，不过，您的治疗的确很神奇！”

专家详细告诫患者治疗后注意事项，如何适度调整日常工作和生活习惯，并确定了复诊时间。经过 2 次复诊，患者基本康复。至今未再复发。

这个故事是临床上经常发生的真实故事之一。这并不是脊柱外科专家疾病诊断上的错误，也不是脊柱保守治疗专家更加高明，因为相反的例子也偶有发生。也就是说，在临床上，关于脊柱损伤退变性疾病的这种不同学科“公说公有理，婆说婆有理”的现象是一直存在的。面对缘于学科不同而产生的南辕北辙的疾病认识和治疗原则，患者经常是莫衷一是，雾里看花，反复踱步于多家专科之间，不知应该推开哪扇门（图 1–4）？

图 1–4　我们到底应该推开哪扇门

学术领域的争议和混乱也反映出医学科学发展的局限性。正如有人早已预言的那样，天地间有两件事可能永远无法穷其究竟，一是浩瀚的宇宙，二是复杂的生命。脊柱相关性颈肩腰腿痛就是诸多难以琢磨的生命现象之一，距离完全解密尚需时日。不过，作为普通人群和患者最想了解的并非是疾病的解密，而是如何避免或缓解自己的痛苦，包括：

- **找谁能够比较科学地发现病痛的根源？**
- **如何做才能比较安全、合理地解除这病痛的折磨？**
- **如何预防才能在未来尽量避免再度受到病痛的困扰？**

这本小册子试图从某种角度回答这些问题。

3 脊柱相关性颈肩腰腿痛在本书中的解读程序

市场上有关脊柱相关性颈肩腰腿痛的专著多达数百种，单纯科普类的著作也不下几十种，大多是先从疾病这个环节来入手讲述问题的。也就是说，一般的科普著作都是按照医学生的学习思路进行系统阐述的。先以疾病的名称引入正题，再告诉你如何诊断、治疗、康复和预防。由于医学生都经历过系统的临床基础知识的学习，可以结合其他知识进行分析整理，最终达到对疾病的认识和了解。但作为患者或普通人群来讲，头脑中对疾病的生理病理概念基本是一片空白，那么，这种疾病引导的解读方式就可能带来先入为主的思维。由于患者缺少其他的医学常识，很容易强制自己“对号入座”。

比如，颈椎病患者可以出现几乎各种各样的症状，包括上肢肩带症候群（颈肩上肢的疼痛、麻木不适等）、脑供血不足症候群（头晕、头痛、呕吐、行走不稳等）、交感神经紊乱症候群（情绪不稳定、心慌、失眠、易怒等)、脊髓压迫缺血症候群(下肢无力、行走不稳、大小便异常或失禁等),等等。而这些症候群也可以在其他许多疾病中出现。患者一般缺少医学常识,在出现上述类似症状后,且又看到了"颈椎病"的相关介绍,很自然地就会"对号入座"。殊不知,其他许多疾病也可以出现这些症状,也许根本就不是颈椎病。因此,"对号入座"所获得的知识和治疗建议,很可能会走弯路。

本书试图还原一下正常人群患病后的思考逻辑,顺着患者的思维进行逐步分析和思考,抽丝剥茧,从症状发生的始端,走过初步鉴别的中段,最终走向了解疾病和预防疾病的终点。

实际上,以症状学为基础的临床过程也是一线临床医生诊病断案的思维过程,所以,这种表述分析方式,也会为临床一线医生提供临诊手册样的帮助。

我们常人患病和医生诊病首先遇到的当然是症状,如何收集症状带来的信息是认识疾病的首要之举。如果信息收集无误,疾病的诊断也就有了方向和基础。随着症状分析的深入,患者问题的"冰山一角"就开始逐渐展现。当通过分析认识到了"冰山"全部的时候,治疗的方向和原则自然也就确立了。根据这个思路,本书在其主要篇幅中以脊柱相关疾病常见的颈肩腰腿痛症状群作为核心环节,通过专业角度进行比较通俗的分析和鉴别,可能对患者如何看病及医生如何识病都有帮助,更能体现本手册所具备的现实临床指导意义。

本书中关于疾病介绍部分的阐述提纲如下:

- **描述框架:症状引导出疾病—疾病引导出治疗—治疗引导出康复和预防;**
- **介绍顺序:颈椎—胸椎—腰椎—骶椎各个区域的不适症候群;**
- **讲解要点:症状表现,发生机制,鉴别诊断,治疗选择,预后康复,保健预防。**

第二章 颈椎相关性症状群

作者提示

颈椎相关症候群是一组颈脊柱力学结构紊乱导致的一系列生物学紊乱，可能涉及颈椎局部的肌肉、韧带、关节囊；颈部血管、颈神经根、颈交感神经节、颈脊髓等组织和结构。各组症状既有常见组合形式，也可能并无绝对规律，但总有大致类似的发病形式。本章节就是将这些常见的症候群进行具体的描述和分析，同时甄别其他可能的疾病因素。

1 颈肩背疼痛

症状表现

“脖子疼，肩膀疼”是脊柱问题最常见的症状之一。大多表现为颈后局部一侧疼痛，或一侧重一侧轻。疼痛可以向同侧肩背放散，伴有明显的酸胀感，甚至影响颈部活动。严重时可能发生颈部偏斜、无法活动（图 2-1），甚至别人行走引发的一点震动都会引发疼痛的加剧。一般都有如下几种诱因：

（1）睡觉以后发生：此时俗称“落枕”，大多与枕头不合适或睡前酗酒有关。

（2）某个动作诱发：比如突然转头或单侧上肢牵拉动作。

（3）着凉后诱发：比如吹空调，电风扇，穿堂风，睡眠时忘记关窗户，等等。

（4）疲劳后出现：比如长时间伏案工作，长时间加班。坐车、听课、使用电脑等。

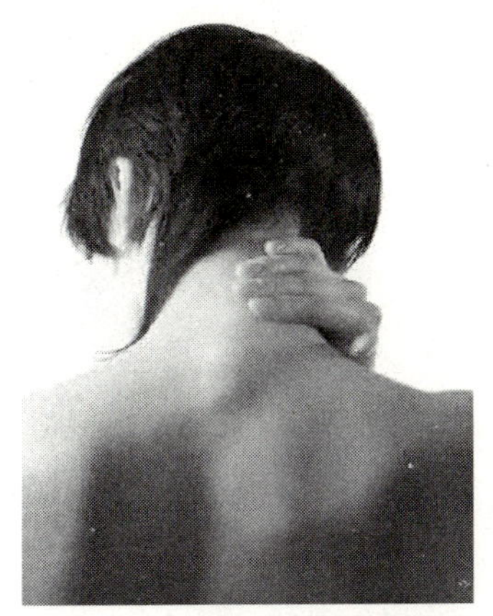

图 2–1　最常见的颈部疼痛

发生机制

1. 解剖基础

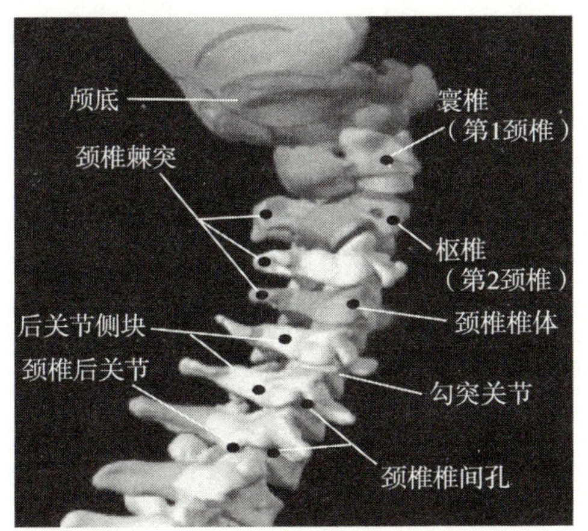

图 2–2　颈椎骨性结构的解剖图

颈椎共有 7 节椎体，每节颈椎与上下椎节通过 10 组关节相关联，包括通过椎间盘连接上下 2 个椎体，上下 4 组关节突连接上下椎体的后关节，4 组勾突关节连接上下两侧的椎体外缘（图 2–2）。颈椎是整个脊柱中最为灵活的一个部分。外周组织有许多肌肉和韧带，包括头颈肌群、颈夹肌群、颈肩背肌群等（图 2–3）。

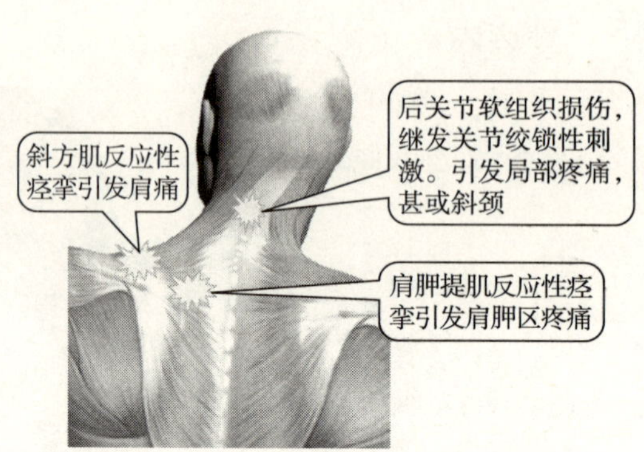

图 2-3　颈椎软组织损伤导致局部刺激反应

2. 病理机制

颈椎关节周围有许多软组织，其中贴近颈椎关节的比较纤弱的颈夹肌群是维系关节平衡的肌肉，很容易在某种姿态的维系时或寒冷刺激时产生肌肉张力性紧张甚或疲劳。如果不能及时地改变姿态或立即祛除寒冷刺激和保暖，就可能导致损伤。损伤形成后，局部软组织就会发生充血和无菌性炎症，损伤侧的肌肉群继而产生痛性痉挛。疼痛可以放散到颈夹肌群的抵止点，产生肩胛区的疼痛（图 2-3）；比较严重的疼痛刺激可以继发相应椎体关节的保护性绞锁，形成了俗称的所谓“颈椎小关节错位”（图 2-4）。如果是一种慢性状态，患者仅仅表现为局部不适或间断性疼痛。此时，颈椎周围软组织只是处于慢性劳损状态，颈椎关节也只是处于功能不全状态，没有完全“锁住”，所以症状的产生时

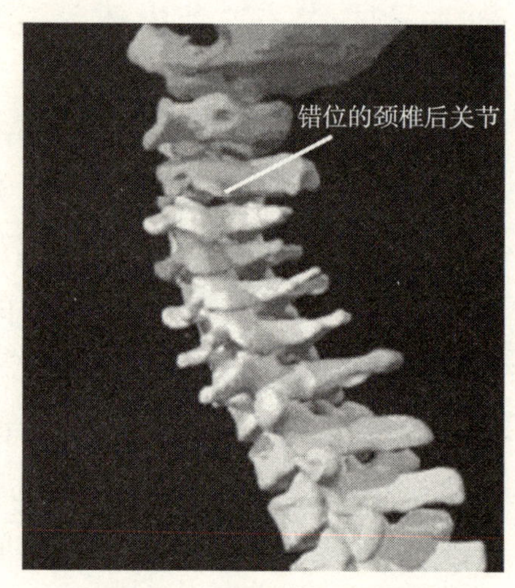

图 2-4　颈椎小关节错位

断时续。天气寒凉、疲劳等因素往往可以加重症状。但在急性刺激期间，局部软组织肿胀严重，同侧颈夹肌群痉挛，关节可以出现完全绞锁。患者可以因此出现严重的颈部疼痛、僵硬，甚或出现斜颈状态。

相关诊断

最可能的诊断应该是“颈椎病（颈型）”。如果是源于睡眠后出现这组症状，也可以被诊断为“落枕”。其实，“落枕”是“颈型颈椎病”的一种特殊类型。

鉴别诊断

并非所有的颈肩部疼痛都一定源于颈椎问题。无论什么疾病，只要是能够引发颈椎关节及周围软组织损伤刺激的因素都可以引发颈肩部的疼痛。其中应注意以下几种疾病。

1. 继发颈椎后关节紊乱症

当患者患有脊柱（如腰椎）其他部位的损伤时，往往需要卧床休息，长时间卧床经常会导致颈椎后关节力学问题，引发颈部疼痛。既往如果有颈椎病病史，长期卧床更容易诱发颈椎病。此时的颈椎症状应该属于继发的颈椎后关节反应。严格地讲，也属于颈椎病的一种类型。但一般需要综合具体情况予以适度关注。在许多情况下，往往先不给予处置，以免影响主病的治疗。

2. 心脏病引发颈部症状

有些不典型的心绞痛或心梗可能表现为颈肩部疼痛，需要与颈椎病相鉴别。此时的颈肩部疼痛是心脏病发作时的体表牵涉症状。虽然并不多见，但如果患者既往有心脏病病史，突发毫无原因的颈肩部疼痛，需要十分警惕。

选择治疗

根据本病的发生机制，医生们设计了许多治疗方案。无外乎处理局部损伤刺激和处理关节刺激性绞锁两个方面。

1. 处理局部损伤刺激

可以使用局部理疗、非甾体类消炎镇痛药物、按摩手法松解局部肌肉痉挛，也可以外用解痉消炎膏药或涂抹镇痛消肿软膏类中西药物等。还有一些医生使用针刺疗法，通过针刺的镇痛效应达到缓解局部肌肉痉挛的效果。

2. 松解或纠正关节状态

从前面的发病机制分析上看，颈椎局部小关节刺激性绞锁是本病的关键之一，所以，几千年前古人就有所谓纠正颈椎“错位”的手法治疗（图 2–5）。这种所谓纠正错位的方法实质上就是松解关节绞锁。这种在古今中外沿用几千年的方法因为有效而流传至今。在一些传统的理发店，有些理发师傅甚至也会为顾客做这种治疗。不过，盲目使用这种传统方法是有一定风险的。

图 2–5　几千年前古希腊和中国就有纠正颈椎“错位”的手法治疗

康复措施

一般来讲，颈部疼痛会在 3 天到 1 周以内自然消失。即使比较严重的患者经过 1 ～ 2 周的休息或治疗也可以基本康复。但是，有部分慢性疼痛患者可能经过很长时间的治疗也不能完全缓解症状，或者经过治疗后当时缓解，不久后再次发生。这些都是因为患者颈椎关节结构及功能状态不佳导致。所以，症状消失以后，患者还需要在 1 ～ 2 周内特别注意避免再次损伤，比如着凉、疲劳、生活不规律、长久伏案等。具体的康复训练措施可以参考第七章“脊柱的维护与保养”的第二节（142 页）。

保健预防

一般说来，几乎人人都会出现颈部疼痛或“落枕”症状，有些患者的症状发生会非常频繁，这就需要重新检查自己的生活工作习惯和环境。如果经过正规治疗和处理，仍然经常出现颈部疼痛等症状，一定要考虑不良生活习惯及工作环境的影响问题。要尽量做到“规律生活，避免着凉；规律运动，避免疲劳”。具体的保健常识请参见第七章第二节中的颈椎保健部分（142 页）。

2 头痛头晕（或伴有呕恶、耳鸣）

症状表现

头痛头晕等症状可能会由多种疾病导致，颈椎问题是其中比较常见的原因之一。如果是由颈椎问题引发的头痛头晕可有如下表现：

（1）头痛伴有头晕；只有头痛或头晕；头晕和 / 或头晕伴见呕恶

或呕吐症状。

（2）头晕时患者既可以有视物旋转感，也可以仅仅表现为一种晕晕乎乎的状态。

（3）头晕只是在体位改变时出现，早起翻身下床或晚间卧床动作时最为明显。一旦立起身来或卧床动作完成以后，过一会儿症状就会消失或基本消失。白天活动状态下并无明显症状。但一到晚上卧床或早晨起床时症状会再次因体位变化而出现。

（4）头痛头晕同时伴有眼球胀痛、眼睑无力、瞳孔扩大、流泪、视物模糊、飞蚊症等，甚至出现耳鸣、听力减退、牙痛等症状。

（5）头痛头晕同时伴有睡眠不佳，女性月经紊乱等症状；有时还会伴有肢端发热、灼痛，甚至疼痛过敏等症状；有时还出现血压不稳，出汗异常。

（6）头痛头晕有时还会偶然伴发胃肠功能紊乱，眼皮不自主跳动，情绪不稳定，抑郁，易怒，健忘等。

发生机制

1. 解剖基础

上节我们知道，颈椎骨性结构是由 7 节椎体、10 组关节构成的。骨性结构周围由一些肌肉等软组织保护着。在这些软组织中还有一些神经血管组织，其中最为重要的就是椎动脉。图 2-6 中我们可以看到椎动脉的走行正好穿越在颈椎横突孔中。椎动脉从锁骨下动脉分出上行，常由第 6

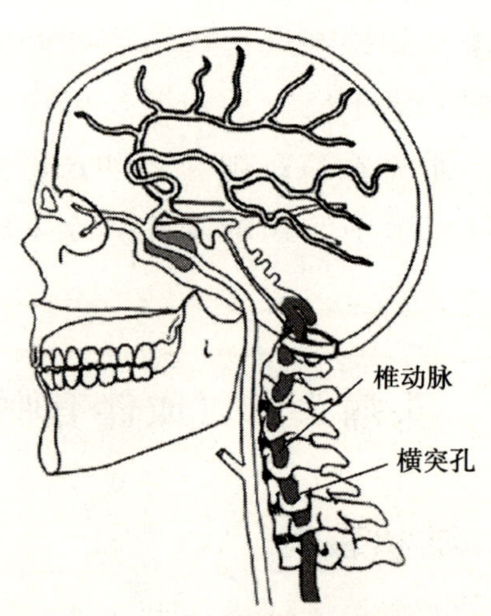

图 2-6　椎动脉的走行正好穿越在颈椎横突孔中

颈椎横突孔进入上行穿行到第 2 颈椎后向外上穿入第 1 颈椎（也称为寰椎）侧块上的横突孔，再向上绕行在第 1 颈椎外面，形成 4 个生理性扭曲，然后抵达头颅的基底部——寰枕关节处进入颅腔。双侧椎动脉进入颅腔后合成脑基底动脉。基底动脉发出分支抵达小脑及内耳。椎动脉与大脑的基底动脉统称为椎 – 基底动脉系统。椎 – 基底动脉发出许多重要的血管分支，包括椎动脉系的小脑后下动脉，脊髓前、后动脉；还包括基底动脉系的小脑上动脉，小脑前下动脉，脑桥动脉，迷路动脉，大脑后动脉。从这些分支的命名，大家就可以明确，椎 – 基底动脉主要为大脑后部及小脑提供血氧和能量，形成循环系统中最为重要的供血通路之一。

另一个重要的相关解剖结构就是颈椎交感神经节。颈部通常有 3 ~ 4 个神经节，即颈上神经节、颈中和颈中间神经节及颈下神经节。颈椎交感神经节位于颈椎前外方和颈动脉鞘后方。颈上神经节是颈神经节中最大的一个，其位置相当于颈椎 1 ~ 2 水平，前面覆盖椎前筋膜和颈内动脉、静脉、迷走神经及副神经。颈上神经节发出的节后纤维大部分进入三个颈椎并发出多个小分支，其名称分别为：颈内动脉神经、颈内静脉神经、颈外动脉神经、心上神经及咽喉支，并常发出支配上颈部韧带和骨等分支。颈中神经节和颈中间神经节经常会出现解剖形态变异，但多呈卵圆形，位于第六颈椎椎体水平。它的节后纤维进入颈 4 ~ 6 颈神经，在甲状腺下动脉前侧方，与颈下神经节较接近。神经节之间有多支或双支的节间支，并可形成襻状包绕锁骨下动脉近侧和椎动脉，分别称为锁骨下襻和椎动脉神经节。颈中神经发出分支至颈 4 ~ 6 脊神经灰交通支、颈总动脉丛、甲状腺下丛及心上神经等。颈下神经节位于颈 7 横突和第一肋骨头之间，锁骨下动脉发出椎动脉处的后方。颈下神经节的分支至颈 6 ~ 8 脊神经的灰交通支、椎动脉丛、锁骨下丛和心下神经。椎动脉丛支配同侧颈段、颅内段的椎动脉，并与颈上神经共同支配基底动脉。颈下神经节与胸 1 神经节

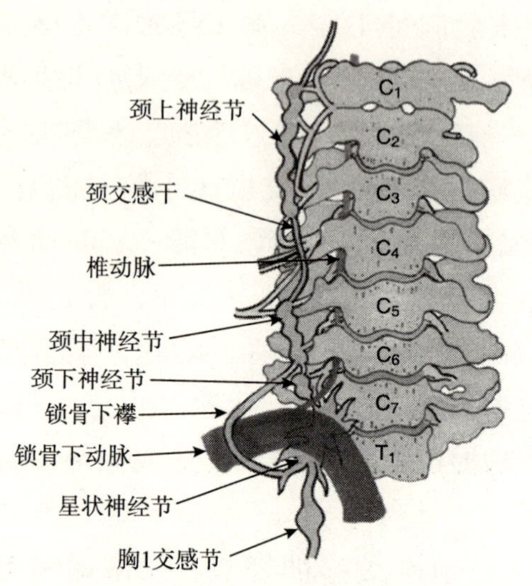

图 2-7　颈椎椎旁的交感神经节

组成较大的星状神经节，其节后纤维形成与椎动脉伴行的椎神经再进入颈 4 ～ 7 颈神经（图 2-7）。

2. 病理机制

根据前面谈到的颈椎解剖基础我们可以了解到，椎动脉穿行于颈椎横突孔中，与颈椎关节、尤其是勾椎关节毗邻，所以，人们推断，勾椎关节的增生会对椎动脉产生压迫和刺激（图 2-8），引发椎动脉狭窄和痉挛，影响供血，导致椎 - 基底动脉供血不足症状。而最容易出现增生的颈椎节段应该是颈椎中段的第 4 ～ 6 节段。这一节段大都处于颈椎生理性前凸弯曲的顶点，是颈椎应力线的转折点，最容易产生扭力损伤。因此被认为是一个非常薄弱的环节。该节段侧块上的横突孔离椎体较近，其间走行的椎动脉极易受到增生物的机械压迫。而动脉周围的交感神经丛更容易因此受到刺激。交感神经刺激会造成椎动脉痉挛，也会影响到椎动脉的供血。我们知道，椎动脉是构成椎 - 基底动脉系统的最重要的血管之一。该系统目前被称为后循环（posterior cerebral circulation）系统，由椎动脉、基底动脉和

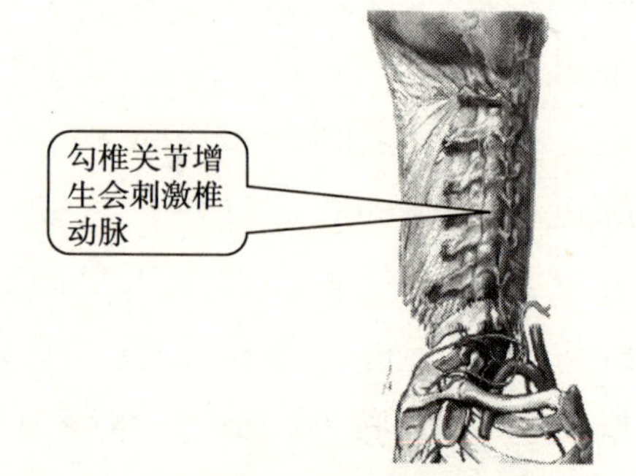

图 2-8　勾椎关节的增生会对椎动脉产生压迫和刺激

大脑后动脉组成，主要供血给脑干、小脑、丘脑、海马、枕叶、大部分颞叶及脊髓。因此，当后循环系统供血不足时可以导致比较复杂的临床症状，既包括小脑平衡系统的紊乱，造成眩晕、头痛，甚至呕吐症状，也包括听神经刺激引发的耳鸣、耳胀等症状。这种情况被称为后循环缺血（posterior circulation ischemia，PCI），是常见的缺血性脑血管病，以前称之为椎－基底动脉供血不足。不过，后循环系统并非只有椎动脉，所以一旦出现后循环缺血症状并非一定是颈椎病造成的。

另外，通过上面的解剖基础分析我们可以看到，颈椎关节与交感神经节毗邻，所以，颈椎病引发的交感神经节刺激除了可以导致椎动脉痉挛产生头晕、头痛症状，还可以由于交感神经节的复杂功能导致一系列的交感神经刺激症状。比如，颈上神经节功能紊乱导致其支配的区域内的五官症状，诸如典型的霍纳氏综合征（一种特殊的神经症状）、咽喉不适、鼻炎等；也可能由于上述交感神经基本功能会对血管、心脏、汗腺、胃肠功能产生影响，出现典型的植物神经紊乱症状。

相关诊断

与颈椎最相关的常见诊断应该是“颈椎病（椎动脉型或/和交感型）”。理论上讲，椎动脉型颈椎病与交感型颈椎病的产生机制是有区别的。但在临床上，有时很难将交感型颈椎病与椎动脉型颈椎病截然分开。病理机制的相互联系特性经常使得我们不得不同时面对两者的共同挑战。

鉴别诊断

头痛、头晕等症状并非一定源于颈椎问题。无论何种病理改变，只要能够引发小脑平衡功能紊乱或大脑供血问题的病变都可能引发头痛、头晕等症状。同时，植物神经系统（交感神经属于植物神经系统）的紊乱也同样可以产生头痛、头晕及一系列颈椎交感神经节受到刺激而产生的植物神经紊乱症状。头痛头晕主要需要注意以下几个疾病。

1. 脑血管疾病

动脉硬化、高血压等脑血管疾病可以引发头颅血管的缺血性改变，继发头痛、头晕经常发生。这是比较常见的中老年疾病，需要与颈椎问题引发的头颅症状相鉴别。所以，当出现头痛或头晕症状时要在第一时间检查血压等情况。有时需要做头颅 CT 检查。

2. 颅脑肿瘤

颅脑内的良性或恶性占位性病变（肿瘤等）也可以由于直接压迫脑组织，引发头痛等症状。严重时也会伴有比较明显的颅内压增高征象（如眼压增高，呕吐等）。头痛头晕也是脑肿瘤最常见的症状，先是间歇性发作，后来发展为持久性、进行性疼痛。头痛性质为搏动性钝痛、胀痛或压迫痛、裂开样痛。疼痛部位与肿瘤部位并不一致。颅脑肿瘤也会有呕吐症状，常在早晨发生，或在头痛剧烈时发生，呕吐呈喷射状，与饮食无关。有时会伴见视觉障碍，是肿瘤压迫导致的视乳头水肿引起。患者可表现为视力下降，看东西模糊，可有复视、偏盲或失明。部分患者还会有精神症状，表现为记忆力明显减退，反应迟钝，思维能力、理解能力、定向能力下降，甚至出现痴呆、嗜睡或昏迷。后期还会出现肢体麻木，行走不稳，耳鸣，听力下降，面部麻木，偏瘫或内分泌失调等症状。

3. 耳石症

耳石症是一种比较常见的内耳疾病，是由于内耳管理平衡的半规管内的耳石脱落造成的。这种疾病也会造成体位性眩晕，这种眩晕有其特点：一是旋转感明显，视物旋转或闭目都有自身旋转感；二是时间比较短，体位稳定后很快就会消失；三是多次的头位变化后，眩晕症状可能会逐渐减轻等。

4. 神经官能症（焦虑症、抑郁症）

神经官能症也可以引发比较顽固的头晕、头痛症状，临床上非常常见。这种头晕头痛症状往往与情绪变化有关，很难控制。各种药物或物理治疗效果多不理想。如果和颈椎病合并出现，诊断和治疗都很困难。特别容易和交感型颈椎病相混淆。

5. 其他相关疾病

诸如青光眼、鼻窦炎、中耳炎、枕大神经痛等，也都会引发相应的头痛头晕等症状。但是，这些疾病同时会伴有其他的专科情况，正规医院的医生一般可以给予比较正确的判断。不过，在某些情况下，许多疾病之间有许多内在联系，疾病发生并不单纯，所以，患者本人也要十分注意观察病情变化，配合医生的诊察，尽早明确诊断。

选择治疗

如果排除了其他疾病引发的眩晕，可以根据疾病的发生机制，选择改善椎动脉的血液循环和消除局部刺激的治疗原则。传统上有部分外科医生更看重结构性异常，曾提出手术切除勾椎关节增生的骨刺，解除椎动脉压迫的方法，但很少有患者接受。目前正规医院的常规处理原则有如下几点：

1. 改善局部血液循环

既可以通过口服或静脉给予改善微循环的药物，加强局部的血液循环，进而达到促进椎动脉血循，改善颅脑供血的效应；也可以通过局部用药（解痉消炎膏药或涂抹镇痛消肿软膏类中西药物）、局部软组织按摩手法、针灸、理疗等方法辅佐缓解局部肌肉痉挛和椎动脉痉挛。

2. 松解或纠正关节状态

从发病机制分析，颈椎局部小关节刺激性绞锁是椎动脉痉挛供血不足的关键原因之一，所以，可以使用松解颈椎小关节绞锁（或曰“纠正颈椎错位”）的手法治疗。通过纠正局部关节紊乱，不仅能够缓解局部软组织和椎动脉刺激性痉挛，还能缓解交感神经刺激，进而达到改善椎动脉血液循环、缓解头颅供血不足的目的。不过，这种方法不能盲目使用，即便是专科医生，仍需慎重抉择。

3. 抑制植物神经功能紊乱

针对患者的焦虑症状，有时需要配合部分抗焦虑治疗，包括抗焦虑药物或心理辅导等。

康复措施

一般来讲，颈性椎动脉供血不足引发的头晕头痛症状经过系统治疗大多可以在 1 ～ 2 周内缓解，比较重的患者治疗后 1 个月左右也会缓解。但是，如果治疗不当或患者症状迁延日久，经常反复，则可能需要更长的时间。在症状缓解期，患者应该遵守循序渐进的原则，逐渐增加生活起居的负荷量，保持生活的规律性，尤其注意在治疗后期和症状消失后，患者还需要在 1 ～ 2 个月内特别注意避免再次损伤，比如着凉、疲劳、生活不规律、长久伏案等。具体的康复措施请参考第七章“脊柱的维护与保养”急慢性不同阶段的颈椎康复运动原则（142 页）。特别需要指出的是，对于那些比较严重的交感型颈椎病患者，健康的心理状态是非常关键的康复保障。

保健预防

无论是椎动脉型还是交感型颈椎病，预防复发应该是保健的关键。这两种类型的颈椎病都有极强的复发倾向。患者除了需要检点自己的生活工作习惯和环境，除了尽量遵守“规律生活，避免着凉；规律运动，避免疲劳”的基本原则以外，还要特别注意身心健康的调节。具体的措施可参见第七章的颈椎保健部分（142 页）。

3 肩背疼痛或伴关节活动受限

症状表现

肩背疼痛或同时伴有肩关节活动受限也是颈椎问题常见症状之一。典型症状是非常明显的肩背部疼痛，或者兼见明显的肩关节活动受限，夜间可能更加明显。疼痛大多为一侧，有时可以放射至背部。大都伴有颈部疼痛，但也有部分患者颈痛不明显。大部分患者都有着凉病史或疲劳史，但也有个别患者原因不明。

发生机制

1. 解剖基础

我们知道，颈椎椎管内走行的是颈段脊髓组织，颈椎节段的脊髓组织发出很多支配上肢的神经，其中有一部分交织重叠成网状，形成一个神经丛，称为臂丛神经（图 2-9）。臂丛神经中有一支源自第 5、6 椎间孔的并发自第 5 颈髓节段的颈 5 神经根（C_5 神经根），是腋神经的主要构成成分。腋神经支配三角肌，主管肩外展。其主要分支有

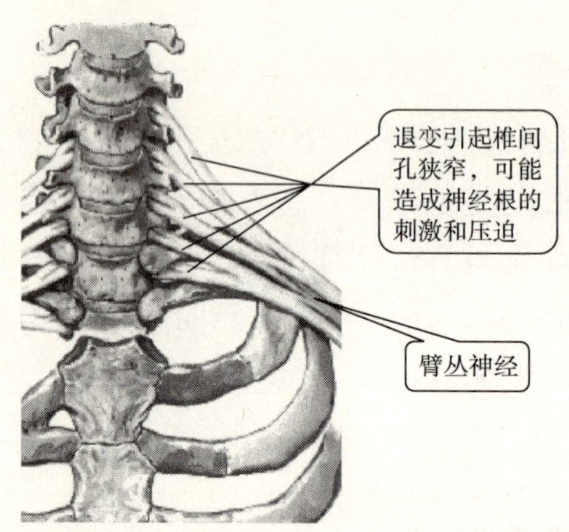

图 2–9　颈椎椎间孔与神经根的关系

一支叫肩胛上神经，支配冈上、冈下肌，主管肩上举；另一分支叫肩胛背神经，支配肩胛提肌。

2. 病理机制

颈肩部比较暴露，常常因为着凉而出现局部刺激性肌肉痉挛，引发单侧颈椎周围的软组织损伤。这往往会导致相应的颈椎中段（如颈椎第 5、6 关节）出现刺激性绞锁，很容易造成第 5 颈神经根的刺激和损伤。此时，该神经相应的支配区就会产生一定的影响，甚至会影响肩关节的运动。当然，从理论上讲，支配肩关节运动的神经并不单纯，但主要源于第 5、6 神经根，尤其是第 5 神经根，所以颈椎中段关节刺激不仅可以导致肩背及肩胛区的疼痛，还可能造成肩关节活动受限。

相关诊断

从颈椎角度考虑以及上述表现和病理分析，最可能的诊断应该是“颈椎病（肩关节功能障碍）”，其基本病理应该是“颈椎病或颈椎相关性肩周运动障碍”。

鉴别诊断

这种肩关节功能障碍的情况，最容易让人联想到的是另一种常见疾病——“肩周炎”，俗称“五十肩”或“冻结肩”。到底是肩周炎？还是颈椎病？临床上有时候很难鉴别。好在两个病都属于运动系统问题，在同一专科就可以由医生进行鉴别诊断。但是，即便是比较有经验的医生，有时也不太容易进行区分。下面，作者根据个人经验，将这种肩周关节运动功能受限的临床诊断思路进行初步的分析。

1. 颈源性肩周症状

即所谓颈椎后关节问题造成的肩周疼痛及肩关节活动受限。这种情况下的肩周运动受限等症状并非源于肩周关节本身，而是颈椎中段关节问题继发神经根损伤性刺激而导致。尤其是第 5、6 颈椎后关节紊乱导致第 5 颈神经根刺激时，最容易出现同侧肩关节运动障碍和疼痛。当颈椎问题解决以后肩周疼痛及活动受限也自然消失。

2. 颈椎病相关性肩周炎

指的是颈椎病患者同时伴发肩周炎。颈椎病是主病，肩周炎是继发疾病。患者往往长期患有颈椎病，在颈椎病持续或反复发作的特定情况下，使得相应的肩周关节受到影响，容易因寒冷刺激继发肩周炎。两者互相影响。此时，颈椎病的治疗会直接影响到肩周炎的预后。有效的颈椎病治疗可以促进肩周炎的痊愈或症状改善。但是，颈椎问题的缓解并不能使得肩周炎症状完全缓解。

3. 肩周炎合并颈椎病

两种病分别存在，虽然有一定的相互影响，但颈椎关节问题的解决并不能带来肩周炎的明确改善。不过，颈椎问题不解决则一定会影响到肩周炎的康复。

鉴别诊断中还有一种情况需要特别注意，有些不典型的心肌梗死也可能仅仅表现为颈肩部的疼痛。这种情况尽管十分罕见，但临床上的确有过教训。特别是那些曾经有过颈椎病病史和高血压冠心病病史的中老年患者，一旦出现了毫无原因的颈肩部疼痛应该考虑心肌梗死的可能。

选择治疗

单纯由于颈椎关节问题造成的肩周关节运动受限和疼痛，只要接受颈椎治疗即可。具体方法可参考本章的第一节（14 页）。但是，如果属于复合因素导致的肩周关节运动受限或疼痛，则需要根据情况接受相应的肩周关节的辅助治疗，包括对症治疗、功能锻炼、局部理疗等。

康复措施

一般来讲，颈椎引发的肩关节运动受限可以在接受充分的治疗以后获得痊愈。颈椎病的康复原则，可参见第七章“脊柱的维护与保养”中的相关章节。但是，如果合并有肩周炎，则需要同时处理肩关节问题。肩周炎的治疗原则主要是缓解疼痛和功能训练。在很大的程度上，肩关节运动的恢复需要患者通过顽强的毅力才能完成。

肩关节康复运动的基本原则是根据肩关节运动范围（如摇转、上举、外展等）设计运动方案。每天运动 3 ～ 4 次，每次做 3 组不同方向的运动，每组做 15 ～ 20 次。原则上讲，运动的幅度应该在痛限以内，也就是运动幅度刚刚抵达疼痛的程度为限度。不要过度超越痛限，以免引发过度刺激，再度造成运动性损伤。

保健预防

预防颈椎病的措施也同样是预防颈椎源性肩关节运动受限的措施。可参见第七章中相关章节中的颈椎保健部分（142 页及 152 页）。至于肩周炎的预防，主要需要预防过度疲劳和寒凉刺激，同时注意起居规律和保持经常的健身运动习惯。

 上肢疼痛、麻木等

症状表现

手麻、胳膊麻，甚至肩背都麻木或伴疼痛的情况是一种十分常见的、颈椎病导致的症状组合。一般情况下，颈椎相关性的本组症候群大致有如下三种发病情况：

（1）由于着凉、疲劳等因素突然发生。麻木和疼痛非常严重，许多情况下患者甚至必须高举上肢才能缓解疼痛。夜晚疼痛会更加明显，经常不能平卧。严重者只能坐位小睡，痛苦异常，甚至夜卧不能，只能通过行走缓解疼痛。

（2）疾病发生比较缓慢，可能与慢性疲劳损伤有关。患者主要以上肢麻木为主，症状的发生与体位变化有关。也就是说，有时是卧床时的某个体位，有时则是坐位的某个体位可能诱发麻木或疼痛。

（3）急性外伤后发生，比如车祸。由于疼痛剧烈，甚至整个上肢活动均受限。颈部及单或双上肢肿胀、疼痛非常明显，甚至影响到手指的运动功能。患者往往伴发其他部位的骨折或损伤，甚至由于其他损伤更为严重而忽略了颈椎的损伤。

发生机制

1. 解剖基础

前面提到颈椎共有7节椎体，每节颈椎椎体与后关节之间有一个桥样的狭窄连接，上下节段的桥样连接构成了一个椭圆形的空间，称之为椎间孔。椎间孔是颈神经根走出椎管的通道，其周围关系十分复

杂。其间除了有颈神经根以外，还有软组织、小的神经分支等。毗邻有勾突关节、交感神经节、椎动脉等组织。另外，更为重要的一个结构是颈椎上下椎节之间有个软骨垫，称为椎间盘。该组织中心部分为十分容易出现形变的髓核组织，而外周是纵横交错的固护结构——纤维环。纤维环非常容易出现退变，甚至造成破裂。具有部分流体特性的髓核组织可能随着髓核的破裂而流入椎间孔，形成颈椎间盘突出（图 2-10）。

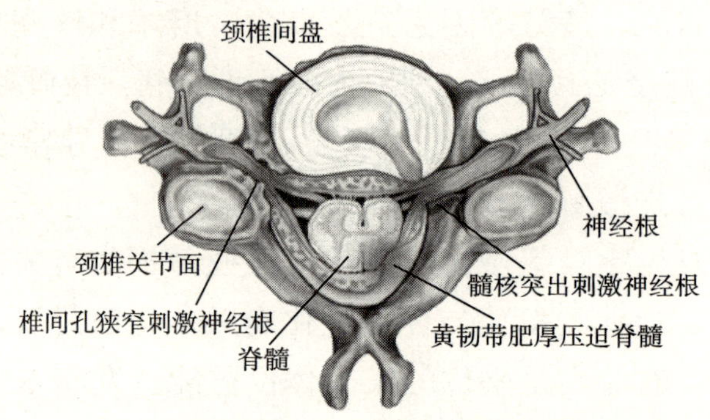

图 2-10　颈椎间盘突出也可以造成神经根刺激

2. 病理机制

由于椎间孔周围都是容易出现退变增生的骨性组织，所以可能产生狭窄。X 线照相可以明确地显示这种狭窄。以往学者们将这种狭窄看做是压迫和刺激颈神经根的主要原因（图 2-11）。但是，近年来有许多临床观察发现，椎间孔狭窄或其间形成的骨刺并不是神经根刺激的主要因素。大量的临床调查表明，60 岁以上的老年人颈椎椎间孔都有不同程度的狭窄，但却很少出现神经根刺激症状。其实，神经根在椎间孔截面中所占据的比例只有不到 1/6。由于有足够的代偿空间，神经根组织一般不会因为椎间孔狭窄而出现异常刺激。只有当神经根水肿或出现了炎症刺激改变时，才可能出现神经根的刺激。而神经根的炎性刺激状态往往是颈椎间盘髓核突出造成的化学刺激导致的；或者由于寒冷刺激使局部软组织痉挛，引发局部关节紊乱和神经根缺血造成神经根炎而导致的。许多具有明确的神经根刺激症状患者通过影像学检查发现有颈椎椎间盘突出和颈椎间孔狭窄的情况。经过有效的保守治疗以后，神经根刺激缓解，临床症状消失，但复查颈椎 MR 发现，椎间孔狭窄和颈椎间盘突出情况毫无改变。这也从一个侧面说明，椎间孔狭窄等占位性病理改变有时并不一定具有临床意义，或者说，大部分都可以被人体代偿适应。

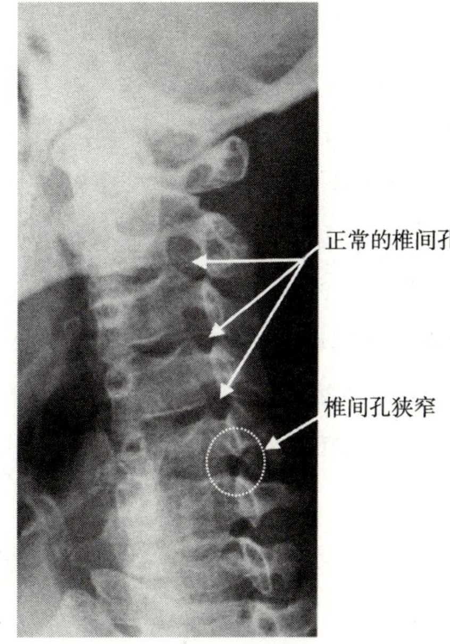

图 2-11 X 线显示椎间孔狭窄

相关诊断

根据上述表现和病理分析，这种病变属于颈椎退变相关性的神经根损伤，医学诊断称之为“神经根型颈椎病”。

鉴别诊断

上肢疼痛麻木并非只有颈椎神经根刺激可以导致。从病理解剖学角度来看，凡是影响到上肢神经（医学上称为“臂丛神经”）路径上的各种损伤性刺激都可能导致上肢疼痛或麻木。从这个意义上讲，我们必须了解一下上肢神经（所谓“臂丛神经”）的路径和组成。

臂丛神经分为根、干、股、束、支 5 个部分。5 个根是指臂丛神经的原始出发部分是由第 5 ～ 8 颈神经根前支 $C_{5\sim8}$ 和第 1 胸神经根前支 $T_1$5 组成；然后组成 3 个干（C_5、C_6 组成上干，C_7 自己为中干，C_8 和 T_1 组成下干；干再分成 6 个股（3 个前股，3 个后股）；股再重新组成 3 个束；束再发出 5 个支，即腋、肌皮、桡、正中、尺 5 个神经支（图 2–12）。那么，在臂丛神经的根、干、股、束、支各个环节上的损伤或刺激都可以引起上肢的疼痛或麻木。所以，单纯上肢疼痛或麻木可以源于臂丛神经走行途中任何一处的损伤。从这个意义上讲，上肢疼痛麻木症状出现时，主要需要与如下几种疾病相鉴别：

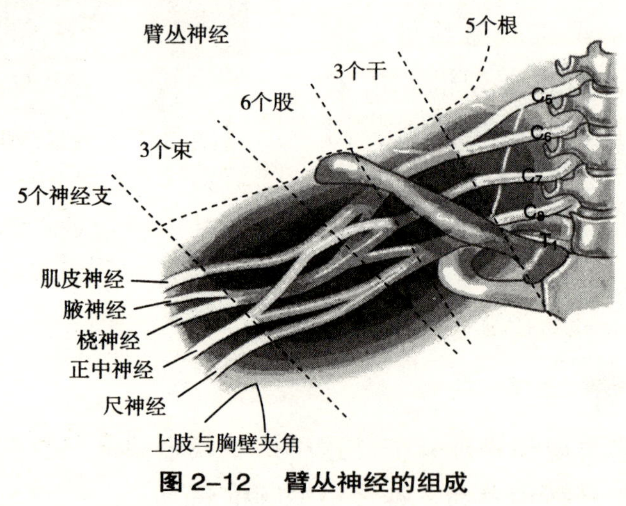

图 2–12　臂丛神经的组成

1. 胸廓出口综合征

主要由于颈肋或其他组织压迫臂丛神经及锁骨下动、静脉而产生的一系列症状。症状表现是多根性（C_8 及 T_1 构成的尺神经为主）的，有时会出现雷诺现象（由于动脉受压造成上肢血管血运障碍，表现为肢端皮肤颜色间歇性苍白、发绀和潮红，这些改变一般以上肢较重，偶见于下肢。)。压肩试验阳性，即检查者用双手向下压患者肩膀可以诱发疼痛。而压颈试验阴性，亦即检查者用手下压患者头顶时不能诱发疼痛。此种情况说明疼痛源于胸廓出口，而不是颈椎。

2. 臂丛神经炎

顾名思义，本病的基本病理是臂丛神经的炎症病变。病因并不明确，可能与感染、变态反应等有关。多见于成人，常在受凉、感冒、手术后发生。急性或亚急性发病，表现一侧（少数为双侧）颈、肩胛或上肢肌的麻木、疼痛、无力、肌萎缩。物理检查时，臂丛神经干体表投影区（锁骨上下窝或腋窝）有明显压痛，牵引臂丛的上肢外展或上举动作即诱发疼痛，肩、上臂外侧处和前臂桡侧感觉减退，肱二头肌、肱三头肌腱反射减弱或消失，无颈椎局部体征。

3. 肱骨外上髁炎

俗称“网球肘”，由于网球运动员易患本病而得名。该病是前臂的旋转肌群附着点出现了损伤，造成附近的桡神经刺激，也会导致前臂的麻木或疼痛。本病患者的肱骨外上髁处（肘关节外侧凸起处）有明确压痛，甚至可以向前臂放散。前臂旋转时（如扭洗衣物时）会出现疼痛。但本病患者没有颈椎病的其他体征。

4. 腕管综合征等

腕管为一骨性纤维管，其桡侧为舟状骨及大多角骨；尺侧为豌豆骨及钩状骨；背侧为头骨、舟状骨及小多角骨；掌侧为腕横韧带。在腕管内有拇长屈肌腱、指浅屈肌腱、指深屈肌腱及正中神经。凡是挤压或缩小腕管容量的任何原因都可压迫正中神经而引起腕管综合征。Coles 骨折（一种前臂骨折）畸形愈合、月骨（腕骨之一）前脱位、感染或外伤致软组织水肿，腕横韧带增厚、腱鞘囊肿等以及某些全身疾病如肥胖病、糖尿病、甲状腺功能紊乱、淀粉样变性等有时可合并腕管综合征。本病与人们长时间使用电脑有关，键盘打字和移动鼠标都可以使手腕关节出现劳损，久而久之，可能会导致神经受损，手部肌肉萎缩，因此本病也称之为“鼠标手”。临床上主要表现为正中神经受压症候群：包括食指、中指和无名指麻木、刺痛或呈烧灼样痛，白天劳动后夜间加剧，甚至睡眠中痛醒；局部性疼痛常放射到肘部及肩部；拇指外展肌力差，甚至端物、提物时突然失手。当压迫或叩击患侧腕横韧带或背伸腕关节时会使疼痛加重，病程长者，可出现大鱼际肌萎缩。

5. 脊髓空洞症

脊髓空洞症是脊髓的一种慢性、进行性的病变。病因不十分清楚，其病变特点是脊髓（主要是灰质）内形成管状空腔以及胶质（非神经细胞）增生。常好发于颈部脊髓，但有时可伸延至脊髓全长，甚至可以伸延至延髓（图 2-13）。发病年龄 31 ～ 50 岁，男多于女，个别有家族史。进展比较缓慢。症状表现与病变节段和所在神经轴内位置有关。颈椎区域的空洞在临床上就可以出现上肢麻木或疼痛。但是，更为典型的症状是“节段性分离性感觉障碍”，表现为痛觉和温度觉丧失，而触觉、震动觉正常存在。这是因为脊髓丘脑纤维（位于脊髓中间的空洞处）中断使得传导痛温觉的神经细胞功能丧失；脊髓后柱（脊髓的后部，主管触觉等）早期不会被侵犯，所以触觉、震颤觉和位置觉相对保留。但后期会累及脊髓后柱，出现相应的深感觉障碍。如果病变扩展到脊髓前角细胞就会破坏位于前角的运动神经元，出

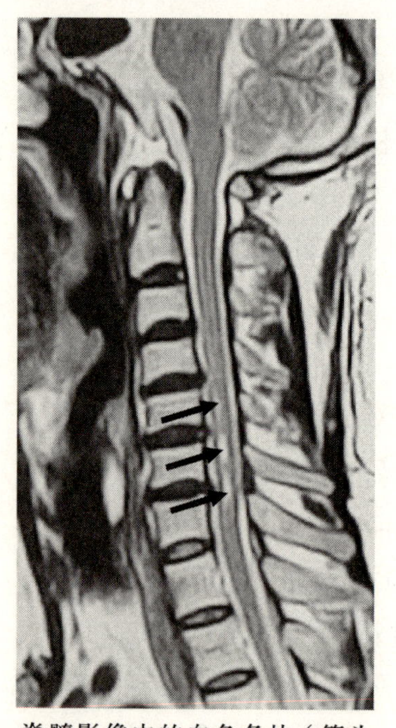

脊髓影像中的白色条块（箭头示）即为空洞

图 2-13　脊髓空洞 MR 影像

现相应肌肉瘫痪、萎缩，肌张力减低，肌纤维震颤和反射消失的症状。手内在肌受累一般最早出现，可逐渐上行到前臂、上臂及肩带，进一步发展可以出现下肢瘫痪征象。本病后期因为关节软骨和骨的营养障碍以及深浅感觉障碍导致神经反馈机制失调，出现无痛性关节病（Charcot 关节）、皮肤营养障碍等，这往往需要到专科进行进一步的检查确诊。

6. 多发性神经根炎

该病是一种周围神经病变，以四肢周围神经的轴突（神经细胞的组织结构之一）变性、神经元（即神经细胞）病及节段性脱髓鞘（神经细胞组织结构之一）病变为主要病理改变。一般与药物、农药、重金属中毒、营养缺乏和代谢障碍有关，也可以继发于胶原血管性疾病、慢性炎症性病（如糖尿病、恶性肿瘤、慢性胃肠道疾患等），还可以见于慢性酒精中毒。可以出现上肢麻木，但主要特点为四肢远端对称性的感觉障碍，如同手套袜子的区域分布，可以是麻木，也可以出现疼痛过敏等刺激症状。有时伴随下运动神经元瘫痪（四肢腱反射减弱或消失，踝反射明显，甚至肌萎缩，不能执行精细动作等）和/或自主神经障碍的临床综合征，如体位性低血压、肢冷、多汗或无汗指（趾）甲松脆、皮肤菲薄、干燥或脱屑、竖毛障碍等。

选择治疗

神经根型颈椎病的治疗根据具体情况不同而有所区别。一般有如下几种方法。

1. 脱水消炎镇痛治疗

当疼痛严重而影响生活甚至睡眠时，医生往往给予患者脱水治疗，同时给予非载体类消炎镇痛药物。目的在于消除神经根及局部软组织水肿和炎性刺激。同时，患者需要特别注意尽量避免各种诱发疼痛的体位或动作。

2. 颈椎牵引

部分患者需要配合使用颈椎牵引治疗。原始目的在于牵开缩窄狭小的椎间孔，减轻对穿行期间的、水肿状态的神经根的压迫或挤压刺激；或者可以牵张已经缩窄的椎间隙，达到还纳突出髓核的作用。不过，最近有研究表明，颈椎牵引并不能达到还纳突出髓核的效应。那么，牵引治疗主要应该是通过缓解神经根的挤压刺激而起到疗效作用的。但是，有些情况下，牵引时虽然可以缓解症状，但牵引过后，疼痛会再次发生，并可能更加严重。这种情况下，患者并不适合牵引治疗。所以，选择牵引治疗需要密切观察机体的反应，随时报告给医生，有时不得不中断治疗。

3. 颈椎手法治疗

手法治疗指的是医生通过手对患者机体某局部区域的关节、肌肉、韧带等软组织进行物理干预，达到治疗目的的方法（参见第五章“选择适当的治疗”）。颈椎手法治疗在神经根水肿的急性期并不适用，此时实施手法治疗很容易造成局部损伤刺激加重，不仅不能达到缓解疼痛的目的，还可能加重神经根及局部软组织水肿，使疼痛加剧。当然，比较有经验的医生还是可以根据患者情况给予比较个性化的手法治疗的。不过，急性期一般只能实施轻柔的关节松解手法，不能盲目给予暴力的关节冲击调整，也不要进行长时间的颈椎周围软组织按摩。

4. 其他保守治疗

患者可以给予包括针灸、理疗等方法在内的保守治疗。但是，在急性期一般不要实施可能产生热效应的物理治疗（包括中药热敷），这些方法都可能会加重局部水肿。慢性期可以使用这些具有加热效应的治疗方法。

5. 手术治疗

如果症状是由于急性椎间盘突出而引发，而且经过正规保守治疗无效，或反复发作，必要时也需要考虑外科干预。手术治疗的形式有很多，专科医生会根据具体情况决定最终实施何种形式的手术。

康复措施

比起其他类型的颈椎病来讲，神经根型颈椎病的治疗期相对较长，康复期也比较长，尤其是麻木症状的恢复更是需要时间。除了常规康复措施（见本章第一节）之外，本类颈椎病的康复期原则上更强调避免着凉受潮和疲劳；更强调生活工作的规律性。康复运动的基本原则因人而异。主要有以下三个方面：

（1）提倡协调性运动：比如，肩胛关节的摇转运动等（参见第七章相关章节），也可以做户外活动，包括太极拳、扭秧歌、中老年迪斯科、甚至街舞等任何可以提高肌肉关节协调性能力的运动。但要避免引发疼痛的任何运动和姿态，或曰“痛限内活动”，即运动不要超越痛限，以免引发过度刺激，再度造成运动性损伤。

（2）避免不协调运动：诸如各种球类活动，各种需要手持器械的运动（乒乓球、羽毛球、网球、高尔夫球等），这些球类活动都属于不对称用力，很容易导致不协调应力，造成患侧局部的再损伤。

（3）避免负荷运动：某些肌力训练的健身活动尤其应该避免。比如举杠铃、举哑铃、上肢及躯干的肌肉群训练等。

保健预防

神经根型颈椎病的预防保健措施除了可以参考第七章的相关章

节以外，特别强调保持一种规律的生活和工作习惯，尤其是久病初愈的患者更是需要避免过度疲劳和寒凉刺激。

5 颈源性行走不稳、手指不灵活等

症状表现

行走笨拙，甚至站立不稳，步履蹒跚，脚下有踩棉花之感。上肢也会变得比较笨拙，手指不灵活，精细动作（如穿针引线、系扣子等）受限，甚至出现大小便失常（如便意频繁、次数增多，但量少），部分肌肉萎缩等问题。这也是一种比较严重的颈椎问题症状组合。主要发病形式有如下几种：

（1）既往有长期颈椎病病史，随着年纪增长而逐渐出现症状，此种情况大多疼痛不明显。

（2）既往有或无颈椎病病史，由于某些自然因素（如着凉、疲劳等）而突然发生。症状表现往往并不单纯，有时可能伴有其他症状，诸如颈肩部疼痛、上肢麻木等症状。

（3）既往病史不详，症状发生与某一次较重大外伤有关。比如，车祸、摔倒、运动意外等。患者大多伴有明确的颈部疼痛，疼痛会严重地波及单（双）侧上肢，个别患者还会伴有其他部位的骨折、颅脑损伤等严重的外伤。其他部位的骨折等外伤可能会掩盖颈椎损伤的情况。有些患者甚至是在严重外伤痊愈以后才逐渐发现颈椎问题。

发生机制

1. 解剖基础

颈椎共有 7 节椎体，每节颈椎椎体后缘与后关节弓会构成一个圆孔，每一节颈椎的圆孔连在一起，就构成了一个隧道，即颈椎的椎管，它是脊柱中重要的结构。椎管内走行的正是整个脊髓的最重要部分——颈段脊髓。颈段脊髓上接大脑，下接胸髓，既是主要生命活动（呼吸心跳）的基本控制中枢，也是传导大脑和下位神经之间信息的通道，因此被称为生命中枢。在颈段脊髓前区，有一些十分重要的毗邻结构，包括：椎间盘、椎体后缘、后纵韧带、勾椎关节等。另外，在脊髓的表面还有十分重要的供血动脉，如前面正中位置的脊髓前动脉等（图 2–14）。当然，在每两个颈椎节段交接处都会有一对重要的神经支从脊髓发出，从椎间孔传出行走到脊柱外面，支配相应的机体组织器官（图 2–15）。

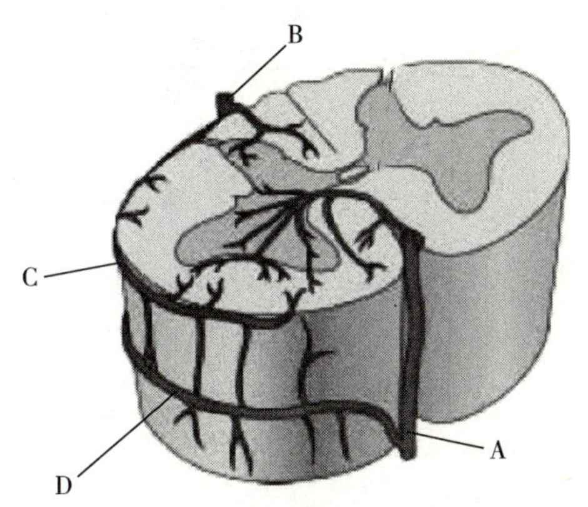

A: 脊髓前动脉；　B: 脊髓后动脉；
C: 脊髓后动脉交通支；　D: 脊髓前动脉交通支

图 2–14　颈脊髓的动脉血液供应

2. 病理机制

颈段脊髓传导受阻应该是行走不稳的关键原因。由于脊髓通路出现部分阻断，大脑控制肢体行为的指令不能通畅地向下传达，导致肢体运动不能完全按照大脑的控制去精细实施。我们知道，人类脊髓是有基础反射能力的，这个基础反射不需要通过大脑就可以实现。比如，我们用橡皮锤叩击放松悬空的膝关节（跷着二郎腿）前面下方的肌腱，很容易引起小腿的弹跳反应，称为“膝腱反射”（图 2–16）。这是一种脊髓基础的反射，也称为脊髓反射，是脊髓神经元对于外界刺激的原始运动反应。脊髓反射只有经过上位大脑中枢进行调控才能

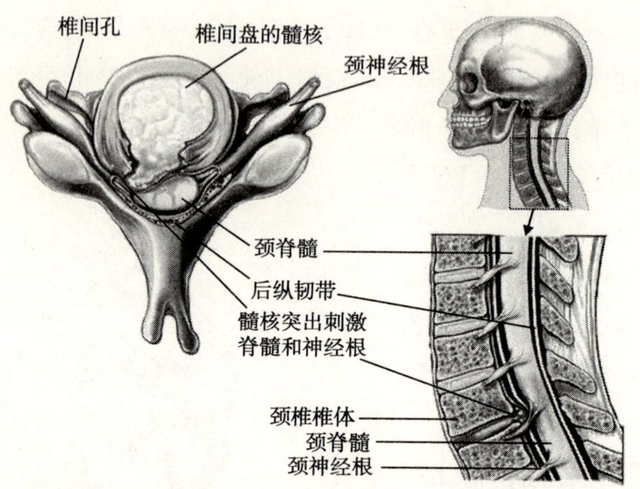

图 2–15　脊髓和神经根受压可以产生相应的刺激

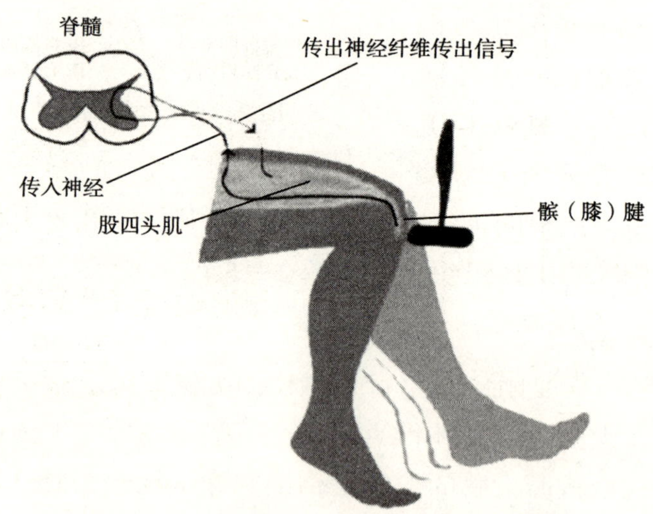

图 2–16　脊髓反射（膝腱反射弧）示意图

维系机体正常的精细运动。如果大脑的调控通路被部分阻断，大脑的控制功能就会被削弱，脊髓反射就会变得十分活跃，此时如果进行物理检查，就会查出四肢腱反射亢进征象（如上面提到的“膝腱反射”

变得十分活跃，小腿弹得很高）。这说明大脑控制下位神经元冲动的脊髓通路被部分阻断。此时，患者就会出现难以控制的行走不稳、双脚踏空等感觉，甚至会影响到大小便功能的控制。一般将这种腱反射亢进的情况称为“病理反射”阳性。所以说，颈脊髓传导阻断或部分阻断是行走不稳的关键病理环节之一。

颈椎退变导致颈脊髓传导障碍的原因比较复杂。一般专科观点认为，如果退变造成颈椎椎间盘纤维环破损或断裂，髓核组织向后溢出进入椎管，就可以造成脊髓压迫，进而导致脊髓传导功能障碍，即所谓“颈椎间盘突出压迫脊髓”理论（图 2-17）。不过，更多的临床资料显示，许多患者虽然具有明显的“颈椎间盘压迫脊髓”的影像学表现，但却并没有出现明显的临床症状。另外，还有许多患者经过保守治疗临床症状完全消失，而突出髓核的压迫征象却毫无改变。当然，也有小部分患者的确是由于突出的颈椎间盘造成了颈脊髓的压迫。总之，临床现实情况使我们很难单纯用这种所谓的“颈椎间盘突出压迫脊髓”理论来解释颈椎源性的行走不稳症状。

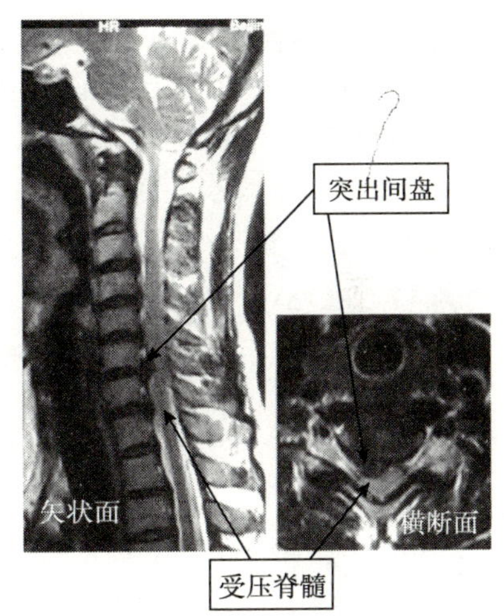

图 2-17　颈椎椎间盘突出压迫脊髓

根据临床观察，作者发现另外一种比较合理病理解释：如果劳损造成颈椎椎间盘的渐进性突出，并没有造成急性的损伤性刺激，脊髓可以利用椎管内的剩余空间逐渐避让，最后代偿性地接受这个外来的突出髓核。图 2-18 就是一位 83 岁高龄男性患者的颈椎 CT 片。我们可以看到明显的椎间盘突出影像，突出组织已经钙化，占据了椎管轴

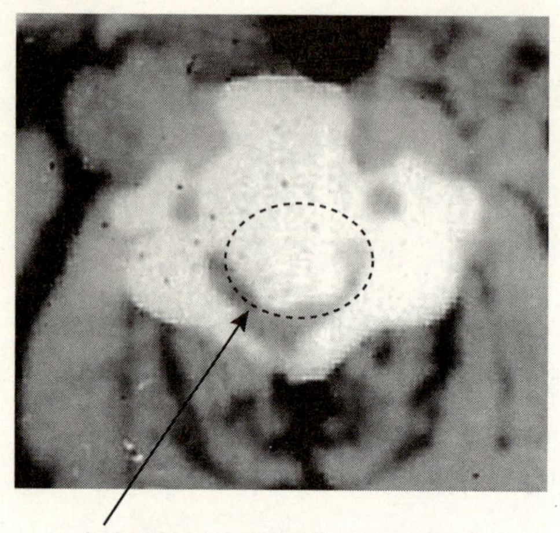

图 2-18　83 岁高龄男性患者颈椎的 CT 片显示椎管内巨大椎间盘突出已经钙化

位（即横断面）8/10 的空间，脊髓受压征象非常明确。但实际上，患者从来没有过明确的颈椎损伤病史，也从未出现过“脊髓压迫”征象，患者只是在体检时发现了这个改变。这个病案应该是“渐进式突出可以被代偿”的最好解释。这种情况在临床上十分常见。而那些出现症状的患者则很可能是由于某种情况突然破坏了颈椎关节的代偿平衡，进而导致已经比较薄弱的颈段脊髓（已经出现颈椎间盘压迹的部位）产生缺血性刺激，阻碍了脊髓神经传导，最终出现了症状。部分患者在颈椎关节的紊乱状态纠正以后，脊髓供血开始恢复，或许可以缓解或部分缓解症状。但是，症状虽然可以减轻，而突出髓核并不发生改变。这种病理生理的推论虽然缺少直接证据，但实际病例非常之多，间接证据已然非常充分。

当然，如果发生颈椎的意外损伤（如车祸、外伤等）则可能出现急性颈间盘髓核突出，导致颈脊髓无法代偿，出现急性的脊髓压迫阻断在所难免。

相关诊断

根据上述表现和病理分析，从颈椎退变角度上看，最常见的诊断应该是“脊髓型颈椎病”。这主要源于颈椎间盘髓核突出造成的颈段脊髓压迫。

另外，还有一种与颈椎退变相关的诊断叫“颈椎椎管狭窄症”。

这个诊断是根据相对于“腰椎管狭窄症”而提出的，主要是指构成颈椎管各解剖结构因发育性或退变因素造成椎管骨性狭窄，可在一个或多个平面发生。基本病理也是阻碍了相应平面的脊髓血液循环，致使脊髓及神经根产生压迫症候群。颈椎椎管狭窄的主要病因是脊柱退行性改变，包括间盘、黄韧带、骨质增生等。但这个诊断临床上并不常用。作者认为，颈椎椎管狭窄更多的是一种测量数值的概念。这个诊断的最初形成，与影像学诊断的测量数值有关，其中许多专业的测量方法很容易在影像学检查的专科书籍里获得，这里不做赘述。但是，影像学测量获得的狭窄数据并不是临床诊断的唯一依据，仅供参考。换句话说，即便影像学测量已经达到狭窄的极度标准，也不一定真正具有临床意义。

鉴别诊断

行走不稳等症状可以缘于颈段脊髓的压迫或损伤，但颈段脊髓的压迫和损伤并非仅仅缘于颈椎关节的退变。因此，鉴别诊断非常重要。主要需要与以下几种疾病进行鉴别：

1. 颈椎及颈段脊髓内外的肿瘤

颈椎肿瘤可以导致颈段脊髓压迫，从而出现行走不稳等症状。但恶性肿瘤有时会伴随其他症状，良性肿瘤病情发展比较慢。影像学检查如 MR、CT 等都可以帮助确诊。

2. 脊柱结核

颈椎结核并不少见，有时也会因为结核脓肿和骨质破坏而造成脊髓压迫症状。影像学检查和辅助化验检查都可以鉴别。

3. 颅底畸形

比较常见的是颅底凹陷和小脑扁桃体下疝。由于枕骨大孔畸形而造成狭窄，成年后发生退变，有时可能会出现小脑和颈脊髓的挤压征象，导致行走不稳等症状。

4. 后纵韧带骨化（OPPL）

颈椎椎体后缘有一条韧带，有时会出现增厚和骨化，形成椎管内的占位病变。病变可能产生直接的颈段脊髓压迫，导致行走不稳等症状。

5. 颅脑神经病变

颅脑血管硬化，也会导致大脑及小脑的供血不足，进而导致行走不稳。这种患者可以通过仔细的物理检查和影像学检查而鉴别。

6. 椎动脉型颈椎病

椎动脉供血不足可以导致小脑平衡功能失常，从而出现行走不稳的情况，但更多的以头晕症状为主。物理检查时不会出现四肢腱反射亢进的情况。

7. 焦虑症

患者可以因为各种原因（如长时间的颈椎病病史）出现植物神经功能紊乱。植物神经功能紊乱可以导致各种精神症状，也包括头晕或行走不稳。但是，这类患者的病理反射是阴性的，四肢肌腱的腱反射检查都不会出现亢进征象。

选择治疗

脊髓型颈椎病的治疗比较复杂，传统意义上讲，只要出现了脊髓压迫征象，就应该给予手术治疗。但是，患者大都很难接受。那么如何实施保守治疗呢？原则上讲的确比较困难。但根据作者多年的临床经验和对疾病病理过程的研究，认为大致有如下几种治疗方法。

1. 脱水消炎治疗

如果患者局部疼痛比较严重，症状出现比较紧急，此时往往需要脱水治疗，同时给予非载体类消炎镇痛药物。不过，这种情况并不常见，因为导致急性颈脊髓水肿的髓核突出往往需要紧急手术干预。

2. 改善血液循环

一般认为，慢性脊髓受压征象的原因主要是局部血液循环障碍。为了改善血液循环，促进脊髓活力，可以给予“活血化瘀”类药物，包括口服或静脉给药，中西药均可。

3. 颈椎牵引

部分教科书提倡配合使用颈椎牵引治疗。这是因为，在颈椎牵引状态下，颈椎椎间隙拉开时，可能会使得突出髓核回缩，减轻脊髓压迫。但是，临床有时候却会出现症状加重的情况。这可能因为颈椎后关节的刺激引发局部缺血加剧，进而导致脊髓缺血加剧，而如果突出的髓核比较大，从纤维环破裂处溢出到后纵韧带下方，甚至突破后纵韧带进入椎管空间，即便在牵引状态下脱出髓核也不可能再回到压力较小的纤维环中。此时，牵引不仅不会使突出物减小，却可能导致局部刺激加剧，所以牵引的使用要慎重。

4. 颈椎手法治疗

根据病理分析，脊髓型颈椎病时的颈椎后关节大多处于紊乱的状态，这将间接导致局部脊髓刺激性缺血。理论上讲，应该可以做颈椎关节手法的调整和治疗。但是，现实情况下，由于颈椎局部稳定性比较差，突出髓核对颈脊髓的压迫和刺激比较明显，手法治疗本身有很高的风险。如果医生没有丰富的临床经验，一般不建议患者接受手法治疗，尤其是比较暴力的旋转或斜板手法治疗。

5. 其他保守治疗

患者大都可以配合一些促进神经功能恢复和局部血液循环的针灸或理疗等保守治疗。

康复措施

如果确诊患者出现行走不稳等症状是源于脊髓型颈椎病，往往意味着病情比较严重。一般的专科专著中都认为只有动手术才能解决问题，即便尝试保守治疗往往也需要耐心等待很长时间才可能奏效。这些接受保守治疗的患者的康复计划并非必须等到症状完全缓解才开始，而是当症状有一定程度的缓解就可以开始。主要的康复措施与神经功能障碍的康复措施基本相同，包括上下肢的运动功能训练，诸如手握太极球训练、上肢运动功能训练、下肢行走训练、上下肢力量训练等。有时需要在专门的物理治疗师指导下才能完成。当然，这一段时间内更要十分注意避免颈椎的意外损伤（参考142页）。

保健预防

脊髓型颈椎病的预防主要在于如何“带‘核’生存”，也就是说，如何可以带着突出髓核继续维持脊柱的生物力学平衡状态，且要保证生活质量。一般说来，渐进性的髓核突出属于脊柱退变的结果之一。为了应对脊柱的损伤退变，规律、健康的工作与生活方式是一个基本的法则。不过，对于那些影像学检查发现存在脊髓压迫影像而并无脊髓压迫症状的人群需要特别注意脊柱的保健问题。至于具体的预防保健措施，可以参考第七章的相关章节（138页）。

这里特别提出三种容易继发脊髓型颈椎病症候群的高危人群：①临床上从未出现过各种颈部症状的正常人，但常规体检中偶然发现颈脊髓被椎间盘等退变组织压迫的影像；②曾经有过明确颈脊髓压迫的临床表现，后经过保守治疗后康复的患者；③虽然有椎间盘突出影像没有脊髓压迫征象，但有着明确的颈椎病其他征象（如颈肩部疼痛、上肢麻木等）患者。

这三种人都是预防保健的重点人群。尤其是第二种情况的患者，不仅需要预防保健，还需要在症状期发生时尽量避免不正规的保守治疗，尤其是要避免不正规的手法治疗，以免出现意外。只有通过比较正规恰当的治疗，尽早解除局部症状，才可以避免发展成为不可逆转的、只有手术才能解除病痛的疾病状态。

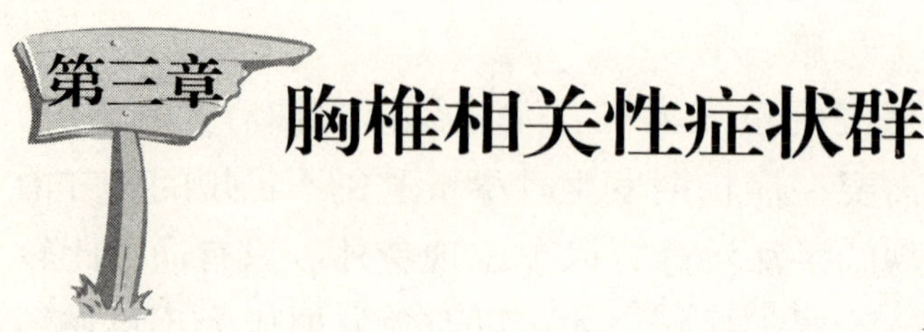

第三章 胸椎相关性症状群

作者提示

胸椎相关症候群对应着脊背区域。由于胸椎具有“上呈颈椎，下达腰椎，前拥胸廓”的特点，胸椎力学紊乱导致的症候群有其特殊性，既体现在“承上启下”的症状波及，也体现在对胸廓的影响。读者尤其应该重视颈腰椎疾病对胸椎的影响，这是本章节讨论的重点之一。

1 背部疼痛

症状表现

背部疼痛是脊柱问题最常见的症状之一。大多表现为背部正中（大约相当于第 7、8 胸椎）部位的疼痛，或者略微偏向一侧。疼痛的发生有如下原因：①颈部疼痛以后逐渐伴见胸背部疼痛；②某个上肢动作诱发背部疼痛，如突然的单侧上肢牵拉动作。③背部着凉后诱发背部疼痛，比如吹空调、电风扇、穿堂风、睡眠时忘记关窗户等。

发生机制

1. 解剖基础

胸椎共有 12 节，每节胸椎与上下椎节及肋骨通过 12 组关节相关联，包括：连接上下椎体的椎间盘，上下两对后关节与上下椎节的后关节相连接的 4 组关节突关节，椎体两侧与肋骨相连接的肋椎关节，以及两侧横突与肋骨相连接的 2 组肋横突关节（图 3–1）。胸椎是整个脊柱中最为固定的一个区域，是组成胸廓的一部分，不仅具有保护胸腰段脊髓的作用，还负责保护重要的胸腔脏器。正是由于这些特殊原因，胸椎的稳定性比较强。但是，也正是由于胸椎的这种结构状态，胸椎关节出现的紊乱可能波及许多组织结构。另外，胸椎椎管内走行的是脊髓胸段和腰段的大部分（图 3–2），所以，胸椎损伤往往会引发下肢截瘫。

2. 病理机制

胸椎关节通过肋骨与前面的胸骨共同组成胸廓。胸廓是一个比

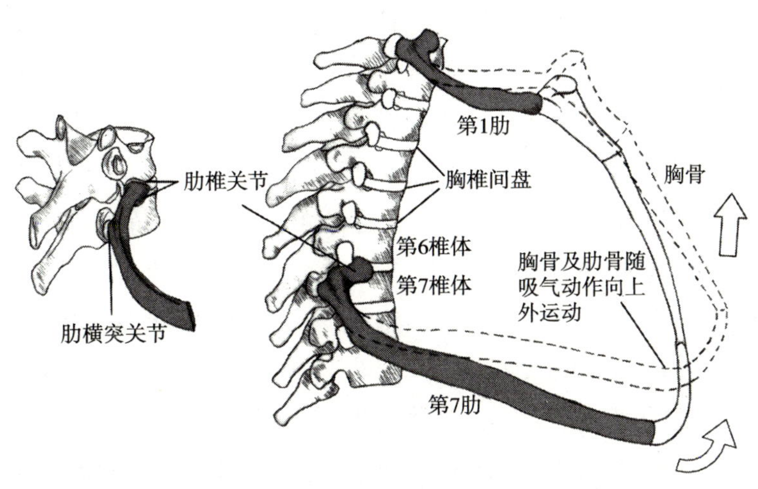

图 3–1 胸椎骨性结构特点解剖简图

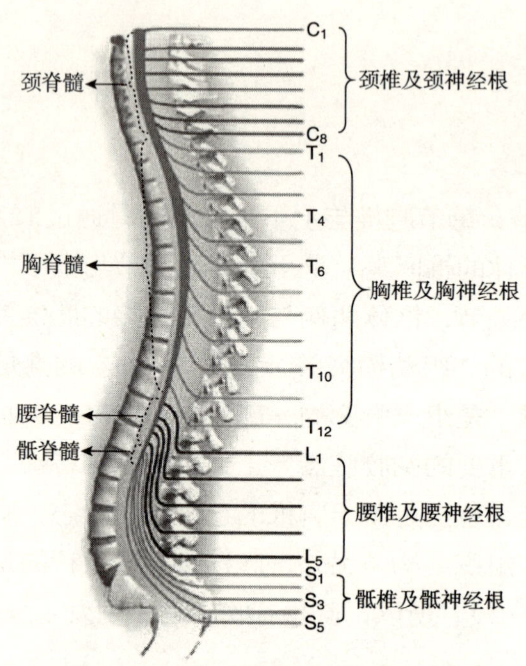

胸椎椎管内走行的是脊髓胸段和腰段的大部分

图 3–2　椎节与相应的脊髓节段的位置对应关系图

较稳定的骨性框架，其中胸椎是该框架的主要支撑部分。虽然胸廓的运动幅度并不大，但因为维持生命的呼吸功能必须由胸廓肋间肌的协调收缩来完成，所以，它永远处于运动状态。肋间肌的协调收缩过程是通过胸椎关节的微小运动来获得的，因此，当胸椎关节出现比较严重的刺激性损伤时，呼吸运动就会出现胸背疼痛。

另外，胸廓还部分参与几乎所有的上肢及躯干的运动过程，只不过其运动幅度十分有限。与颈椎及下面的腰椎节段相比，胸椎的与间盘椎体的高度比例要小得多（图 3–3）。我们知道，间盘与相应椎体的高度之比越小，其关节活动度也就越小。胸椎区域的脊柱部分活动幅度比较小就充分证实了这一特点。虽然，胸椎活动幅度相对较小，直接损伤机会较脊柱其他区域相对少一些，但风险仍然存在，尤其是做旋转运动时。突然、不协调的旋转运动往往是胸椎关节损伤的直接原因。比如，上肢以及肩胛关节的运动就常常带来胸椎旋转运动，往往可以造成小关节周围软组织的损伤，导致局部疼痛。特别是在胸椎力线转折点，也就是胸背后突曲度的最高点处（一般在第 7 ～ 8 胸椎），这个区域正好是胸椎后凸的顶点，恰逢力线转折，特别容易聚集扭力，造成损伤。所以，临床上大部分患者的胸背部疼痛是在这个位置。当然，胸椎椎旁的软组织损伤也会导致相应的胸椎小关节出现避痛性绞锁反应，俗称“关节错位”。

	颈椎	胸椎	腰椎
椎间盘高度	1/4	1/7	1/3
椎体高度	3/4	6/7	2/3

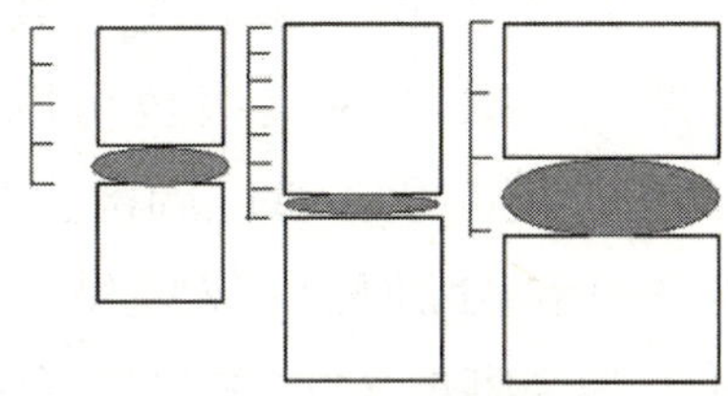

椎体与椎间盘高度的比例与关节运动幅度有关

图 3–3　脊柱各个区域椎体与间盘高度的比例

相关诊断

从脊柱损伤退变疾病的角度看，胸背疼痛最可能的诊断应该是“胸椎小关节紊乱症”。

鉴别诊断

并非所有的背部疼痛都是胸椎问题，有许多内脏疾病也可以引发背部疼痛，大致有如下几种情况需要注意：

1. 反射性背痛

心绞痛、心肌梗死、肝胆疾病等内脏疾病可以通过植物神经的体表反射引发背部的放散痛。此时，患者大都没有胸背扭伤病史，疼痛与胸背部的运动无关，疼痛的发生也没有规律性。这些特点都可以借以鉴别。

2. 炎性及占位性病变导致的刺激性疼痛

骨关节破坏性疾病也可以引发背部疼痛，诸如脊柱结核、肿瘤等，这些疾病可以通过局部查体和影像学检查做出鉴别。但是，很多情况下，部分肿瘤仅仅凭借 X 线检查并不一定能发现，还需要进一步做更为清晰的 CT 或 MR 检查。

3. 胸椎压缩性骨折

许多老年患者，即便没有明显的外伤，或许只是很轻微的不协调动作也可能出现胸椎椎体的压缩性骨折。这些患者通常以为只是软组织损伤，并没有太在意，结果导致已经发生骨折的椎体被进一步压扁，形成比较严重的楔形改变，影响了胸椎的力线和力学稳定。其实，这种疾病的鉴别相对容易，只要到一家正规的医院，由专科医生做一个比较认真检查，就可以避免误诊。

当然，还有另外一些疾病可能会以背痛为主要表现，但需要读者注意的主要是上述几种情况。这里提醒广大患者，只有到正规的医院找专科医生才可能获得比较完善的检查和鉴别诊断，才可能避免误诊。患者绝不要简单地认为背痛一定是局部的软组织或关节问题。

选择治疗

胸椎后关节紊乱引发的背痛经常是颈椎病或腰椎疾病的继发问题，而且很多情况下，仅仅是一时性的伴发症状。随着颈腰椎疾病的解除，背痛可以自然消除。临床上不必针对这种背痛做过多的临床处理。

有些情况下，胸背痛并不因为颈腰椎疾病的缓解而缓解，或者背痛本身是独立出现的。医生可以通过局部的手法等物理治疗取得成效，包括处理局部损伤刺激性炎症和处理关节刺激性绞锁两个方面。

1. 处理局部损伤刺激

可以使用局部理疗、非甾体类消炎镇痛药物；也可以通过按摩手法松解局部肌肉痉挛；还可以外用解痉消炎膏药或涂抹镇痛消肿软膏类中西药物等。

2. 松解或纠正关节状态

从前面的发病机制分析上看，胸椎局部小关节刺激性绞锁是本病的主要原因之一。自古就有纠正胸椎关节“错位”的复位手法（图 3–4）。这种方法的确非常有效，甚至许多老百姓也常常使用这种方法“救急”。除此之外还有许多根据胸椎关节力学结构设计的手法治疗，包括西方的现代中西医结合脊柱手法、西方脊柱矫形疗法、手法物理治疗等。无论哪种治疗，都存在一定风险，需要专科医生根据患者病情实施治疗，非专业或未经训练的医生使用该方法，很可能会因手法不当出现胸椎骨折、肋骨骨折，甚至继发脊髓损伤和截瘫等严重意外。

康复措施

一般来讲，胸背部疼痛会在 3 天至 1 周自然消失，比较严重的患者经过 1 ～ 2 周的治疗也可以基本康复。但是，有相当一部分患者的病情很难稳定，经常反复。虽然每次经过

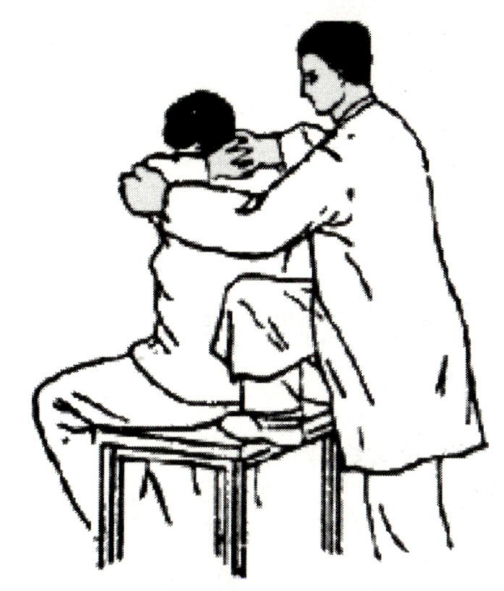

图 3–4　传统中医纠正胸椎关节“错位”的复位手法

治疗均可以缓解症状，但经常因为某个非常不经意的不协调动作或疲劳损伤而再次出现胸背部疼痛。如果这种情况反复发生，患者就需要特别注意缓解期的康复训练。不要仅仅以缓解疼痛为目的进行各种治疗，还要以预防复发为目的进行许多后期康复训练。除了避免再次损伤以外，还必须规律性地做主动运动，包括肩胛间区的肌肉协调训练、上肢协调训练等（参见第七章相关章节）。另外，反复发作的患者不应该接受过多的关节调整手法进行治疗。尽管手法治疗可能达到立竿见影的效果，但太多的脊柱手法治疗可能会导致受累关节周围的软组织协调能力下降，自我康复和保护功能也随之下降。

保健预防

如果继发胸背痛并不因为颈腰椎疾病的缓解而缓解，或者背痛本身是独立出现的，那么，胸椎后关节紊乱就成为整个脊柱力学问题的核心。在经过正规治疗和处理后，若仍然经常出现背部疼痛等症状，就需要考虑是否存在不良的工作及生活习惯的问题。此时，需要患者配合做好胸背不协调运动功能的康复训练，具体方法请参见第七章中的相关章节。

2 前胸及侧胸部疼痛

症状表现

胸壁一侧的胁肋部疼痛，甚至出现前胸部的疼痛有时也可能是胸椎问题引发的。最常见的症状表现是侧胸壁或前胸下段的疼痛。疼痛的发生有如下两种情况：①某个不协调动作（如咳嗽、喷嚏、奋力够物等）或着凉引发的突发性侧胸部疼痛，俗称“岔气”；②有长期颈椎病病史的患者有时会逐渐出现前胸区域的疼痛，疼痛往往不对称。

发生机制

1. 解剖基础

前面提到胸椎共有 12 节，每节胸椎都与相应的肋骨构成关节，每节胸椎对应的胸段脊髓都会发出一对神经从两侧椎间孔发出，构成肋间神经。肋间神经沿着相应的肋骨间隙走行，直到前面胸骨的一半，不过中线。胸椎后关节比较复杂，相对于其他脊柱区域来说，胸椎关节的运动幅度比较小。胸椎关节的运动限制当然是为了最大限度地保护胸腔内的重要脏器。其受限制动的主要因素有两个：①胸椎后关节的叠瓦氏连接形态，使得胸椎关节旋转及左右侧屈运动幅度受限；②连接肋骨和胸椎的肋椎及肋横突关节。但是，胸椎关节并非完全运动受限，仍然存在一定程度上的活动度。并且，胸廓后壁与肩胛骨紧密连接，肩胛关节的运动通过肩胛间区的肌肉（大小菱状肌等）与胸椎产生互动关系（图 3–5）。

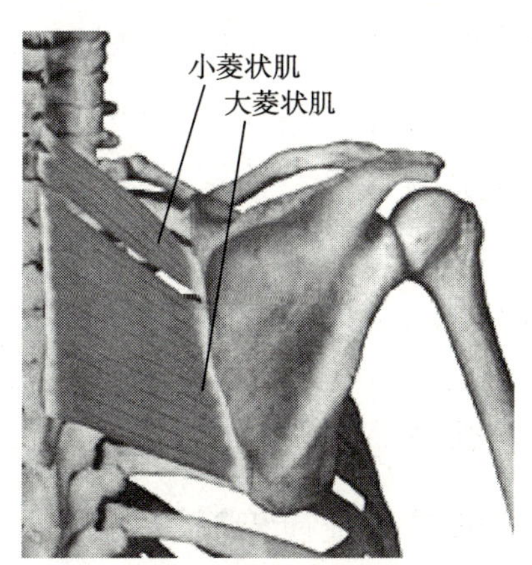

图 3–5 肩胛关节的运动通过肩胛间区的肌肉（大小菱状肌等）与胸椎产生互动关系

2. 病理机制

虽然胸廓是一个比较稳定的骨性框架，但胸椎关节比较复杂，而且是组成胸廓的重要部分，因此，所有的上肢及胸廓运动过程都会影响到胸椎关节，尤其是肋骨和胸椎之间的关节。这些关节的损伤刺激往往会造成肋间神经疼痛，引发胁部疼痛，甚至疼痛可以放散到前胸部。少数患者可能只出现胸骨区域的疼痛。有时候，在主管呼吸运动的肋间肌收缩过程中，如果同时伴随胸廓扭转的运动（如伸臂够物），就会引发胸椎关节的不协调损伤，进而造成肋间肌痉挛，患者就会立即感到胁肋部疼痛，俗称“岔气”。其实这也是一种胸椎后关节紊乱的表现。

相关诊断

从脊柱损伤退变疾病的角度看，最可能的诊断仍然是“胸椎小关节紊乱症”。

鉴别诊断

胁肋骨部疼痛需要与许多疾病进行鉴别，比较常见的包括：

1. 内脏疾病的反射性胁肋疼痛

有一些内脏疾病可以出现反射性胁肋部疼痛，诸如心绞痛、心肌梗死、肝胆疾病等，都可能通过植物神经的体表反射区引发胁肋部的放散痛。医学上也称为牵涉痛。这些疾病导致的胁肋部疼痛没有胸椎或胸廓的扭伤病史，疼痛与胸廓运动关系不大。专科医生可以通过专科检查比较容易做到鉴别。

2. 带状疱疹

俗称“缠火腰丹”，是一种病毒性皮肤病。典型症状是在胁肋部出现一串小丘疹和水泡，可以呈现局部剧烈疼痛。在发作的初期，疹子并未出现，患者就可以感觉到非常剧烈的胁肋部疼痛，有时可能与胸椎关节紊乱症相混淆。此时，是否有胸廓及胸椎的扭伤史往往是重要的鉴别指征。

还有一些疾病，诸如肋骨骨折或软组织挫伤等也会出现胁肋部疼痛，但一般都会有特定的外伤史。患者可以到正规医院找专科医生就可以获得比较完善的鉴别诊断。

选择治疗

如果是胸椎后关节力学紊乱导致的胁肋部疼痛，也可以通过局部的手法及物理治疗取效。具体的治疗方法与本章的“背部疼痛”基本相同。

康复措施

参见本章的“背部疼痛”。

保健预防

参见本章的“背部疼痛”。

3 胸椎侧弯（脊柱侧弯）

症状表现

胸椎侧弯的患者在临床上并不少见，而且，这些侧弯其实并不局限在胸椎区域，上至颈椎，下至腰椎，甚至骨盆都受到牵连，整个脊柱好像拧麻花一样。所以，更确切地说，应该叫脊柱侧弯。

尽管患者脊柱侧弯的情况相同，但在临床表现上却不尽相同：有的患者会伴随腰背疼痛或下肢疼痛，有的却没有明显疼痛；有的是继发于其他腰椎疾病之后，有的则缓慢发生，毫无诱因；有的是中老年人，有的则是十几岁的孩子。有一点是相同的，就是患者大都非常紧张，认为自己病情严重。

发生机制

1. 解剖基础

脊柱是一个整体，胸椎是其中关节结构最为复杂的部分之一。人类脊柱在胚胎过程中通过 4 个阶段完成基本发育。第 1 阶段脊索期，于胚胎的第 15 天形成，其残留部分终生存在，称为髓核；第 2 阶段膜性期，第 21 天开始到第 3 个月结束；第 3 阶段软骨期，从胚胎的第 5 ~ 6 周到出生前；第 4 阶段骨性期，从第 2 个月一直到出生后成人（25 岁左右）才能完成。在脊柱的发育和生长过程中，不仅需要自身根据应力变化而不断完善，还要面对各种力学和生物学因素的挑战。

2. 病理机制

脊柱侧弯原因复杂，主要病理过程依据病因不同而不同，大致包括先天发育不全、后天性姿势不良或疾病影响等几个方面。还有一种不明原因的青少年特发性脊柱侧凸。而与脊柱损伤退变疾病密切相关的主要是避痛性脊柱侧凸，这种脊柱侧弯主要缘于脊柱及其周围组织产生的各种损伤性刺激，刺激可以导致脊柱自主产生躲避刺激的侧凸反应。其损伤刺激包括结构学因素、软组织因素、神经因素等，诸如脊柱后关节紊乱、椎间盘突出症、椎旁软组织损伤等都可以引发这种脊柱侧弯。

相关诊断

从脊柱损伤退变疾病的角度看，最常见的疾病应该是那些容易引发避痛性脊柱侧弯的疾病，常见诊断为“腰椎间盘突出症”、“腰椎后关节紊乱症”和“胸椎小关节紊乱症”。

1. 腰椎间盘突出症

许多腰椎间盘突出症患者都会因为神经根损伤和后关节刺激导致明确的腰椎和胸椎脊柱侧弯。有一部分患者经过保守治疗后，使得损伤刺激缓解，脊柱侧弯也随之缓解，但也有一些患者在损伤刺激缓解后仍然存在部分脊柱侧弯不能缓解。这部分患者可以参考后面的第四章的腰椎相关症候群部分。

2. 腰椎后关节紊乱症

这也是腰椎损伤的最常见疾病之一，也会因为后关节的不平衡刺激引发躯干扭转，胸腰椎侧弯。但只要通过适当的保守治疗，大多可以很快缓解疼痛刺激，而且，随着疼痛刺激的缓解，侧弯也会随即消失。

3. 胸椎小关节紊乱症

真正由于胸椎小关节紊乱引发的脊柱侧弯并不多见，一旦出现往往意味着损伤刺激十分严重，一定要注意其他疾病的鉴别诊断。

鉴别诊断

脊柱侧弯还需要与许多其他疾病相鉴别。主要考虑的因素如下：

1. 先天性脊柱侧凸

人类脊柱的骨性期的发育可能会出现一些先天缺陷，主要包括椎节的“分节不良”和“椎体形成不良”。

所谓“分节不良”，指的是在发育时脊柱由整个的一条骨性结构分成各个椎节的过程中出现异常。如果是左右的某一侧分不开就称为骨桥，骨桥可以限制这一侧的脊柱生长发育，导致脊柱侧弯；如果是椎体前方“分节不良”则可产生进行性驼背；后方“分节不良”可致

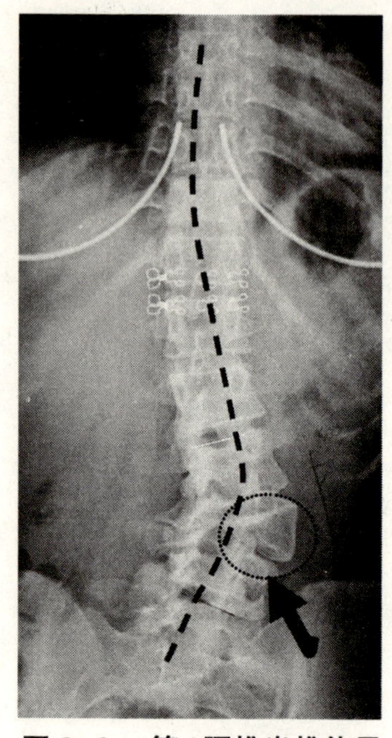

图 3-6　第4腰椎半椎体导致脊柱侧弯

脊柱前突；两节以上的“分节不良”则可以导致多个椎体的融合，也称为“大块椎体”。

而“椎体形成不良”指的是椎体发育不良，一侧发育不全，高度不够，成为侧方半椎体，如先天性半脊椎（脊柱椎体只有一半发育成熟）、楔形椎体（椎体畸形发育，形成一边宽一半窄的形态）等都可以导致脊柱侧弯。当然还会出现其他一些畸形，如后方半椎体可致脊柱后突畸形，这些畸形大都发生在胸椎，但也有发生在腰椎部位（图 3-6），大部分在 3 ～ 4 岁时就可以显现。

2. 后天性脊柱侧凸

缘于多种后天因素，诸如生活工作姿势不良而导致的姿态性脊柱侧凸；脊髓和神经病变导致的神经病理性脊柱侧凸；盆腔内器官的疾病、胸廓内肺部疾患、脊柱结核、骨折脱位等导致的脊柱侧凸（同时可能伴有胸廓塌陷）；佝偻病导致的营养不良性脊柱侧凸；其他疾病导致的下肢不等长、骨盆不对称进而造成的代偿性脊柱侧凸等。

3. 特发性脊柱侧凸

这一类占据整个脊柱侧凸患者的 80%。大多原因不明，多在青少年时期发病。随着发育过程而缓慢显示出来，侧弯角度大多小于 40°。这一类脊柱侧凸十分常见，假说很多，有许多相关研究认为，与多种因素有关，包括基因、内分泌、遗传、生活习惯、性别（女多于男）等。但至今为止，还没有特别令人满意的解释。不过，最近已经有人从基因角度对本病进行了研究，发现 90% 以上的青少年脊柱侧弯患者都不会出现进行性加重，而且即便可能出现进行性加重，也可以通过基因检测而被早期发现。

选择治疗

如果是脊柱损伤退变性疾病导致的脊柱侧弯，可以分别按照不同的病因给予治疗。具体治疗方法包括本章和第四章（腰椎相关症候群）提到的脊柱手法治疗和其他各种保守治疗。

康复措施

避痛性脊柱侧弯的康复问题比较复杂。根据疾病诊断的不同，在原则上也不尽一致。

（1）如果是由于腰椎间盘突出症导致的脊柱侧弯，其中有少部分患者即便保守治疗成功后仍然会存在部分脊柱侧弯的残留。这主要是缘于保守治疗并不会祛除突出髓核，而突出髓核引发的局部结构畸形会影响整个脊柱的力学状态。当刺激性疼痛消失以后，脊柱结构的畸形代偿还会遗留脊柱侧弯。通过一段时间的自然恢复，有时也可以完成更为完善的代偿。这段康复期会比较漫长，甚至可能长达半年到 1 年。期间除了常规的康复训练以外，必要时还可能需要穿矫形鞋训练（168 页）和做自重牵引（166 页）等功能训练，具体参见第七章相关章节。

（2）如果脊柱侧弯是因为胸椎或腰椎后关节紊乱症，在康复节段大都无需特殊处理。只要按照基本的康复原则进行训练即可。

保健预防

参考本章“背部疼痛”相关内容。

第四章 腰椎相关性症状群

作者提示

腰椎相关症候群是临床上最为常见的脊柱力学结构紊乱症候群，不仅发生率高，涉及的病理因素多，发病年龄广泛，鉴别诊断复杂，还比较容易引发严重的并发症。无论是椎管外的肌肉、韧带、关节囊、外周神经支，还是椎管内血管、神经根、马尾神经组织等结构，都会通过各种排列组合的症状表现形式，向患者和医生发难。在本章节，作者将根据几十年的临床实战经验，试图引导读者对最为常见的症候组合形式进行分析和解惑。

1 单纯腰痛

症状表现

源于脊柱问题的腰部疼痛是临床上最为常见的症状之一。俗语说“患者腰痛，医生头痛”，说明腰痛的病因比较复杂，诊断和治疗都比较困难。一般来讲，其中相当一部分腰痛直接来源于脊柱力学问题。这类腰痛的临床表现主要有如下几种情况。

（1）各种急性损伤（包括抬举重物、扭腰动作等）后出现腰部剧烈疼痛，活动受限。患者不仅翻身困难，甚至无法起坐或站立。

（2）某种不协调动作诱发腰部不适或疼痛，诸如弯腰拾物、行走踏空、上下汽车、咳嗽、喷嚏、翻身等动作。疼痛可能会迅速或逐渐演变成比较剧烈的腰部疼痛。有时，不协调动作发生以后很长时间才会出现腰背部疼痛，疼痛会逐渐加重。这个时间有时是几个小时，有时会是 1 天，但一般不会超过 2 天。疼痛往往在损伤次日的凌晨起床时达到极致，患者甚至会出现起床及更衣困难。

（3）受凉或受潮后诱发腰部疼痛，尤其是疲劳后受凉更为明显，比如吹空调、电风扇、穿堂风、睡眠时忘记关窗户等。这种腰痛不一定非常剧烈，但常常是不易康复，有时会转成慢性。

（4）有时患者很难回忆起损伤或着凉等诱因，经常会无缘无故感觉到腰背部疼痛。疼痛通过休息或口服止痛药物可以得到缓解，但仔细回顾病史，往往可以发现曾经有过疲劳和受凉因素，或生活不规律，或一段时间身体不适，或患过其他疾病等。

（5）日常活动状态下，患者并无明显疼痛，甚至打球、跳舞、游泳等比较激烈的运动都不受影响。但卧床时间较长或坐位时间较长后，患者则可能出现非常明显的腰背部疼痛。早晨起床时经常会有明显的晨僵，即起床后腰背部僵硬疼痛，甚至不能行走，需要缓慢行走几分钟甚至几十分钟，疼痛才能逐渐缓解。

发生机制

1. 解剖基础

腰椎共有 5 节，是整个脊柱区域内最为粗壮硕大的部分。腰椎与胸椎相比，缺少了与胸廓的连接和固定，运动幅度增大，灵活度也提高；腰椎与颈椎相比，椎体更加敦实厚重，椎间隙相对更宽，椎间盘相对更大和厚实。正如我们在前面提到的，椎间盘高度与椎体高度的比例越大，关节活动空间也就越大。颈椎区域的间盘与椎体的比例是 1∶3，胸椎是 1∶6，腰椎是 1∶2（图 3–3，49 页）。从这个比例上看，腰椎比颈椎具有更大的活动空间，且负重承载能力也加大。腰椎后关节的关节面呈现冠状咬合，或者更确切地说，是一种冠状与矢状位的弧形咬合。这将更有利于腰椎的旋转运动和侧弯运动（图 4–1）。腰椎周围韧带比较强健，椎体间的小肌肉也比较富有弹性，这对于腰椎在承受负荷的运动和静止状态下维系椎间关节的力学平衡非常重要。从力学角度上看，脊柱周围的这些短小、细微而强健的韧带和肌肉（棘突间肌、回旋肌、多裂肌、关节囊等）主要维系着脊柱静态的平衡，而粗大宽厚、距离脊柱骨性结构较远的肌肉组织（如骶棘肌、阔背肌、斜方肌、腰大肌等）可以完全胜任脊柱的动态负载。另外，在腰椎后关节的附着韧带上分布有非常丰富的神经纤维，称为腰神经后支。这些神经属于混合神经，既有运动神经，也有感觉神经。这些神经纤维对感受关节各种刺激信号和驱动关节运动都非常重要。

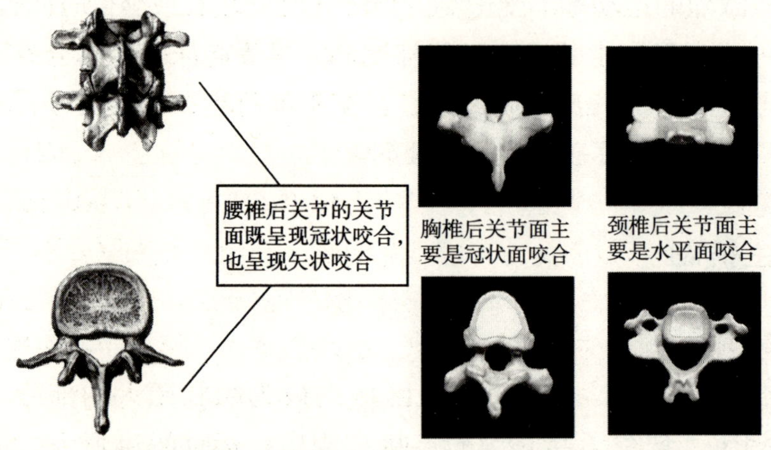

图 4–1　腰椎后关节的关节面咬合有利于腰椎的旋转运动和侧弯运动

2. 病理机制

与颈椎不同，腰椎不仅灵活度比较高，承重负荷也很大。“灵活运动”和“稳定承重”这两个相对矛盾的因素不仅共存于腰椎功能系统之中，还要形成协调平衡的统一体。但是，这两个相对矛盾的功能“和谐相处”并非易事。这也是人类直立以后最难以适应的生物学改变，也是到目前为止，人类腰脊柱无法完成和谐系统的进化的根本障碍之一。所以，为了维系这种和谐的平衡，承重的腰椎关节本体结构（椎体、间盘和后关节等）与其周围附着的韧带和肌肉组织之间总是尽力去协调匹配，以应对生命过程中各种的应力牵拉和载荷，维系着承重与运动的平衡状态。其实，人类整个脊柱的各个区域都是在运动与承重这一对矛盾中辨证地生存和进化过程之中。临床上，作者喜欢将脊柱骨性结构比作“硬件”，将周围附着的软组织比作“软件”。软硬匹配，相得益彰；软硬失调，脊柱失常。二者的平衡是脊柱力学稳定之根，也是预防脊柱退变疾病之本。

但是，从现实意义上讲，脊柱力学平衡只是相对的，脊柱力学失常或失衡才是绝对的。无论是搬抬重物造成的腰椎关节的急性损伤，还是躬身劳作造成的腰背肌肉的积累性劳损；无论是不良姿态造成的脊柱畸形，还是不协调动作造成的微小韧带损伤，都会不断地对腰脊柱的基本椎节单元造成损伤。脊柱的稳定系统为了应对损伤维系基本平衡，一定会产生相应地防御反应，其基本过程如图 4-2 所示。

由于腰椎后关节是腰椎乃至整个脊柱的力学枢纽之一，因此，凡是腰椎（甚或整个脊柱）区域的任何与力学相关的损伤问题都与腰椎后关节有关，都存在腰椎后关节力学紊乱问题。当然，如果原因不同，诊断也会不尽相同。临床上一般会根据损伤的原因或部位来界定诊断。比如，棘上韧带损伤、腰三横突损伤、梨状肌损伤、臀中肌损伤等诊断不同的疾病都会造成腰椎后关节的紊乱。也就是说，诊断虽然体现不出腰椎后关节问题，但从临床实际上看，这些腰椎相关的损伤都会无一例

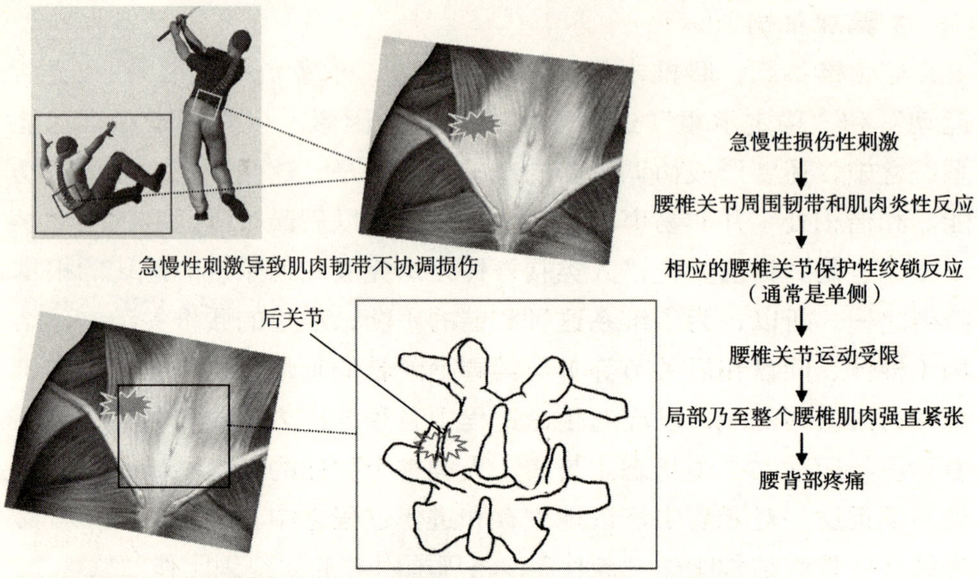

图 4–2　急慢性损伤性刺激导致腰背痛的示意图

外地对腰椎后关节产生力学影响（图 4–3）。换句话说，腰椎后关节紊乱是大部分腰椎相关疾病的关键病理环节之一，它既可以是周边软组织结构损伤导致的结果，也可以是周边其他软组织结构损伤的原因。某些神经根损伤类疾病，诸如腰椎间盘突出、腰椎管狭窄、黄韧带肥厚等也会波及腰椎后关节；甚至某些结构畸形（如腰椎滑脱、峡部裂、半椎体等），炎性疾病（风湿、结核、化脓性脊柱炎等），某些侵犯脊柱关节的肿瘤等疾病，也会导致腰椎后关节的刺激。当然，由于发生原因的不同，主要的病理过程不同，治疗的重点也不尽相同。

总之，前面提到的腰椎局部软组织损伤类疾病主要影响的是脊柱力学的稳定，而作为关键枢纽作用的腰椎后关节，一直是腰椎相关疾病的必经之路和必犯之“城”，将其称之为脊柱力学稳定的“要塞”一点也不为过。其实，人类在一生中总是躲不过这种腰脊柱的失衡问题。如何保持相对的脊柱平衡或代偿平衡，恐怕才是人类在现实生存和进化过程中追求的目标。

相关诊断

1. 腰椎后关节紊乱症

腰椎后关节紊乱是腰痛最直接的基本病理环节。换句话说，腰椎后关节出现的力学问题是最常见的腰痛原因。即便是其他各种因素导致的腰痛，也会对腰椎后关节的力学状态造成影响。

2. 腰椎棘上韧带损伤

腰椎棘上韧带正好位于腰部的正中部位，可以因为牵拉刺激造成损伤。疼痛自然集中在腰部区域（图 4–3），此时消除棘上韧带损伤造成的炎性刺激是解决问题的关键。

3. 腰三横突综合征

腰椎的第三横突比较长，上下穿行的椎旁肌肉都在此处附着“借力”，是腰椎力学系统中十分重要的应力点，很容易因为牵拉刺激造成损伤。此处的损伤会造成局部软组织炎性刺激，进而激发疼痛反应。当然，也会同时激发相应的腰椎后关节刺激反应（图 4–3）。除了腰椎后关节刺激反应性腰痛

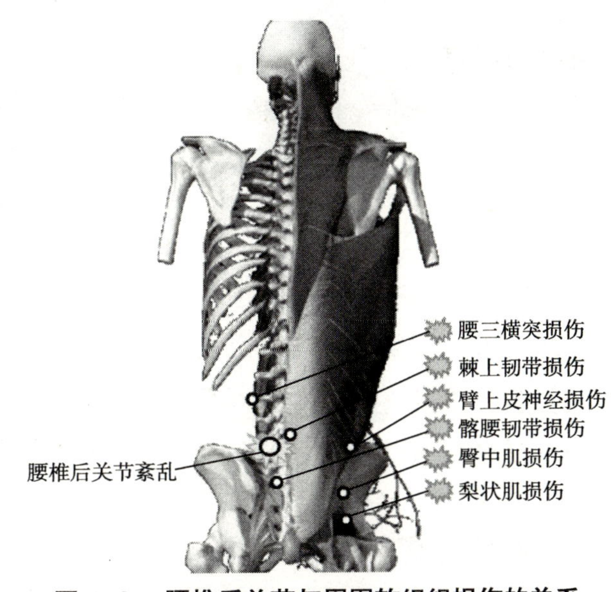

图 4–3 腰椎后关节与周围软组织损伤的关系

以外，本病还会造成神经干刺激引发的下肢疼痛。具体的病理过程详见下一节。

4. 腰椎间盘突出症

腰椎间盘突出也会造成相应腰椎节段的关节刺激和局部软组织刺激，进而引发腰痛，大部分患者还会伴有更为严重的神经根刺激，表现为下肢疼痛或麻木（详见下一节）。当然，有一些腰椎间盘突出症患者神经根刺激并不明显，主要表现为腰椎后关节的刺激性疼痛，此时，可以归类为腰椎间盘突出症的一种特殊类型。

5. 腰椎滑脱症

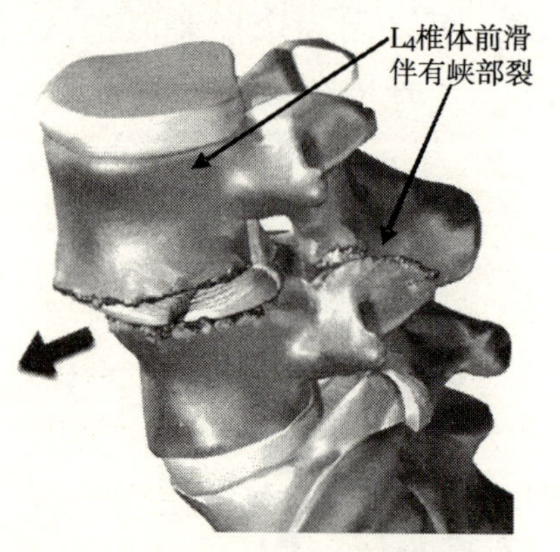

图 4–4　腰椎滑脱伴有峡部裂

当某个腰椎节段脱离正常力线，可以直接引发局部腰椎后关节紊乱和软组织刺激导致腰痛。当然，“腰椎滑脱症”更多的特征是椎管狭窄等症候群（详见下一节）。最常见的腰椎滑脱都是向前滑脱（图 4–4），其中相当一部分患者会同时伴有腰椎峡部裂。过去认为，这种情况应该实施手术治疗，但目前在临床上，大多数患者都可以进行保守治疗。

从脊柱生物力学角度考虑的腰痛问题还有很多。只要是位于腰部脊柱周围的损伤，都必然影响到腰椎后关节的力学状态，破坏腰椎后关节的稳定，也一定会出现比较严重的脊柱力学失衡。当然，在某些情况下，后关节的紊乱只是某个病理影响（如腰椎间盘突出症）的伴发环节，并非整个病理过程的核心环节。

鉴别诊断

腰部疼痛并不一定都是腰椎力学问题。有许多内脏疾病、脊柱结构破坏性疾病或肿瘤等也可以引发腰部疼痛。而这类疾病对腰椎力学状态的影响仅仅是一种波及，主要病理过程的核心并不是腰椎力学问题，有必要加以鉴别。

1. 反射性腰痛

腹膜后及盆腔脏器的疾病也会诱发腰痛。如妇科子宫疾病、输卵管炎症、肾炎、输尿管结石等，甚至某些肠道疾病和肝胆疾病等也可以通过植物神经的体表反射引发腰部的放散痛。这些疼痛的发作一般没有力学原因，但有时也会与腰椎的运动相关。

2. 继发性腰痛

骨关节及其周围组织器质性病变可能导致继发性腰痛，诸如腰椎结核、肿瘤、骨折等。尤其是老年患者，很可能缘于一个微小的扭转动作，虽然没有明显的外伤，也可能出现椎体的压缩性骨折，需要仔细鉴别。

3. 炎性腰痛

主要是一些常见代谢、免疫类疾病导致的腰椎局部（甚至是整个脊柱或四肢的关节）附着组织的刺激，会引发比较顽固的腰痛，如风湿、类风湿疾病以及强直性脊柱炎等。这类腰痛虽然可以通过详细的化验检查获得明确诊断，但实际临床上并非十分容易，即便在正规医院里有时也会因为病情比较复杂而耽误一些时间。

腰痛的鉴别诊断比较复杂，需要在正规的医院找专科医生才可能获得比较完善的检查和鉴别诊断，才可能避免误诊。尽管大多数腰痛都是由脊柱力学问题引发，但是，必要的鉴别诊断是谨防意外的重要环节。

选择治疗

当诊断明确为腰椎后关节紊乱症，最适合的治疗就是脊柱手法治疗。不过，对于比较严重的刺激症状，还需要配合药物治疗。治疗主要包括如下两点。

1. 消除炎性刺激

可以通过局部理疗、口服非甾体类消炎镇痛药物、按摩手法松解局部肌肉痉挛；还可以外用解痉消炎膏药或涂抹镇痛消肿软膏类中西药物等。比较严重的损伤也可以使用脱水治疗。

2. 松解或纠正关节绞锁状态

从前面的发病机制分析上看，急慢性损伤导致的腰椎后关节刺激性绞锁（俗称“错位”）是本病的关键环节之一。古今中外医学界的同仁们发明了许多纠正腰椎关节“错位”的脊柱手法，比如腰椎斜板方法等（图 4-5）。不过，这些方法只有专业医生才可以使用，未经专业训练的人使用这些方法有可能发生意外。

一般性的急性损伤性腰痛（疼痛局限于腰椎局部，行走不受限），即便不做治疗，单纯制动或相对卧床休息，也会在 1 周左右得到自然缓解。但是，比较严重的腰痛，特别是那些无法行走、腰背肌板状痉挛、活动完全受限的情况，往往需要经过卧床休息和正规治疗，才可能在 2 ～ 3 周缓解症状。

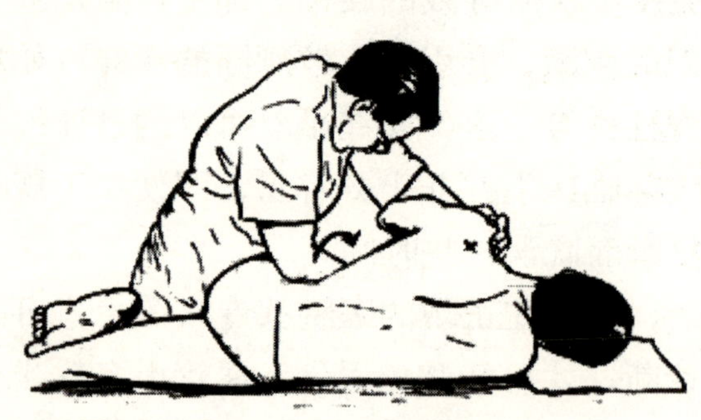

图 4-5　腰椎斜板方法

康复措施

有相当一部分腰痛患者处于一种反复发作的慢性状态。除了长期腰部不适以外，症状经常反复发生，甚至每年都会发生数起急性损伤。虽然，每次经过治疗均可以缓解急性症状，但很难完全祛除腰部的不适感，这种患者需要特别注意缓解期的康复训练。其实，无论哪一类患者，都不要仅重视以缓解疼痛为目的各种治疗，更要特别重视以预防复发为目的康复训练。规律性的康复训练请参考第七章的相关章节。

保健预防

腰椎后关节紊乱引发的腰背痛是人类最为常见的疾病之一，几乎所有人在生命的某一时刻都会经历这种疾病。虽然，从根本意义上讲，腰背痛是由于人类脊柱进化尚不完善导致的问题，但是，如果了解了人类的代偿系统和能力，我们完全可能做到防患于未然。其中最为主要的针对性预防措施就是让腰椎运动起来。比较古人，我们现代人类的腰椎运动十分有限。除了睡眠以外，目前的现代人类在大部分时间里都是坐位工作或生活着。如何使我们的腰椎保持基本的运动功能和应对各种生活事件的能力是至关重要的。作者比较推崇的基本运动原则有两条：一是“规律”，二是“适度”。如何做到“规律”和“适度”请参考第七章的相关章节。

2 腰痛伴有下肢疼痛或兼有麻木

症状表现

“腰痛伴有下肢的疼痛或麻木，或两者兼有”是一个最为常见的、源于脊柱力学紊乱的症候组合。但每个人出现这组症状的具体情况并不相同。

（1）与上一节提到的腰痛发生情况一样，本组症候群的诱发原因虽然不尽相同，但也不外乎着凉、扭伤、疲劳等几个方面。

（2）症状特点也不尽相同：有人一开始就表现为腰痛伴有向下肢的放射痛或兼麻木；有人先是发生腰痛，几小时，甚或几天后再发生下肢疼痛或麻木，而疼痛和麻木在很多情况下并非同时存在；个别情况下，患者可能只有下肢疼痛，没有腰痛。

（3）与单纯腰痛的发病年龄不太一致。本组症候群的发病年龄虽然也可以涉及各个年龄段，主要还是集中在中老年人，不同的年龄段发病特点不尽相同。

发生机制

1. 解剖基础

腰椎的椎体比较敦实，椎间盘也比较厚重，弹性更加充分，承载能力也比其他脊柱节段更为强大。但是，与颈胸椎椎管内走行的脊髓不同，腰椎椎管内主要走行的是马尾神经。所谓马尾神经，就是形态类似马尾巴的一束神经丛，源于被称之为“脊髓圆锥”的脊髓末端。脊髓圆锥位于腰椎起始端，大概相当于第1、2腰椎的位置，而不是脊柱的末端。这是由于人类生长发育过程中，脊髓与脊柱的长度和生长速度不一致而导致的。婴儿刚刚出生时，脊髓与脊柱的长度基本相当，但在后来的生长发育过程中，脊髓生长速度相对于脊柱来讲要慢得多。成年以后，发育停止时，脊柱远远长于脊髓。整个脊柱与脊髓的对应情况请参见图3-2（48页）。这种情况使得腰骶段的脊髓发出的神经组织必须在椎管内穿行一段才能从相应的椎间神经孔发出，形成相应节段的神经根。该神经根在走向远端肢体之前会在对应的局部区域分出对应的分支，支配相对应的关节结构，这个分支称之为腰骶神经后支。这种脊髓与椎节的对应关系在临床上非常重要，不仅对于医生定位脊髓的损伤节段具有重要意义，还可以反过来根据相应区域的神经支配失常情况定位受累椎节。

从解剖图谱（图 4–6）上还可以看到，人体下腰段的组织结构也非常复杂，不仅有神经根，还有许多神经干和软组织，包括肌肉、韧带、筋膜等等。这些组织都与腰椎关节状态有着千丝万缕的关系。

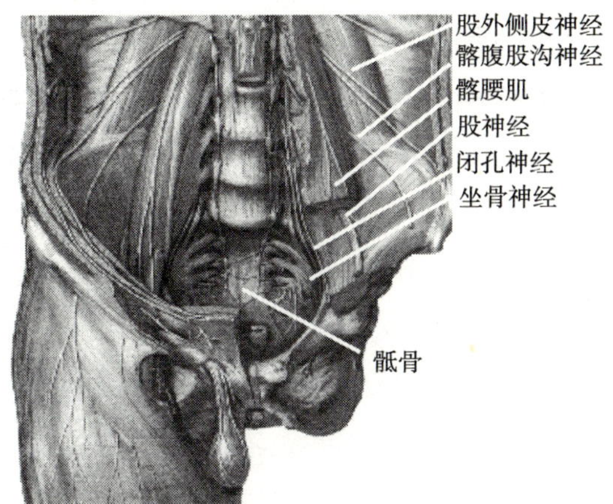

图 4–6 腰骶区域肌肉及神经丛

另外，腰椎前面走行的交感神经链及内脏器官（腹腔后壁的肾脏、输尿管，盆腔内的子宫、输卵管等）也需要腰椎发出的神经来支配。

2. 病理机制

脊柱源性腰腿痛的关键病理机制是腰骶神经根受到刺激和损伤。由于腰骶区的神经根主要支配下肢感觉和运动，所以，该区域的神经根刺激一定会造成下肢疼痛或麻木。而能够引发神经根刺激的腰椎问题一定会导致腰椎后关节力学紊乱和软组织损伤，因此，腰痛的发生自然在所难免。从这个意义上讲，脊柱源性腰腿痛的关键因素有两点：一是神经根刺激，二是局部腰椎关节力学紊乱。进一步追究，能够导致这两点同时存在的病理因素主要在于椎管内、外的结构及功能变化：①椎管内：突出髓核、增生肥厚的黄韧带、退变增生的骨赘、神经组织的肿瘤、结核破坏等，都可能引发神经根的刺激或挤压，也自然可能导致腰及下肢疼痛；②椎管外：后关节刺激绞锁（“错位”）、周围肌肉韧带损伤刺激、椎体肿瘤或结核导致的骨质破坏等，都可以导致腰椎后关节的损伤性刺激，造成局部关节的力学失衡。椎管内外的病理过程可以导致典型的腰骶关节及周围神经组织的刺激，激发腰椎局部和相应神经支配区域的放散性疼痛。

另外，盆腔和腹腔内脏器官的疾病可以引发腰痛，甚至伴有下肢痛（虽然不多见）。这种下肢疼痛是一种牵涉症状，如同心脏疾病可以出现肩痛、胆囊疾病可以引发肩背痛一样。但这些疼痛与脊柱损伤退变没有直接关系。

当然，在具体的临床过程中，脊柱源性腰腿痛还会根据具体的损伤点不同而表现出一些不同特点，在下面的相关诊断和鉴别诊断中再做具体介绍。

相关诊断

1. 腰椎间盘突出症

腰椎间盘突出症是临床上脊柱源性腰腿痛最常见的疾病诊断之一。我们知道，腰脊柱结构部分中最为脆弱的组织就是椎间盘，所以椎间盘导致的神经根问题最为多见。腰椎的椎间盘是整个脊柱承受压力最大的椎间盘，椎间盘纤维环内的髓核组织中的水分随着年龄的增长而减少，髓核内的压力也随之减少。从这个意义上讲，越年轻，髓核压力越大。但年轻时髓核周围的纤维环组织的致密性和弹性很强，固护髓核的能力比较切实，所以，很少出现髓核的溢出或突出。但是，随着年龄的增长，损伤概率的增加，纤维环薄弱部位（如经常承受扭力负荷的后部）常常会出现纤维组织的部分破损，甚或完全破溃，致使半流体状态（黏弹物质）的髓核组织从纤维环内流出。如果髓核向上或向下冲破软骨板，进入椎体被称为“许莫氏结节（Schemols node）”（图 4-7），但这一般并不出现临床症状；如果髓核向前冲破纤维环前部和前纵韧带进入腹腔，也就形成了椎间

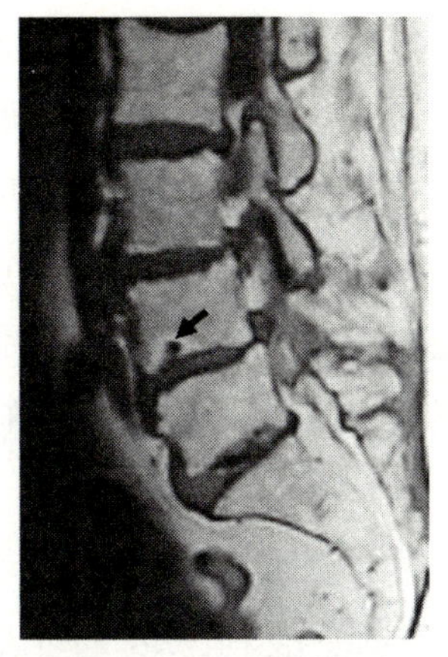

图 4-7 许莫氏结节

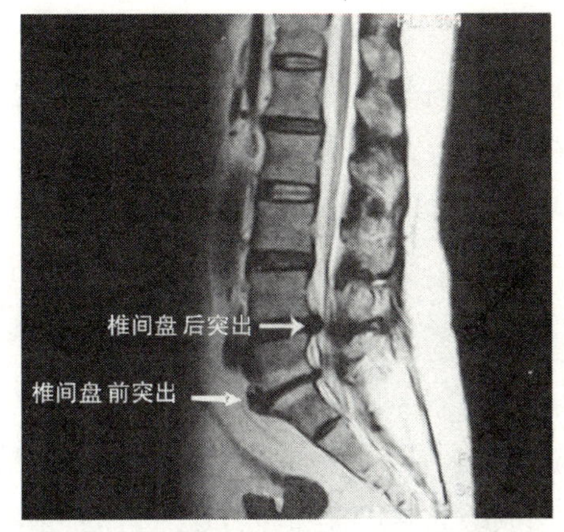

图 4-8 髓核既可以向后突出也可以向前突出

盘的前突出（图 4-8），一般也没有太多临床意义（虽然有报告认为具有临床意义，可能是某种顽固性疼痛的原因，但根据作者的临床观察，还无法证实这种关联）；只有髓核组织冲破了纤维环后部，挤压刺激椎管内组织结构，甚或冲破后纵韧带，进入椎管内的硬膜外腔，直接刺激或压迫到椎管内的神经根组织，才会产生相应的腰痛和下肢疼痛等临床症状。这才是我们一般意义上所定义的“腰椎间盘突出症”（图 4-8）。35 ~ 55 岁的中年人髓核弹性尚未消失，而纤维环破损却比较严重，所以为高发人群。当年龄增长超过 60 岁，尽管纤维环的破损更加明显，但此时髓核的水分急剧减少，弹性下降，甚至部分钙化，已经没有能量冲出纤维环，造成髓核突出，所以，老年人一般不会患腰椎间盘突出症，即便出现腰腿痛，影像学检查发现有髓核突出的征象，也不诊断为腰椎间盘突出症。影像学发现的突出髓核一般都是既往损伤遗留的征象。

不过，从现实意义上讲，突出髓核引发神经根刺激体征或症状只是从病理学角度对腰椎间盘突出症的认识，只是冰山一角。从更广义上讲，髓核突出引发的并非只是神经根刺激，还包括脊柱力学平衡的紊乱。换句话说，髓核突出既是脊柱力学失衡的结果，也是更严重的脊柱力学失衡的原因。这种脊柱力学失常或失衡与神经根刺激是相互影响的。从腰突症的发病可见一斑：首先是力学失衡造成纤维环的破坏，进而发生髓核突出，导致神经根的刺激。而刺激状态下的神经根又激发了整个腰椎力学结构的进一步紊乱，最后甚至导致整个脊柱力学结构的失衡。这是一种典型的力学紊乱导致生物学效应的实例。

在腰椎间盘突出症不同的病理阶段或疾病发展阶段，机体表现出来的基本病理重点是不同的。有时椎管内的神经根刺激成为矛盾的主导，有时椎管外后关节等软组织的局部刺激成为问题的关键，也可能是两者的相互作用导致更加复杂的疾病状态。从基本病理角度上讲，只要是突出髓核对神经根产生刺激，就一定会同时存在脊柱关节的力学失衡问题。但具备脊柱力学失衡征象却不一定必然伴随突出髓核的刺激状态。也就是说，腰椎间盘突出症时的突出髓核有时并不引发直接的根性刺激。或者说，许多情况下，突出髓核是可以被人体代偿适应的。而单纯的脊柱力学紊乱是可以通过力学方法实施校正的。这也是为什么脊柱手法治疗本病可以传承数千年之久的原因之一。

总之，腰椎椎间盘突出导致局部出现神经根刺激和／或压迫是脊柱损伤退变性疾病中最容易引发腰腿痛的疾病之一。典型症状为腰痛及单（双）侧下肢放射性疼痛和／或麻木，或伴见躯干扭转畸形。不典型症状包括：单纯腰痛（见本章上一节），单纯下肢痛或麻木，腰痛伴见大小便异常（见本章下一节），单纯腰部及臀部疼痛等等。

2. 腰椎管狭窄症

骨质增生、黄韧带肥厚等各种损伤或退变原因可以导致腰椎椎管狭窄，可以压迫腰椎管内的腰骶神经，同时引发局部关节紊乱，引发腰腿痛症状。其典型症状为行走时出现间歇性腰腿痛疼痛或麻木（所谓“间隙性跛行”），弯腰下蹲后或坐下休息后很快可以缓解。

腰椎管狭窄症到目前还没有十分统一的、确定狭窄尺度的标准。一般 X 线标准认为，成年人腰椎正位 X 线片上测量腰椎椎弓根之间的距离小于 18 毫米，侧位片椎体后缘到椎板与棘突交界处的距离（椎管矢状径）小于 13 毫米，即可确诊“腰椎骨性椎管狭窄”。但也有人认为，所谓狭窄的尺度应该因部位不同而有所差异，只有椎管矢状径小于 10 毫米才可以确定为绝对狭窄。不过，在实际的临床工作中，作者临诊过相当多的正常人达到了上述标准却并未发生椎管狭窄的临床表现。还发现一些虽然出现临床症状，但在不通过外科干预改变椎管骨性结构的前提下，用保守治疗方式同样可以使症状得到缓解。这也进一步证明了前面反复提到的，生物体所具备的、超强的代偿能力。图 4-9 就是一例 54 岁正常妇女的腰椎 CT 片。该女性并没有任何椎管狭窄症状，但结构学测量却明确显示了绝对的腰椎管狭窄征象。所以，作者认为，影像学意义上“腰椎椎管（结构性）狭窄”并不一定意味着具有临床意义的“腰椎管狭窄症”。相反，有些患者虽然影像学检查没有达到狭窄的标准，却可能明显表现出临床症状。

那么，腰椎椎管结构性狭窄为什么不一定具有临床意义呢？作者认为的可能因素有 3 个：①骨性狭窄大多是渐进性发生，机体对于渐

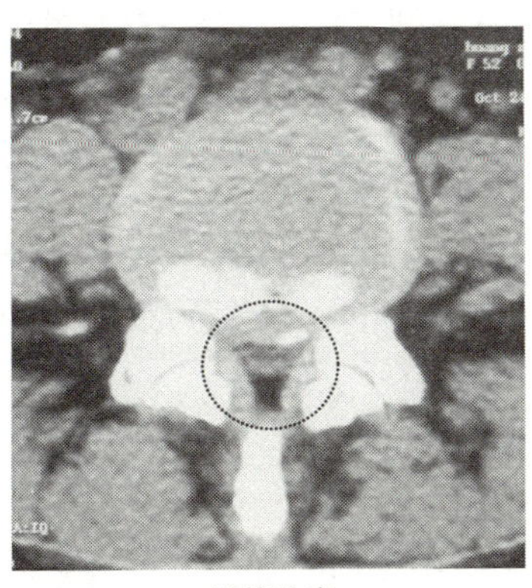

椎管狭窄

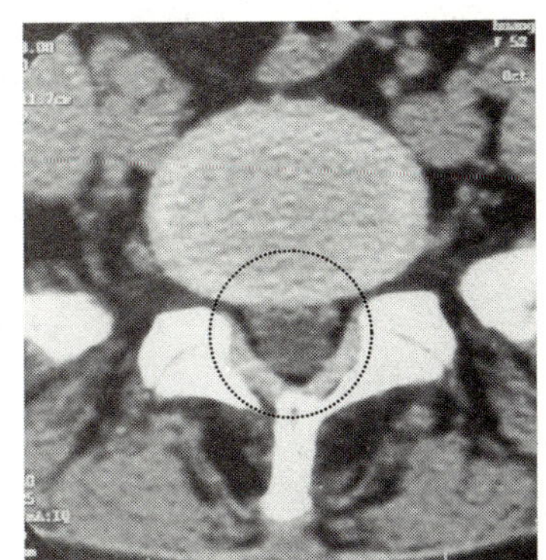

正常椎管

图 4-9　54 岁正常妇女的腰椎 CT 片（左），显示椎管狭窄

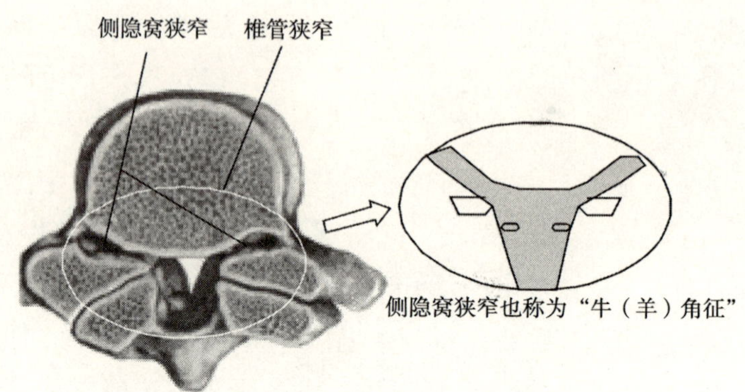

图 4–10　椎管狭窄与“牛角（或羊角）征”

进性发生的退变一般都具有很强的包容能力；②如果相应的关节周围软组织出现急慢性紊乱，造成暂时性的无菌性炎症刺激，则可以使得狭窄区域内的、脆弱代偿的神经组织处于缺血和刺激状态，进而可能发生临床症状；③如果消除了局部关节周围软组织刺激因素，恢复关节代偿稳定，改善局部血循，则可能缓解椎管内的神经刺激，不必手术就可以恢复腰椎的代偿平衡。

另外，“腰椎管狭窄症”在临床上还包括一种特殊情况，称之为“根管狭窄”。根管指的是神经根经过腰椎管侧方走出椎管所必经的通道，该通道被称之为“侧隐窝”。在退变性骨关节疾病的情况下，侧隐窝可以变得十分狭窄。在 CT 或 MR 断层扫描图像上可以形成三叶草形的椎管形态，人称“牛角（或羊角）征”（图 4–10）。根管狭窄的临床症状与椎管狭窄并无明显区别，基本病理改变也存在力学代偿的可能。当然，如果出现无法代偿必须外科手术干预时，要考虑在“根管”狭窄处给予充分的减压。

3. 腰椎滑脱或伴有峡部裂

“腰椎滑脱”也是导致椎管狭窄的重要原因之一。同时，也是相应的腰椎后关节紊乱的病理基础之一。该病既可以导致神经根的损伤性刺激，也可以导致后关节周围的软组织刺激，形成腰腿痛的基础。临床上腰椎滑脱有以下两种情况：①“真性脊柱滑脱”：当腰椎峡部椎弓根(椎体与后关节的连接部分)出现一个断裂带，医学上称之为“腰椎峡部裂(Spondylolysis)”。如果断裂带上位的椎体部分向前滑脱，离开原始的着力点，就称之为真性脊椎滑脱，此时断裂处的后关节部分仍在原处[图 4-11(1)]。峡部裂时在峡部出现纤维软骨样增生，可以对其前方走行的神经根构成压迫或刺激，产生相应的神经根痛。②“假性脊柱滑脱”：如果没有出现峡部裂，只是由于椎间盘退变导致关节松弛而出现受累关节上位椎体向前滑脱，就称之为假性脊柱滑脱[图 4-11(2)]。假性滑脱时，受累椎节上位椎体的前滑会带动后关节前行，造成腰椎管的进一步狭窄，所以，一般认为会出现比真性滑脱更为严重的“腰椎管狭窄症”的症状。当然，假性滑脱会伴有更多的椎间盘突出，这常常使得病情变得比较复杂。腰椎峡部裂的产生原因并不十分清楚。可能与先天发育、遗传因素等有关，也有人认为与后天疲劳骨折有关。并非所有峡部裂患者都伴有脊柱滑脱，而促使椎体前滑的因素也并非十分清楚，似乎与脊柱腰椎曲度太深有关。

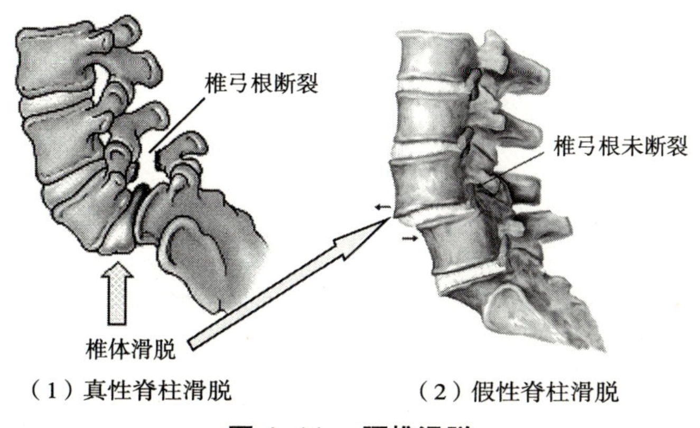

图 4-11 腰椎滑脱

4. 臀上皮神经损伤综合征

臀上皮神经一般由腰椎第 1 ~ 3 脊神经后支外侧支构成，有时，胸 12 脊神经的后外侧支也参与构成。该神经可分成 4 段、6 个固定点：①骨表段：由椎间孔发出，经过“出孔点”骨纤维孔至横突或肋骨（如 T_{12} 参与时）背（上）面，被横突上的纤维束固定，称作“横突点”；②肌内段：指在骶棘肌内向下外走行的部分。进入骶棘肌时有一个钝角转弯的固定点，称为“入肌点”；③筋膜下段：在腰背浅筋膜向下内走行的部分。在走出骶棘肌时也出现一个钝角转弯的“出肌点”；④皮下段：由深筋膜内穿出，行于皮下筋膜浅层段，穿出深筋膜和进入筋膜浅层时，有一个“出筋膜点”，跨过髂嵴进入臀部时有一个“入臀点”。该神经在穿过“入臀点”的骨性纤维管时与髂嵴接触最为密切（图 4–12）。如果该固定点出现病理性狭窄或损伤刺激时，最容易出现臀上皮神经损伤综合征。当然，上述 6 个固定点都可能是局部损伤性炎症和异常的高发部位。臀上皮神经分布于臀部皮肤，支配大腿后外侧组织，一般不易摸到。但臀上皮神经容易在劳动中因久弯腰、躯干左右旋转时受到损伤，造成严重的腰臀部疼痛，疼痛一般

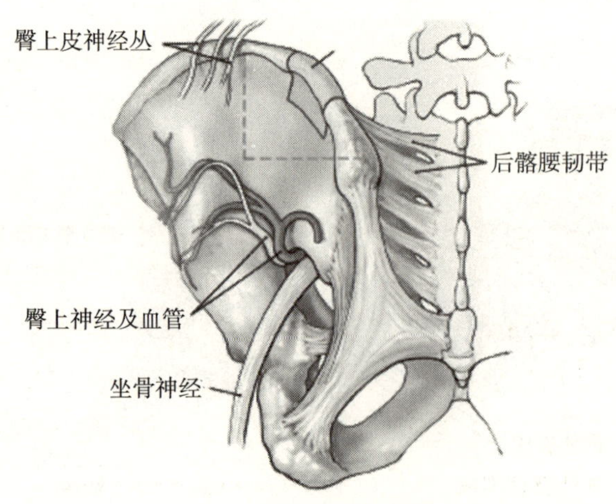

图 4–12　臀上皮神经“入臀点”示意图

不超过膝关节，一般不向小腿放射。腰痛和下肢疼痛，卧位（尤其患侧卧位）时疼痛加剧，站立行走时却可以相对减轻。本病往往在臀上部有固定压痛点，局部封闭后，疼痛可以缓解。了解以上特点，不难与腰椎间盘突出症、梨状肌综合征、第三横突综合征等疾病相鉴别。该病最早是由印度医生于1955年发现，20世纪70年代初期由我国著名骨伤专家冯天有教授首次提出具体的病理假说和保守治疗原则。90年代初期，冯天有教授和王正义教授一起系统地从病理基础、外科和保守治疗的临床观察等角度，对本病做了比较细致的阐述和论证。

需要指出的是，本病也可以由于腰椎间盘突出症而诱发。如果腰椎间盘突出症患者在治疗中期出现腰部疼痛减轻，而臀部疼痛总不缓解的话，需要考虑是否同时合并臀上皮神经损伤。

5. 梨状肌（臀中肌）损伤综合征

梨状肌起于骶骨前外侧中段（$S_{2\sim4}$），穿过坐骨大孔，向外止于股骨大转子。臀中肌是梨状肌的上方毗邻，也是横行的盆带肌，二者功能及解剖位置都很相近，所以很容易同时受损。它们的主要功能是维系髋关节的稳定。通过辅佐髋关节的旋转和内收等运动，维系骨盆的稳定，并借此维系脊柱的平衡。由于梨状肌其间穿行有坐骨神经干，所以，当梨状肌和臀中肌损伤造成肌肉长时间痉挛缺血时，也会造成坐骨神经干的刺激，产生干性坐骨神经痛。因此很难与腰椎间盘突出症相区别。

特别需要指出的是，在许多情况下，梨状肌损伤往往也是腰椎间盘突出症的继发损伤，即便是经验丰富的专科医生鉴别起来也很困难。本病唯一的特点是，在梨状肌及臀中肌走行区域有明确的触压疼痛，疼痛可以向下肢放射，有经验的医生会借此进行诊断。当然，如果患者同时伴有腰椎间盘突出症，临床上还会出现非常典型的腰椎间盘突出症征象。

6. 退变性腰椎后关节紊乱症

腰椎后关节紊乱症是以腰痛为主要症状，一般不出现下肢疼痛，这在前面已经做过比较详尽的阐述。但是，老年退变性脊柱炎基础上的腰椎后关节紊乱症表现比较复杂，经常也会出现下肢疼痛，具体的病理机制比较复杂，大致应该与患者既往存在的脊柱退变基础有关。这类患者即便没有出现明显的临床症状，也会在影像学检查时发现许多退变性损伤的痕迹，诸如脊柱侧弯、生理曲度异常、骨质增生、黄韧带肥厚、椎管狭窄、椎间盘突出等。脊柱生物力学平衡只是处于一种脆弱的代偿状态。一旦出现某个椎节的关节力学紊乱，并不坚实的代偿平衡就会被部分破坏，甚或完全崩溃，原本相对稳定的退变因素往往会像多米诺骨牌一样相继倒塌，带来意想不到的伴发损伤，包括神经根刺激、肌肉韧带软组织水肿、椎旁神经丛、神经干、神经支的炎性刺激等。患者因此可能出现腰痛和下肢的放散痛。但是，除了个别比较复杂的患者以外，大部分这类患者的下肢疼痛都比较轻，相对容易恢复。

7. 腰三横突损伤综合征

腰椎正常生理性前凸的顶点恰好位于第三腰椎，该椎体正好处于力线的转折点，是腰椎活动的中心，尤其是腰椎的旋转运动的扭力中心。由于附着韧带和肌肉的牵扯作用，使该横突承受着比其他腰椎横突更大的牵拉应力。根据“用进废退”的基本生物法则，该横突的发育自然比较肥大和壮硕。从杠杆力学原理来看，较长的横突又必然承受更大的应力。因此，传统观点认为，本病的关键病理环节就在于腰三横突担负了过多的应力载荷。从力学角度来看，较上下位椎体横突都要长一些的腰三横突在躯干运动时杠杆扭力负荷最大，在端点的肌肉附着区比较容易造成局部损伤（图 4-13）。由于不协调应力作用，很容易造成其附着软组织发生损伤性炎性改变，进而导致局部肌肉、韧带，甚至周围神经组织受累，发生一系列的相应临床症状。但是，根据临床经验看，单纯的腰三横突应力损伤并不多见，大都合并于腰椎间盘突出症或其他腰椎关节疾病时所伴发的腰大肌痉挛。此时，可以认为腰三横突损伤是腰椎间盘突出症或其他疾病的伴发症状。所以，本病的主要临床表现常与腰椎间盘突出症症状群合并出现。如果是单纯的腰三横突损伤，腰痛位置略高，下肢的放散痛一般不过膝。有时会出现腰三横突区域走行的几条神经干（如髂腹下神经、股外侧皮神经等）的刺激症状，导致腹股沟区及大腿外侧或前侧疼痛，在局部腰三横突区域的深部触诊可及压痛和结节。

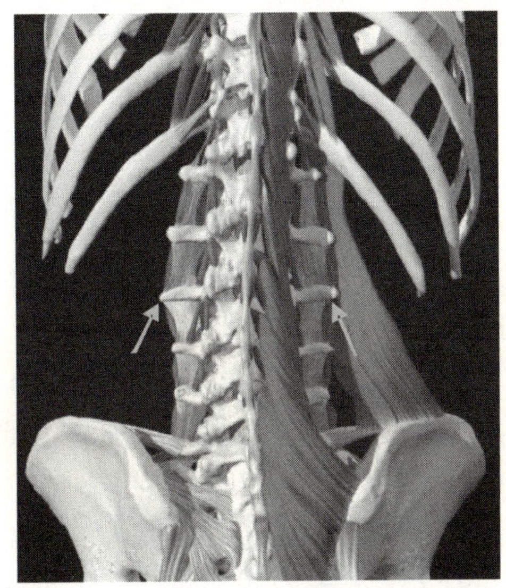

图 4–13 腰三横突较长容易承受较大扭力负荷

8. 骶髂关节损伤

骶髂关节是连接骶骨和髂骨之间的关节，是一个由多条韧带连接和固护的、非常稳定的微动关节。骶髂关节的重要作用之一就是将脊柱的负荷通过骨盆环引导到双侧的髋关节，再传达到双下肢。躯干的突然屈伸和旋转运动有可能造成单纯性骶髂关节的损伤。尤其是某种急慢性腰椎疾病（如腰椎间盘突出症等）导致腰椎的旋转侧弯，可以引发局限性腰骶区域肌肉的不对称痉挛，而骨盆处于对应性的扭转状态，使得双侧骶髂关节产生持续性的扭力负荷，造成骶髂关节周围韧带的缺血性损伤，最终导致骶髂关节的保护性错位绞锁状态。所以，许多情况下，骶髂关节损伤属于一种继发损伤。由于骶髂关节周围有盆带肌群和穿行的坐骨神经和骶丛神经，所以骶髂关节损伤也会由于对坐骨神经刺激造成坐骨神经痛，对骶丛神经刺激造成耻骨区疼痛、小便淋漓不尽等症状。临床专科医生还可以通过某些物理检查，如 Patrick 征（4 字试验）及 Geaslan 征（床边试验）等进行诊断。

9. 腰椎不稳症

腰椎不稳症是一种以腰椎结构力学失常为病理基础的疾病。其基本病理是：腰椎椎间关节由于退变等因素导致椎间盘高度下降、关节周围韧带松弛、关节稳定结构缺失，进而使得以往椎节间运动的弧形环转形式变成了滑移错动形式（图 4–14），运动使椎节间产生阶梯状形态，形成了滑脱态势。在腰椎 X 线摄片就会发现：立位与仰卧位腰椎侧位 X 线平片受累椎节的移动超过 9%，或者立位与俯卧位比较超过 6%，即可形成本病的诊断。本病多发于中老年，主要表现为腰痛伴含混不清的臀部或大腿后区疼痛或酸胀感，疲劳后加重，与慢性腰椎后关节紊乱症表现基本一致。作者认为，根据临床经验，这种疾病应该被认为是腰椎后关节紊乱症的一种特殊形式，但并不一定非要通

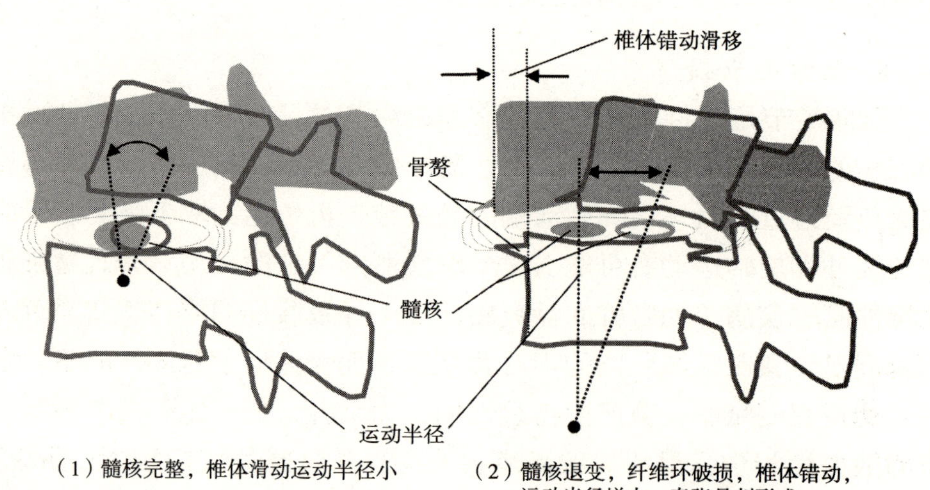

图 4–14　退变后的椎节运动由原先的弧形环转形式（1）变成了滑移错动形式（2）

过手术改变腰椎错动的力学特征，仍然可以通过保守治疗和功能锻炼改变腰脊柱的代偿适应能力。

鉴别诊断

腰痛伴下肢麻痛并非都是腰椎生物力学紊乱导致的问题，许多牵涉腰椎力学紊乱的疾病都可能引发这种症状，最常见的有如下几种。

（1）内脏疾病引发的腰腿痛：如妇科子宫疾病、输卵管炎症、肾炎、输尿管结石等，甚至某些肠道疾病和肝胆疾病等也可以通过植物神经的体表反射引发腰部的放散痛。这些疼痛的发作一般没有力学原因，但有时也会与腰椎的运动相关，需要加以鉴别。

（2）椎管内外其他疾病引发的腰腿痛：骨关节及其周围组织器质性病变可能导致继发性腰腿痛，诸如腰椎结核、椎管内外的各种肿瘤、骨折等。有时神经根刺激、腰骶神经丛的刺激、神经干的刺激，也会诱发腰腿痛。尤其是一些老年患者，在没有明显外伤的情况下，也可能发生椎体的压缩性骨折，甚至继发局部腰骶神经刺激，导致类似单纯关节力学紊乱的腰腿痛。所以，在临床上对老年患者出现的腰腿痛更要仔细鉴别。

（3）软组织炎性疾病导致的腰腿痛：主要指的是某些风湿类疾病导致的腰腿痛。这些疾病可以导致脊柱周围韧带等软组织产生免疫反应性炎症，造成炎性损伤，继发关节失稳或紊乱，导致腰椎关节周围、甚至整个脊柱关节及四肢关节出现刺激性软组织反应，引发比较顽固的腰腿痛，诸如风湿、类风湿性关节炎、强直性脊柱炎等。这些疾病也往往会与单纯腰椎力学紊乱引发的腰腿痛混淆，需要特定的血液检查来甄别。

腰腿痛的鉴别诊断比较复杂，单纯的脊柱损伤退变性原因引发腰腿痛就很难区分和鉴别，所以才有“病人腰腿痛，医生脑壳痛”的戏说。去正规的医院找专科医生是获得相对完善诊治的基本保证。不过，再高明的医生有时候也很难尽善尽美地应对每一个复杂的腰腿痛问题，患者自身对临床症状的细致观察可以为专科医生提供重要线索，为医生选择最佳的诊治方案提供重要基础。

选择治疗

一旦明确诊断为腰椎脊柱力学紊乱导致的腰腿痛，就可以根据不同的诊断和病理过程选择不同的治疗。根据前面提到的脊柱损伤退变性疾病的病理特点，脊柱后关节状态往往是治疗的重点环节之一。具体的治疗措施如下。

（1）消除炎性刺激：无论诊断和病理机制有何具体不同，只要是以脊柱力学紊乱为主的疾病，在急性期都会出现神经根、神经丛、神经干和局部软组织的炎性刺激，甚或水肿。所以，急性期的消炎镇痛是非常必要的。临床上最常使用的方法包括：脱水、局部封闭、理疗、口服非甾体类消炎镇痛药物、按摩手法松解局部肌肉痉挛等。也可以配合外用解痉消炎膏药或涂抹镇痛消肿软膏类中西药物等。

（2）恢复脊柱力学平衡：从发病机制分析上看，无论是急性、还是慢性损伤，只要属于脊柱损伤与退变性疾病，都会出现受累节段的后关节刺激性绞锁，进而导致腰脊柱（甚至整个脊柱）的力学平衡紊乱。所以，古今中外的医生们在治疗腰腿痛时都特别重视使用纠正腰椎关节力学紊乱（“错位”）的方法，诸如腰椎牵引、脊柱手法等。不过，这些方法只有专业医生才可以使用，未经专业训练的人使用这些方法有可能发生意外。

（3）针对性治疗：除了上述的基本治疗以外，针对不同的诊断和病理过程需要特殊的治疗关注。比如，腰椎滑脱及腰椎管狭窄的患者大都年事较高，实施手法治疗时需要特别注意手法的力度和角度；腰3横突综合征、臀上皮神经损伤、梨状肌损伤等患者，经常伴有椎旁的局部应力点损伤，往往需要配合局部封闭治疗；腰椎间盘突出症患者急性期经常伴见严重的神经根水肿，可以配合硬膜外封闭治疗。

（4）外科治疗：保守治疗并非可以解决所有问题，在某些情况下，还是需要外科手术治疗。尽管比例不高，但患者必须做好精神准备，特别是巨大的腰椎间盘脱出、髓核游离、腰椎滑脱严重（Ⅱ度以上）、椎管狭窄久治不愈者都需要考虑手术治疗。关于手术治疗的选择可以通过向专科医生的咨询而获得。

康复措施

凡是属于腰脊柱损伤退变性疾病导致的腰腿痛患者，大多可以通过保守治疗完成脊柱力学结构的代偿稳定。不过，代偿相对容易，稳定却需要很长的时间才能达到。如果不能达到代偿稳定，相当一部分腰腿痛患者将处于一种病情反复发作的慢性状态，最终不得不接受外科手术治疗。因此，腰腿痛患者治疗后的康复措施尤为重要。前面提到，无论诊断及病理过程有何不同，都必须重视以缓解疼痛为目的各种治疗，还要特别重视以预防复发为目的康复训练。基本康复训练可以参考第七章的相关章节。但下述几个问题需要特别注意：

（1）腰椎间盘突出症比较严重的患者，诸如髓核脱出或游离、多节段突出者，或躯干发生严重的、长时间的扭转畸形的患者，其康复期时间大多会比较长，有时甚至需要1年以上才能完成脊柱力学系统的基本代偿。康复训练需要特别加强自重牵引、矫形鞋训练等内容（166，168页）。

（2）腰椎峡部裂伴有脊柱滑脱的患者在康复训练过程中，需要特别注意“弯腰压腹”（167页）和加强腹肌的训练，只有通过加强躯干前部腹肌的张力，才能够缓解腰曲过深带来的腰背肌韧带的过度紧张。具体做法见第七章的相关章节。

（3）具有椎旁应力点及神经干损伤（如腰三横突综合征，臀上皮神经损伤，梨状肌损伤等）的患者，在康复期训练时需要格外注意腰椎旋转动作的幅度，一定要尽量避免运动的不协调性。这些患者腰背部肌肉对称性的恢复比较慢，需要适当放缓旋转功能训练的进度。

（4）许多腰腿痛患者都是老年人，这些患者的康复期训练要量力而行，尽量避免大幅度、高强度的训练。由于老年患者经常会有其他老年性内科疾病合并存在，在康复训练中要特别注意心脑血管的承受能力。

保健预防

脊柱损伤退变性疾病引发的腰腿痛是人类最为常见的疾病之一。从根本意义上讲，这类腰背痛症候群也是由于人类脊柱进化尚不完善导致的问题。具体的保健措施因人、因病而异，如何根据自身情况来确定自身保健预防原则是问题的关键，具体情况请参考本书的第七章的相关内容。

3 腰腿痛伴有大小便异常（或兼性功能障碍）

症状表现

有些腰腿痛患者在出现腰腿痛症状的同时，还会出现大小便异常，或者同时伴见性功能障碍。大致有如下几组症候表现：

（1）下肢运动功能受损症状：表现为膝关节及其以下肌肉无力，膝、踝关节及足部功能明显障碍，行走不稳；迈步时甚至需要奋力抬起髋关节才能前行，医学上称为“涉水步态”，也就是说，好像在水中行走必须抬起髋关节才能前行。严重者可以出现单（双）侧下肢瘫痪。

（2）大、小便异常：大致有两种情况：①大便和/或小便次数增多，便意强，量却很少，总有排不尽的感觉。②肛门内有一种插入一根木棍的异物感，整个臀部会阴区域都有异样的感觉；或者感觉如同贴身穿着许多衣物而感觉不敏感，大便无力或完全失禁；尿少，点滴不出，甚至完全尿不出（尿潴留）。

（3）性功能障碍：性功能一般会丧失或部分丧失，诸如阴茎不能勃起或勃起不坚。

上述症状并不一定同时存在，但临床意义基本一致，只是个性化的表现不一而已。

发生机制

1. 解剖基础

前面提到过，腰椎椎管内走行的是马尾神经组织，也就是说，在腰椎椎管内穿行是由脊髓腰骶部发出的神经丛，形似马尾。这些马尾神经组织中间的一部分主要支配的是骶区及盆腔内组织器官。其中包括膀胱和直肠。膀胱及直肠的括约肌是调节排便和排尿功能的主要器官，而这些括约肌的功能支配就是缘于马尾神经中的骶神经（图4–15）。

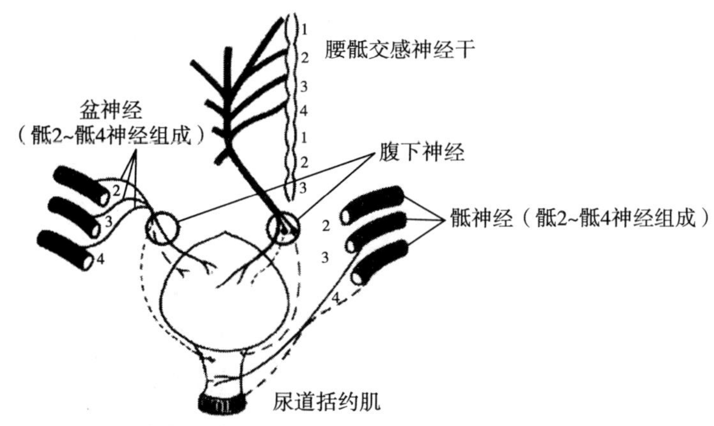

图 4–15　膀胱反射过程中的括约肌功能支配缘于马尾神经中的骶神经

2. 病理机制

大小便和性功能均为脊髓最下段的骶髓发出的神经直接支配，但同时还要受到大脑皮层的调节。也就是说，控制大小便等功能的低级中枢在骶髓，而由骶髓发出的支配大小便功能的神经就是马尾神经。当马尾神经受到刺激或伤害时，就可能出现大小便等功能障碍。从脊柱退变的角度上讲，比较容易出现马尾神经损害的病理因素，是椎管内的占位性病变，如腰椎间盘的突出髓核组织等。不过，由于与大小便功能有关的神经传导是由双侧神经支配，而大多数占位性病变刺激或压迫的只是单侧的马尾神经，因此，由于有对侧马尾神经的代偿，大多不引起大小便及性功能障碍。只有当椎管内突出髓核等异物比较大，或者产生较强的刺激，导致椎管内小静脉淤血，局部组织出现严重的缺血、缺氧和炎症反应时，才可能导致所支配的膀胱及直肠括约肌、阴茎海绵体等组织功能出现紊乱或丧失，继发大小便和性功能问题，临床上称为"马尾神经损害"。有研究表明，骶尾神经走行在马尾区域时的营养供应主要来源于脑脊液，当各种占位病变导致脑脊液环流障碍时，就可以造成马尾神经营养障碍，这种损伤可以迅速产生逆性反馈，导致支配大小便等功能的骶髓前角细胞大量凋亡，最终形成本病的病理基础。

相关诊断

一般说来，最容易引发大小便功能失常的马尾神经损伤的脊柱退变性疾病主要包括腰椎间盘突出症、腰椎滑脱、椎管狭窄等。

1. 腰椎间盘突出症

传统认为，中央型腰椎间盘突出症可以引发马尾神经损伤，被认为是手术的绝对适应证，但实际情况并非如此简单。临床上并不能简单地通过突出髓核的位置来判定是否会出现马尾神经损伤。其实，许多医生都遇到过大量的所谓腰椎间盘“中央型突出”（图4–16）的患者，并没有发生马尾症候群。根据大量的临床观察，腰椎间盘突出症引发的马尾神经损伤很可能与突出髓核继发急性、广泛性椎管内炎性刺激有关，而与是否“中央型”突出并无密切关联。这种刺激可以导致双侧马尾神经的广泛损伤、代偿功能被基本破坏，自然会出现膀胱及直肠功能失常的临床表现。

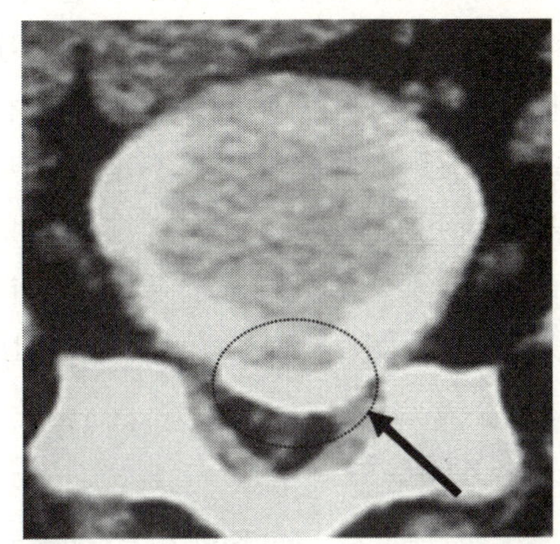

图 4–16 无症状的“中央型腰椎间盘突出”

2. 腰椎管狭窄症

骨质增生导致腰椎管狭窄，按照传统理论讲，也应该是机械性压迫马尾神经的原因。但在现实临床上，虽然发现大量的患者具备了解剖学含义上的椎管狭窄，诸如“三叶草”型或“羊角型”椎管（图 4–10，76 页），但真正发生马尾神经功能失常的情况并不多见。因此，患者不必特别在意某些临床经验不多的书本医生不断“警告”的、可能会导致“瘫痪”的这种所谓的“腰椎管狭窄症”。有经验的医生都知道，只有很少一部分在测量学意义上的椎管狭窄可能造成马尾神经损伤。

3. 腰椎滑脱

腰椎滑脱与腰椎管狭窄症一样，也是在教科书上被列为必须手术的疾病。因为腰椎椎体的滑脱可以导致非常严重的马尾神经功能失常。从解剖形态上看，滑脱的椎体似乎会压迫马尾神经（图 4–12，

78 页），导致其功能失常应该是顺理成章的事情。但是，临床上有许多腰椎滑脱患者尽管马尾神经已经出现明显的压迫征象，仍然没有任何症状。其道理与前面叙述的腰椎椎管狭窄和腰椎间盘突出症是一样的。因为腰椎滑脱一般都不是外伤后突然形成的，逐渐形成是滑脱的基本病理过程，那么机体往往有时间对其进行适应性代偿。人类似乎对许多结构异常都具有超强的代偿能力。当然，仍然有小部分患者会因为种种原因出现代偿紊乱，进而出现马尾功能异常。

鉴别诊断

腰痛伴见大小便功能失常或性功能障碍并非一定是脊柱退变性疾病造成的，只要能够造成马尾神经损伤的任何疾病都可以导致这组症候群，其中不乏一些需要立即进行紧急外科干预的情况。比较常见的有如下几种：

1. 腰椎骨折

椎体或附件骨折，骨折块或破碎的椎间盘也可以突入椎管，直接压迫损伤马尾神经。骨折块甚至还可以穿入硬膜内造成对马尾神经的直接刺激，导致其出血和疤痕化，即便是椎体压缩性骨折，也可能导致椎管内软组织产生皱褶，使椎管极度狭窄，造成马尾神经的缺血性损伤。骨折一般都有外伤的原因，但有些老年人的外伤常常不明显，所以，必要的影像学检查对明确诊断非常必要。

2. 强直性脊柱炎

强直性脊柱炎的晚期可能会合并马尾神经综合征，但并不多见。主要由于强直性脊柱炎合并了蛛网膜炎，形成憩室样囊肿并不断扩大，导致脊髓圆锥或/和马尾神经受压，继而表现出马尾神经损伤症状。但强直性脊柱炎往往是一个慢性过程，不太容易在早期被发现，即便患者是在接受专科治疗，有时也会被忽略，好在这种情况比较罕见。

3. 椎管内出血

骶管动脉瘤破裂造成局部出血，可以导致马尾神经粘连和压迫导致马尾神经损伤症状，这也是一种十分罕见的情况。

4. 麻醉意外

某些手术中使用腰椎硬膜外麻醉时，其穿刺针具偶然可以造成硬膜外脉络丛出血，导致硬膜外血肿而压迫马尾神经，使马尾神经受损；另外，硬膜外麻醉针有时直接误入蛛网膜下腔，损伤了马尾神经，使其发生水肿和粘连；还有，麻醉剂的毒性作用也可能造成马尾神经损伤。由于患者有手术史，这些情况相对比较容易得到鉴别。

5. 手术意外

在腰椎间盘突出症做外科切除手术时，可能由于手术动作粗暴或术中使用神经剥离子（一种分离神经组织的手术器械），长时间挤压硬膜囊及马尾组织，直接导致马尾神经及神经根损伤；也可以是缘于不合理的椎板切除减压，导致腰椎不稳或滑脱，继发马尾损伤；手术后的疤痕形成，也可以直接产生马尾神经压迫；还有一种可能就是，在使用纤维外科的溶核治疗方法（将椎间盘髓核用药物溶解）治疗腰椎间盘突出症时，将溶核药物误注入椎管内，导致马尾损伤，或是注入髓核后使髓核溶解成碎片，而碎片进入椎管导致了马尾神经损伤。

选择治疗

如果明确诊断为脊柱力学结构紊乱或损伤造成的马尾神经损伤，一般都认为是手术治疗的绝对适应证。但是，根据作者的临床经验，仍然有一部分患者可以考虑接受保守治疗，一般可根据病情轻重将患者分成如下两类。

1. 马尾神经（压迫）阻断型

由于突出髓核等占位组织的压迫和刺激比较严重，使得马尾神经受到广泛损害，神经通路几乎完全阻断，造成马尾神经功能丧失。主要表现为肛门内木棒状异物感、尿少，甚至尿潴留、便秘（无力排出）；医生检查可以发现明确的鞍区（骶臀部区域）麻痹和肛门反射（一种生理反射，需要医生通过物理检查获得）消失等；患者表述在裸身状态下也总有穿着裤子的感觉。这种情况只能考虑手术治疗。

2. 马尾神经刺激损伤型

如果马尾神经的损伤并不完全，则会出现一组比较轻微的马尾神经不全损伤的刺激症状。主要表现为：大便和/或小便次数增多，大便意强，量少；医生检查也可以发现不典型的鞍区麻痹，肛门反射减弱或无变化；患者有时会感觉到鞍区麻木。这种情况可以考虑保守治疗。保守治疗的方法与上一节腰腿痛的急性期治疗大致相同。但一定要慎用手法治疗，即便是具有丰富临床经验的医生且患者存在适应证时，也要特别注意手法治疗的力度和时机。在保守治疗过程中，要十分谨慎和密切观察，一旦出现症状加重，应该立即转为手术治疗。

康复措施

由于腰脊柱损伤退变性疾病导致马尾神经损伤的患者很多都需要手术治疗，如果手术治疗比较成功，按照常规的康复办法实施康复训练即可。但也有一部分患者可以通过保守治疗达到脊柱力学结构的代偿稳定。还有一部分患者虽然经过手术治疗，仍然不能达到理想的神经功能恢复的结果。这些不同的患者在康复期的注意事项并不相同。

（1）手术后神经功能完全恢复的患者：按照常规的物理康复原则，即可达到比较理想的功能恢复。参见第七章相关章节。

（2）手术后神经功能未能完全恢复的患者：需要按照神经损伤的康复原则实施恢复。马尾神经属于周围神经，周围神经损伤后恢复都比较慢，马尾神经恢复更慢，原因在于马尾神经中的脊神经根供血太差，没有局部的或节段性的动脉供应。但是，通过长期的运动也可以达到神经的恢复或部分恢复。主要的运动方法包括躯干及下肢的控制能力、平衡能力及协调能力训练。

（3）保守治疗有效的患者：仍然需要注意下肢的功能训练，也包括肢体平衡、控制、协调几个方面。同时，还要注意一般性的、为腰背痛患者设计的康复训练。

保健预防

请参考本书第七章的相关内容。

4 腰腿痛伴有足下垂（行走时足尖下垂拖地，抬不起来）

症状表现

有些腰腿痛患者在出现腰腿痛症状的同时，还会伴有足下垂症状，一般只出现在一侧，行走会出现跛行（瘸腿）。患者感到脚踝无力，穿拖鞋行走时甚至可能将拖鞋踢掉或者根本穿不住拖鞋，往往需要高抬膝盖才能真正地把患侧的脚抬离地面，医学上称为“跨域步态”。同时，患者还可能伴有腰及下肢疼痛或麻木等症状。当然，也可能只是有足下垂症状。

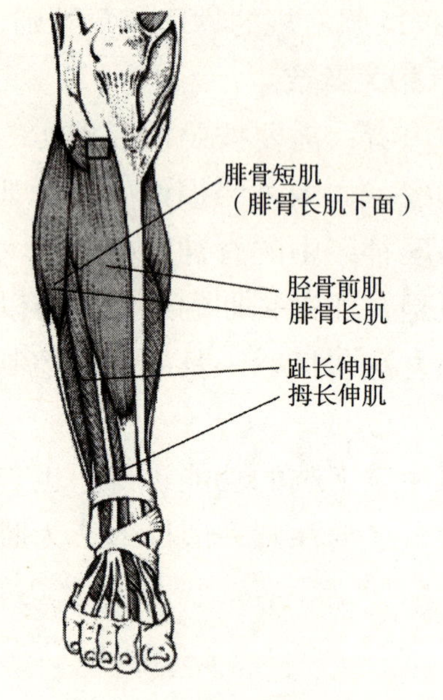

图 4-17　胫骨前肌群（由腰 4 ~ 骶 3 神经根支配）

发生机制

1. 解剖基础

抬起足背和脚踝这个动作需要的小腿前面的肌肉群，包括胫骨前肌、踇长伸肌、趾长伸肌、腓骨长肌、腓骨短肌这五块肌肉，归属腓总神经支配。腓总神经源于脊髓腰骶段的神经，由腰骶区的神经（腰 4 ~ 骶 3）发出的神经根组成（图 4-17）。

2. 病理机制

当腓总神经出现损伤时就可能会导致该神经支配的肌肉无力，脚踝也就抬不起来了，形成所谓的足下垂。理论上讲，腓总神经走行的任何一段出现问题都可能造成足下垂症状。但是如果从脊柱损伤退变性疾病的角度上看，如果出现了足下垂症状，一定是在脊柱相关节段出现问题。但是，从上面腓总神经的解剖基础可以发现，腓总神经的组成并非源于单一神经根，而是由多根神经组成的，包括腰4 ~ 骶3等。所以，我们可以认为，如果出现了足下垂症状，一定发生了比较广泛或严重的多条神经根损伤。这些神经根的损伤导致组成腓总神经的主要成分不能正常工作，控制和支配胫骨前群五块肌肉的能力下降或消失，进而导致足踝关节无力背屈上翘，甚至容易出现踝关节内翻损伤（俗称崴脚）。一般来讲，如果是腰椎关节问题造成的足下垂，大都不是完全性的足下垂，而是部分足下垂，损害和刺激的神经根越多，足下垂症状也就会越严重。除此之外，由于足背伸肌群长时间不能正常工作，自然也会逐步发生肌萎缩。

相关诊断

最常见的脊柱力学问题造成的疾病诊断有如下几种。

1. 腰椎间盘突出症

前面的解剖基础告诉我们，腰 4、腰 5 神经根是腓深神经的主要组成成分，而腓深神经是小腿背伸动作的主要神经。最容易导致腰 4、腰 5 神经损伤的疾病就是腰椎间盘突出症。

2. 腰椎管狭窄症

骨质增生导致腰椎管狭窄，理论上讲，也可以压迫或刺激腰骶神经造成足下垂症状。但在临床上，大部分解剖或影像学意义上的所谓“椎管狭窄”大都不会造成足下垂。前面已经提到过，只有很少一部分测量意义上的椎管狭窄是有临床意义的，但这一小部分非常少见的情况更需要引起警惕。

3. 腰以上脊柱损伤导致的足下垂

有时，在临床上可以出现比较罕见的腰椎以上的脊柱问题导致单侧足下垂症状。比如，颈椎或胸椎出现椎管狭窄，也会在某种特定的情况下出现单侧足下垂。不过，这种情况非常罕见。

4. 腰椎滑脱

腰椎椎体的滑脱也可以导致支配足背伸的小腿前区的神经（腓总神经）受到损害，导致足下垂。在理论上讲，这与腰椎椎管狭窄的道理基本一致。但有经验的临床医生都会发现，绝大多数腰椎滑脱患者都不会出现足下垂症状。这是因为，大部分腰椎滑脱都是一个慢性过程，一般是可以被人体脊柱力学系统缓慢代偿的。但是，有一小部分急性创伤造成的腰椎滑脱，可能会由于马尾或神经根损伤而代偿不及，造成腓总神经的部分损害，需要引起警惕。

鉴别诊断

足下垂并非只是在腰椎退变性疾病时可以出现，在主管足背伸动作的神经支配通路上，任何一段受到损伤都可能发生足下垂。包括高位中枢神经系统的病变，诸如脑瘫、先天性马蹄足、脊髓灰质炎后遗症等，都可以由于上位神经元支配功能的丧失而导致下肢出现足下垂症状，但是这些疾病一定会伴有其他相关的中枢神经系统病变症候群，比较容易被鉴别。而周围神经肌肉病变，诸如进行性肌营养不良、筋膜间隔综合征及周围神经损伤也可以导致足下垂，但往往也可以通过这些疾病的特有体征和症状予以鉴别。不过下列一些情况有时需要与脊柱退变性疾病引发的足下垂进行仔细的鉴别。

（1）胸椎椎管内肿瘤：有些良性肿瘤，诸如胸椎椎管内的脊膜瘤有时会通过部分阻断脊髓脊髓传导束而阻断腓总神经，逐渐出现单侧下肢的足下垂症状。

（2）颅内肿瘤：有些颅内肿瘤（如脑脊膜瘤）、缓慢生长在某一侧大脑的脑脊膜瘤也会出现对侧的足下垂。

选择治疗

如果明确诊断为脊柱力学问题造成的足下垂，部分患者还是可以考虑保守治疗的。但是，一定要根据具体情况区别对待。

1. 腰椎间盘突出症引发的足下垂

一般认为，腰椎间盘突出症伴有足下垂是手术的绝对适应证，但实际情况并非如此。此时，即便是做了手术，由于神经组织损伤具有不可逆转的特性，其功能的完全康复也是很难的。只有那些发现症状早并及时（24 小时内）做手术的患者才有更多的康复概率。不过，一般情况下，很少有人可以在这么短的时间内想到做手术。而且，即便很早做了手术也并非一定可以完全康复。

腰椎间盘突出症出现足下垂时也有两种情况：一是行走时足尖无法完全抬起，有明显的跛行，同时伴有腰及下肢疼痛；二是除了跛行和足下垂以外，并不伴有下肢及腰部的疼痛。前一种情况出现时，虽然也属于手术治疗适应证，但有时可以通过保守治疗达到一定程度的缓解或痊愈；而后者只能采取手术治疗，但如果错过了最佳手术时机的话，手术治疗也很难达到完全康复。

2. 腰椎管狭窄症、腰以上脊柱损伤及腰椎滑脱引发的足下垂

前面提到，影像学意义上的所谓“椎管狭窄”、腰椎滑脱大都不会造成足下垂。但对于少部分由于椎管狭窄或腰椎滑脱造成的足下垂病例要十分警惕，一般都要实施手术治疗。

3. 腰椎以上脊柱关节紊乱造成足下垂

此种情况比较少见，大部分症状较轻，有时只表现为抬足无力。治疗上可以尝试保守治疗，通过改善微循环可能达到缓解症状的目的。

总之，那些属于脊柱损伤退变性疾病引发的、处于慢性刺激状态的患者，可以在诊断明确的基础上，接受相应的保守治疗措施。不过，那些由于急性损伤而突发的足下垂症状，一般还是应该选择紧急手术。

康复措施

由于腰脊柱损伤退变性疾病导致的足下垂患者，无论接受保守治疗还是手术治疗，大都不能很快获得康复。即便那些进行了手术治疗的患者，也经常因为错过了最佳时机而达不到理想效果。那么，康复阶段的恢复性训练就显得十分重要。最主要的康复训练仍然是下肢的

力量训练。同时包括肢体平衡、控制、协调等方面的训练。部分患者可以尝试患侧下肢的踮足尖行走训练：每天进行行走训练 2 ~ 3 次，每次 30 分钟；行走时每隔 5 分钟实施患侧踮足尖行走 30 秒~ 1 分钟。

当然，患者还要同时注意一般性的腰椎功能康复训练（请参考第七章的相关内容）。

保健预防

请参考第七章的相关内容。

第五章 选择恰当的治疗

作者提示

脊柱力学紊乱类疾病的保守治疗十分繁杂，涉及了多个医学学科和专业。公说公有理，婆说婆有理，到底谁有理，关键在机理。本章节就常见保守治疗方法的机理问题做一个简介，希望让读者有个初步认识。

脊柱的劳损与退变病大多可以实施保守治疗，只有很少一部分需要手术干预。有资料显示，在中国大陆地区寻求治疗的脊柱软组织损伤类患者中，约 99% 以上主要接受保守治疗（欧美的统计是 95% 左右），只有不到 1% 的患者接受手术治疗（欧美是 5% 左右）。关于手术治疗方法已有许多脊柱外科专著给予介绍，这里仅就保守治疗的基本方法做简要的介绍。

目前，临床上比较常用的保守治疗方法很多，甚至十分繁杂，我国大陆地区的情况尤其如此。那么，从众多的治疗当中，如何选择恰如其分的、适合自己病情的治疗呢？这往往是患者十分头痛的问题。铺天盖地的广告和纷繁复杂的治疗方法，经常让患者胡乱投医，无所适从。本章节主要介绍各种常见保守治疗的基本原理，使患者初步明确对自己疾病可能有效的治疗方法。作者以为，保守治疗大致可以分成两类，一是非结构干预类保守治疗，二是结构干预类保守治疗。

1 非结构干预类保守治疗

所谓非结构干预，是指对脊柱关节结构不进行干预的保守治疗。常见方法如下。

支具固定

支具固定的主要器具有硬腰围、硬领围、胸腰支架等固定器具。

主要机制 限制脊柱的活动。通过制动，减少局部损伤性的刺激，达到消除局部损伤性炎症、缓解疼痛的目的。

适应证 大部分腰椎疾病（引发神经根刺激或后关节刺激症状者）及部分颈椎病（局部刺激严重）患者。

注意事项

（1）极少数皮肤过敏者，不宜佩戴皮腰围或领围。

（2）腰围和领围需要按照医生的医嘱佩戴，一般只是在刺激症状严重、脊柱容易失稳时才佩戴。

（3）如果疼痛基本缓解或只是偶发疼痛，一般不必佩戴。长期佩戴支具会造成椎旁肌肉僵硬，甚至萎缩。

卧 床

卧床休息是最古老、最常用的保守治疗方法。

主要机制 与支具固定一样，也是一种制动手段，但同时可以减轻关节负荷。

适应证 同“支具固定”。

注意事项

（1）颈椎病患者尽量不要卧床，因为卧床会造成颈部肌肉缺血和关节僵硬，不利于颈椎疾病的恢复。很多腰椎疾病患者长期卧床后都继发形成了颈椎问题。

（2）急性期卧床并非完全制动，只要不产生刺激性症状，就应该做肢体的规律性床上屈伸运动。

（3）卧床的床具应该是硬板床加厚褥子（8 ～ 10 厘米，约 6 层军用褥子的厚度），也可以用加强席梦思床垫。到底如何判定其硬度，有一个简易方法：仰卧位放松状态，自己用手平展开伸到腰下，如果感觉到比较有阻力但能够基本插入，则意味着床的硬度恰到好处。如果十分费力也很难插入，则说明床具太软；反之，太容易插入，则床具太硬。

（4）枕头是最重要的卧具之一。最好的枕头应该是荞麦皮枕头，既透气，又可以塑型。原则上应该让颈和头都要有枕头的支撑，尤其是颈下要垫实，侧卧或仰卧都应如此（图 5–1）。荞麦皮枕头的大小因人而异，充实度为 2/3 ～ 3/4。枕头的高度为 8 ～ 15 厘米，也是因人而异。具体高度的原则是既要“头和颈部均要有充实的依托”，还要能使“颈椎维系正常的曲度”。这里面有两层含义：枕头既要枕着

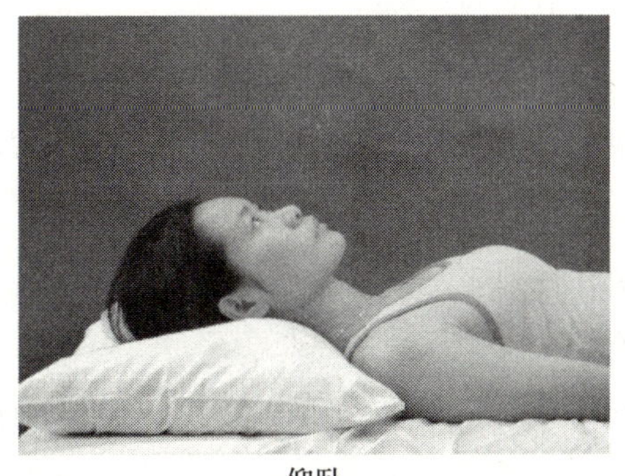

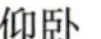

仰卧

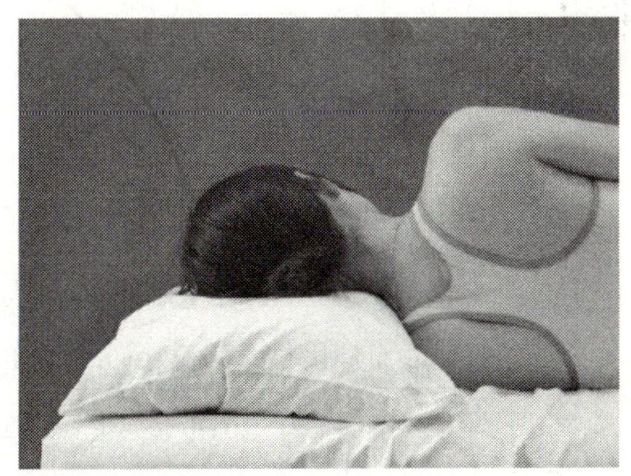

侧卧

图 5–1 枕头的高度

颈，也要枕着头；侧卧或仰卧都要保持脊柱的自然生理曲度。这里介绍一种比较简易的颈椎枕制作方法，将充实适度的枕头在中央偏中下 1/3 处封上一条线，使得下 1/3 处的荞麦皮比较充实枕着颈部，而上 2/3 部分相对松散枕着头部。充填的高度因人而异，以舒适为宜（图 5-2）。

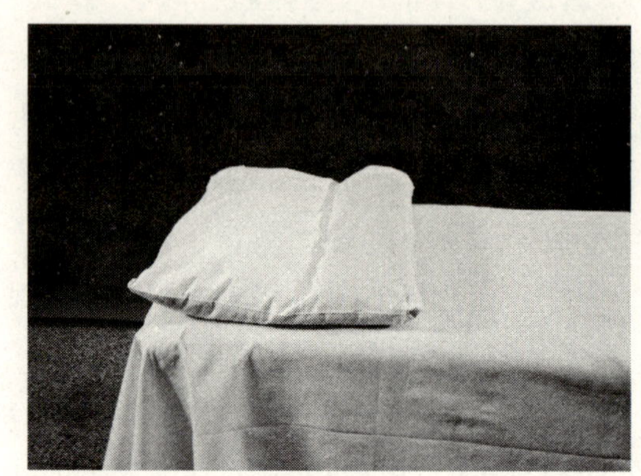

图 5-2　简易定型枕头

药　物

药物治疗是一种非常重要的治疗手段，大致分成镇痛消炎、营养神经、改善血液循环等几种类型。

主要机制　根据不同情况达到消除刺激性炎症和水肿（刺激水肿期的患者一般会有比较剧烈的疼痛）、改善神经营养状态（神经功能障碍患者一般存在无力、麻木等感觉异常症状）、改善局部血液循环（主要针对慢性疼痛、僵硬症状为主的患者）等。

适应证　根据药物的不同作用，适应于不同的状况。

（1）急性疼痛期多使用非甾体类消炎镇痛药物，有时甚至会增加一些脱水药物。

（2）慢性炎症状态的时候，要使用一些改善微循环类药物。

（3）有神经损伤征象时应该使用一些神经营养剂。

（4）一般亚急性期或慢性恢复期的患者都可以使用一些中药或中成药。但中药的使用需要辨证实施才会更为准确。根据患者情况的“寒热虚实”和个体状态辨证用药是中医的精髓，因此不能以病求药，要以证求药。也就是说，要根据患者自己的具体病况（症状体征），寻求中医师的辨证。正规的中医师会结合患者的个体情况给出最恰当的中药处方或成药。

针灸（针刀）

针灸是最为古老的治疗方法，传统上用于镇痛治疗。

主要机制 针灸是针刺和艾灸两种治疗的统称。临床上更为常用的是针刺治疗［图 5–3（1）］。针灸的治疗机制并没有完全阐明。一般认为，针刺属于一种非伤害性刺激，可以调节神经递质的分泌，改变神经对冲动刺激的感应，进而达到镇痛效应。通过镇痛效应达到局部肌肉痉挛的缓解，使关节刺激性绞锁状态得到改善。艾灸［图 5–3（2）］则是通过艾草的“温经散寒止痛”作用，在特定的穴位上堆积点燃后通过温热效应达到促进局部血循、解痉镇痛效应。临床上，针刺的应用远比艾灸更普遍。

针刀治疗则是近 30 年来出现的一种微创疗法，结合了中医针灸理论和现代软组织剥离术的一些基本理论，是中西医结合的产物。尽管其理论仍然存在许多争议，但在国内医疗市场的确占据了一席之地。作者认为，针刀治疗主要通过微创针具在受累疼痛局部做松解剥

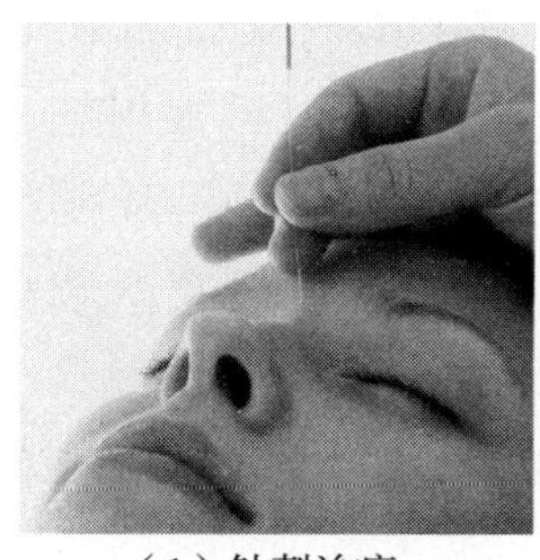
（1）针刺治疗

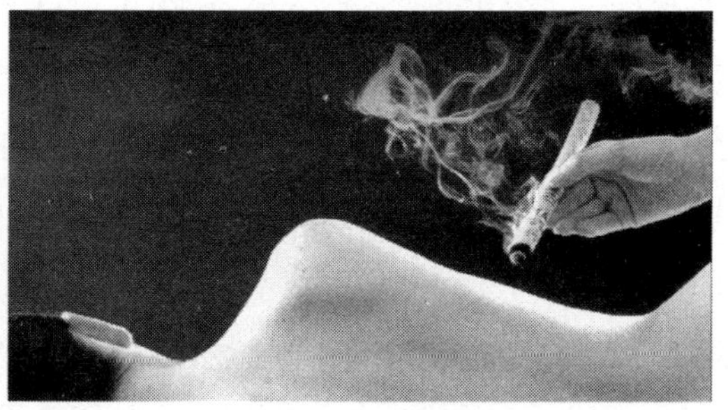
（2）艾灸治疗

图 5–3　针灸治疗

离，达到解除局部粘连、改善局部血循的作用，甚至可以切断部分感觉神经纤维、截阻痛觉反射传导，进而达到镇痛效应。

参考适应证 疼痛、麻木症状为主的各种疾病，理论上都可以使用针灸或针刀治疗。

注意事项

（1）严重内脏疾病或体质虚弱不能耐受针刺或针刀刺激者；

（2）全身或局部有急性感染性疾病不能接受针灸和针刀治疗；

（3）施术部位有重要神经血管或有重要脏器而施术时无法避开的，一般不能做针刀治疗；

（4）凝血机制不良或有其他出血倾向的慎用针灸治疗，禁用针刀治疗；

（5）精神敏感、血压高、心脏病患者慎用针灸治疗，禁用针刀治疗；

（6）恶性肿瘤患者禁用针灸或针刀治疗。

封 闭

封闭治疗是一种神经阻滞治疗技术，是以麻醉制剂为主的局部药物注射治疗。

主要机制 利用麻醉制剂的神经阻滞效应，辅佐应用类固醇制剂（目前还有人混用神经营养等药物），达到局部缓解炎性损伤刺激的效应。封闭主要分为痛点封闭、椎旁小关节封闭、神经根封闭、硬膜外封闭、骶管封闭等（图 5-4）封闭治疗的主要作用是消除局部刺激和水肿，对于异常结构（如骨刺或突出椎间盘等）并没有溶解或消融作用。

适应证 各种炎性刺激性急慢性软组织疼痛都可以使用这种封闭治疗。

注意事项 局部封闭治疗属于一种传统的常规骨科或软伤科治疗

方法，安全可靠，历史悠久。但是，如同其他所有侵入性治疗一样，封闭治疗也有可能出现一些比较罕见的副作用。有下列事项需要提醒患者：

（1）尽管有些常规药物按照药典规定的不需要做过敏实验，但仍然会出现极个别的药物过敏现象，医生常常无法预测，患者则需要慎重选择。

（2）有时可能因紧张等因素出现体位性晕厥或疼痛性休克。因此，患者一定要向医生告知既往病史，尤其是心脑血管疾病的病史，并尽量放松情绪，配合完成治疗。

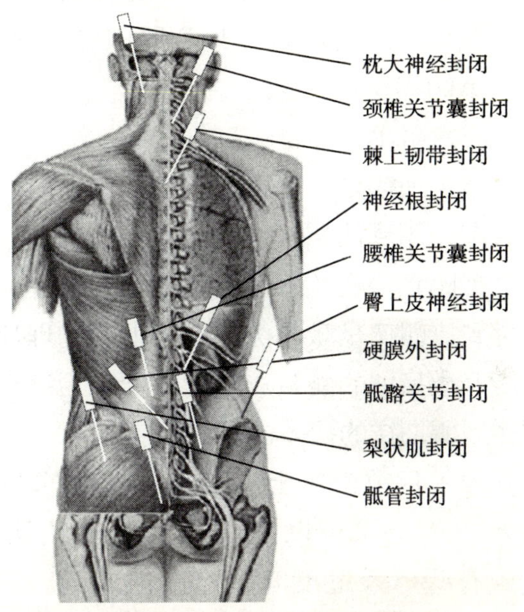

图 5-4　各种常见封闭

（3）封闭操作时，恐惧或体位变化可能导致肌肉痉挛、滞针等现象。因此，患者应尽量保持放松状态。当偶然需要咳嗽等体位变化动作时，一定要先向医生示意，避免发生意外。

（4）不要空腹接受封闭治疗。

理　疗

理疗是指利用各种物理仪器或物理效应达到治疗目的的方法。

主要机制　通过物理仪器发出的电、磁、热等效应，在损伤组织部位产生消炎、改善微循环等作用。

适应证 主要用于相对表浅的急慢性关节及软组织劳损性炎症刺激。但许多具有明确温热和肌肉电兴奋的理疗不能用于急性损伤和比较严重的损伤性刺激。

注意事项

（1）理疗是一种很常用的治疗手段。但是，理疗仪器大多是通过某种效应作用到浅层软组织（1厘米左右）来达到目的的。脊柱关节损伤的位置比较深在（一般都在5厘米以上），一般理疗仪器的作用效果很难达到。即便是激光类穿透力很强的理疗仪器能够达到理想的深度，也不能产生足够的能量。因此，理疗治疗对于比较深在的脊柱关节损伤很难达到所期待的疗效。

（2）目前市场上有很多家庭用的简单理疗仪器，大多以脉冲电、磁效应为主，可以达到一定程度的肌肉放松和消炎镇痛作用。但是，有些厂家过度夸大产品的功效，甚至称之为无所不治的万能仪器。患者在使用产品过程中，除了需要仔细阅读产品说明书以外，还必须明确，由于对家用理疗仪器安全性能的要求比较高，因此其治疗性能会相应地大打折扣。

非结构干预保守治疗的缺憾

上述各种治疗对于脊柱的力学结构紊乱都不做调整，只是聚焦于结构紊乱引发的软组织刺激性炎症。我们知道，无论是哪种脊柱劳损与退变性疾病都与结构状态失常有关。单纯处理紊乱引发的局部软组织刺激，有时也可以使关节紊乱得到恢复，但这种恢复大多并不完善。而结构紊乱状态得不到圆满的纠正，必然影响脊柱力学的平衡。

换句话讲，如果脊柱关节出现了紊乱（无论是继发于周围软组织损伤，还是本身的关节错位），只是通过各种办法去缓解周围刺激性炎症或镇痛，一般很难达到错位结构的完全恢复。当软组织刺激消除以后，即便疼痛症状消失，结构紊乱仍然可能存在或部分存在，最后导致结构失衡的残存，为将来的力学结构平衡留下隐患。图 5-5 是一个 64 岁农村妇女的腰椎 X 光片，可以看到明显的腰椎侧弯。患者叙述曾经多次发生腰椎的劳损和扭伤，但从未认真做过关节调整治疗，大多依靠吃药或卧床缓解症状。年纪大了以后，症状越来越频繁，最后不得不住院治疗，这与年轻时的治疗不当有关。当时的治疗没有对紊乱的关节进行调整，使关节紊乱残存和遗留，最终导致腰椎不稳。

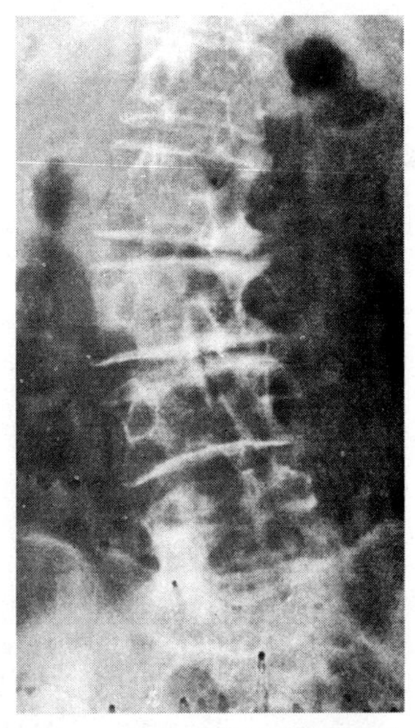

图 5-5　64 岁妇女的腰椎片

2 结构干预类保守治疗的基本方法

顾名思义，所谓结构干预是指那些对脊柱结构会产生力学影响的治疗方法，主要包括如下几种。

牵　引

牵引治疗是颈腰椎损伤与退变类疾病最常进行的、较为传统的保守治疗方法之一，很早就在教科书上有所记载。

主要机制　牵引的原理无外乎减少椎间压力负荷，缓解小关节刺激及椎旁肌痉挛。其治疗关键在于拉开椎间隙、增大椎间孔、松解椎间关节（间盘及后关节）绞锁，达到减缓压力负荷的目的。

主要作用 解除椎间孔狭窄导致的神经根压迫和刺激（一般指颈椎）；还纳突出椎间盘组织，进而减少神经根的刺激（一般指腰椎）（图 5-6）。但是，最近几十年有许多研究表明，牵引并不具备还纳突出椎间盘的效应。

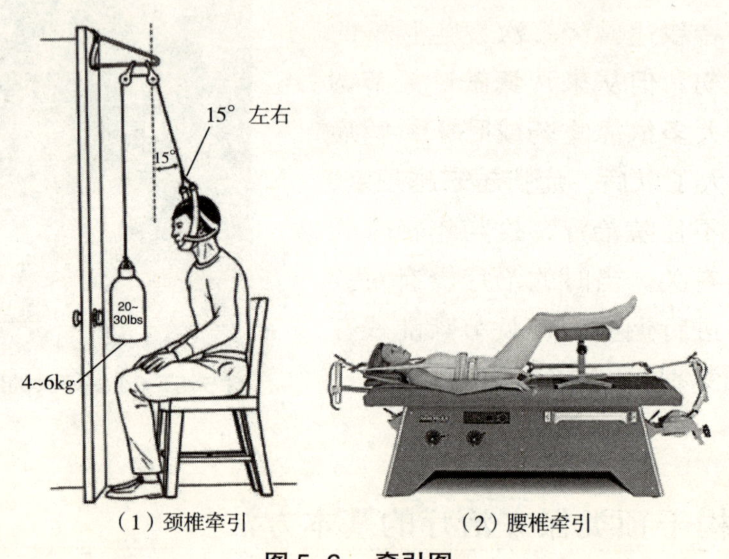

（1）颈椎牵引 （2）腰椎牵引

图 5-6 牵引图

适应证 牵引的适应证与卧床的适应证基本相同，主要用于颈椎和腰椎关节紊乱导致的刺激性疾病，诸如根性刺激症状比较严重的颈椎病、腰椎间盘突出症等。

注意事项

（1）牵引治疗目前有泛滥的趋势。对所有的颈腰椎疾病都给予牵引治疗，是不可取的。最简单的评价办法就是疗效观察，如果出现牵引过程中或牵引后症状加重，或毫无疗效都不应再行牵引治疗。

（2）倒挂牵引（图 5-7）也是国外比较常见的牵引治疗。但是，老年患者或有心脑血管疾病的患者最好不要使用。

（3）颈椎牵引有一定的风险性。脊髓性颈椎病或刺激症状比较严重的椎动脉型颈椎病牵引时要特别小心，一定要有医护人员的保护。

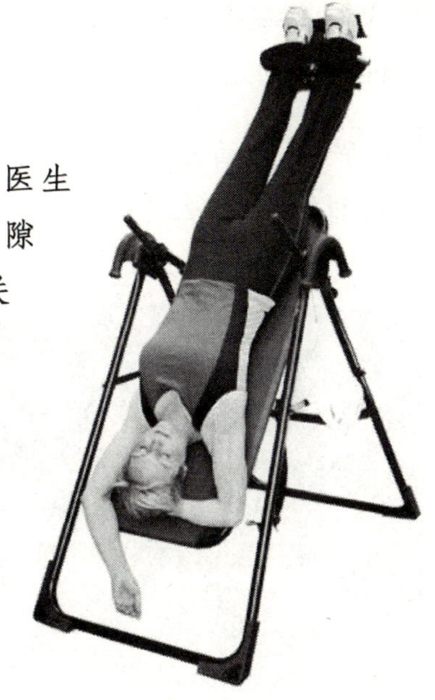

图 5–7 倒挂牵引

附：一次性“腰椎三维正脊疗法”

在临床实际应用传统牵引治疗时，医生们发现，在许多情况下，所谓的椎间隙“狭窄”并不是脊柱力学紊乱疾病的关键，而后关节痉挛性绞锁（错位）经常是脊柱力学紊乱的主要原因。一般的牵引治疗不能完全缓解关节的不对称绞锁和椎体的旋转位移，由此应运而生了“腰椎三维正脊疗法”。也就是说，在腰椎牵引状态下，增加一个突发的旋转扭力，试图借此达到缓解和纠正关节错位的效应。这种治疗对于关节紊乱的纠正可能会带来一定效果，临床上也取得了一定的疗效。其实，这也是基于各种脊柱手法的基本原理而设计的牵引方法。但作者认为，和一般的脊柱手法一样，这种方法不可能对突出的椎间盘产生任何还纳效应。另外，设定机器的旋转扭力与操作者的经验有关，所以，可能会因为定位精确度、扭力设定错误造成意外损伤，导致疗效有时并不理想。因此，在选择这种治疗时，要十分慎重。

手法治疗

手法治疗有很多门派，包括中医的“推拿疗法”（别称正骨、按摩等），欧美则有“整脊疗法 (Chiropractic)”、“整骨疗法 (Osteopath)”、“手法物理治疗 (Manipulative Physical Therapy)”，或称“手法骨科

(Manipulative Orthopedic)”、“手法外科 (Manipulative Surgery)”等。如果我们不考虑其门派的特点，单纯根据手法的作用形式可以分成下面三种类型。

1. 关节松动手法

关节松动手法也称为关节运动手法，是一种使关节在运动极限内被动实施运动的方法。通过逐渐增加关节运动幅度，松解关节周围软组织的痉挛，达到缓解关节紧张、涩滞的状态，改善局部血液循环，促进炎症吸收的作用。欧美的“整骨治疗”师和手法物理治疗师都将这种手法专门归类，但在我国则被兼容于推拿手法之中（图5–8）。

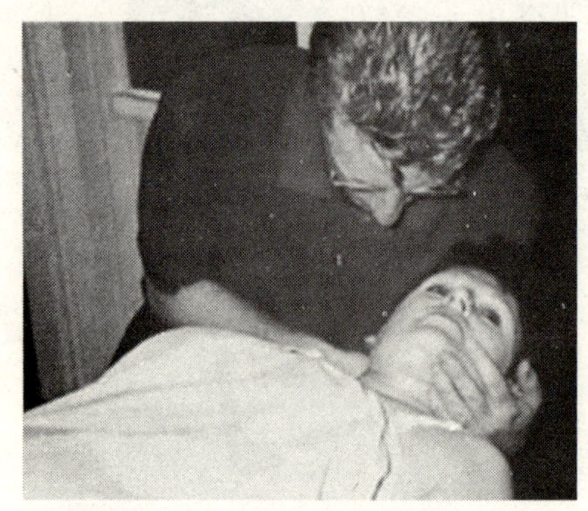

图 5–8　颈椎关节松动手法

2. 关节调整手法

关节调整手法也称为“冲击手法（Thrust）”，是针对关节出现绞锁的“解锁”手法，或曰“关节纠正”手法或“关节复位”手法。通过关节抵达运动极限位后的冲击调整，使关节解除绞锁，恢复正常的结构和运动状态（图 5–9），进而改善关节周围由于关节绞锁引发的肌肉痉挛性刺激，促进刺激性损伤炎症的吸收。该方法在欧美以“整脊治疗”医师最为推崇，国内的传统中医及中西医结合正骨、按摩、推拿医师也经常使用。

3. 软组织手法

软组织手法是针对局部软组织痉挛而实施的一种按摩手法，以我国传统中医按摩师最为推崇。传统中医按摩师将按摩手法在皮肤

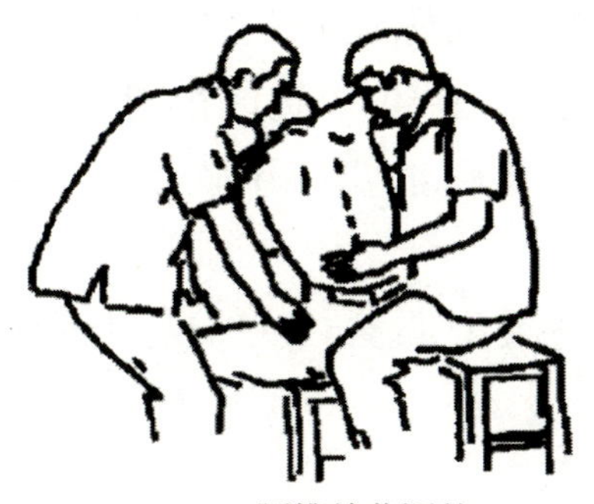

腰椎关节调整 1

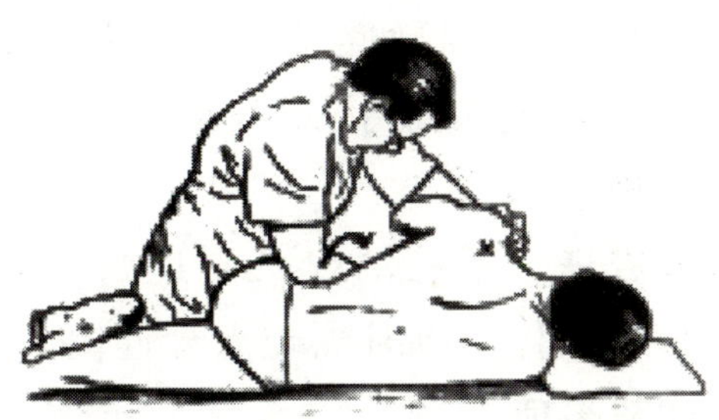

腰椎关节调整 2

图 5-9 腰椎关节调整

上实施的牵拉、点压、揉捏、摩擦等动作分成十几种形式，通过经验归类和五行类比，赋予不同的功效，并以此指导临床实践达数千年。而西方欧美的软组织手法则目的单纯，以能够达到松解局部肌肉紧张痉挛为基本原则。这种软组织的按摩手法据说具有抑制致痛因子的作用，当然，主要还是用于缓解局部软组织的痉挛紧张状态（图 5-10）。

上述三种手法在临床实际的治疗中大多是合并运用的。软组织手法多在先，关节松动次之，关节调整最后。但也有人将软组织手法和关节松动手法合并运用，关节调整手法大多放在最后。国内传统中医推拿医师经常将这三种方法穿插结合，总结成多种套路，形成所谓的“推拿疗法”。国外则可以统称为手法治疗（Manual Therapy）。

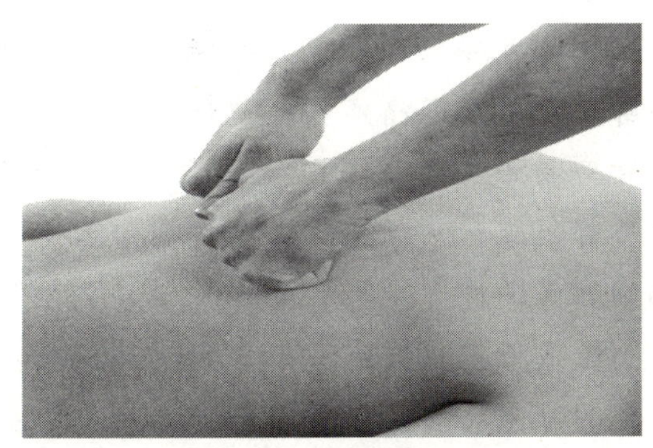

图 5-10 软组织手法

主要机制 手法治疗是针对两个基本问题设计的治疗方法，一是脊柱关节的刺激性紊乱和畸形状态；二是椎旁肌肉的痛性痉挛。前者主要通过关节手法来进行调整，后者则主要应用软组织手法来进行松解。

适应证 手法治疗几乎适合于各种类型的脊柱劳损与退变性疾病。但在具体实施时需要十分谨慎。

注意事项

（1）在中国，脊柱手法治疗被包括在推拿、按摩、正骨等治疗之中，不同的医师有不同的侧重，或者侧重软组织，或者侧重骨关节，但无论侧重点有何不同，脊柱关节调整都是脊柱手法的核心。

（2）相对其他部位来讲，脊柱手法治疗存在很大风险，没有经过医学基本培训或没有经过正规训练的人，很难把握手法治疗的尺度，容易出现偏差。

（3）对有些类型的脊柱劳损与退变性疾病要十分慎重地实施手法治疗，这主要是指那些出现脊髓和神经根刺激症状的患者。对有些关节损伤比较严重的患者也要慎重实施手法，尽量避免接受粗暴的手法治疗。

附：全麻大推拿

20世纪中叶，流行过全麻大推拿手法。这种方法的基本理论是通过全身麻醉阻滞疼痛感觉，使疼痛刺激性痉挛状态得以解除，从而比较顺利和容易地实施关节位置的调整和“复位”。“全麻大推拿”曾经在东西方都很流行。但是，该方法由于麻痹了患者的感觉神经，使患者失去感知和保护能力，可能会在关节“复位”时对局部敏感组织（如神经根等）造成严重损伤，进而导致手法意外。麻药药效丧失后则可能表现出严重的刺激反应，况且，麻醉本身也存在一定的风险，患者选择时也要十分慎重！

第六章 常见脊柱疾病的误区

作者提示

众所周知，脊柱相关性颈肩腰腿痛的诊治并没有达到尽善尽美的地步。甚至在医学界内部，学术争议也显得异常尖锐。这些学术争议对广大患者和公众产生了很大的影响。在本章，作者就临床上常见的、令大家感到“纠结”的问题提出一些看法。

脊柱损伤与退变性疾病属于常见病，许多病名已是家喻户晓，诸如颈椎病、腰椎间盘突出症、腰椎滑脱、腰椎椎管狭窄等。但是，正如作者在本书的概论中提到的，由于这类疾病涉及学科非常多，不同的专科对疾病的研究和观察角度并不完全一致，因此，在学术界产生了许多争议。这不仅为基层医务工作者带来了许多困惑，更为不懂医的患者和读者们带来了许多不便并由此产生误区。作者根据从事脊柱软伤临床工作20余年的专科治疗经验，结合大量的临床观察和试验，将一些比较常见的临床争议提出来，并附上个人的解读，希望可以为广大读者和同道们提供初步解惑和抛砖引玉的作用。

1 颈椎病的误区

误区 1　颈椎 X 线显示颈椎曲度反向或变直就意味着患了颈椎病

颈椎曲度反向是颈椎 X 线检查报告中最常见出现的一种“异常”征象，许多人在正常体检时都会得到如此的结果。许多医学教科书上关于颈椎病 X 线诊断的一 个主要征象也都谈到这种颈椎的曲度改变问题。缺少临床经验的部分医生看到 X 线诊断报告中写有“颈椎曲度变直或反向”（图 6-1），会直接做出“颈椎病”的诊断。受检人接到这个诊断，就会大惊失色，惊恐万分，四处求医！尤其是一些年轻人，开始哀叹自己过早地步入“颈椎病”患者的行列。其实，有经验的医生，尤其是专科医生大都不会过分关注颈椎的曲度问题。根据作者的经验，颈曲反向的确不值得如此惊慌。

首先，颈椎曲度并非是人类与生俱来的，而是人类开始站立行走以

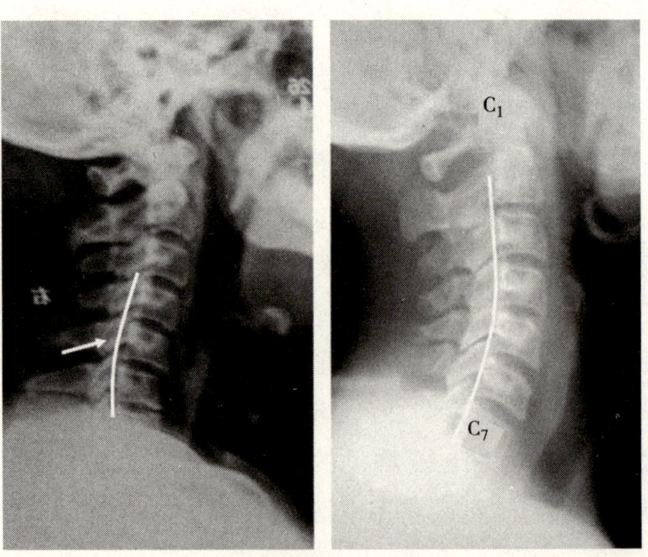

图 6-1　颈椎曲度反向（左图箭头示），右图为曲度正常的颈椎

后脊柱根据力学弹性规律逐渐形成的，随着人类生存状态的改变而出现改变。站立活动时，人类大多是需要昂首挺胸，颈椎自然形成了向前的曲度。但是，由于现代人类活动逐渐改成坐位状态，伏案工作学习的时间更多，因此，颈椎的曲度也就服从了自然法则而消除了原本向前的曲度，变成了“颈曲反向”的状态。作者的同事就曾经统计过相当一部分经常需要伏案工作的白领工作者，发现他们的“颈曲变直或反向”的比例相当高。然而，这些人并不一定出现临床症状。或者说，所谓“颈曲变直或反向”只是一种传统教科书意义上的“病理征象”，并非一定具有实际临床意义。因为，这种曲度异常是逐渐发生的，人类的代偿机制早已建立了适应性的代偿。有经验的临床医生更重视的是临床症状表现和关节功能学检查及软组织状态检查，而不是单纯凭借 X 线检查报告来做出诊断。临床症状学分析和局部体征的专科检查所能发现的异常问题用一般影像学检查经常是无法揭示的。

误区 2 颈椎曲度和结构正常就不是颈椎病

从对上面问题的解释，可以认为，即使出现了颈椎结构和曲度的异常也不一定就是颈椎病，只有那些同时伴发临床症状的人，才可能考虑为颈椎病。

另外，临床上还有相当一部分患者并不出现颈椎的曲度或结构异常，却常常表现出比较严重的颈椎病症状，有经验的医生可以通过上面提到的神经学、关节运动学及软组织触诊发现相应的异常情况。即便没有发现颈椎曲度和结构学异常，仍然会把这些患者诊断为颈椎病。因为，颈椎病的诊断绝不是单纯依赖颈椎影像学检查来进行，临床物理检查更为重要。所以，作为医生要充分积累临床经验，注重第一手临床问诊和查体的发现，不要单纯依靠影像学检查做出诊断。作为患者，则不必特别在意影像学仪器的检查结果，更需要认真考虑临床医生的综合检查意见。

误区 3 颈椎椎间孔狭窄是神经根型颈椎病的病理基础

椎间孔是颈神经根走出椎管的通道，其周围关系十分复杂。其间除了有颈神经根以外，还有软组织、小的神经分支、椎动脉等。毗邻有勾突关节、交感神经节等组织。由于椎间孔周围都是容易出现退变增生的骨性组织，因此可能产生狭窄。在 X 片上可以显示椎间孔狭小的情况。以往的医学专业书上把这种情况看做是压迫和刺激颈神经根的主要原因（图 2-11，29 页）。但是，近年来有许多临床观察发现，椎间孔狭窄或其间骨刺形成并不是神经根刺激的主要因素。大量的临床调查表明，60 岁以上的老年人颈椎椎间孔都有不同程度的狭窄，但却很少出现神经根刺激症状。其实，神经根在椎间孔中所占据的切面比例只有不到 1/6，因此，一般不会因为椎间孔狭窄而出现异常刺激。只有当局部出现了炎症刺激（如椎间盘突出、关节紊乱、软组织损伤等），才可能出现神经根的刺激。许多患者由于椎间盘突出和颈椎间孔狭窄造成明确的神经根刺激症状，经过保守治疗以后，神经根刺激缓解，临床症状消失，但复查颈椎 MR 发现，椎间孔狭窄和颈椎间盘突出情况毫无改变。这也从一个侧面说明，椎间孔狭窄等占位性病理改变有时并不一定具有临床意义，或者说，完全可以被人体代偿适应。

误区 4 颈椎椎管狭窄必须做手术治疗

经常有患者焦急地询问，“我在 ×× 医院诊断为颈椎椎管狭窄，大夫说必须做手术，否则可能瘫痪，求您救救我！”有时，为了解决患者的疑虑，真是煞费苦心。

那么，到底应该怎样认识“颈椎椎管狭窄症”这个病呢？其实，所谓颈椎椎管狭窄的诊断，从更多意义上看是一种根据测量得出的一个影像学诊断，是一种结构学角度的观察。颈椎 X 线测量椎管矢状径小于 10 毫米，就可以确立椎管狭窄的诊断。但这只是外科医生根据患者的临床普查得出的一种结构学角度的病理学认识，并不等于所有符合这个标准的患者都需要手术治疗。最近有报告指出，即便出现结构学意义上的椎管狭窄，“患者”也可能终生不发生临床症状。

从病理学角度，我们把颈椎管狭窄分成两种：一是代偿性狭窄，二是失代偿狭窄。前者是指椎管骨性结构的口径虽然达到了病理学测量指标，但临床上并不出现症状；而后者则是指患者的椎管不仅出现病理学意义上的狭窄指征，还同时出现典型的椎管狭窄症状的情况。这里需要再次解释一下“代偿”的含义：顾名思义，代偿就是替代补偿的意思。也就是说，针对某种无法复原的损伤可以通过其他的补偿方式达到替代其功能的效果。

代偿性狭窄的因素很多，包括发育性、退变性、损伤性等诸方面。无论是发育性，还是退变性都属于一个渐进的过程，椎管内的重要组织都可以适应性代偿。许多超出病理限定直径很多的椎管，都可能不产生任何临床症状。图2-18（40页）是一个83岁老人的颈椎CT扫描，图中可以明确显示，椎管空间几乎被突出的椎间盘所占满，但老人并无任何临床症状。这种情况充分显示了人体超强的代偿能力。此类情况在临床上比比皆是，不胜枚举。形象地讲，就好像一条自来水管道，起初由于水管很新，管壁内十分光滑，水流十分通畅。但是，由于年久失修，水垢和锈蚀逐渐填塞了水管的部分空间，尽管水流远没有最初时的通畅，但终究没有达到完全阻断的程度，而且，这些阻碍是逐渐形成的，用户们已经完全适应了水流不畅的情况，这就是生活中的一种“适者生存的代偿”。狭窄的椎管就好比是锈蚀堵塞的水管，受压变形的脊髓就好比是顽强地穿越狭窄通道的潺潺水流。尽管颈脊髓已经受压变形，但强大的机体代偿系统已经充分利用时间去达到缓冲挤压冲击的目的，并逐渐衍生出更强的适应能力。这是生命机体自然存在的一种代偿适应。

当然，任何一种适应都是有极限的，如果超越了代偿极限，或者在代偿过程中突发意外，影响了代偿的稳定，最终也会影响到代偿的实现。这种失代偿状态可以是暂时的，也可能是永久的。前者可以通过恰当的治疗重新得到恢复，而后者则可能很难重新建立代偿，或许不得不采取外科干预来恢复原先的生理平衡。

那么，哪些因素是导致人体代偿不全或难以重建的主要原因呢？主要指的是那些可以发生逆转的软组织刺激因素。许多病理改变都可能导致这种刺激，诸如椎间盘髓核溢出、神经根炎性水肿、颈椎椎旁软组织充血水肿等。各种急慢性刺激导致的这些椎管内外的软组织（诸如神经根、血管等）刺激都会继发椎管内的脊髓缺血，加剧椎管的相对狭窄，临床上自然会出现椎管狭窄的症状。但是，无论采用什么方法，只要可以改善颈椎后关节的失衡状态，消除局部的炎性刺激，恢复代偿平衡是很有可能的。

其实，颈椎力学失衡过程中，最关键的病理因素之一是颈椎关节的紊乱状态。无论是周围软组织急慢性刺激，还是关节本身的直接损伤或劳损都可以导致颈椎后关节保护性绞锁（俗话说的“关节错位”），这种绞锁状态可以加剧局部软组织痉挛和缺血。所以，去除关节的紊乱状态往往是解决问题的关键。这也是为什么脊柱手法治疗往往以调整颈椎关节为主要环节的原因，也是脊柱手法治疗脊柱软伤类疾病可以传承数千年的历史原因。虽然脊柱手法治疗疗效肯定，但也不无风险。因此，对于患者来说，选择正规医院进行治疗才会比较可靠；而对于医生来讲，正确的选择治疗时机和力度更是非常重要。

综上，颈椎椎管狭窄并不一定产生临床症状，出现颈椎椎管狭窄症状的患者也不一定全部都要接受手术治疗。但具体保守治疗的原则需因人而异。

误区 5　颈椎间盘突出、脊髓硬膜囊受压终将导致瘫痪

临床上还经常有患者拿着颈椎核磁片，愁容满面地来就诊，讲述

自己的看病经历：经过多家大医院的医生确诊，他（她）患有两三个（甚至更多）节段的颈椎椎间盘突出、脊髓硬膜囊受压，而且被告知很可能即将瘫痪，必须立即接受手术治疗，患者感到非常恐惧。其实，有经验的医生并不是（也不应该）单纯根据患者的影像学检查来进行诊断和治疗的。有充分临床经验的医生会在仔细检查患者的体征以后做出更为恰当的诊断并提出更为合理的治疗原则。作为患者也应该多了解一些基本常识。

颈椎间盘突出、后纵韧带骨化、退变性骨质增生等是颈脊髓受压的主要原因，但大多是长期慢性退变的结果，不一定会出现临床症状，即：并不一定出现脊髓受压的相应表现。即便是出现了所谓“硬膜囊受压”的影像学征象，也不一定出现实质性的受压症状或体征。也就是说，医生和患者都非常担心的脊髓受压导致高位截瘫等严重后果并不一定会出现。许多患者都是在无意情况下的体检中发现所谓“脊髓硬膜囊被压迫”征象的，或者是在出现了某些颈部不适、上肢麻木疼痛等症状（并非脊髓受压症状）以后，进一步做影像学检查才发现了“脊髓受压”征象的。

原则上讲，只要患者没有出现脊髓受压的临床表现，即所谓高位截瘫的早期征象，无论颈椎核磁检查发现有多少节段的椎间盘突出，一般都可以实施保守治疗。对于那些出现神经根刺激症状（如上肢麻木疼痛等）、或者颈椎后关节软组织刺激症状（如颈痛、头痛、头晕等）的患者，也可以通过相应的保守治疗使症状得以缓解。

但是，如果出现了脊髓受压征象，诸如行走不稳、四肢无力、经常有踏空感、甚至大小便异常，就要十分审慎地对待。特别是有些早期症状，更要十分注意，比如：发现写字时手不够灵活，系扣子动作比较笨拙等。专科医生查体时，会发现典型的椎体束体征（脊髓传导受阻时物理检查可以发现的一组特殊体征），诸如腱反射亢进、病理反射引出等。这时，大部分都需要考虑外科手术治疗。不过，这些患者中仍有一部分可以通过保守治疗得到缓解。

2 胸椎关节退变损伤的误区

误区 1 胸椎侧弯可以通过手法进行纠正

胸椎侧弯是脊柱侧凸（弯）的一部分，脊柱侧凸只是一种临床表现，或曰临床征象，并不应该算是一种疾病。造成脊柱侧弯的原因多种多样，大致分型在前面第三章已有叙述（55 页）。

如果是避痛性脊柱侧凸，一般可以通过手法等保守治疗获得缓解。所谓避痛性脊柱侧凸指的是由于各种脊柱及其周围组织的损伤性刺激所导致的脊柱侧凸。这些损伤性刺激包括结构学因素、软组织因素、神经因素等，如脊柱后关节紊乱、椎间盘突出症、椎旁软组织损伤等。

对于那些脊柱先天性发育不良造成的脊柱侧凸和青少年特发性脊柱侧凸（AIS），尤其是社会广为关注的青少年特发性脊柱侧弯，一般都不能通过按摩正骨等手法实施纠正。国内外虽然出现过一些临床报告，认为可以通过脊柱手法进行矫正。但是，根据作者的临床经验和了解的情况，到目前为止，还没有令人信服的、具有科学设计背景的临床报告证实脊柱手法或其他物理矫正方法可以明确改善或纠正青少年特发性脊柱侧弯。这类患儿可以通过早期发现、纠正不良姿态、调整桌椅高度等措施减缓脊柱侧弯引发脊柱力学关系失衡。如果一旦出现了力学失衡和紊乱，患儿可能出现局部疼痛或不适，此时，可以配合脊柱手法调整，达到缓解疼痛恢复代偿平衡的效果。

误区 2 背背佳可以矫正脊椎侧弯

首先必须明确，“背背佳”并不是一种治疗用的医疗器械。青少年姿势性（非结构性）驼背可以通过“背背佳”得到一定程度的避免。不过，如果骨骼已经发生结构性改变，专业医疗支具也无法将其“拉回”原来的位置，往往需要手术才能解决，“背背佳”自然不可能有回天之力。

“背背佳”虽然号称具有矫形功能，但实质上远远达不到专业医疗支具的效果。专业支具强度和刚度都要比“背背佳”大得多，需要因人定做，属于一种治疗手段。而“背背佳”是批量生产的，质地相对柔软得多，根本无法达到因人而异的矫形效果。所以，“背背佳”的功能实际上是被广告夸大的，容易引起误解。另外，专业支具治疗脊柱侧弯也并不是十分理想的方法。长期佩戴会引发许多诸如皮肤压疮、关节僵硬、腰背肌肉萎缩等问题。目前，对于结构性侧弯及特发性侧弯除了手术以外，还没有其他比较公认且有效的保守治疗办法。

3 腰椎病的误区

误区 1 腰椎间盘突出症伴随马尾神经损伤必须立即做手术

马尾神经是脊髓圆锥下面的神经丛，主要是支配下肢的神经组织。当突出髓核较大或出于游离脱出状态时，马尾神经可能受到广泛刺激，产生大小便异常（频数或癃闭）等症状。根据一般教科书记载，马尾神经损伤属于手术治疗的绝对适应证。但是，根据作者的经验和部分文献报道，马尾神经损伤并非完全不能给予保守治疗。只是保守治疗是要有一定条件的，一般那些仅仅出现马尾神经刺激症状（大小便次数增加，局部及下肢疼痛明显等）的患者才可以尝试保守治疗。而那些以压迫阻断症状为主（大小便失禁或潴留、癃闭等）的患者则很难通过保守治疗而康复，往往需要紧急手术。即便可以做保守治疗，也需要非常有经验的医生来给予实施。请参见第四章相关章节。

误区 2　保守治疗可以祛除、溶解或还纳突出的腰椎间盘

从传统病理认识上看，腰椎间盘突出症的病理关键是突出的椎间盘髓核组织。无论哪种保守治疗方法，都还没有一种方法可以直接针对突出髓核产生效应，针灸、推拿、按摩、封闭等都是如此。这些保守治疗的具体制订请参见第五章相关章节。从这个意义上看，保守治疗似乎是很难去“根”的。不过，从第四章中有关腰椎间盘突出症的病理认识上看（71 页），保守治疗腰椎间盘突出症的关键并非是针对突出髓核组织。因此，接受保守治疗的患者不必过分纠缠是否“祛病根”的问题，只要是患者能够缓解症状达到相应的生活质量，也就达到了医学上所谓的临床治愈。

4　其他有关脊柱退变疾病的误区

误区 1　长了骨刺需要马上治疗，否则容易瘫痪

成年人的椎体一般都会有一些椎体边缘的“唇样”增生。X 光片上可以看到尖锐的鸟嘴样突起，俗称“骨刺”（图 6-2）。越是在运动活跃的区域，增生也就越明显。这种骨刺一般并没有临床意义。也就是说，人们一般不会因为这些骨刺而受到病痛的困扰。除非有些骨刺在椎管内生长，影响到了重要的神经

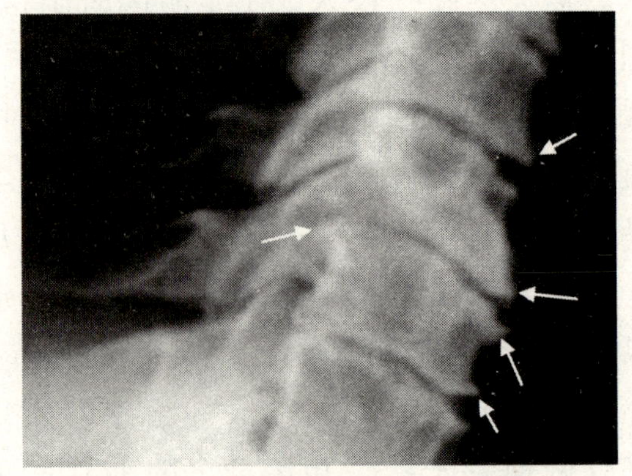

图 6-2　颈椎骨质增生（“骨刺”）

组织，才可能对我们的机体产生影响。但是，即便在椎管内有骨刺生长，也并非一定具有临床意义。本书第二章里的图 2-18（40 页）就是一位 83 岁高龄老者的颈椎 CT 片，可以看到，其中椎管内的横截面的 80% 以上都被增生的“骨赘”所填满，但他仍然十分健康，并无任何相关问题，CT 检查仅仅是体检中的偶然发现。

误区 2 椎体间的间隙狭窄会导致瘫痪

整个脊柱在不同区域的椎体结构并不相同，颈椎最小，腰骶椎最粗壮。椎体高度和椎间盘高度有一个特定的比例，不同的区域，比例不同，颈椎区域为 3∶1；胸椎区域为 6∶1；腰椎区域为 2∶1。椎间隙所占比例越大，区域内的椎间关节活动幅度就越大（图 3-3，49 页）。根据形态学的基本特征，我们知道，如果椎间隙变得狭窄了（椎间盘老化退变所致），椎体与椎间隙的高度比例就变大了，这就意味着该椎体的运动功能打了折扣，但是，并不一定会出现临床问题。道理很简单，椎间盘逐渐退变造成的这种狭窄，虽然可能影响椎体的扭转运动幅度，但并不一定造成损伤。脊柱的整体代偿功能很强，局部出现的椎体间隙狭窄往往可以通过其他节段的运动功能来补偿和替代，因而也就可能不出现任何临床问题。

但是，狭窄的节段毕竟丧失了部分运动能力，是一个容易造成损伤的薄弱环节。如果是老年人，因为衰老使得整个脊柱的椎间隙都出现狭窄，脊柱功能将大打折扣，造成损伤的概率则更高。不过，椎间隙狭窄一般与瘫痪并无直接关系。除非狭窄本身缘于椎间盘髓核溢出纤维环，突入椎管内，对脊髓或神经根组织产生压迫和刺激，但这大部分都是一个慢性过程，一般也不会造成瘫痪。如果突出是由于急性损伤导致，过程则会比较紧急，或许会导致损伤处以下的神经支配区域出现瘫痪或部分瘫痪。

误区 3　脊柱隐裂、骶椎腰化、腰椎骶化或其他椎体畸形肯定会导致腰痛

脊椎椎节在不同的区域有一定的固定数目，颈椎有 7 节，胸椎有 12 节，腰椎有 5 节，骶椎是由 5 节椎体融合起来形成的一体。这是一般的规律。但在实际人群中，各个区域的数量可能会由于发育异常而产生一些变化。一般在总体数量不变的情况下，可能少一节胸椎而多一节腰椎，或者多一节胸椎少一节腰椎等。医学上称这些改变原先应有形态的椎体为“移行椎”。比如，一般只有胸椎才有肋骨，但是，部分人的第一腰椎上的横突会先天比较长，形成游离肋骨形态，变成胸椎的基本形态。医学上将该椎体称为腰椎上的移行椎，腰椎因此少了一节，而胸椎就多了一节，称为“腰椎胸化”。如果是第一骶椎没有与其他的骶椎节段融合在一起，仍然是独立状态，貌似腰椎形态，则成为骶椎的移行椎，叫“骶椎腰化”（图 6–3）。诸如此类，一般都属于先天发育异常。很多医生对此非常重视，认为是脊柱力学紊乱性疾病的原因之一。根据我们目前的临床观察，这种解剖学异常大多没有临床意义。类似情况还包括“胸椎腰化”、单纯性骶椎“隐裂”等。但是，有的解剖畸形往往伴有神经组织的异常，需要引起高度重视，尤其是颈椎区域的畸形（图 6–4）。

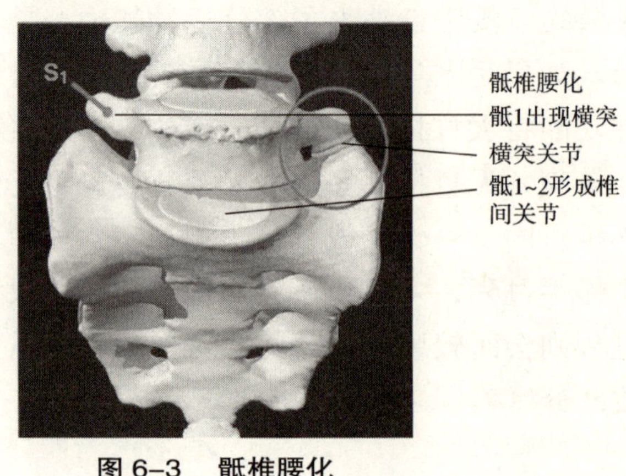

图 6–3　骶椎腰化

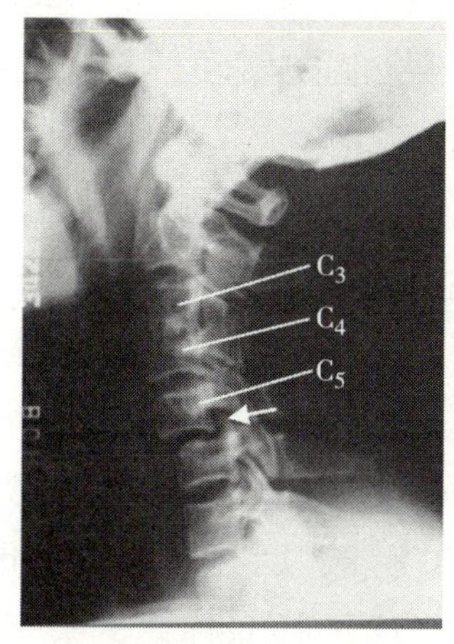

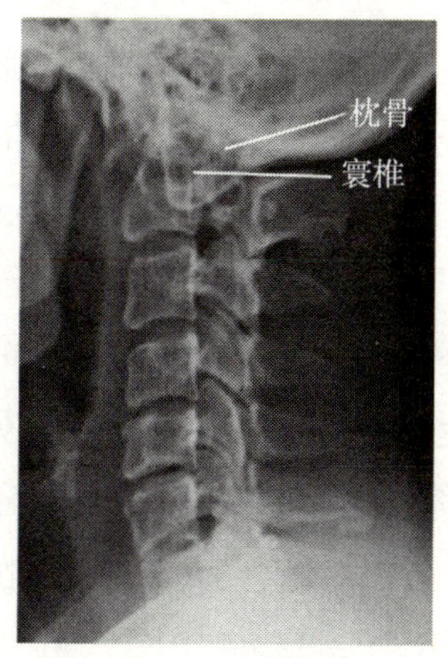

（1）C_3–C_4融合，C_5半脱位　　（2）寰枕融合

图 6–4　颈椎畸形

5 常见保守治疗方法的误区

脊柱源性的颈肩腰腿痛的保守治疗方法有很多，其中比较常用的正规保守治疗包括正骨、按摩、牵引、卧硬板床、椎管内药物注射、中药外敷或离子导入及理疗仪器治疗等（请参见第六章）。作者根据出诊时患者对常见保守治疗的方法存在的误区做如下讲解。

误区 1　腰痛患者必须佩戴腰围

硬质腰围等支具固定腰椎的目的是限制腰脊柱的活动。通过制动，减少局部损伤性的刺激，达到消除局部损伤性炎症、缓解疼痛的目的。最常见的腰围就是带有钢条的硬腰围。除了极少数皮肤过敏者以外，一般腰痛患者都需要佩戴内含钢板的硬质腰围。但是，腰围需要按照医生的医嘱佩戴，一般只是在刺激症状严重、脊柱容易失稳时

（如坐车时）才佩戴。急性刺激缓解后，一般的行走活动并不需要一直佩戴腰围。长期佩戴腰围会造成椎旁肌肉僵硬，甚至萎缩，丧失了本身应有的对脊柱运动的协调和保护功能。

误区 2　颈腰痛患者都必须长时间卧硬板床

卧床休息是最古老、最常用的保守治疗方法，是通过制动和减轻关节负荷，达到减少刺激、促进恢复的目的。尤其是腰痛病人，一般都需要卧床休息，卧床也一定要卧硬板床。不过，腰痛患者的卧床并非越久越好。许多患者卧床后会加重疼痛，而行走起来反倒比较轻松，这种情况就不应该长期卧床，我们将这种腰痛称之为“僵硬痛”，顾名思义，是由于腰椎周围软组织有慢性劳损，长期卧床导致局部血液循环更差，出现韧带等软组织进一步淤血，炎性物质进一步聚集瘀滞，最终导致刺激性疼痛，翻身或起床动作往往可以诱发更严重的刺激，所以患者感到越卧越痛。起身下床活动后，局部软组织张力逐渐恢复，加速了血液循环，炎性刺激产物被很快带走，患者自然感到很轻松。当然，那些急性损伤的腰痛患者的确是需要卧床治疗的。到底什么情况下需要卧床，什么情况下不需要呢？有一个简单的判断方法，只要下地行走或坐位状态下不会立即产生疼痛感觉，就不必总是卧床。

对于颈椎病患者来讲一般都不应该长期卧床，因为卧床会造成颈部肌肉缺血和关节僵硬，不利于颈椎疾病的恢复。很多腰椎疾病患者长期卧床后都继发形成了颈椎问题，就是这个原因。也就是说，只要颈椎局部症状不加重或没有出现明确的不适感，颈椎病患者最好少卧床。当然，也有一些特殊类型的颈椎病，患者只要起身就会引发剧烈的局部疼痛或头晕，这种情况下当然只能卧床休息了。

误区 3　止痛药应该长期服用

大部分关于颈肩腰腿痛的止痛药物都属于非甾体类镇痛药。这类药物多有胃肠刺激，或肝肾功能损害，对血压也有一些刺激，一般不宜长期服用，有胃病、肝肾疾病或高血压患者慎用。

误区 4 中药没有副作用，可以长期服用治疗腰腿痛

大多数治疗腰腿痛的中成药里面都包含药性“辛温”和“活血化瘀”的药物，这些药物都不适于在急性期刺激症状比较严重时使用。因为急性期患者局部充血和水肿刺激比较重，使用这类药物往往会增加炎性渗出。另外，这类中草药或中成药大都含有祛风镇痛类的成分，如马钱子、全蝎、蜈蚣等，它们都含有毒性成分，不宜长期或过量服用。

误区 5 药酒既然可以治疗腰腿痛，喝酒也有同样功效

传统上，中国人将药酒作为治疗腰腿痛的良药之一。中医学经典中也有用酒做药引的治疗方剂。这类治疗方法主要是针对风湿寒症类的慢性腰腿痛，即现代医学中的那些风湿、类风湿性腰腿痛。临床实践证明，少许饮酒对风湿性慢性腰腿痛的患者的确有缓解症状的作用，但对于劳损与退变类脊柱疾病的急性期或亚急性期并不太适用。因为，酒精同样具有很强的“活血”（促进血液循环）效应，容易加剧损伤性炎症的刺激。另外，长期饮酒或酗酒还会不利于脊柱的康复和保健。具体参见第七章（180 页）。

误区 6 药物治疗能祛除骨刺

有些厂家或广告夸大或误导药物作用，提出口服药物具有所谓“祛除骨刺”的效应，这是不科学的。我们知道，骨刺是正常骨组织的异常增生，一般与增生部位骨质出现了应力要求有关。也就是说，在脊柱椎体缘上出现的骨质增生，是由这些位置上附着的韧带组织长时间牵拉应力导致的。这就是所谓“用进废退”的骨科原则。这些增

生的骨赘成分与正常骨组织并无明显区别。目前临床上还没有发明一种药物能够识别出增生的骨刺和正常的骨质，当然谈不上出现一种只是针对性地祛除骨刺而不损害正常骨质的药物。

误区7　针刀可以切除骨刺和突出的椎间盘

针刀治疗是近30年来出现的一种微创疗法，结合了中医针灸理论和现代软组织剥离术的一些基本理论，是中西医结合的典范。尽管其理论仍然存在许多争议，但在国内医疗市场的确占据了一席之地。作者认为，针刀治疗主要通过微创针具在受累疼痛局部做松解剥离，达到解除局部粘连、改善局部血液循环的作用，甚至可以切断部分感觉神经纤维、截阻痛觉反射传导，进而达到镇痛效应。但是，针刀并不能直接对骨刺进行切割，针刀治疗机制并不是通过切除骨刺达到治疗目的。许多医生针对骨刺进行的所谓针刀治疗，其实并不是在切除骨刺，而是在松解由于急慢性软组织炎症引发的纤维粘连和炎性条索，通过离断效应，达到松解局部软组织痉挛、改善局部血液循环的效果。而大多情况下，骨刺本身并不引发任何临床症状。

至于使用针刀切除椎间盘更是不可能了。针刀治疗中，医生是在相对盲目的状态下、凭借解剖学知识和临床经验使用微小针刀器具，对病变局部实施显微切割分离的微创“手术”。由于是闭合状态下的“盲切”，如果病变位于重要脏器附近就可能造成误伤，因此，只能在相对安全的区域实施这种治疗。椎间盘突出组织位于脊柱的椎管内，即便在直视下，也需要非常精细的显微外科技术才能完成直接的切割。所以，以“盲切”为原则的针刀治疗是不可能切除椎间盘的。当然，目前现代医学的显微外科手术技术可以通过间盘显微镜做椎间盘的直接切割手术，效果也很肯定，但这属于显微外科的范畴。

误区 8　硬膜外或骶管封闭治疗就像“液体刀”一样，可以消除突出的椎间盘

硬膜外或骶管封闭是通过腰椎或骶管裂孔向椎管内的硬膜外腔注入麻醉药物及强的松龙类糖皮质激素。通过麻醉药物抑制神经末梢的兴奋性，减缓疼痛刺激，进而缓解受累区域软组织痉挛，改善局部血液循环，使局部炎性代谢产物易于被带走清除，达到消炎镇痛的作用。同时，糖皮质激素还对一些致痛炎性物质（如 PG、缓激肽等）起到抑制作用；对突出髓核引发的抗原抗体反应起到一种抑制作用。我们知道，突出髓核原先包容在纤维环内，与机体外界并不直接接触，对于机体来讲，与眼球内玻璃体一样，属于一种异物，具有抗原（引发免疫反应的异体物质）的效应。当纤维环破裂，髓核冲破纤维环进入椎管内的硬膜外腔时，髓核内的糖蛋白、β－蛋白等抗原性物质就会引起患者机体的自身免疫反应，而激素类物质就可以起到免疫抑制作用，也会起到减轻炎症水肿及渗出的效果。有时，封闭后医生还会向椎管内直接注入维生素 B_1、维生素 B_{12} 等对神经组织起到直接营养作用的药物，使受损变性的神经根加速修复。简言之，所谓“液体刀效应”并非溶解突出髓核，而是缓解髓核突出造成的神经根炎性刺激状态。

误区 9　封闭只能暂时止痛，不能祛病根

封闭治疗的确是针对软组织损伤刺激造成的疼痛设计的治疗方法。但是，其治疗机制并不是单纯止痛。一般意义上的封闭治疗，是将局麻药物和激素类免疫抑制剂注射在患处局部，通过麻痹局部神经末梢、减缓疼痛刺激，达到解除局部组织痛性痉挛的目的。这样，将有利于血液循环的加速，带走炎性因子。另外，强的松类药物可以辅助减轻局部炎性反应，促进炎症的消除。因此，封闭所起到的并非单纯的止痛效应，还包括消炎作用，从而达到缩短病程的效果。

误区 10 凡是软组织损伤都可以实施理疗

物理治疗大多具有促进局部血液循环的功效。但是，在某些损伤的急性期，由于局部软组织以炎性水肿刺激为主，如果此时使用具有温热效应的理疗则可能加重炎性刺激，起到反作用。

误区 11 理疗可以经常使用，有病治病，无病防病

有许多患者认为，理疗可以消除疲劳，有病治病，无病防病。因此在家中配备一台家用理疗设备，闲暇之时经常做做理疗。这个观点是不正确的。因为我们的机体天生就具有自我修复能力和自我放松机制，而一般的理疗治疗除了治疗作用之外，对肌肉组织还有一定的放松作用。如果我们一味地利用这些外界因素使肌肉放松，我们自身的协调能力将逐渐丧失，最终会对外来的放松能量产生相当强烈的依赖性。读者可能都看过“大红灯笼高高挂”那部电影。电影里刚过门的小媳妇（巩俐扮演）非常得宠，过门后每晚上都要享受下人的“敲足底”服侍。刚开始还不太适应，后来就成瘾了。失宠后，被取消了这个待遇，小媳妇则每晚很难忍受那种“上瘾”的折磨。这个故事实际上也告诉我们，机体本来是具备自我调整和康复的能力的，一旦我们用某种外界因素取代机体的自然因素，自然因素就会逐渐丧失，机体就会对某种外界因素产生依赖，这当然是不可取的。

误区 12 牵引可以将突出间盘拉回去

牵引治疗的最初设想的确是想通过拉开脊椎受累椎体的椎间隙，将突出椎间盘通过后纵韧带的张力推回去。在椎间隙拉开时可以产生负压，理论上似乎也具备了将突出髓核吸引回到椎间盘的物理效应。但在实际临床上并没有发现牵引致使突出髓核返回椎间盘的任何有科学价值的证据。根据已知数据，纤维环内的压力远远大于椎管外，当髓核物质从破裂的纤维环裂隙中被挤出时，只要椎体上自然负荷没有消失，

突出的髓核物质就不可能被推回到纤维环内。所以，牵引是不可能将突出间盘拉回椎间隙的。牵引疗效的产生很可能与牵张椎间关节、减缓关节刺激性绞锁状态有关。有些研究发现，在卧位腰椎牵引时，当牵引负荷达到人体重量的一半左右时（约 20 ～ 40 千克），X 线透视可以发现腰椎的椎间隙有被拉开的征象。但是，当牵引力解除后，拉开的椎间隙会在短时间内复原。

误区 13 三维牵引可以使腰椎间盘复位

三维牵引是按照所谓“旋转复位”手法的设想提出的一种新型牵引治疗。基本设想是力求在牵引状态下矫正脊柱受累关节的三维旋转。但是，临床证明，这种旋转牵引也同样不能达到还纳椎间盘的目的。与脊柱旋转手法一样，三维旋转牵引也只是在腰椎关节上增加了一些旋转张力，对椎管内的突出髓核组织并不足以产生还纳效果。尽管有人推断，纵向牵引会对后纵韧带产生绷紧效应，可能会对椎间隙产生负压效应，但实际观察发现，这点“绷紧”效应和负压效应根本不足以使突出髓核回缩（参见 132 页）。

误区 14 手法治疗是非常安全的保守治疗

手法治疗试图从关节异常的关键环节来调整力学异常，解决的是最根本的脊柱关节力学失稳问题。但是，手法调整同样也是双刃剑，既可以调整异常，也可以造成损伤。如何以最小的损伤换取最大的疗效是对手法治疗医师临床经验的考验，也是患者选择治疗时必须面对的风险。所以，有经验的医生会要求患者做好承担风险的必要准备。

误区 15 脊柱手法治疗必须出现关节弹响才有效

采用脊柱劳损与退变性疾病的手法治疗要十分慎重，尤其对待那些出现脊髓和神经根刺激症状的患者更是如此。有些关节损伤比较严重的患者要慎重实施手法。即便实施手法，也要尽量避免接受粗暴的手法治疗。许多手法治疗医师非常追求手法实施时的关节弹响声音，甚至有些患者也误以为只有出现关节弹响声音才会有效，这是十分错误的。有经验的手法治疗医师都十分明确，关节是否“归位”并非以是否出现弹响声音作为指标，而是以关节运动功能是否改善或恢复为主要目的。高年资医师可以通过手感获得关节到位的感觉，并不一定非要通过关节弹响声音来判定手法是否切实。目前，国际上非常流行的脊柱手法治疗方法中就有专门的关节松解手法，就是通过调整关节张力和松解关节绞锁限制，达到恢复关节运动功能的目的。国内著名的冯氏新医正骨疗法也非常强调不必以手法是否获得弹响声音作为成败的理念。

误区 16　突出的腰椎间盘可以通过手法还纳回去，这是手法取效的机制

1934 年 Mixter 和 Barr 两位医生不约而同地发现，大多数所谓的坐骨神经痛病例是由于腰椎纤维环破裂，髓核物质突出而导致的。突出髓核压迫和刺激了腰骶神经根，进而发生腰及下肢“坐骨神经痛”的症状。从此以后，腰椎间盘突出症的基本病理机制就被确定下来——“突出髓核压迫和刺激神经根”。随着这一病理机制的确定，治疗原则应运而生：“祛除突出髓核”。两位医生通过手术切除突出髓核使得患者得到临床治愈。近 80 年来，这一观点从未改变。为了尽量减少手术对脊柱关节的力学影响，围绕如何切除突出髓核这一核心原则，医生们做了大量的改良工作，包括椎扳小开窗手术、显微手术、髓核融核抽吸术、人工椎间盘再造等。甚至保守治疗医师也开始在如何祛除突出髓核组织方面大做文章。有人设想发明一种可以“溶解”突出髓核的药物，还有人希望通过推拿手法还纳突出髓核组织。但是，临床实际并没有与医生们的意愿完全吻合。

首先，在本书前面（第四章，第二节）曾经提到，20% 左右的正常人都可能出现腰椎间盘突出的征象；其次，腰椎间盘突出症患者未经任何治疗或只是采用某些保守治疗就可能完全缓解症状。而复查 CT 或 MR 并未发现突出髓核有任何改变。也就是说，有症状突出也可以变成无症状突出。由此可以肯定，对于接受保守治疗的患者来说，突出髓核还纳或祛除与否并不是治疗的关键。近 20 年来，由于核磁共振（MR）检查的日益普及，颈椎（甚至胸椎）核磁检查发现椎间盘无症状突出的征象也日益增多，人们更加注意到这一现象，即：手法治疗并没有还纳突出髓核的作用，手法取得疗效的机制也不是还纳突出髓核。

那么，手法治疗椎间盘突出的机制到底该如何理解呢？有一个比较形象的比喻：椎管好比一个房子，神经根或脊髓好比“椎管家”里居住的一家人，突出髓核好比是从邻居家里（椎体下纤维环内）跑进“椎管家”的一个小伙子。如果突出髓核这个小伙子是从“两家的墙壁”——纤维环破裂的缝隙里一点一点地挤进“椎管家”里，而且规规矩矩地站在邻居“椎管家”门口不动声色，神经根和脊髓都不会太在意他，甚至可以一点一点地容纳和接受他。此时，他尽管占据了“椎管家”的空间，但神经根或脊髓还是可能容忍他。这就是我们人类脊柱的代偿功能［图 6-5（1）］。不过，如果突出髓核这个“不速之客”，突然闯进“椎管家”，且大打出手，自然会造成神经根或脊髓的损伤。这不仅可以导致“椎管家”里的神经根或脊髓炎性改变甚至会出现水肿，还会波及整个“椎管家”周围软组织及后关节的状态，导致关节和椎体都出现扭曲和紊乱（所谓关节“错位”和软组织刺激性痉挛），从而形成了典型的椎间盘突出症的临床表现［图 6-5（2）］。

脊柱的手法治疗并非着力于把这个“不速之客”突出髓核赶回去，而是通过调整“椎管家”的外周环境（如解除后关节的绞锁状态），让突出髓核引发的关节紊乱重新得到代偿性纠正（并非解剖复

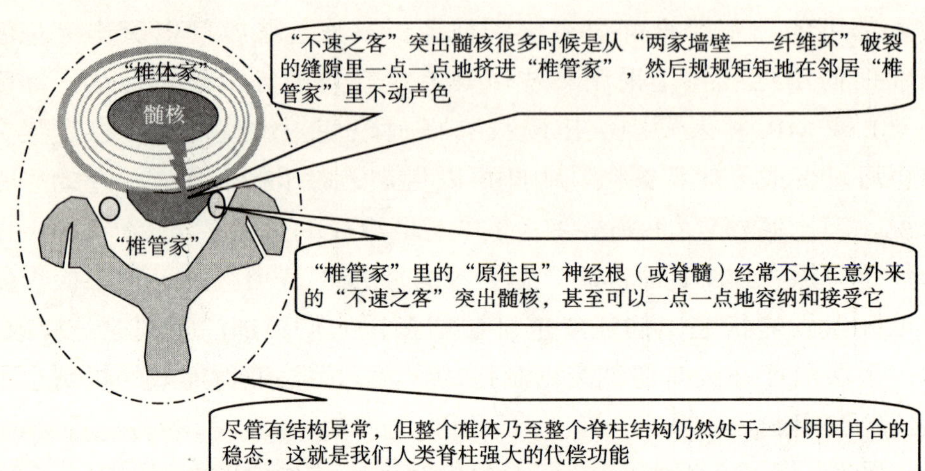

图 6–5（1） 突出髓核的代偿

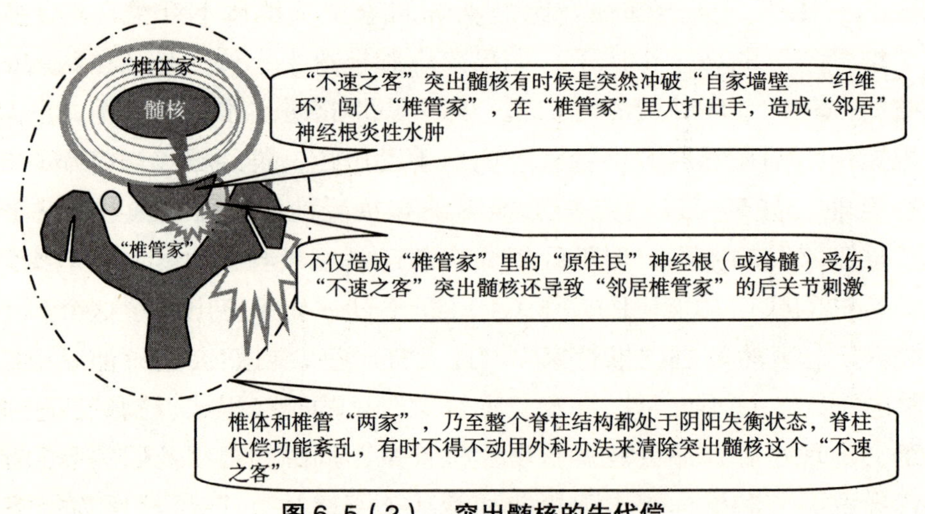

图 6–5（2） 突出髓核的失代偿

位）。只要让“椎管家”外周环境趋于稳定和平和，就可以为“外来物”突出髓核和“椎管家”成员神经根或脊髓组织之间提供了“和平谈判”的环境。如果“它们”谈判成功，能够和平共处，自然还可以形成一个新的稳态，重新组成一个新的“大家庭”。在这个家庭里

“外来物”突出髓核和“原住民”神经根或脊髓就可以和谐相处，而患者的症状就会完全消除，脊柱也就完成了重建代偿稳定的过程。但是，如果“谈判”不成功，或者“外来物”突出髓核太大，太强势，那么医生也只好通过手术凿开“椎管”房间将“外来物”突出髓核取出去，这就是不得已而为之的手术治疗。

误区 17 腰椎滑脱不能使用手法治疗

腰椎滑脱一般是受累上位椎体向前滑脱，发病率为 3% ～ 7%（欧洲统计）。成人腰痛患者做常规 X 摄片检查时约 5% 可能存在腰椎滑脱的征象。目前，本病的病因并不很清楚。一般将腰椎滑脱分成两类：一是比较多见的退行性的腰椎滑脱，不伴有腰椎峡部裂，又称假性滑脱；二是伴有腰椎峡部崩裂的腰椎滑脱，又称真性滑脱。前者多与退变老化有关；后者则可能与运动损伤有关；也许有先天因素，或者原因不明。

临床上大多数腰椎滑脱是没有症状的。有统计显示，仅有 30% 的患者会出现腰痛和下肢放射性疼痛和 / 或麻木症状。无症状者自然不需要治疗，有症状者一般可以通过保守治疗达到临床治愈。保守治疗方法既包括卧床、理疗、腰围固定、口服药物等，也包括手法治疗。

尽管许多教科书上都明确表明，腰椎滑脱要避免手法治疗，但作者在临床实践中发现，只要把握适应证和调整时机，选择合适的手法，完全可以通过手法治疗达到更好的临床疗效。因为，腰椎滑脱引发的临床症状大多与后关节的紊乱状态有关，而不是因为椎管的实质性狭窄而导致的。临床上有许多患者经过保守治疗以后，所谓的“椎管狭窄”症状就会消失，但影像学检察发现的腰椎滑脱征象却并不改变。

有经验的医生通过大量临床观察和仔细的物理检查发现，许多腰椎滑脱的患者都会在腰椎局部触诊到一些软组织异常，甚至可以触及关节位置和运动功能的异常。随着关节位置的纠正，关节运动的复原，周围软组织损伤可以逐渐修复，患者症状也可以随之消失。因此，腰椎滑脱的重要病理机制之一应该与关节紊乱状态有关，已经有临床报告证实了这一现象。我们应该可以认定，手法治疗解除相应的腰椎后关节紊乱状态是治疗腰椎滑脱的一种有效手段，但是，手法治疗的实际操作只能由正规医院有经验的医师才可以实施（参见第四章，第四、第五节）。

误区 18　手法治疗后出现疼痛加重一定是治坏了

一般意义上讲，所有脊柱关节的手法治疗都可能出现症状加重等治疗反应。手法治疗分为软组织手法和关节手法两类。其中关节手法主要是针对受累关节进行调整，以纠正关节绞锁状态或调整关节位置。无论何种目的都会对关节周围组织造成一定程度的损伤。尽管医生会通过对适应证的把握将这些损伤降低到最小程度，但许多患者仍然可能出现一些症状加重或其他不适的情况，一般在 2 ~ 7 天可以消失，属于一种正常反应。大多数患者在反应消失后症状会随之改善，但也有部分患者症状改善不明显，甚至会持续加重。患者对此不必惊慌，应该如约复诊，最好找原先给自己治疗的医生，以便于他据情调整手法方式解决问题。当然，也可以寻求更有经验的医生，获得帮助。

不过，在某些情况下，如果施术医生经验不足，可能会发生脊柱手法调整过度，甚至调整错误而造成局部的软组织损伤。遇到这种情况，患者也不必惊慌，有经验的医生往往可以通过调整手法实施原则而使问题得以解决。

误区 19　手法调整脊柱关节会把关节调的太活了，影响稳定

经常会有一些患者、甚至某些医务工作者对脊柱手法治疗有些担心，认为手法治疗可能会把关节调得太松弛，关节稳定性受到影响，

所以轻易不愿意做手法治疗。他们宁可强忍疼痛，长时间卧床休息，等待疼痛的自然缓解。其实，这也是一个误区。

我们知道，各种关节周围组织的创伤刺激都可能造成局部肌肉组织的充血和痉挛，相应关节也会随之出现自然的保护性绞锁反应，刺激严重时患者可能呈现板状腰或颈项强直。本来这都是关节生物性保护反应，但过度的痉挛性保护则会导致受累区域关节及其周围组织发生缺血反应和剧烈的疼痛刺激。此时，受累关节功能会完全或部分丧失，甚至波及整个脊柱和四肢。由于疼痛，患者甚至不能活动和行走。通过适当手法松解绞锁的关节，解除或部分解除关节的刺激性绞锁，可以促进局部血液循环，减轻疼痛刺激，尽早恢复脊柱关节的力学平衡。

一般手法调整需要 2 ～ 4 次（每次间隔 4 ～ 7 天），才能完成这个过程。手法调整的次数与关节绞锁（俗称错位）的严重程度有关，也取决于是否伴有神经根水肿等情况。如果手法调整次数太多，的确可能造成不必要的关节及周围组织损伤。但是，次数太少，调整往往不能到位，也会影响关节功能的恢复。到底调整多少次才合适，正规医院里训练有素的医生完全可以给予适度的把握。

需要指出的是，脊柱手法治疗即便有效，也不能过度依赖这种治疗，太多的治疗并不是因为关节会被调整的过于松弛，而是破坏了脊柱的自我修复能力。偶尔出现一点脊柱关节不适，完全可以通过脊柱自身的修复机制克服。总之，脊柱手法需要恰到好处的实施，“因噎废食”不对，过度依赖也不对。

第七章 脊柱的维护和保养

作者提示

脊柱源性颈肩腰腿痛几乎无人不有，无人不晓，但却难以设防。究其源头，人类脊柱进化不全乃始作俑者。与其束手待病，莫如主动出击。只要我们略作调整，即可事微功巨。希冀脊柱平安不是梦，获得人生健康更是福！

脊柱的维护与保养是防止疾病发生或复发的关键，防本应重于治。但我国的现实情况却并非如此。人们可能比较重视高血压、糖尿病、冠心病等疾病的防治，但却忽视了对脊柱劳损与退变性疾病的预防和恢复期康复的关注。在现实中，即使是专业医生也不十分了解这方面的专业知识，更何况普通患者和广大百姓。作者根据自己多年从事脊柱软组织损伤专业的研究和工作经验，在这里给予读者一些比较系统的介绍。

有关脊柱健康的保养和维护分成两个部分进行讲解：一是脊柱劳损与退变性疾病康复期的保养和训练原则；二是疾病的预防和健康人的脊柱保健。

1 脊柱源性颈肩腰腿痛患者的症状期与康复期基本特点

脊柱劳损与退变性疾病的保守治疗主要分成两个大的阶段：一是治疗阶段；二是康复阶段。原则上讲，疾病的任何阶段都可以进行康复训练或锻炼，即便在急性阶段，也不应该完全放弃某些可以完成的运动训练。有些训练可以边治疗边实施，有助于增强疗效。理论上讲，治疗阶段与康复阶段的界限并不明确，经常互相兼容。比如，熟悉中国传统骨伤治疗的医生都知道，小夹板治疗骨折的主要优点就是，患者在骨折点局部相对制动固定的基础上，其他未损伤关节保持运动状态，这与整个骨折肢体完全石膏固定的办法相比具有许多优势。小夹板固定可以通过关节的早期运动显著地改善骨折损伤局部的血液循环，促进骨折的愈合。所以说，从辩证的角度上看，康复训练应该尽早开始，从治疗阶段到康复阶段，都应该有特定的康复原则和康复训练方法。

治疗阶段一般称为症状期，分为急性阶段和慢性阶段；康复阶段又可分为前期和后期两个阶段。不同阶段基本康复运动训练的要求也不尽相同。在介绍康复原则及方法之前有必要先了解一下症状期和康复期的基本概念。

症状期

指损伤引发机体刺激性反应的阶段。

基本特征 工作能力和生活自理能力丧失或部分丧失，需要给予医疗干预。

症状期大致分成急性症状期和慢性症状期两种情况。

（1）急性症状期：指损伤达到高峰状态的阶段。由于损伤刚刚发生或转成严重状态，使得损伤局部出现比较严重的水肿、炎性渗出，受累节段及相邻多个关节、甚至整个脊柱都可能被炎性刺激所波及，出现严重的刺激反应。患者感到整个受累区域肌肉痉挛明显，受累局部乃至周围区域大范围活动受限，疼痛难忍，甚至很难找到躲避疼痛的体位。

患者的基本感觉特征 疼痛或不适严重，很难找到不激发症状的姿势或体位，严重影响日常生活，甚至无法自理。

（2）慢性症状期：急性期的症状开始好转（但有一部分患者并没有急性期阶段）后，症状转入慢性状态。此时，损伤局部还存在着慢性刺激。炎性刺激主要集中在受累节段局部，不向其他节段或区域波及，因此，关节运动受限也仅限于局部的某个方向。

患者的基本感觉特征 疼痛大都可以忍受，能找到躲避疼痛的多种体位。日常生活可以部分或基本自理，但无法胜任一般工作（如办公室工作）。

康复期

康复期指损伤刺激基本消失，机体进入修复阶段。

基本特征 日常生活可以自理或基本自理，工作能力部分恢复，一般不需要实施医疗干预。

康复期可以分成康复早期、康复后期和亚健康三个阶段。

1. 康复早期

康复早期是指干预性（或其他）治疗完成以后，局部的痛性肌痉挛已完全缓解，但仍存在深在部位的关节活动受限，甚或残存软组织损伤遗留的修复瘢痕。由此导致的韧带短缩和肌肉僵硬，对患者脊柱的基本功能还会产生一些影响，使其难以达到各种动作的立即启动和某种姿态的持久维持，甚至还会断续出现某些症状，但各种症状大都可以忍受或自行消失。

患者的基本感觉特征 生活基本或完全自理，一般办公室工作尚不能完全胜任，但在家休闲状态下并无明显症状。

2. 康复后期

康复后期是一个更为长久的机体恢复阶段。这一阶段，从损伤遗留问题的基本消除到机体功能的完全复原，从日常生活基本自理到工作负荷的完全恢复，具体情况因人而异。

患者的基本感觉特征 生活完全自理，但不能胜任稍长时间的静态或动态活动，如稍长时间伏案工作、看电视、打麻将、单臂携重物等，都可能会重新引起症状，但休息后往往会慢慢或立即自行消失。

3. 脊柱亚健康状态

患者康复后回到工作岗位并非完全是脊柱健康的正常人。虽然患者的疾病症状完全消失，但仍然不能完全摆脱疼痛或不适的偶然困扰。在现实生活中，所谓脊柱完全健康的正常人群几乎不存在。通常意义上讲的“正常”人群与康复期后的患者一样，大都属于脊柱亚健康人群，也可以泛指那些没有因为脊柱问题到医院看过病、却时常或偶然受到脊柱问题困扰的人群。可以将脊柱亚健康人群细分成不同的类别，各有其特点。从“防重于治”这个意义上讲，脊柱的保健问题对这些所谓“正常人群”尤其重要。在本章后面“不同人群的脊柱保健”（182 页）中会有较为详尽的阐述。

脊柱亚健康的基本特征 可以适应一般的各种工作状态。但过度劳累，尤其是长期紧张的固定某一姿势工作时，总会引起少许不适，甚至出现部分轻微症状，稍许休息后症状即可消失。有时会无法应对曾经可以完成的竞技运动和载荷负重。

2 症状期的康复原则

急性期康复原则

1. 颈椎疾病急性症状期的注意事项及康复原则

适应证（患者感觉） 由于外伤、着凉、不协调动作或睡觉落枕等原因，感到颈部刺激性疼痛剧烈，固定姿态，不敢活动，必须保持某种体位才能避免过度疼痛；甚至出现行走不稳，上肢疼痛难忍，夜不能寐等；或者出现头晕呕吐，不能睁眼，旋转颈部或起身动作引发症状加重等。

康复原则解析（医生阐述） 由于各种损伤因素导致颈椎关节周围软组织产生比较强烈的损伤性刺激。此时，局部组织（肌肉、肌腱、韧带、关节囊、滑膜、神经组织、硬膜囊、脊髓等）的水肿和炎症刺激促使受累颈椎节段局部乃至整个颈椎都处于保护性绞锁状态，也包括那些脊髓型和神经根型颈椎病急性发作时的神经根水肿的刺激症状（请参见第二章的相关章节）。

基本注意事项及康复原则

（1）颈椎领围制动。急性刺激状态下，会有明显的运动受限和疼痛，应该在白天佩戴颈椎领围制动（图7-1），睡眠时可以解下。但如果睡眠解除后疼痛加剧则可以继续佩戴。疼痛刺激逐步缓解后（一般约1～2周），或者疼痛不会因为行走而加

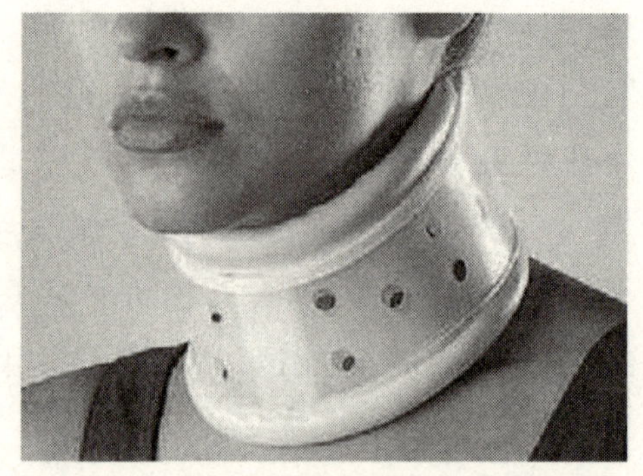

图 7-1 佩戴颈椎领围限制颈部运动

剧，就不必一直佩戴颈围。此时，一般只需要在坐车时（尤其是长途车时）佩戴即可。

（2）若患者是学龄儿童，急性疼痛期缓解后可以上学，但需要在上学时佩戴颈围，放学后在家长能够监护的情况下，不必佩戴。一般在急性疼痛缓解后可解除。

（3）不必一定卧床休息，除非患者直立状态有疼痛加重或眩晕出现。适度行走一般有助于急性期症状的缓解，但每次行走时间限定在 20 ～ 30 分钟以内。每天行走训练 2 ～ 4 次。只要不引发疼痛刺激，患者可以在室内做一些不负重活动。但要避免久坐（超过 30 分钟）。

（4）避免立即热敷外用药物，防止热敷导致局部水肿进一步加剧。

（5）禁忌盲目按摩和揉捏颈部，尤其不要由非专业人员搬扭颈椎试图“复位”，避免引发局部水肿或更严重的损伤。

2. 腰椎疾病急性症状期的注意事项及康复原则

适应证（患者感觉） 经常是某个“寸劲”（不协调动作）引发腰部的疼痛；也有的患者诱因不明显，疼痛逐渐发生。大多数都有疲劳或着凉病史。疼痛可以逐步加重，甚至导致整个腰背肌僵硬的像铁板一块（痉挛和强直）；有时甚至还会出现下肢的剧烈疼痛；一般都会严重影响到睡眠质量；由于活动受限，生活无法自理或自理困难（请参见第二章的相关章节）。

康复原则解析（医生阐述） 腰椎关节软组织损伤的急性阶段，大多源于局部软组织不对称炎性刺激。这种炎性刺激经常是因为不协调动作造成的椎旁软组织牵拉损伤，或源于疲劳及寒冷导致的软组织痉挛缺血。由于损伤刺激比较强烈，造成局部组织（肌肉、肌腱、韧带、关节囊、滑膜、神经根组织、鞘膜囊等）的水肿和炎症刺激，引发整个腰椎范围广泛的保护性关节绞锁。当然，更为严重的情况就是，椎间盘内的髓核组织突出或其他炎性刺激，使椎管内神经根组织产生水肿，导致严重的坐骨神经痛等下肢症状（请参见第二章相关章节）。

基本注意事项及康复原则

（1）卧床休息：卧床应采用最舒服的体位，但尽量不要采取仰面平卧位。因为，下肢伸直的仰卧位往往可以造成腰椎前屈加深，致使腰椎关节过度咬合，产生局部关节刺激，反而容易导致腰背肌紧张加剧，诱发或加重症状（图 7–2）。如果平卧，最好在膝关节下面垫上一个膝枕。这样可以使膝关节和髋关节呈现屈曲状态，腰椎关节相对松弛，不会引发局部刺激，避免导致肌张力增高和疲劳性损伤（图 7–3）。也可以选择屈曲侧卧位，该体位有助于腰背肌的松弛和休息。

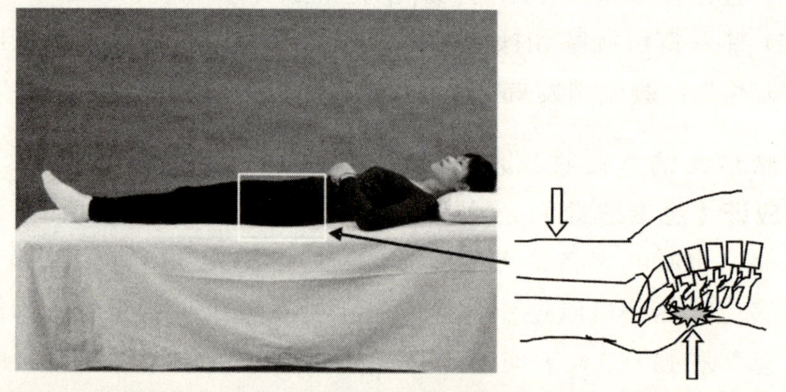

图 7–2　下肢伸直的仰卧位容易导致腰背肌紧张加剧，诱发或加重症状

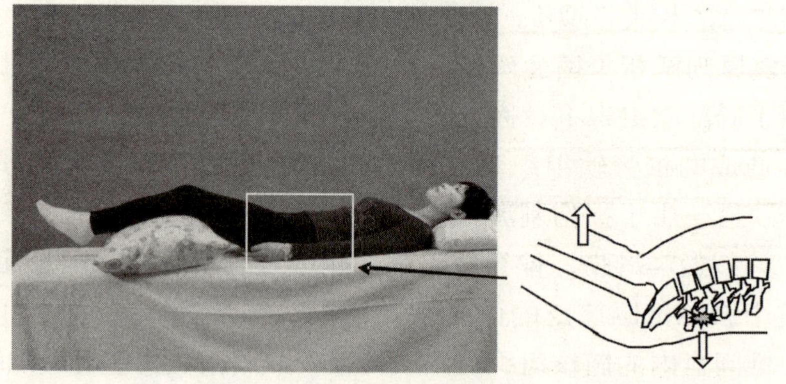

图 7–3　平卧时膝关节下面垫上一个膝枕可以减轻腰椎关节紧张刺激

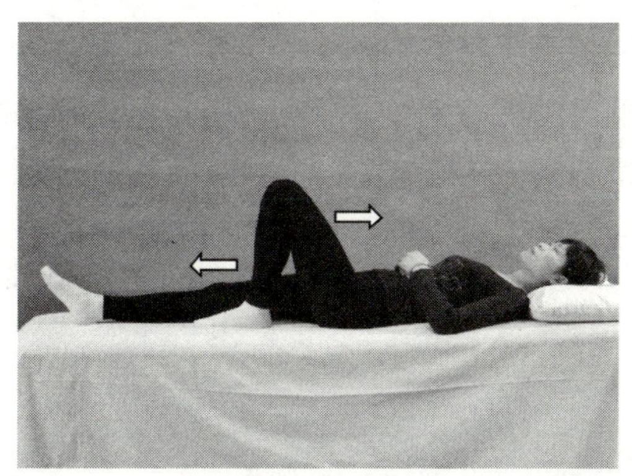

图 7-4　床上下肢屈曲运动有利于早期康复

（2）床上运动：如果不引起疼痛，可以在床上做下肢交替屈伸活动（图 7-4）。每组 10 ～ 15 下，每日 4 ～ 5 组，在每天的不同时段做训练。

（3）支撑行走：如果不诱发疼痛，如厕（一定要坐便）后可以顺便在床下少许行走。初期行走可以借助两把椅子，用双臂支撑椅子背，做原地踏步（图 7-5）。当然，最好可以使用专用的学步车做行走训练（图 7-6）。这种行走被称为“支撑走”，是一种简易的“减重行走”，可以通过手臂的支撑，减轻腰椎的负荷。另外，这种状态下的行走还可以使躯干由于双臂的支撑

图 7-5　简易支撑行走：撑着椅子背原地踏步

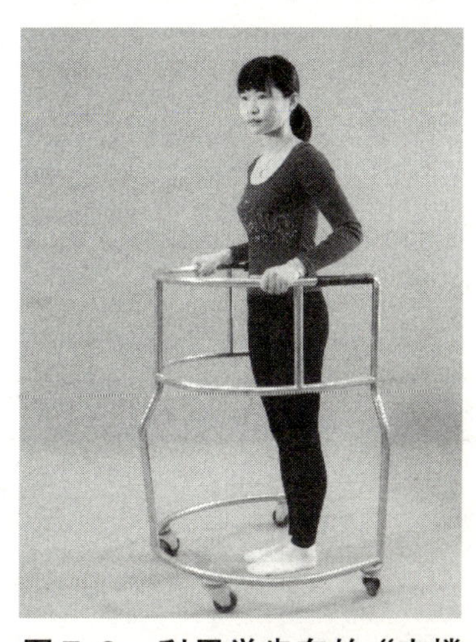

图 7-6　利用学步车的“支撑走”（减重行走）训练

而挺拔起来，有助于缓解疼痛引发的脊柱侧弯。不过，如行走时出现疼痛，则要立即上床休息，以在行走后卧位休息 5 ~ 10 分钟内刺激性疼痛可以基本缓解为原则，否则需减少行走时间。每次下地活动的时间间隔一般在 2 小时以上，每天总量不要超过 4 ~ 5 次。

（4）戴硬腰围方法：除了在床上休息以外，其他任何活动都要戴腰围。

慢性期的康复原则

1. 颈椎疾病慢性期的注意事项及康复训练

适应证（患者感觉） 部分颈椎病患者在急性症状缓解后就进入了慢性期，也有一些患者的颈椎病在一开始就是慢性发作的。这种患者的症状是时作时止，疼痛或不适症状大都可以忍受。每次发作或加剧往往与疲劳、着凉、不协调动作或睡觉落枕等有关。症状可以是颈肩部或上肢的疼痛，或者头晕头痛等。

康复原则解析（医生阐述） 颈椎关节周围软组织正处于慢性损伤状态，局部组织（肌肉、肌腱、韧带、关节囊、滑膜、神经组织、硬膜囊、脊髓等）处于损伤刺激的愈合阶段，由于关节功能尚未受到严重影响或者已经开始恢复，而周围软组织弹性和张力仍然满足不了关节的协调运动，因此，经常会出现一些不协调损伤或劳损。这些劳损大多不重，通过适度休息或镇痛药物即可缓解（请参见第二章相关章节）。

基本注意事项及康复训练

（1）白天不要长时间卧床（午休除外）；不要长时间（一般不超过半小时）固定坐位休息或工作，如看电视、操作电脑、驾车等。有头晕症状的患者禁忌开车。

（2）可以经常在空旷安静环境下散步，但尽量不要逛商场。

（3）注意避免着凉、受潮；生活要规律。

（4）可以从治疗后第二天开始做“摇肩运动训练”（图 7-10，160 页）；

（5）一般性的白领工作和家务并不禁止。但不要有过重、过久的应力负荷，如低头切菜、洗衣、洗头等；长时间背挎包、田间劳作等。

（6）尽量避免不均衡上肢运动，如理发师、牙医、油漆匠等维持单侧俯身扭颈姿态的工作。

（7）可以坚持全身性健身运动，如跳中老年健身操（1 ~ 2次 / 日，30 ~ 40 分钟 / 次）或行走训练（快速行走 2 ~ 3 次 / 日，20 ~ 30 分钟 / 次）等。但各种训练都要坚持，不能三天打鱼，两天晒网。

2. 腰椎疾病慢性期的注意事项及康复训练

适应证（患者感觉） 这一阶段的特点是“大疼变成小疼”，广泛部位疼痛变成小区域的疼痛。生活上也大多可以完成最基本的自理，诸如上厕所、洗漱、翻身下床等动作。但某个特定的体位还会诱发疼痛，比如不能坐位或站位太久（几分钟 ~ 十几分钟）。患者的腰椎局部仍有运动诱发痛，即做某一方向的动作（如弯腰、抬腿等）时会诱发疼痛。

康复原则解析（医生阐述） 急性疼痛期（一般为 1 ~ 3 天）过后，就进入亚急性期。该时期强烈的损伤性炎症刺激已经缓解，病灶影响趋向局部。这是一个非常重要的病理阶段。典型的病理过程是脊柱区域性反应转成节段性反应，即原先波及整个腰椎区域的刺激开始仅仅局限在受累椎节。临床表现为整个腰背区域的肌肉和 / 或关节痉挛强直状态转变成单纯的受累节段的痉挛和运动受限。由于局部痉挛的存在，患者脊柱仍然不能维持正常的运动功能，也不能胜任长久负荷。腰椎局部关节的不对称功能受限致使局部节段区域内的相关关节等结构的组织刺激仍然存在（请参见第四章第一节）。

基本注意事项及康复训练

只要开始行走时不产生明显疼痛，即可进行康复训练。需要注意以下几点。

（1）刚刚站起来时有疼痛，但行走少许时间后疼痛可缓解或减轻，请患者记录疼痛缓解或消失所需要的时间，这个时间越短越好。若缓解后行走过程中再次出现疼痛，此时必须卧床休息。再次出现疼痛的时间是越晚越好。如果行走一直没有再出现疼痛，再次行走的时间一般不超过 30 分钟。

（2）刚开始行走没有疼痛或疼痛不严重，但行走一段时间后疼痛出现，此时需要休息。即便没有疼痛，行走也不易超过 20 分钟。

（3）行走速度因人而异，相对快一点更好。一般讲来，每次行走时间不超过 20 ～ 30 分钟为宜，但其间若出现疼痛则须立即休息，3 ～ 4 次 / 日。

（4）当自然行走躯干侧弯或疼痛比较明显时，此时可以采用“支撑走”形式行走（图 7–6）。这种行走方式可以通过上肢的支撑作用减缓腰椎的负荷，减少疼痛刺激，进而通过行走时腰椎关节柔缓协调的摆动效应达到促进腰椎关节的功能恢复。这非常类似于下肢瘫痪病人康复训练时使用的“减重行走器械”（图 7–7），但前者要便宜和方便得多。另外，利用两把椅子做原地踏步（图 7–5），也可以达

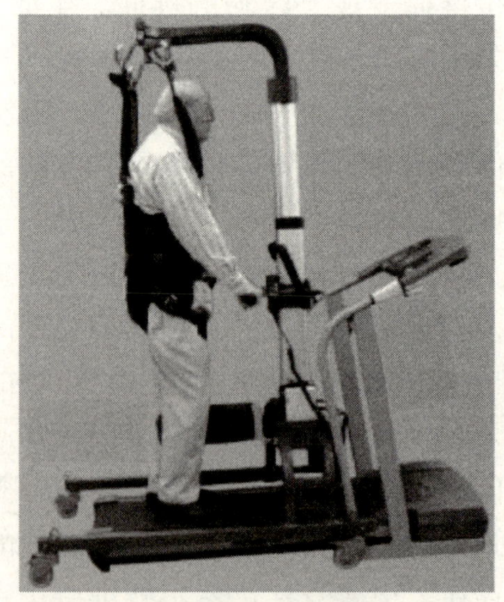

图 7–7　下肢瘫痪病人康复训练使用的“减重行走器械”

到类似效果。

（5）体位改变时仍要十分缓慢和谨慎小心。

（6）日常生活可以尽量自理，其原则为“以痛为限”。也就是说，只要是引发疼痛或不适的动作或姿态，就要尽量避免。

（7）即便没有引发疼痛，有些动作也不宜长时间维持。比如，长期坐、立、行，甚至完全卧床。在这个阶段，一般而言，即便没有疼痛的诱发，坐的时间也不能超过 30 分钟；站立位的时间更要短，不超过行走训练的时间；白天卧床的时间一般每次不超过 2 小时，整个白天最多不宜超过 3 次。

（8）戴硬腰围方法：长时间行走或坐汽车时一定要佩戴腰围。在家卧床及一般活动时，尽量不要佩戴腰围。

3 康复期的康复原则

康复早期

1. 颈（胸）椎疾病康复初期的注意事项及康复训练

适应证（患者感觉） 这个时期，患者症状已经开始缓解，虽然还经常感到颈背部存在疼痛，但一般只是在做某个动作时才会出现，或在某个持续体位下出现（如旋转或/和低头等，或者卧床时的某个姿势）。有些患者由于病史较长，会出现反复发作的情况，症状经常是起起伏伏。症状的诱发或加剧往往与长时间保持某个体位（如伏案、看电脑等）有关。既往有肩背及上肢剧痛（神经根型颈椎病的刺激症状）的患者，此时只是遗留上肢的偶发疼痛或不适，一般不会影响生活起居和正常工作，更不会影响睡眠。但可能会在寒冷或疲劳状态下诱发症状。既往行走不稳或笨拙的患者（脊髓型颈椎病）此时也可以正常行走了，但肢体仍然无法十分协调的运动，或者不能完成精细动作，如系鞋带、扣扣子等。（请参见第二、第三章的相关章节）。

康复原则解析（医生阐述） 这个阶段康复的主要目标是关节功能的恢复。经过治疗或休息，颈（胸）椎受损结构状态已经改善，或者完全恢复，或者代偿恢复，但颈（胸）椎周围的软组织尚未恢复到十分协调的状态，软组织的张力和弹性还远远不能胜任脊柱的关节功能要求。因此，这个阶段康复的重要任务就是恢复关节周围软组织的弹性和张力。

基本注意事项及康复训练

（1）白天不要长时间卧床（午休除外）；坐、立、行各种状态每次一般不要超过 30 分钟。尤其注意不要长时间固定坐、立位休息或工作，如伏案写作、看电视、操作电脑、驾车等。有头晕症状的患者仍然禁忌开车。

（2）可以经常在空旷安静环境下散步，但尽量不要长时间逛商场。

（3）注意避免着凉、受潮；生活要规律。

（4）可以从治疗后第二天开始做“颈椎斜牵运动”、“肩胛俯卧撑”和“摇肩运动训练”（参见本章第五节，158 ~ 161 页）。

（5）一般性的白领工作和家务都可以完成。不禁止全身活动，但要避免力学载荷（负重的运动）。保持适度的行走等训练很有必要。

（6）对于部分症状不稳定的患者，可以增加“颈部背伸肌力训练”，详见本章第五节。

2. 腰椎疾病康复初期的注意事项及运动训练

适应证（患者感觉） 患者生活可以完全自理，可以胜任一般工作。但是，久坐或久行等都可能出现或加重腰部的不适或疼痛感觉，尤其是长途坐车、生活节奏及生活环境改变、季节变化等。对于这一类的症状加重改变，大部分患者可以通过几小时或几天的休息使症状得到缓解。

康复原则解析（医生阐述） 患者腰椎基本关节结构周围组织的急慢性刺激已经消失，结构及功能都已经比较稳定或代偿稳定。虽然仍可能存在脊柱结构上的形态学异常（如侧弯、畸形、椎间盘突出、椎管狭窄等），但整体角度来看，颈胸段脊柱已经处于代偿平衡的状态。或者说，医生通过保守治疗已经帮助患者的脊柱恢复到了最有利于脊柱稳定代偿的平衡点。此时的脊柱尽管不如正常脊柱那么端正（曲度正常，没有畸形），但却可能是最符合患者当前状态的最佳位置，并不影响患者的生活质量，剩下的就是等候周围曾经受过损伤的组织慢慢恢复到原来的最佳弹性状态了。只有脊柱关节周围组织恢复了弹性与张力，关节的灵活度才能有所保证，关节周围软组织的弹性储备才足以应对长时间维系某种姿态时的应力疲劳。因此，此阶段的主要任务就是恢复关节周围软组织的弹性和协调能力。

基本注意事项

（1）经常变换体位（坐、立、行、卧等）。原则仍是“以痛为限”，无论哪个体位，一旦出现疼痛就要立即变换体位。如果不痛，立位不超过 10 分钟，行走和坐位每次不超过 30 分钟，卧位可长一些，但一般每次不超过 2 小时（夜眠除外）。坐位应坐靠背椅，腰部最好要加一个靠垫（图 7-8），尽量不要坐低矮的椅子或沙发。

图 7-8　尽量坐靠背椅，腰部最好加靠垫（箭头）

（2）部分患者早晨起床时会发生晨僵，即腰背僵硬和疼痛不适感，活动一段时间会消失，此时需要记录晨僵消失所需的时间。这个时间逐渐变短则表明韧带肌肉的张力在逐渐改善。可做“慢骑马”训练（163 页）。

（3）由于患者生活可以自理，一般白领工作大都可以胜任，但要保持生活节奏的规律性。每天最好坚持 2 次比较规律的 30 分钟的行走训练。

（4）日常生活中一定要避免负重，如搬、抬、举、拉、抱、背、扛重物等。

（5）注意避免着凉。诸如穿堂风，空调风口等，都应该尽量避免。

（6）戴腰围方法：出门坐汽车时一定要佩戴腰围。其余情况下一般不必佩戴。

（7）对于部分症状不稳定的患者，可以增加“腰背部背伸肌力训练”，详见本章第五节。

康复中、后期康复原则

1. 颈（胸）椎疾病康复中、后期注意事项及康复训练

适应证（患者感觉） 患者颈部症状已经消失，患者生活可以完全自理，一般白领工作可以胜任，蓝领工作也可以完成。但是，患者仍然可能由于伏案工作时间较长或某一种过度的劳作体态（如油漆工、牙医、理发师、农民等职业工作姿态）而出现颈部不适或疼痛的感觉。这种症状往往可以通过改变姿态或适度的休息而得到缓解。

康复原则解析（医生阐述） 患者颈胸椎结构及功能都已经比较稳定或代偿稳定。虽然仍可能存在脊柱结构上的形态学异常（如侧弯、畸形、椎间盘突出、椎管狭窄等），但从整体角度上看，颈椎已经恢复到了最有利于脊柱稳定的代偿平衡点。通俗一点讲，颈（胸）椎关节周围组织急慢性炎症都已经消失，符合患者最佳状态的关节代

偿结构已经比较稳定，周围软组织弹性恢复也基本完成。但是，关节的运动协调能力和耐受疲劳的能力并未完全恢复。比如，突然扭头、突然抬手够物、长时间伏案工作、长时间看电脑和电视等。康复训练的主要任务就是帮助恢复关节周围软组织的弹性和协调能力，也就是要恢复肌肉与关节的协调反应能力（灵活性）和弹性储备（耐久性）。

基本注意事项

（1）一般可以正常上班和工作，但最好避免加班或出差。生活和工作尽量保持规律，避免突发事件和意外，比如旅游、装修、搬家、应季农活等。

（2）每天仍然要十分规律地坚持“摇肩运动”训练，还可以增加“肩胛俯卧撑”训练、“颈椎斜牵运动”及“肩胛俯卧撑”训练（仅适于颈椎病），详情参见本章第五节（158 页）。

（3）对于症状不稳定的患者，可以在无症状期增加“颈部背伸肌力训练”，详见本章第五节。

（4）增加阶梯性全身康复训练（参见本章第四节，155 页）。

2. 腰椎疾病康复中期的注意事项及康复训练

适应证（患者感觉） 患者腰部症状完全消失，可以胜任原先从事的工作或体力劳动。但长时间过度工作或重体力劳作仍然可能出现腰部不适或疼痛，但大多可以在一两天内得到缓解。

病理机制（医生阐述） 患者对于自身腰椎结构的形态学异常（如侧弯、畸形、椎间盘突出、椎管狭窄等）已经基本适应，腰椎基本功能的恢复基本完成。腰椎关节周围的韧带、肌肉组织已经可以应对机体日常生活的一般需要。不过，应对突发载荷和疲劳载荷的能力仍显不足。也就是说，当突然的超载出现时（比如突然搬起很沉的重物），肌肉韧带会反应不上来，进而造成损伤；或长期负载出现时（如身背挎包长时间逛商场或坐着打了一晚上麻将），会比正常人更早地用尽肌肉韧带（尤其是受累侧）的弹性储备，造成劳损，引发疼痛或不适。所以，这一阶段的康复训练任务是继续提高关节的协调能力，增加软组织的弹性储备。

基本注意事项

（1）快速行走训练（所谓“疾走”，见第 179 页）作为基础训练。每日 2 次，每次 30 分钟左右。可做“慢骑马运动”或加强“慢骑马运动”（163，164 页）。

（2）每日酌情增加 1 次“变向变速走”。变向，是指在行走方向上前走 8 ～ 9 分钟，后走 1 ～ 2 分钟；变速即前走时尽量要快，后走以稳为主，相对较慢，共计 10 分钟。一般最多连续走 3 组即可，大约 30 分钟。需要注意的是，一定选择比较空旷平整的道路上行走，倒退走时尽量不要扭着头，最好在刚刚向前走过的、比较平坦的道路上直接向后倒退走。

（3）戴腰围：长时间（超过 1 ～ 2 小时）坐车、乘坐飞机旅行要佩戴腰围。

（4）对于症状容易反复的患者，可以在无症状期增加“腰背部背伸肌力训练”，详见本章第五节。

4 脊柱保健性训练的建议

脊柱损伤退变性患者康复以后，即加入了数量极其庞大的脊柱亚健康的人群。在这个群体中，想要再进一步进入健康人群的行列十分困难，但退一步下来成为病人群体却极其容易。若要避免再度遭遇疾病的痛苦，一定要启用“生命在于运动”的信念。以下是作者根据二十余年的临床经验总结出的一些建议。

康复三原则

在康复阶段，一定要牢记三个基本原则：生活规律、运动规律、避免意外。

（1）生活规律：工作和生活要保持比较规律的状态，避免大起大落。增加生活工作负载要本着渐进的原则，不要突然改变负载状态。

（2）运动规律：根据不同的康复训练原则，要十分规律地定时定量地运动。需要注意的是，如果由于天气或意外身体出现了不适或疼痛，一定要立即停止或减少运动量。

（3）避免意外：一是要避免突然意外劳损或扭伤，二是避免着凉或疲劳负荷。

阶梯训练原则及方法

脊柱疾病症状期消除以后，患者经过一定阶段的康复训练，进入比较稳定的临床治愈状态。这个阶段并非所有问题都已解决，脊柱的应变能力尚不足以抵御生活中的各种意外情况。此时的脊柱充其量只能算是一种亚健康状态，很容易又转成患者身份，而进一步提高脊柱健康水准却非常困难。作者根据长期的临床经验，总结出一套比较实用的阶梯训练方法。经长期临床实践验证，这套方法对提高脊柱健康水平具有重要的推动作用。

1. 白领人员的阶梯训练

（1）每日基础运动：摇肩训练、颈椎斜牵、肩胛俯卧撑、腰椎关节开合训练（参见本章第五节）、行走训练（1 ～ 2 次 / 日，20 ～ 30 分钟 / 次）。

（2）每周渐增全身性健身活动：每周可以渐进增加的运动训练次数因人而异，大致 1 ～ 3 次 / 周。

以下是可以选择的运动处方。

处方 1

爬山（5° ~ 15° 的坡度）

初始量：上行 0.5 小时，下行 0.5 小时，每周 1 ~ 3 次。速度因人而异，以个人的中等偏快速度为宜。一般每隔 3 ~ 4 周后开始增量。

增量原则：每周增加原来基础行走时间的 1/5 ~ 1/3。但每次的运动量极限不宜超过 2 小时。

处方 2

健身操（舞）：韵律操、拉丁舞、拉拉提、交谊舞、中老年迪斯科、大秧歌、太极拳等

初始量：0.5 ~ 1 小时 / 次，每周 2 ~ 3 次。

增量原则：1 ~ 2 个月后开始增加量，半年内逐渐增加到极限量。每周最多 5 ~ 7 次，每次最多 2 小时。

处方 3

游泳：一般可以选择蛙泳、自由泳或仰泳

初始量：每回游 5 次，每次 50 ~ 100 米；间隔 5 ~ 10 分钟，每周 1 ~ 2 次。

增量原则：3 个月后开始逐渐增量，在 1 年内达到每回蛙泳 3 次，每次 200 ~ 500 米。每周 1 ~ 3 次。

处方 4

水中行走：不会游泳者可以尝试“水中行走”运动，即在深水（齐胸）中行走

初始量：每回（50 ~ 100）米 ×（4 ~ 5）组，间隔 5 ~ 10 分钟（注意：提前做好热身活动，水温不能太凉），每周 1 ~ 3 次。

增量原则：1 ~ 2 个月后开始逐渐增量，在半年内可以增加到每回（200 ~ 300）米 ×（4 ~ 5）组，间隔 5 分钟左右。每周最多 5 ~ 7 次。

2. 蓝领人员的阶梯训练

（1）每日基础运动：摇肩训练、颈椎斜牵、肩胛俯卧撑、腰椎关节开合训练（参见本章第五节）、行走训练（1 ~ 2次/日，20 ~ 30分钟/次）。

（2）每周渐增的全身性健身活动。

下列是可以选择的简易运动处方。

处方 1

主妇训练计划

初始量：2 ~ 4 个人的简单饭菜，包括采买。100 平方米以下房间的简单打扫（擦拭浮灰、规整物件、扫地）。辅助照料家中一个学龄前儿童（主要由保姆照料）。

增量原则：逐渐增加健身性的户外活动，而不是增加家务。“白领人员阶梯训练”中的任意一项运动均可。

处方 2

农夫训练计划

初始量：农忙季节以外的一般农活，诸如收拾庭院、侍弄菜园等，但要尽量避免抗、抬、拽、拉重物的动作。每日劳作时间要大致规律。

增量原则：逐渐增加协调性活动和有负荷劳作。诸如，挑担、背物、除草、铲粪、开拖拉机或农用车等。在劳作时间上要逐渐增量，在劳动负荷上也要循序渐进地增量。一般需要半年至 1 年才能达到原先的劳作负荷水准。

处方 3

产业工人训练计划

初始量：材料整理，现场清扫，工作准备，杂活，但不要固定一个姿态负重工作。

渐增原则：由短时的工种固定到逐渐增加工作负荷。在半年到 1 年左右逐渐达到原先的工作负荷。具体的过渡时间一般与原发病的病史长短及严重程度有关。

竞技体育与脊柱健康

竞技体育运动可以引发人们的兴趣并容易坚持，但对脊柱的影响却是双刃剑。运用得当有助于脊柱健康，运用不当将影响脊柱健康。一般意义上讲，只有在康复后期才可以逐渐参加某些竞技体育运动，具体实施因人而异。

如果是患者恢复以前的、非常痴迷或长年坚持的体育运动项目，一定要本着循序渐进、养成规律的原则，并且在运动前一定要做好热身活动。

如果是初次涉足一项竞技体育项目，则需要了解各种竞技体育运动对脊柱扭力影响的大小。作者认为常见体育运动项目中扭力由小到大的排序是：羽毛球—乒乓球—网球—保龄球—高尔夫球—排球—篮球—足球。可以参考这个顺序，循序渐进地过渡到您喜欢的竞技体育项目。

需要说明的是，对于久病初愈的患者，不要选择排在乒乓球以后的体育项目。即便选择了乒乓球或羽毛球，也要将健身作为基本目的，不要过分看中比赛结果。中年以上的人群尽量不要选择爆发力和冲击载荷太强的体育项目，诸如足球、篮球、排球等。

另外，无论选择何种体育项目都要特别注意“渐进”和“规律”的康复运动原则。

5 基本康复训练图解

颈椎康复训练

1. 颈椎斜牵运动

患者先将头转向健侧约 45° 角，然后用自己健侧手扳住头的患侧后部，将头向健侧斜前方扳至极限位，小幅度反复振牵 3 ~ 4 次，此时会感觉到颈椎患侧略有牵拉感觉。然后头颈复原，并使颈部后仰少顷并放松。如此往复共 5 ~ 6 回。再向患侧转头，做同样的动作，次数可以略少些。两边做完后则完成一组练习。每日可在早晨、上午、下午、晚上不同时间做 4 组。

目的 颈椎也是一个三足鼎立关节结构，前面是椎间盘，后面是两侧的后关节突与上下相邻椎节的后关节突组成的后关节。这个斜向的牵拉动作，可以在间盘和一侧后关节比较稳定的状态下，牵拉另一侧关节，达到单侧关节在稳定牵引状态下被动拉长的作用。这种有节奏的牵张动作可以帮助该关节周围的关节囊及附着韧带逐渐恢复张力和弹性（图 7–9）。

图 7–9 颈椎牵拉操

要点 用手做主动牵扳，颈部要被动放松。被牵张一侧可以略有牵张或钝痛感，但牵张后疼痛感觉不应该持续存在。

2. 摇肩运动

患者端坐位或立位，双侧肩胛关节同时向后做摇转，颈椎放松，保持略微后仰状态，5 ~ 6 次。然后再做向前摇转，5 ~ 6 次。然后再做扩胸运动，5 ~ 6 次。1 组练习即告完成。

目的 通过肩胛关节的摇转达到间接松解颈椎关节周围软组织和增强局部血液循环的目的。同时，可以恢复颈椎关节周围肌肉的弹性、张力和协调性。

要点 颈椎放松，肩胛关节运动时不要过分用力，只需达到耸起及前后摇转效应即可。另外，肩胛关节是肩胛骨与胸廓后壁之间的关

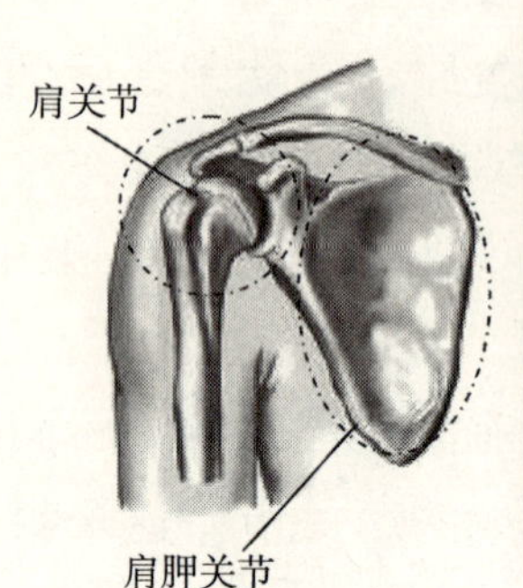

（1）肩胛关节与肩关节的位置

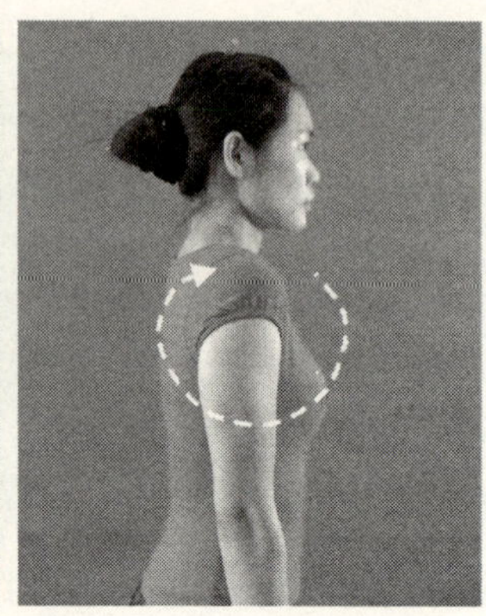
（2）摇肩运动训练：由前向后摇转（左），由后向前摇转（右）

图 7–10　肩关节示意图

节，并非肩关节（图 7–10）。

需要说明的是，作者并不提倡将颈椎旋转运动作为颈椎保健操。根据颈椎的解剖特点，过分、长期的旋转运动可能导致一种椎体间的“磨盘效应”——增加椎体边缘牵张骨赘的生成；另外，旋转还会对椎动脉产生刺激，尤其是老年人或椎动脉型颈椎病的患者可能会出现危险。

3. 肩胛俯卧撑

患者将双手支撑在桌面或窗台上，肘关节保持伸直状态。上身躯干松弛，双肩塌陷，然后躯干再耸起。如此反复做，15 ～ 20 个为 1 组，同时要保持颈椎略后仰。每日可以做 3 ～ 4 组练习。

目的　该动作是以肩胛关节为运动轴，通过肩胛间区的颈胸椎椎旁肌群有节奏地提升躯干和使其下沉，达到锻炼这组肌群弹性负荷的目的。这是一种颈胸椎椎旁肌肉的轻度负荷练习。当然，桌面高度越低负荷就越大，越高负荷则越小。患者可以通过调整支撑物的高度来改变训练负荷。

要点　肘关节不能打弯，通过肩胛关节耸起和放下带动颈椎、肩

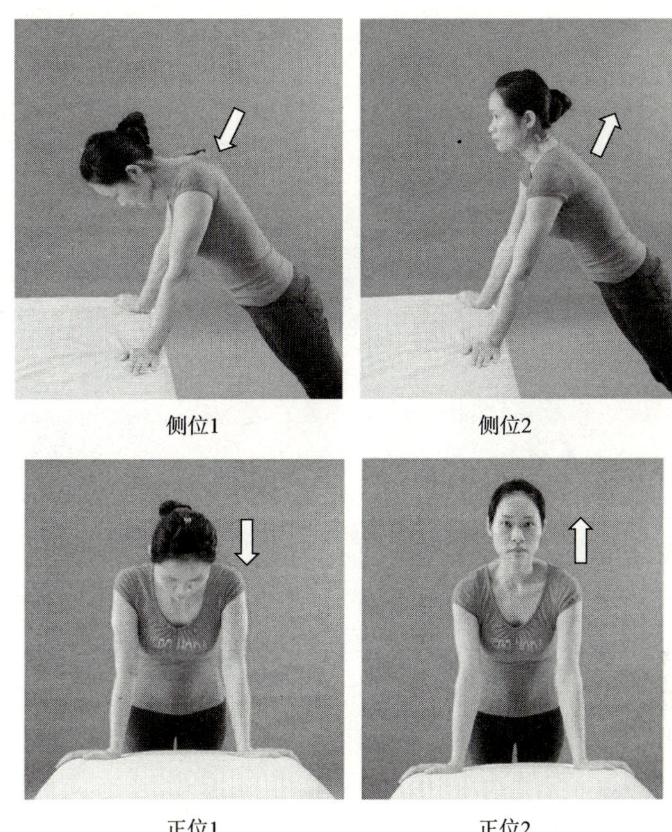

图 7–11　肩胛俯卧撑：上肢始终保持伸直，只是通过肩胛关节的起伏来带动躯干的升降

带及胸椎区域的运动（图 7–11）。

4. 颈部背伸肌力训练

方法 1（头顶手）　患者将双手抱住头后枕部，然后用力做头部后仰背伸运动，但要通过双手的力量对抗头部的后仰，以保持颈部肌肉收缩但颈椎关节位置基本不动。维持 10 秒钟后，手放开，头略微

(1)头顶手

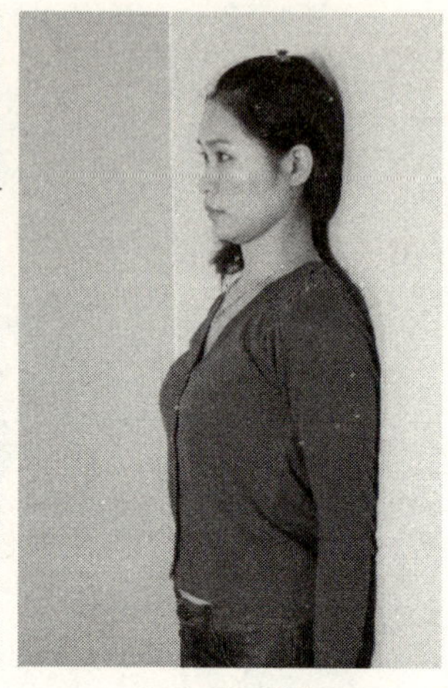

(2)头顶墙

图 7-12 颈部背伸肌张力训练示意图

后仰休息 10 秒钟，再次重复上述动作［图 7-12（1）］。反复 3 ~ 5 次为一组，每日可以做 3 ~ 4 组（在一天中的不同时段做）。

方法 2（头顶墙） 患者背部紧贴墙面立正站立，颈部后群肌肉用力使得头向后伸，但由于头部已经顶住墙面，颈椎关节基本保持不动，只是颈部后群的肌肉在收缩。维持 10 秒钟后，颈部放松，头略微后仰休息 10 秒钟，再次重复上述动作［图 7-12(2)］。反复 3 ~ 5 次为一组，每日可以做 3 ~ 4 组（在一天中的不同时段做）。

目的 该组动作是康复常规训练中的肌肉等长收缩训练，即在肌肉用力收缩的过程中，关节不做运动，在保持肌肉的长度和关节的稳定性基础上增强肌肉力量载荷。这种训练可以增强颈椎后群及侧群肌肉对颈椎关节的保护作用，增强颈椎关节的稳定性，对于那些症状不稳定、容易反复发作的患者比较实用。

要点 颈部后群肌肉用力，但关节保持基本不动是训练的关键。

腰椎康复训练

1. 腰椎关节开合训练Ⅰ（“慢骑马运动”）

患者取端坐位，向上方挺胸挺腹到极限位，使腰椎后关节全部都锁紧［图 7-13（1）］。然后，放松下沉胸椎及腰椎至其放松极限，此时腰椎后关节完全打开，椎间韧带因此而拉长［图 7-13（2）］。如此反复，10 ～ 20 次为 1 组。每天可如此运动 4 ～ 6 组。

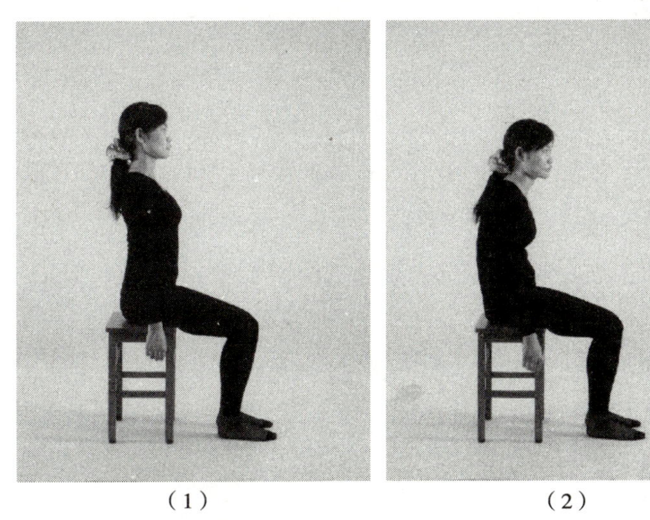

（1）　（2）

图 7-13　“慢骑马运动”

目的　该运动是腰椎后关节开合运动的最基本的恢复性训练，主要目的是恢复腰椎关节的屈伸运动功能。由于该运动酷似人在骑马时腰椎随马背颠簸时的自然运动（图 7-14），只是频率要慢一些，所以被称为“慢骑马运动”。国外曾经有人模拟骑马动作设计了一种腰椎运动训练器械，获得了很好的效果。这里，作者提倡的运动不需要任何器械，只是主动地模拟骑马动作，以达到恢复腰椎关节的屈伸运动功能。

图 7-14　骑马运动

要点　原则上向上让腰部挺起时要挺到顶，向下放松时要放到底。但如果向上挺和向下放松动作过程中有疼痛或牵拉感觉，则需以这种疼痛和牵拉感略微出现的位置为运动极限。

2. 腰椎关节开合训练Ⅱ（加强“慢骑马运动”）

“慢骑马”运动 1 ~ 2 周以后，可适当在挺胸挺腹动作时加上手臂的上举并后振。一般后振幅度不要太大，振动 4 ~ 5 下即可；然后，将双手直接抱住头颈区，下沉胸腰椎至其放松极限，通过双手下压颈椎，带动整个胸腰椎后关节牵张，小幅度振动 4 ~ 5 下。如此完成一次起伏动作，5 ~ 6 个起伏算一组。每日 4 ~ 5 组。在手臂后振的同时，会在腰骶区产生一个向前的冲击力，这将使腰椎后关节进一步锁紧，进而促进腰曲的恢复（图 7-15）。

（1）

（2）

图 7-15　加强“慢骑马运动”

目的 进一步促进腰椎乃至整个脊柱屈曲背伸功能的恢复。

要点 力所能及，以痛为限。

3. 腰椎关节开合训练Ⅲ（极限后伸展弯腰运动）

站立位，双腿分开，与肩同宽。先做上肢伸展运动，双手手指交叉手心向上；上臂小幅度后振 4 ~ 5 下，如同加强“慢骑马运动”。此时，患者可以感觉到腰部有前冲感觉。然后，保持上肢上举做前弯腰动作，双手尽量够地面，双腿保持伸直状态。达到弯腰极限时，再小幅度下振 4 ~ 5 下；保持弯腰姿态，就势下蹲。蹲到底后，全身蜷曲放松数秒钟，至此完成一个动作（图 7–16）。如此反复 7 ~ 8 个为一组动作。每日可以做 3 ~ 4 组。

（1）

（2）

（3）

图 7–16 极限后伸展弯腰运动

目的 该训练的目的是恢复整个脊柱屈伸运动、尤其是前屈运动的功能，从而促使腰椎后部结构的张力、腰背部及下肢背群的肌肉和韧带等组织张力的恢复。

要点 因人而异，点到为止。

4. 自重牵引

有一些经过保守治疗的腰椎疾病（如腰椎间盘突出症）患者，在疼痛基本消除以后，仍会残留或轻或重的脊柱侧弯，呈现所谓“旋盆翘臀（旋转骨盆，翘起臀部）”甚或“旋腰挺胸（腰部向一侧扭转，胸部向另一侧挺起）”姿态。对于这些患者，早期自我体疗时就可以使用适当的躯干矫形运动，这其中包括间歇性不对称自重腰椎牵引。通过多组间歇性刺激，可以逐步达到尽量缓解腰椎结构的畸形状态，促进最佳脊柱结构代偿的完成。具体方法并不复杂，患者可以利用家中的门框或器械做自重牵引。

牵引有如下原则：一是间断性，二是要放松腰部。可以将双手把握住单杠或门框等空中横悬支持物，在逐渐下沉身体的同时放松腰部，但双脚一直不要离开地面，只是逐渐放松双脚的支撑力量而已。牵引数十秒至数分钟（视患者本人手臂力量而定）后双脚踏实地面立起，稍许数分钟休息后再重复前述动作。一般重复 4 ～ 6 次为 1 组，每日在不同的时间段（如早饭前、上午、下午、晚饭后）做 3 ～ 5 组。具体做法如图 7–17 所示。

需要强调的是，牵引状态下腰部放松时局部可能会有一定的牵拉感，但不应有难以忍受的疼痛感。如有疼痛感出现，只需用双脚支撑住地面，分担部分身体负荷，至痛感消失即可。然后按这种牵引力度来做牵拉运动。

需要说明的是，许多患者需要做不平衡牵吊，即：牵吊时可以通过调整两只手的高度来达到纠正躯干畸形的目的。一般原则是：腰向哪一侧弯，哪一侧的手臂要把握得略低些，而另一手臂所超出的高度要以腰椎尽量被拉直为宜。图 7–17 中患者就是通过左右手不同的把握方式［图 7–17（4）］，使右侧牵拉高于左侧。这样一来，平衡牵引不能纠正的脊柱侧弯［图 7–17（1）］也就得到了纠正［图 7–17（2）］。这种牵引也可以利用自家的门框简易实施［图 7–17（3）］。

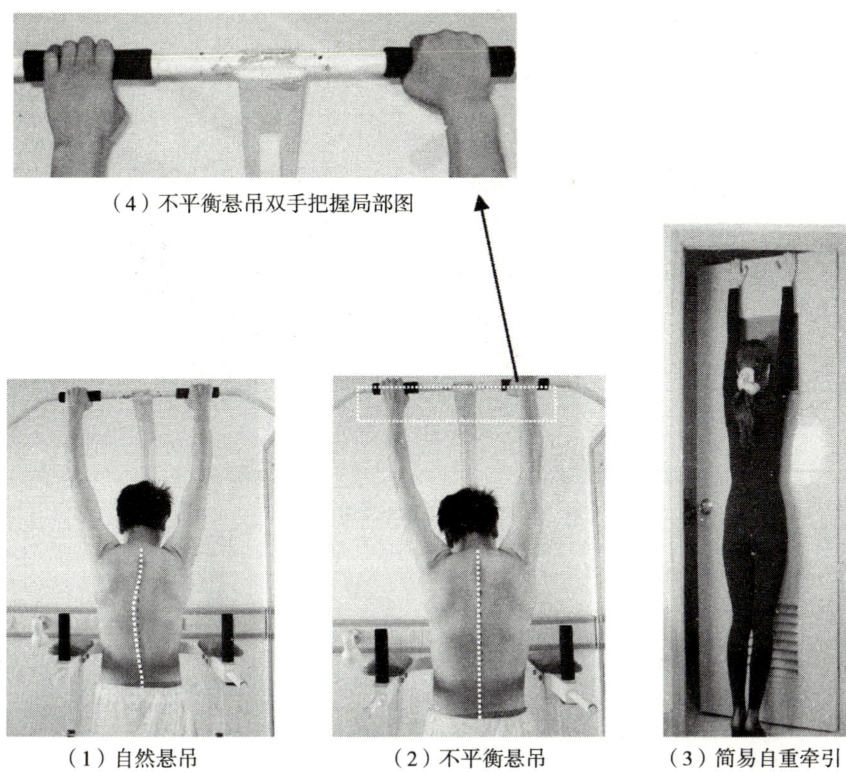

（4）不平衡悬吊双手把握局部图

（1）自然悬吊　（2）不平衡悬吊　（3）简易自重牵引

图 7-17　自重牵引

自重牵引与牵引床牵引是不同的。自重牵引很容易实施，不需要器械；可以通过自我调整和控制牵引重量，既能将腰椎关节一点点的被牵开，又不至于因过度牵拉造成关节周围组织损伤，同时还可以对腰椎侧弯做一定的矫形恢复。自重牵引一般针对的是恢复期患者，而牵引床牵引则主要针对急性期患者。

5. 弯腰压腹训练

该训练是冯天有教授发明的一种特别适用于腰椎滑脱患者的训练方法。患者可以在专门的训练器械上完成，也可以在家中用一把椅子来完成（图 7-18）。患者站立在椅子后，将椅子背顶在肚脐的位置，

利用器械“弯腰压腹”

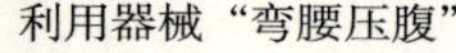

利用椅子“弯腰压腹”

图 7-18　弯腰压腹训练

然后向前下腰。当下腰抵达极限时，稳住身体，做小幅度（10 厘米左右）的向下牵振运动。20 ～ 40 次为 1 组，做 2 ～ 3 组，间隔 5 分钟。每天 2 ～ 3 回。开始时一定要谨慎小心。

6. 矫形鞋行走训练

垫矫形鞋也是腰椎疾病常用的方法之一。该方法由冯天有教授首先创造发明。矫形鞋行走训练是一种非常简便易行的训练方法，主要是针对那些由于腰椎损伤退变性疾病（如腰椎间盘突出症等）引发腰椎侧弯的患者。只要具备下述两个条件，就可以尝试矫形鞋行走训练：①患者已经过了急性刺激期，躯干仍然处于一种侧弯状态；②当患者的躯干在坐位状态（骨盆平衡状态）时，侧弯可以得到部分纠正。具体垫多高的矫形鞋由医生来确定。医生可以通过检查来确立患者应该在哪个脚下垫上多厚的矫形鞋底。图 7-19 是一个患者垫矫形鞋前后的背部躯干图像。从图上可以明显地看到垫上鞋底后躯干侧弯有所校正。

但是，切记一个重要原则：根据患者症状的改善以及畸形的改善，矫形鞋底需要逐渐撤下来。具体什么时间撤出并没有绝对的标准，以医嘱为准。

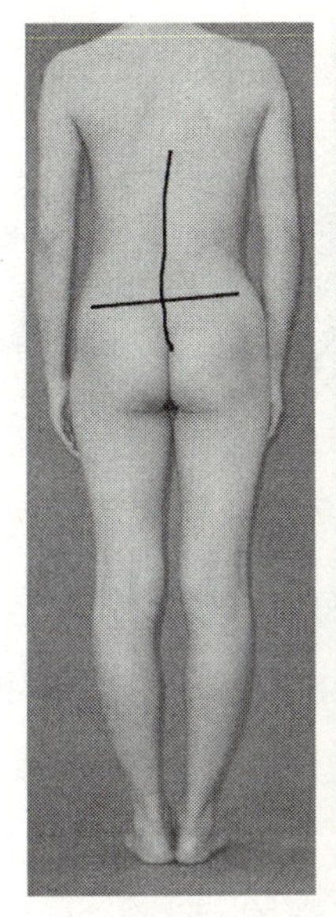

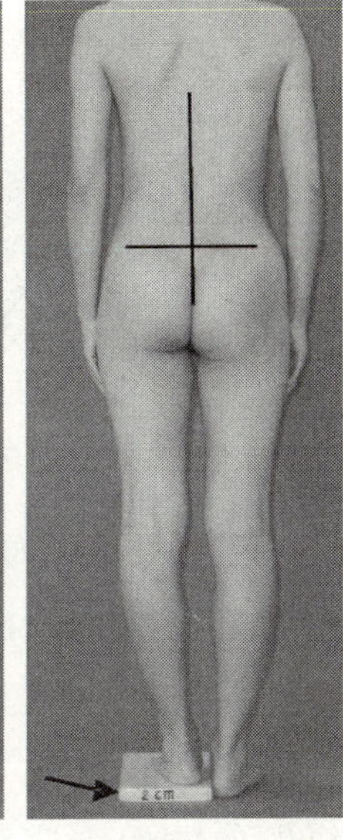

垫鞋前　垫鞋后

图 7–19　患者垫矫形鞋后脊柱侧弯和骨盆倾斜被纠正

7. 腰背部背伸肌力训练

方法 1（“小燕飞”）　患者俯卧在床上，双臂后伸向上抬，同时双腿尽量向上抬，但腰腹部紧贴床面，使得腰部出现背伸的曲度（图 7–20），维持 10 秒钟后，放松回到俯卧位状态，头转向一侧休息 10 秒钟左右，再重复上述动作。反复 3 ~ 5 次为一组，每日可以做 3 ~ 4 组（在一天中的不同时段做）。

方法 2（半俯卧撑）　患者俯卧位，双侧上肢支撑在床面，做俯卧撑动作，但腰腹部以下并不抬起（图 7–21）。连续做 10 ~ 15 个为一组，每日可以做 3 ~ 4 组（在一天中的不同时段做）。

目的　该动作是康复常规训练中的肌肉等张收缩训练，即以躯干

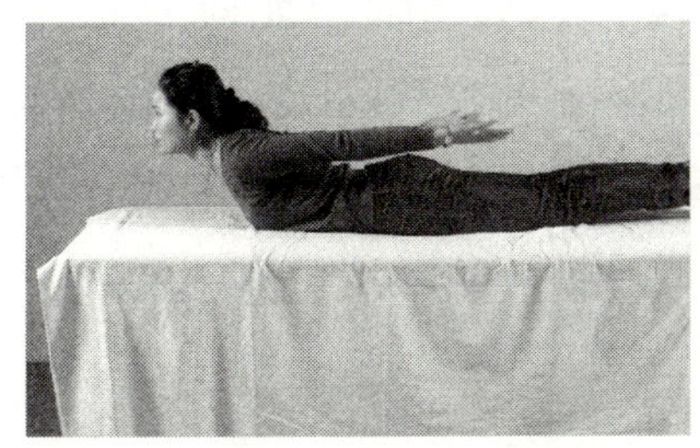

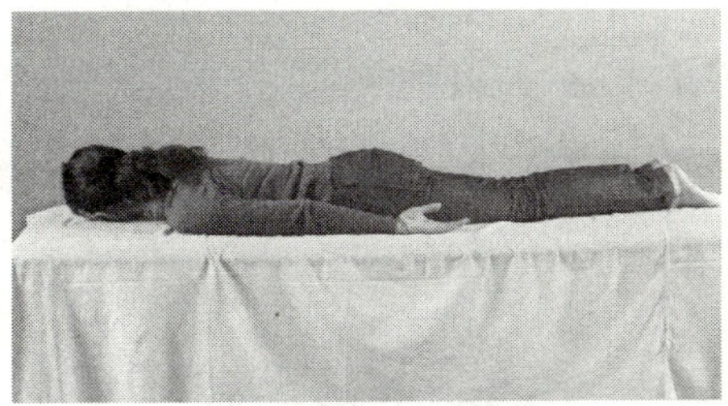

图 7–20 腰背部背伸肌力训练——“小燕飞”示意图

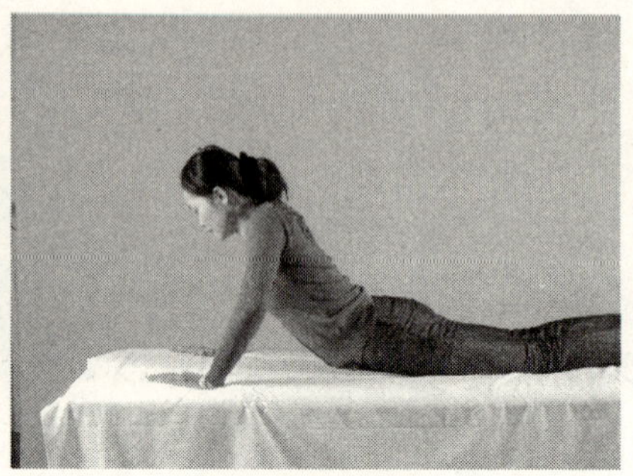

图 7–21 腰背部背伸肌力训练——半俯卧撑示意图

的部分重量作为均匀载荷，在维持腰椎关节背伸运动的同时达到训练腰背部肌肉力量的效果。这种训练过程中载荷不变，关节同时有一定的运动，可以在增强腰背部肌群力量的同时增加腰椎关节的咬合能力。这对于腰椎关节的稳定性具有重要作用。对于腰椎不稳和症状反复发作的患者非常有效。

要点 背伸动作要和缓，维持腰椎背伸的角度以不引发疼痛刺激为准。

6 健康脊柱的保健常识

众所周知，人类的日常活动正在逐渐由立位过渡到坐位，针对此特点，我们对脊柱更应表现出特别的关爱。只有懂得如何关爱自己的脊柱，才可能避免脊柱劳损与退变性疾病的发生，才能免去或减少许多痛苦与不便。下面作者就日常生活中如何维护脊柱功能提供一些建议。

脊柱功能的维护原则

脊柱的功能维护包括三个方面：平衡的结构、适度的运动幅度以及良好的协调能力。

1. 平衡的结构

平衡的脊柱结构包括下面两种情况。

（1）理想的脊柱：理想的脊柱结构就是没有侧弯、生理曲度正常的结构状态（图 7-22）。但现实中维系这种结构十分少见。

（2）代偿的脊柱：由于发育、遗传、职业特点以及各种后天损伤、退变因素等原因，可能会对脊柱结构造成不同程度的影响，这些影响可能导致脊柱出现旋转侧弯、驼背、颈曲变直或反向等。但是，机体并不一定会出现临床症状，或者只是暂时出现一些临床症状，随后就会逐渐适应而毫无临床表现。我们将这种结构异常称之为结构代偿，此时的脊柱就是代偿的脊柱（图 7-23）。这种代偿的脊柱结构也属于正常的脊柱，是正常人群中最常见的一种脊柱结构状态。绝大部分人的脊柱都是代偿的脊柱。

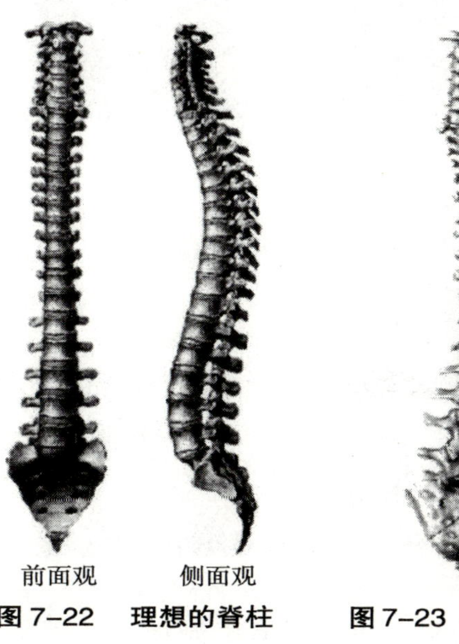

图 7-22　理想的脊柱　　图 7-23　代偿的脊柱

2. 适度的运动

对于脊柱运动幅度并无规定的正常标准。不同职业、不同年龄、不同性别、不同机体状态都可能会对脊柱的运动幅度产生影响。平均来讲，成年人颈椎活动度为：左右侧屈 45°，背伸 35° ~ 45°，前屈 35° ~ 45°，左右旋转各 60° ~ 80°。腰椎活动度为：左右侧屈 30°，背伸 30°，前屈 90°，左右旋转各 30°。但实际上个体差别很大。下面介绍一个十分简易的活动度测量方法，如果达到这个标准，就可以胜任日常生活和一般白领工作状态了。

（1）颈椎（图 7–24）

仰头能看天——上身保持不动，仰头能看到天；

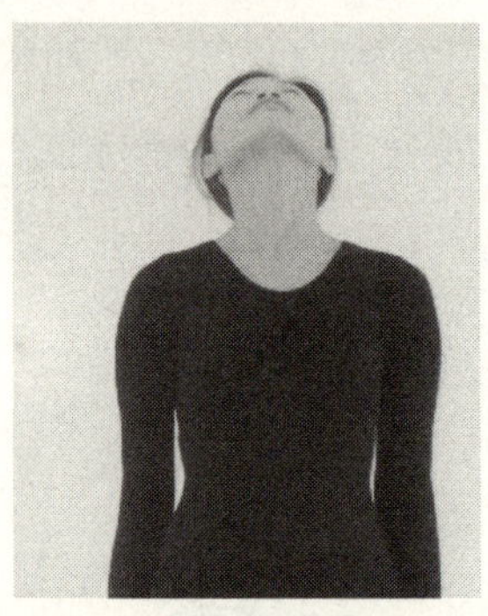
（1）颈椎后仰

（2）颈椎前屈

（3）颈椎左右扭动

（4）头颈侧弯

图 7–24　颈椎运动幅度

低头视鞋尖——站立时低头能看到鞋尖（大腹便便者除外）；

扭颈锁骨中——左右扭头，下颌垂线可以抵达锁骨中央；

摆头耳够肩——头颈侧弯同时耸肩，耳朵能几乎触碰到肩。

（2）腰椎（图 7–25）

仰身正视天花板——头颈不动，上身后仰能看到天花板；

俯身半尺够地面——向前弯腰，双膝伸直，双手离地面约半尺远（1 尺 =33.3 厘米）；

（1） （2） （3） （4）

图 7–25 腰椎活动幅度

转身余光90°——骨盆不动，头颈不动，侧转身用侧目余光可以看到身体正后方物体；

侧弯指尖膝上缘——侧弯腰时手指指尖大约可以摸到同侧膝关节上缘。

3. 良好的协调能力

所谓协调能力是指脊柱运动过程中的反应速度。反应速度的快慢直接影响到脊柱的应变能力和抗负荷能力。有一些人看上去肌肉丰满，体格健壮，但仍然会经常出现“扭腰”、“岔气”等急性脊柱关节紊乱；而另外一些人，看上去身材纤细或不太壮实（如舞蹈演员，建筑工人等），但却很少在非常剧烈的运动中出现损伤。这就是关节肌肉及韧带的协调反应能力问题，这一点往往是脊柱保健训练的关键。本书将在后面做重点介绍。

日常生活中的脊柱保健

脊柱的保健问题是日常生活中几乎每个人都会遇到的。正确的维护脊柱的健康，会让您减少很多痛苦与麻烦，生活更美好。下面作者按卧、坐、立、行、休闲娱乐、运动健身、旅游等方面分别加以介绍。

1. 卧的随意

卧床是日常生活中最常做的事情，约占人生的1/3时间，也是影响脊柱健康的重要因素。许多人，甚至许多医生都认为，为了预防脊柱疾病或者是患者，应该采取平卧位，以保证脊柱的正直状态。其实不然，除了俯卧（趴着睡觉）位以外，其余姿态 的“随意”而安才是卧的基本原则。只有趴着睡觉时由于颈椎的旋转状态会导致躯干的扭转，会对脊柱健康产生不利影响。

参考前面治疗章节中提到的卧床原则（100 页），总结“卧”的要点如下：

床具手掌测软硬——床具的硬度要以仰卧位时将手掌伸入腰下能够勉强进入为适度（101 页）；

荞麦枕头颈下垫——荞麦皮质地的枕头最佳，枕时应该头、颈下都垫实；

避免俯卧腰背痛——俯卧位睡眠使脊柱处于旋转状态，不利于脊柱健康；

侧卧平躺悉尊便——侧卧、仰卧都可以。

2. 坐的自然

坐，已经成为当今人类越来越多的生活和工作形态，直接关系到人类的脊柱健康。正是因为坐位时间的延长，才出现了脊柱劳损退变疾病的普遍增多和年轻化趋势。怎样坐最有利于脊柱的保健呢？先了解下面的要点。

坐凳子要点

（1）松弛坐姿（图 7–26）：人坐在凳子上比较舒服的姿态就是松弛坐姿，即所谓“堆坐”。该姿态下肌肉做功很少，韧带处于自然的张力状态，维系时间相对较长，但脊柱的生理曲度会发生明显改变。这种姿态自然会影响到脊柱的力学形态，所以不宜经常松弛坐。

（2）紧张坐姿（图 7–27）：即所谓“挺坐”姿态。为了维系脊柱的生理曲度，坐姿挺拔，如同军人受命时的坐姿，俗称“坐如钟”。但是，该姿态必须通过躯干前后的肌肉做功来维系，虽然可以保持脊柱的生理曲度，但却比较容易疲劳，一般人维系不了多久。因此，提倡坐椅子，而不是坐凳子。

坐椅子要点

（1）椅子面：以弹性实面为最佳，比如电脑椅。以皮革包裹、棉

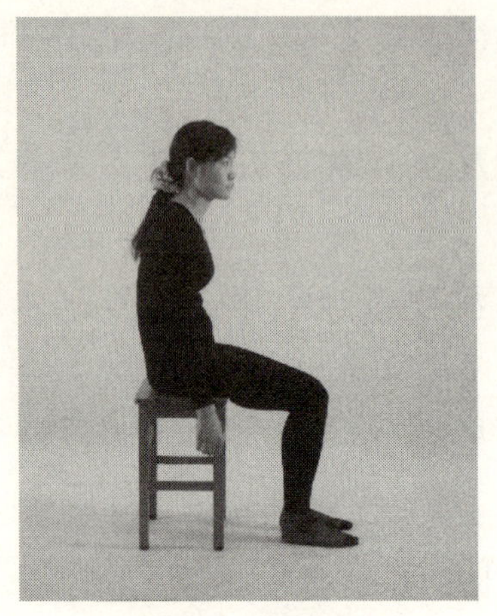

图 7-26　松弛坐姿

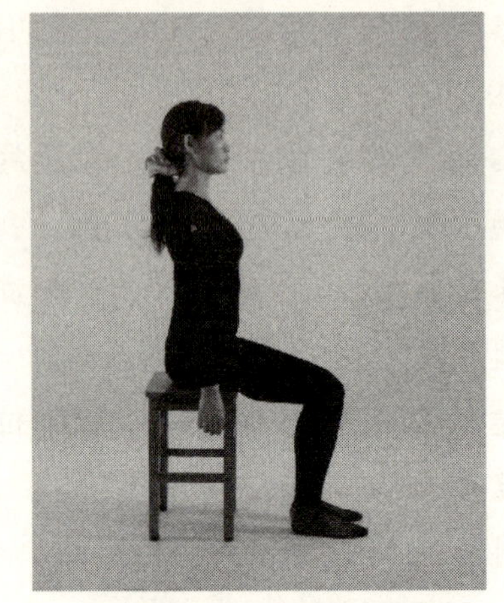

图 7-27　紧张坐姿

织物覆盖在硬质椅面上为宜，这样既有力度支撑，又有一定的弹性。不提倡坐太软的沙发或太硬的木质椅子。椅子面的高度不宜太低。太低的椅子或凳子都容易在下腰段产生过度牵张，容易产生疲劳性损伤。

（2）椅子背：靠背的下部要有适度的凸起，恰好顶在腰部，椅子背高度最高不超过肩，最低不低于胸椎后突顶点。椅子背的质地要求尽量与椅子面相同。

（3）坐姿：顶坐最佳，即腰部要始终处于被椅背下端顶住，以保持前凸的曲度。如果椅子背凸起的程度不够，可以用靠垫顶住腰部（图 7-8，151 页）。

（4）时间：连续坐位工作或生活的时间不要太长，一般 1 小时，最多 2 小时。整天都需要坐位工作者，必须要拿出 4 ~ 6 次的起立活动时间来间断坐位工作。

总之，保持自然的脊柱曲度是坐的要点：

避免“堆坐”和“挺坐”，最好“顶坐”；

避免低坐和久坐，最好少坐。

3. 立的协调

站立是人类进化后的一个最重要的体态进步，是人类生存的基本要求。站立姿态不正确同样会影响到脊柱的健康。

（1）松弛立姿：与前面提到的坐姿相同，松弛立姿时肌肉做功较少，主要依赖韧脊柱周围韧带的自然张力维系平衡；可以维系相对较长时间；脊柱不仅会出现生理曲度明显改变，还会出现不断左右变换的骨盆倾斜和脊柱侧弯，从而要在左右下肢上转移重心以使下肢交替休息维系更久的站立时间（图 7–28）。同样，长期的松弛站立会影响脊柱形态和生理曲度。

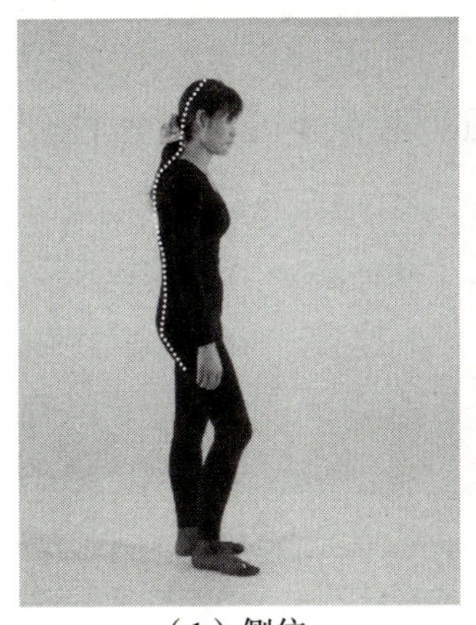

（1）侧位

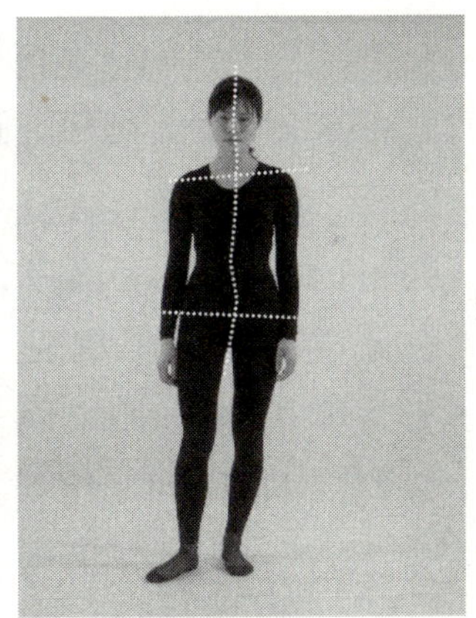

（2）正位

图 7–28　松弛立姿影响脊柱力线

（2）紧张立姿：军人的立正姿态，挺胸收腹。虽然这种立姿可以良好地维系脊柱的生理曲度，但椎旁肌肉始终处于做功状态，非常容易疲劳（图 7–29）。因此不提倡站立过久。

（3）阶梯立姿：可以用一只脚踏在一个 20 ~ 30 厘米的阶梯上，另一只脚以松弛（稍息）状态站立，交替换足。这种姿态既可以保持脊椎旁肌肉的松弛状态以维系较长的站立时间，还可以相对减少松弛

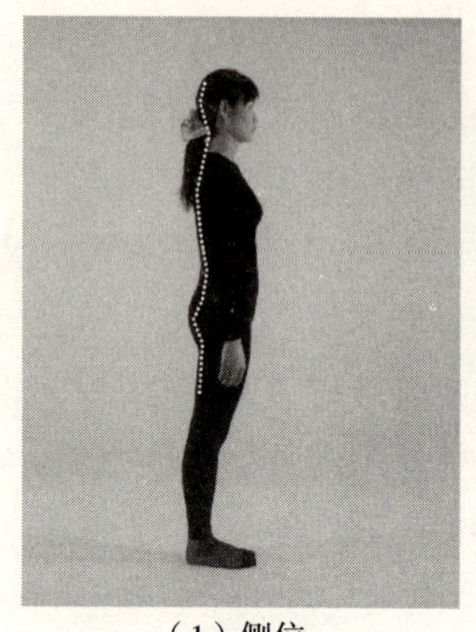
（1）侧位

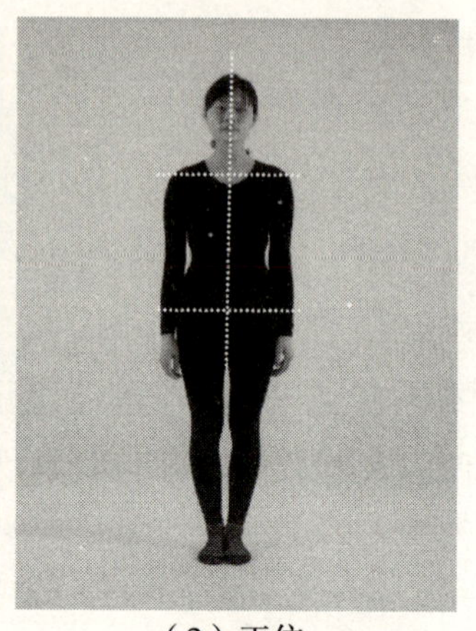
（2）正位

图 7–29　紧张立姿可以维持力线，但柱旁肌肉易疲劳

立姿造成的骨盆倾斜和脊柱侧弯。这种站立状态对脊柱形态的影响相对较小。

（4）站立的时间：除非经过专门训练，一般人站立半小时就会出现疲劳感，1 小时左右就很难承受了。这是一般人站立位持续时间的相对极限。需要注意的是，如果站立与运动交替进行，往往可以承受较长的时间。这与单纯不动的站立是不同的。运动过程中，会改变脊柱关节的载荷受力点，重新分布脊柱关节的载荷，加上有肌肉参与做功维系脊柱的运动平衡，当然可以减少脊柱局部区域的疲劳，增加整个脊柱的承载时间。

总之，协调相应软组织的张力平衡和维系整个脊柱的生理曲度是站立的要点：

稍息损结构；
立正劳肌肉；
台阶矫侧弯；
不如勤行走。

4. 行的紧张

行走本是人类的特权，也是维系因为行走对脊柱的协调能力和力学形态的最好方式。但随着科技的进步和生活水平的提高，人们逐渐放弃了行走的权利，随之而来的是与之相关的疾病的增多。好在人们已经开始认识到这个问题了。如何行走呢？建议采取以下的形式。

（1）疾走：疾走，如同急行军，是最佳的脊柱基本功能维系方法。疾走时，需要脊柱自然维系生理曲度，椎旁肌肉处于紧张的工作状态，但负荷并不大。所以，疾走非常有益于脊柱的健康，当然，也有益于全身心的健康。疾走是最佳的、可以每日实施的训练方法，它与散步不同。散步是非常松懈状态下的一种行走，下肢做功，而脊柱周围肌肉并不紧张，脊柱的生理曲度也不是最佳状态。

注意：行走时一定要穿有弹性的运动鞋，这对缓冲重力冲击有好处，尤其是中老年人。

（2）慢跑：慢跑是一种不错的脊柱运动方式，但不适合脊柱康复期患者。因为慢跑会对脊柱产生较大冲击，可能会加速脊柱关节的退变和损伤。当然，对于健康青年人或中年人来讲，髓核弹性好，没有失稳因素，还是可以坚持每日跑步训练的。但要穿着弹性好的运动鞋才行。

（3）爬山：爬山是指上下坡行走，或称坡度走，并非指上下楼梯。坡度的大少可根据个人情况而定。也可以通过调整跑步机的角度在室内进行。上行坡度时增加了下肢前群肌肉的负荷，下坡时增加了后群肌肉的负荷，有助于增加下肢前后群肌肉的力量，并借此影响下腰椎和整个躯干。走坡度的时间一般 2 小时左右，包括上下坡两部分，每日 1 次。如果没有条件和时间，可以每周 1 ～ 2 次。

（4）鞋子：无论是患者，还是正常人，选择适当的鞋子都非常重要。人体从足跟到脊柱之间的应力传导比较直接，无论是膝关节的半月板、髋关节的髋臼，还是骶髂关节，都没有太多的弹性缓冲功能，主要通过椎间盘和脊柱的关节来减少对头颅的震荡冲击。因此，一双具有弹性的鞋子是保护脊柱的重要法宝。一般来讲，无论生活还是工作中，尽量不穿高跟鞋和硬底平跟鞋，提倡穿比较有弹性的平底或小坡跟鞋，诸如旅游鞋或牛筋软底的休闲鞋等。

总之，保持行走状态下脊柱周围软组织的紧张状态，是行走时脊柱生物力学特征的要点：

疾走老少皆适宜；

慢跑老年有顾虑；

坡度行走增体力；

坚持经常是第一。

5. 休闲贴士

休闲是一个非常模糊的词汇，包含十分丰富的意义。在这里，作者并不是要规范人们的休闲行为，而是就有利于脊柱健康的休闲方式提出建议。

（1）饮酒：正常人的睡眠姿态调整大约每 2 小时 1 次。但是，过度饮酒后由于酒精的麻痹作用，可以导致神经反应的迟缓。尤其是醉酒以后，睡眠过度深沉，正常的睡姿调整信息已经无法唤醒神经中枢，往往是一种姿势要承受十几个小时的静态负荷，疲劳损伤自然就会在承重点（如扭曲的颈椎关节和腰椎关节）逐渐形成。一觉醒来，常常是轻者浑身酸痛，重者“落枕”，甚至腰病复发。因此，小酌尚好，酗酒伤身。

（2）打牌：朋友聚会打牌是常事，偶有几次，并无大碍。但是，如果打牌成瘾，废寝忘食，就会对脊柱造成很大伤害。这是因为长期坐位，形神“兼惫”，脊柱下段（尤其是腰骶部）承受不了如此长时间的静力负荷，会造成积累性退变损伤。

（3）夜生活：经常聚会，昼夜颠倒不仅会影响内脏器官的生物节律，也会影响脊柱载荷的生物节律。关节休息无规律，也会造成协调能力下降，很容易导致脊柱损伤。

6. 运动常识

体育运动不仅是正常人的一种休闲方式，也是脊柱康复后期的一种训练方法。选择哪些体育运动对脊柱的健康有益，并非人人知晓。作者根据自己的临床经验做一个简单的介绍。

（1）竞技体育：竞技体育项目很多，比较普及的群众性竞技体育项目主要是球类，包括比较常见的三大球（篮球、足球、排球）和两小球（乒乓球、羽毛球）。随着人们生活水准的提高，又逐渐增多了许多所谓贵族运动项目，诸如高尔夫球、保龄球、网球等。这些球类运动项目都是竞技性比较强的项目，非常容易造成运动损伤。年轻人肌肉弹性比较好，可以胜任。而中老年人做这些运动项目时，需要根据自身情况，相对控制运动幅度和运动量，运动后次日精神饱满视为适度，否则很容易造成运动损伤。当然，无论是哪个年龄段的人，运动前都要充分热身，运动量相对恒定，运动时间也要相对规律。

（2）健身体育：诸如游泳、健美操、瑜伽、交际舞、中老年大秧歌、太极拳等，甚至包括一些小区里的健身器械（固定自行车、健骑机、太空步、立位旋转轮、划船器、下肢训练器等）都属于健身类的体育项目，颇受中老年朋友们的喜爱。大部分也十分符合脊柱健康训练的原则，非常值得提倡。但是，有一个基本原则必须牢记：循序渐进，养成规律，长期坚持，必然有益。

7. 旅游须知

旅游、出差是目前现代工作生活中的重要特征，也是生活质量提高的一种象征。但是，旅游或出差经常会打乱自己的生活节奏，造成脊柱生物学节律的紊乱，很容易影响脊柱的健康。

（1）枕头：出差旅游需要在卧铺火车上或宾馆里睡觉，第一个不适应的问题就是枕头。蓬松绵枕头是火车或宾馆里最常用的枕头。这种枕头对颈椎曲度的维系非常不利，很容易造成落枕和其他颈椎问题。建议尽可能在旅行或出差时携带一个自己最中意的枕头（荞麦皮枕头为最佳）。

（2）作息规律：打乱作息规律或倒时差是旅游和出差人员的经常现象。作息规律的紊乱，必然带来机体生物钟紊乱，也同样会影响脊柱的生物节律。所以，尽量保持最基本的作息规律是旅游或出差中最为重要的事情。

（3）旅行工具的影响：无论是汽车、火车、飞机，只要是长途旅行，就可能因为长时间的坐位造成脊柱关节僵硬，并可能由于负荷过久（尤其是下腰椎）而产生脊柱劳损。飞机气流平稳以后，或火车平稳行进过程中，经常起身行走活动少许（每小时 1 次）对脊柱健康有益。坐汽车是非常辛苦的事情，尽可能每隔 2 小时有一次停车后的下车行走休息时间。

休闲、运动的要点：

酗酒害脊柱，小酌才养身；
娱乐不误眠，运动先热身；
出门带枕头，坐车常挺身；
作息保规律，疾病不缠身。

7 不同人群的脊柱保健

由于脊柱疾病是各个年龄段都可能发生、各种职业都不能幸免的问题，所以，日常保健也不能一概而论。作者根据多年的临床经验，在本章节简要介绍不同人群的脊柱相关基本特征，并相应地给予一些脊柱保健的建议。

年龄划分

脊柱在不同的年龄段有不同的特点，根据这些特点需要采取不同的保健措施。

1. 幼儿

学龄前阶段是脊柱发育的重要时期，从学会站立到开始学走路，脊柱就逐渐完成了结构发育的特征性阶段。最为主要的特征就是生理曲度的建立，包括向前的颈曲、向后的胸曲、向前的腰曲、向后的骶曲。在这些曲度建立的过程中，容易出现脊柱的异常曲度（曲度反向或侧弯）。所以此阶段，孩子的家长要善于观察，及早发现异常曲度（主要是侧弯）。此时纠正办法比较多，相对容易。具体可以在给孩子洗澡时做比较详细的观察：头颈有否歪斜？双肩有否高低不一致？胸廓或肩胛骨双侧是否不对称？再用手指中指指腹沿脊柱的后缘棘突尖向下一节节检查是否在一条直线上？还可以让孩子向前弯腰，从后面观察两侧胸背后面的高度是否一致（图7-30）？如果出现不对称、不一致等现象，很可能是特发性脊柱侧弯的前兆。

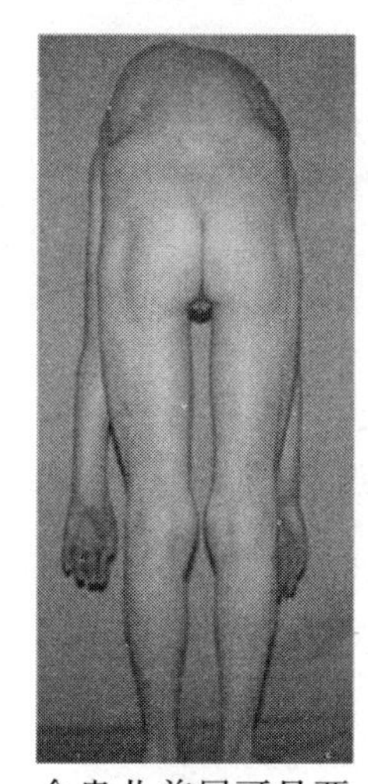

令患儿前屈可见两侧背部高度不一

图 7-30　检查脊柱侧弯

保健要点：自然成长，注意异常。

2. 少年

学龄后至高中毕业仍然是脊柱发育的重要时期，需注意良好姿态的培养，包括坐、卧、立、行基本姿态的习惯养成。尤其在小学三四年级之前，一定要经常检查脊柱是否发生侧弯的情况（方法同上）。及早发现、尽早治疗是非常重要的。还要注意一个问题，由于现代中小学生课业负担很重，经常伏案学习很长时间，非常容易很早就出现颈椎和腰椎疾病。其表现与成年人有所不同，其中颈椎问题大多没有明显的损伤史，只有疲劳姿态病史，有的孩子可能只是说经常头痛、有点晕，或者说“脖子有点累”等，此时要想到可能是颈椎关节的问题。腰椎问题则大多与运动损伤有关。要特别注意可能出现“腰椎间盘突出”的问题。“少年型腰椎间盘突出症”已经不是罕见疾病了。

保健要点：纠偏扶正，早期调整。

3. 青年

从脊柱退变角度讲，18 ~ 35 岁这个阶段应该属于青年人群。青年人群要经历很多社会角色的转变，包括升学、就业、婚嫁、孕产（女性）等。学习工作负担逐渐增加，户外高危活动也比较多，心理压力也很大，非常容易出现意外损伤和疲劳损伤。此阶段是脊柱力学急性紊乱的高发年龄段。

保健要点：习作规律，运动休闲。

4. 中年

大约 35 ~ 60 岁，人类的脊柱将处于急性损伤和慢性劳损的高峰阶段，尤其是突显椎间盘的退变问题。其中纤维环由于历经几十年的磨损，形成许多劳损性破坏，而髓核弹性却依然没有明显地减少（研究表明，在 55 岁以前髓核水分的减少不会超过 10%）。就好像时值暮年的老马仍然搭载着壮年时的负荷，是很容易被累垮的。许多医生都曾经做过统计，这个年龄段仅正常人腰椎间盘突出的情况就可以高达 20% 左右。所以，临床医生认为，35 ~ 55 岁是椎间盘问题的高发年龄。

保健要点：珍爱自己，忙里偷闲。

5. 老年

过了 60 岁以后，髓核水分迅速减少，很快就出现了髓核退变与纤维环退变的重新平衡，反而比较少出现椎间盘突出的问题。但是，由于椎间盘及韧带组织的纤维化和钙化，整个脊柱的脆性增加，椎体压缩性骨折的危险大幅增加。所以，老年患者经常会因为一次轻度的跌倒、甚或稍微剧烈的运动而出现胸腰椎的椎体骨折。另外，老年患者的急慢性关节问题也很常见。由于骨质结构的严重退变，诸如椎管狭窄、腰椎滑脱、退变性关节紊乱症等疾病也会频繁发生。随着中国社会加速进入老龄化社会，老年脊柱患者的比例也逐年升高。

从当前的情况来看，老年人群是一组最热衷于保健的人群，但健身主要是针对心脑血管等疾病，而对于老年人的脊柱保健却没有给予足够的重视。尽管有一些运动与脊柱保健并不矛盾，但是，还应该注意以下几个问题。

（1）间断运动，“少时多餐”：有许多老年人每天运动主要以晨练为主，经常达到 2 小时左右。最好将这种每日一次的晨练活动分为在一天之中不同的 3 ～ 4 个时间段来完成。一般每个时段最多 1 小时，最少 15 ～ 30 分钟。这样的好处是避免关节处于一个比较长时间的运动疲劳或僵硬休息状态，有利于关节本身的劳逸结合。

（2）控制运动强度：对老年人来讲，关节运动极限会有一定程度的下降，所以不要勉为其难。有一些长期练功的老人，关节韧带张力比较强，可能会达到年轻人都不能比拟的程度。但这不是所有老年人都可以做到的。根据自己的日常生活需要来设定运动量甚为重要。提倡选择健身性体育活动，但要慎重选择竞技体育活动。各种球类（包括保龄球、网球、高尔夫球）等大运动量的训练要十分小心。毕竟老年人骨质相对疏松，韧带张力不如年轻人。

（3）减少制动，增加活力：许多老年人先从精神上开始“认老”，并选择书法、绘画等平心静气的自娱项目，以修身养性。但静多动少，反而出现了许多脊柱问题。伏案书画等坐位状态会给脊柱结构带来许多疲劳负荷，更何况是一个退变程度比较严重的脊柱。

保健要点：少食多动，运动适度。

性别划分

男女性别因素也决定了脊柱退变损伤的某些不同特点。

1. 男性

一般来讲，男性体力工作者较多，风险因素多，外伤意外比较常见。

保健要点：珍重自己，平安大家。

2. 女性

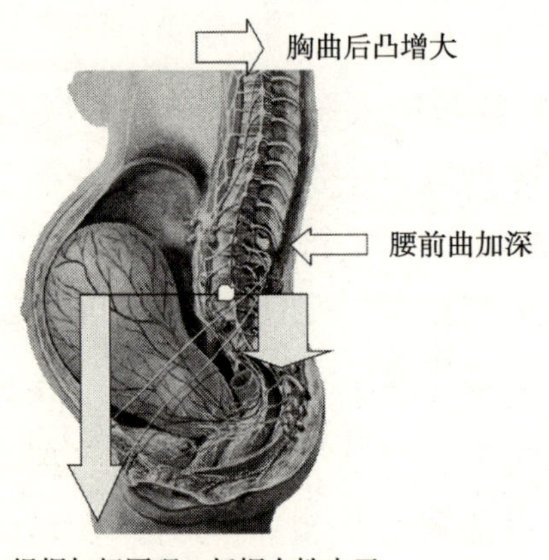

图 7-31　妊娠妇女脊柱力学改变

女性家务负担相对较重，一生中体形改变次数比较多，无论是乳房发育、怀孕、生产、哺乳都可能会给脊柱曲度及躯体形态带来数次较大的改变（图 7-31）。这将使女性比较容易产生脊柱慢性劳损等力学问题。但是，应该明确的是，人类的适应能力是足以应对各种躯体力学改变的。只要积极应对，心态平和，相对注意，同样可以减少损伤机会。

保健要点：顺其自然，主动防范。

职业划分

成年人根据不同职业特点可能会对脊柱产生许多不同的影响。根据不同职业对脊柱的影响，大致分成两大类。

1. 坐位人群

作者暂且将坐位人群分成劳作阶层和权贵阶层两类。

（1）劳作阶层：如司机、财会人员、公司文员、流水线坐位工人、裁缝等必须坐位工作的职业人员。由于长期坐位伏案工作，导致颈椎及腰椎曲度发生异常改变，脊柱协调灵活能力下降，最后导致脊柱退变损伤性疾病。

保健要点：工间舒展，业余常动。

（2）权贵阶层：如政府要员、企业首脑等权势人物。该阶层仍然属于长期坐位工作者，与上述劳作阶层的发病原理是一致的。但这些人群由于工作需要，经常会有视察、旅行、开会、应酬等频繁活动，生活极不规律，容易造成脊柱顺应性适应能力的下降，脊柱抗负荷本能逐渐减退。

保健要点：忙里偷闲，生活规律。

2. 运动人群

（1）大载荷人群：重体力工作者，包括运动员、农民、建筑工人等。工作强度大，四肢及脊柱运动频繁，负荷高。容易遭致意外损伤。

保健要点：力所能及，注意热身。

（2）特职人群：某些特殊的行业人员，诸如牙医、理发师、油漆工、小提琴手、乒乓球和羽毛球运动员等。这些人群的共同特点都是固定某种姿态或固定使用某一侧肢体，造成脊柱负荷不均衡，容易受到疲劳损伤或不协调运动损伤。

保健要点：姿态常变，劳逸结合。

综上所述，几乎所有人群、所有年龄段都可成为脊柱劳损与退变性疾病的高发人群，只是各有不同特点。这足以引起我们对该类疾病的重视，对脊柱保健的重视。上面提到的保健要点只是针对某类人群的概括提示，还应该结合前面提到的各种健身要素来确立不同个体的具体训练保健措施。

从脊柱相关性颈肩腰腿痛疾病的广泛性和对国民经济和个人健康带来的影响来看，说它是一件关系到民生及国家社稷的大事并不夸张。作为一名长期从事脊柱损伤退变性疾病治疗的专科医务人员，真心希望每一个人都能够十分清醒地意识到这一点。

虽然，从根本意义上讲，人类脊柱进化的滞后是问题的关键，但现代人类并不会袖手等待脊柱进化到完美无缺的那一天。尽管我们的行动永远都不算晚，但还是越早越好。作者最后总结了几句顺口溜，奉献给广大读者，借此强化我们对脊柱健康的认识。

有病切忌胡乱投医，专家意见仅供考虑；
康复原则重在自律，无医而愈最好结局！
病友交流镜鉴心得，医患协作互通信息；
脊柱进化虽不完善，顺应自然一生无疾！

附　录

脊柱源性颈肩腰腿痛患者的注意事项及运动处方

1 颈椎急性损伤阶段的注意事项

（1）颈椎领围制动。急性刺激状态下，会有明显的运动受限和疼痛，应该白天佩戴，睡眠时可以解下（除非解下后疼痛加剧）。疼痛刺激逐步缓解后（约 1 ～ 2 周），可以逐步减少佩戴时间，最后只在坐车时（尤其是长途车时）佩戴。若是学龄少儿，急性疼痛期缓解后可以上学，但需在上学时佩戴颈围，放学后在家长监护的情况下，不必佩戴。一般在急性疼痛缓解后可解除。

（2）不必一定卧床休息，除非患者直立状态有疼痛加重或眩晕出现。

（3）避免立即热敷外用药物，防止加重局部的损伤刺激。

（4）禁忌盲目按摩和揉捏颈部，尤其不要由非专业人员搬扭颈椎试图“复位”，避免引发局部水肿或更严重的损伤。

2 颈（胸）椎疾病慢性阶段的注意事项及运动训练

（1）白天不要长时间卧床（午休除外）；不要长时间（一般不超过半小时）固定坐、立位休息或工作，如看电视、操作电脑、驾车等。有头晕症状的患者禁忌开车。

（2）可以经常在空旷安静环境下散步，但尽量不要逛商场。

（3）注意避免着凉、受潮；生活要规律。

（4）可以从治疗后第二天开始做“摇肩运动训练”（160 页，图 7-10）；

（5）一般不必禁止全身活动，保持适度的行走等训练很有必要（参见下面的第 6 项）。

3 颈（胸）椎疾病康复期注意事项及运动训练

（1）一般可以正常上班和工作，但最好不要加班或出差。生活工作比较规律，避免突发事件和意外。仍然要避免长期伏案或开车，开始一般不超过半小时，但可以逐渐增加时间。

（2）可以经常在空旷安静环境下散步，但尽量不要逛商场。

（3）除了继续坚持“摇肩运动训练”（160 页，图 7-10）以外，还可以增加“肩胛俯卧撑”训练（161 页，图 7-11）和颈部牵拉训练（159 页，图 7-9）主要适用于颈椎病的康复。

（4）颈部背伸肌力训练（等长收缩训练）（162 页，图 7-12）。

（5）逐渐增加全身康复训练，如下面的第 8 项。

 腰椎疾病急性期注意事项及运动训练

（1）卧床休息为主；姿势以最舒服的体态为主，不必非要仰面平卧。下肢伸直的仰卧位可以导致腰背肌紧张，一般不提倡该体位下卧床休息。屈曲侧卧位有助于腰背肌的松弛和休息。如果不引起疼痛，可以在床上做下肢交替屈伸活动（145 页，图 7–4）。每组 10 ~ 15 下，每日 4 ~ 5 组，要在每天的不同时段做。

（2）如果不诱发疼痛，如厕（坐便，切忌蹲便）后可以顺便在床下少许行走。初期行走最好借助两把椅子，用双臂支撑椅子背，做原地踏步（145 页，图 7–5）；若有条件，最好可以借助专用的学步车做行走训练。这种行走也被称为“支撑走”，是一种简易的“减重行走”，即减轻腰椎负荷状态下的行走（145 页，图 7–6）。如行走时出现疼痛，则要立即上床休息。行走时间以卧位后 10 分钟以内刺激性疼痛基本缓解为度，否则需减少行走时间。

（3）戴硬腰围的原则：除了在床上休息以外，其他任何活动都要戴腰围。

5 腰椎疾病亚急性期注意事项及运动训练

（1）如果行走不痛，即可以开始行走训练。有时在刚启动时可能出现疼痛，稍微走动一会疼痛即可消失，然后逐渐增加频率。只要不出现腰部及下肢的疲劳或疼痛，可以训练 15 ~ 20 分钟 / 次，但若出现疼痛须立即休息，3 ~ 4 次 / 日。自然行走躯干侧弯比较明显时，最好以“支撑走”（145 页，图 7–6）的形式完成行走训练。

（2）体位改变时仍要十分缓慢和谨慎小心。

（3）日常生活可以尽量自理。但要注意一个基本的原则："以痛为限"，也就是说，只要是引发疼痛或不适的动作或姿态，就要尽量避免。

（4）如厕时仍需用坐位马桶，尽量不要用蹲便。

（5）即便没有引发疼痛，有些动作也不宜长时间维持。比如，长期坐、立、行，甚至完全卧床。在这个阶段，即便没有疼痛的诱发，坐的时间也不能超过30分钟；站立位的时间更要短，不超过行走训练的时间；白天卧床的时间一般每次不超过2小时，整个白天最好不超过4次。

（6）戴硬腰围的原则：长时间（超过20分钟）行走或坐汽车时一定要戴腰围。但在家卧床及一般活动时尽量不要佩戴腰围。

6 腰椎疾病康复初期注意事项及运动训练

（1）经常变换体位（坐、立、行、卧等）。原则仍是"以痛为限"，无论哪个体位，一旦出现疼痛就要立即变换体位。即便不痛，每个体位最好也不要超过15～20分钟（卧位可长一些，但一般每次不超过2小时，夜眠除外）。坐位应坐靠背椅（可在腰部加一个靠垫），不要坐低矮的沙发。

（2）如厕时仍需使用坐位马桶。

（3）如果行走初期发生疼痛，行走时间延长疼痛反而消失，则需记录疼痛诱发到消失的时间（这个时间逐渐变短表明韧带肌肉的张力在逐渐改善）并继续行走，但最多不超过30分钟。如果30分钟内又出现疼痛，则需立即休息。

（4）每天行走次数因人而异，一般应该在2～5次。其他日常活动不必完全限制，但一定要避免负重，如搬、抬、举、拉、抱、背、扛重物等。

（5）在不诱发疼痛的不适刺激情况下，可以做“腰背部背伸肌力训练”（169 ~ 170 页，图 7–20、图 7–21）。

（6）戴腰围的原则：出门坐汽车时一定要戴腰围。其余情况下一般不必佩戴。

7 腰椎疾病康复中期注意事项及运动训练

（1）每日可以进行快速（尽己所能）行走训练 2 ~ 4 次。每次时间 30 ~ 40 分钟。除此之外，较短时间的快速行走也可以穿插实施。

（2）每日可以增加 1 次“变向变速走”：前走 8 ~ 9 分钟，后走 1 ~ 2 分钟（变向），前走快，后走慢（变速），共计 10 分钟，连续走 3 组。注意，要选择比较空旷平整的道路上行走，倒退走时尽量不要扭着头，可以在刚刚向前走过的、比较平坦的路上直接向后倒退走。

（3）仍然需要经常变换体位（坐、立、行、卧等），每个体位维持时间不要太长，以不引起严重的疲劳感或疼痛为准。坐位时间可逐渐延长，但最长不应该超过 60 分钟。

（4）避免着凉、负重，保持生活规律性。

（5）在不诱发疼痛的不适刺激的情况下，可以做“腰背部背伸肌力训练”（169 ~ 170 页，图 7–20、图 7–21）。

（6）戴腰围的原则：除了坐汽车外，一般不必佩戴。

8 慢性腰椎疾病康复期出现“晨僵”（僵硬痛）的注意事项及运动训练

（1）患者的特征是在早晨起床或由久坐起身后出现疼痛，行走活动后消失。请记录疼痛消失所需时间。时间变短说明肌肉和韧带的协调能力开始增加，弹性储备开始增加。

（2）晨起活动至疼痛消失后可继续行走，若出现再次疼痛则立即休息；如果继续行走 30 ~ 40 分钟后仍不出现疼痛，也要休息或变换其他体位。

（3）白天经常变换体位（坐、立、行、卧等），逐渐延长坐位时间，但最长不应超过 1 ~ 2 小时。

（4）保持生活规律性，不要过分卧床休息。

（5）在不诱发疼痛的不适刺激的情况下，可以做“腰背部背伸肌力训练”（169 ~ 170 页，图图 7-20、图 7-21）。

（6）戴腰围的原则：只在长时间（1 小时以上）坐汽车时佩戴腰围。

9 腰椎疾病康复后期的注意事项及运动训练

（1）快速行走训练，每日 2 次，每次 30 分钟。

（2）每周增加全身性健身活动，一般每周 1 ~ 2 次。以下活动任选一种，长期规律地坚持。

爬山：缓坡上行及下行共计 1 ~ 2 小时，活动后要周身出汗，注意及时擦干，防止感冒。

游泳：蛙泳（100 ~ 200）米 ×5 次，间隔 5 ~ 10 分钟。

水中行：深水（齐胸）中行走（100 ~ 200）米 ×（4 ~ 5）次，间隔 10 ~ 15 分钟（注意：提前做好热身活动，水温不能太凉）。

健身操：如中老年迪斯科、太极拳、健美操（但要避免关节过度伸展牵拉）等。每次 1 ~ 2 小时。

（3）注意保持生活的规律性，避免突然改变生活习惯和规律。

（4）部分或完全恢复一般工作。

（5）需要避免一个姿态的长时间工作和家务劳动，如长坐不起、长久开车、长时间弯腰手洗衣物或蹲位做家务或工作等。

（6）戴腰围的原则：一般活动都不需要戴腰围，但长途坐车（2小时以上）时需要戴腰围。

10 颈腰背痛患者康复期共同注意事项

（1）尽量不穿高跟鞋（小坡跟尚可），也不提倡穿硬底、无弹性的平跟鞋。可以穿旅游鞋或牛筋软底的休闲鞋。

（2）无论是颈椎还是胸腰椎疾病，临床症状消失半年以后，如非常喜好，可以适当恢复一些不协调竞技体育运动，但一定要本着循序渐进、养成规律的原则，并且在运动前一定要做好热身活动。所谓竞技体育大多属于不协调运动，常见休闲类不协调运动根据其扭力大小排序为（由小到大）：羽毛球—乒乓球—网球—保龄球—高尔夫球—排球—篮球—足球。如果坚持选择这些运动，也应本着这一顺序、按照由小到大的原则循序渐进地增加锻炼幅度。一般情况下，最好只选择其中一两种项目。

（3）患者基本康复以后，可以根据各自的情况进行康复运动增量训练。具体增量计划和训练项目请参考第七章第四节相关内容（154页）。

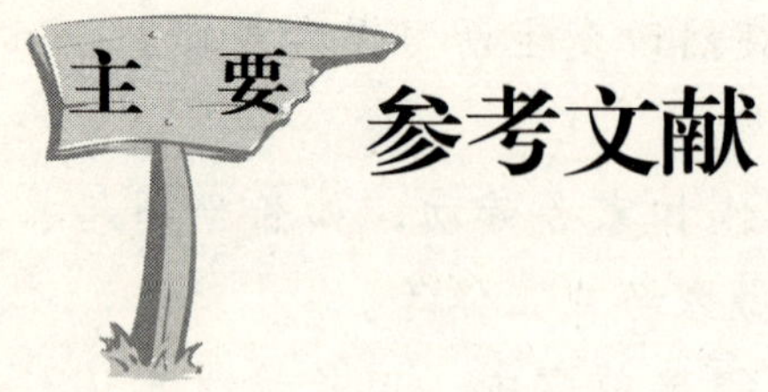

主要参考文献

1. Taylor H. & Curran N.M.. The Nuprin pain report［M］. New York: Louis Harris and Associates. 1985：234–236.
2. Deyo R A ，Tsui Wu Y J. Descriptive epidemiology of low back pain and its related medical care in the United States［J］. Spine, 1987, 12: 264–268.
3. 冯天有 . 中西医结合治疗软组织损伤［M］. 北京：人民卫生出版社 . 1977：20–21
4. 王福根 . 牵扳手法治疗腰椎间盘突出症——附 42 例临床分析［J］. 中国中医骨伤科杂志，1988（3）：34–35.
5. Gregory P G. Mobilisation of the spine［M］. Churchil Livingstone 5th ed.1991：237–239.
6. Maitland G D. Vertebral Manipulation［M］. London 5th ed. Butterworth & Co.Ltd，1986：279.
7. 刘润田 . 脊柱外科学［M］. 天津 : 天津科学技术出版社，1981：3–4.
8. Komori H, Okawa A, Haro H, et al. Contrast–enhanced magnetic resonance imaging in conservative management of lumbar disc herniation［J］. Spine, 1998, 23(1): 67–73.
9. Delauche C, Budet C, Laredo J D, et at.Lumbar disc herniation. Computed tomography scan changes after conservative treatment of nerve root compression［J］. Spine. 1992，17(8):927–933.
10. 张显崧，章莹，汪青春 , 等 . 腰椎旋转手法治疗腰椎间盘突出症的机理（20 例 MR 成像分析）［J］. 中医正骨，1993，3（3）：5–7.
11. Pickar J G,McLain R F. Responses of mechanosensitive afferents to manipulation of the lumbar facet in the cat［J］. Spine, 1995，20(22): 2379–2385.
12. 宋献文 . 中医推拿治疗腰椎间盘突出症疗效分析和治疗机制的研究［J］. 天津医药杂志（骨科副刊）. 1995，3（4）：19–21.
13. Zhao P. Correlation Study on Infrared Thermography and Nerve Root Signs in Lumbar intervertebral Disk Herniation Patients［J］. J Manipulative Physiol Ther, 1993,16(3):150–154.
14. 赵平 , 冯天有 . 椎体位移与腰椎间盘突出症［J］. 中国中医骨伤科 . 1993, 1(1):21–24.
15. Zhao P, Feng T Y. The clinical significance of the protruded nucleus puloposus in the patient

with lumbar intervertebral disc herniation –A correlation study of CT, radiography and quantified physical signs on 62 nonoperatively treated cases [J] . J Manipulative Physiol Ther, 1996,19(6):391–394.

16. Powell F C, Hanigan W C, Olivero W.C. A risk/benefit analysis of spinal manipulation therapy for relief of lumbar or cervical pain [J] . Neurosurgery, 1993, 33: 73–78.

17. Nachemson A, Elfstrom G. Intravital dynamic pressure measurements in lumbar discs: A study of common movements, maneuvers and exercises [J] . Scand J Rehabil Med 1970, Suppl 1:1–40.

18. Nachemson A.The influence of spinal movements on the lumbar intradiscal pressure and on the tensile stresses in the annulus fibrosis [J] . Acta Orthop Scand, 1963, 33:183–207.

19. 邵宣，许兢斌 . 实用颈腰背痛学 . 北京：人民军医出版社 . 1992；410.

20. Franklin D W,Laura S P,Mark E L.Central Causes of Foot Drop: Rare and Underappreciated Differential Diagnoses. J Spinal Cord Med, 2007,30(1): 62–66.

21. 李宏，李淳德 . 腰椎间盘突出症合并足下垂的外科治疗 . 中国脊柱脊髓杂志，2006，16（4）：124–126.

22. Lee MJ, Cassinelli EH, Riew KD.Prevalence of cervical spine stenosis. Anatomic study in cadavers. J Bone Joint Surg Am. [J] .2007,89(2):376–80.

23. Leonard B. Communication is key to employee benefits program – HR Agenda: Benefits. HR Magazine, 1994 (1): 45–47.

24. Ward K O, James W，Singleton M V，Chettier R，Engler G，Nelson L M. Validation of DNA–Based Prognostic Testing to Predict Spinal Curve Progression in Adolescent Idiopathic Scoliosis. [J] . Spine,2010, 35(25): 1455–1464.

25. 贾连顺，李家顺 . 脊柱外科临床手册 [M] . 上海：第二军医大学出版社，1998: 277–289.

26. Rothhaupt D, Ziegler H, Laser T. Orthopedic hippotherapy——new methods in treatment of segmental instabilities of the lumbar spine [J] . Wien Med Wochenschr. 1997,147(22):504–508.

27. Cleland JA, Fritz JM, Kulig K, et al. Comparison of the Effectiveness of Three Manual Physical Therapy Techniques in a Subgroup of Patients With Low Back Pain Who Satisfy a Clinical Prediction Rule: A Randomized Clinical Trial [J] . Spine, 2009,34(25): 2720–2729.

28. Herzog W. The biomechanics of spinal manipulation [J] . J Bodyw Mov Ther. 2010, 14(3): 280–286.

29. 赵平，田青 . 经验医学与腰椎间盘突出症的认知史 [J]. 医学与哲学,2009,30(2): 77–80.

30. 赵平，田青 . 如何走出瓶颈？——我国中医及中西医结合发展之路的反思 [J] . 医学与哲学，2003，24(9): 61–63.

张家玮　主编

《甩掉症状不生病——中医解读身体求救信号》

张家玮，北京中医药大学医学博士，副教授，硕士研究生导师。擅长运用中医传统诊疗思维及方法辨治临床常见病、多发病，对于传统中医学理论的认知和临床应用有深刻体会。

日常生活中，我们的身体经常会出现这样那样的不适。如何正确看待身体出现的各种症状，进而采取合理有效的自我调理方法？怎样从这些错综复杂的“求救信号”当中，找到身体发病的根本原因？如何才能根据自己的身体状况，“量体裁衣”地制订适合自己的养生保健方法，从而达到“甩掉症状不生病”的目的……相信，读完这本科普指南，您一定会找到答案。

[美] 金观源　著

《高血压的魔咒》

金观源，美国国际整体医学研究所所长，广州中医药大学名誉教授，北京开放大学客座教授，是国内外系统医学和时间医学的积极倡导者之一。

这是一本警示高血压危险的科普指南，深入浅出地解读其发病与防治的最新研究成果。它将指导您摆脱高血压困扰，防范脑中风恶魔，远离各种并发症杀手。早一点知晓它，明天将少一位危重（偏瘫、心梗或肾衰）患者，高一份生活质量，多一家天伦之乐，避免无知的自责与遗憾……

《老年心血管病和糖尿病的攻防策略——一位资深医学专家的心路笔谈》

徐南图　著

徐南图，内科主任医师、教授，知名心脏病内科和超声心动图专家，享受国务院特殊津贴。1979年首批公费赴法国访问学者。2002年从北京协和医院离职后，至今仍在从事临床工作。

本书在坚持公益性和科学性的同时，很有针对性，主要针对心血管病预防的关键问题与患者和公众认识中的常见误区。文字通俗易懂，生动活泼，看得懂，记得住，用得上。

——胡大一

关心老人，就是关心自己！老人的健康就是家人和社会的幸福！
知识交给病人，健康自我管理！最好的医生是自己！
资深专家的解答，必定会使您受益匪浅，健康长寿！